법의 정신 3-3

나남
nanam

한국연구재단 학술명저번역총서
서양편 442

법의 정신 3

2023년 6월 15일 발행
2023년 6월 15일 1쇄

지은이   몽테스키외
옮긴이   진인혜
발행자   趙相浩
발행처   (주) 나남
주소   10881 경기도 파주시 회동길 193
전화   (031) 955-4601 (代)
FAX   (031) 955-4555
등록   제 1-71호 (1979. 5. 12)
홈페이지   http://www.nanam.net
전자우편   post@nanam.net

ISBN 978-89-300-4140-9
ISBN 978-89-300-8215-0 (세트)

책값은 뒤표지에 있습니다.

'한국연구재단 학술명저번역총서'는 우리 시대 기초학문의 부흥을 위해
한국연구재단과 (주)나남이 공동으로 펼치는 서양명저 번역간행사업입니다.

한국연구재단
학술명저번역총서
442

법의 정신 3

몽테스키외 지음

진인혜 옮김

De l'esprit des lois

par

Montesquieu

차례

제 25편 각 나라의 종교 수립과 그 외적 조직에 관한 법

제 26편 법이 판결하는 일의 분야와 법의 관계

제6부

법 제정의 방식

제 31편 프랑크족의 봉건법 이론과
        군주정체 변천의 관계

제 5 부

제 24 편

종교적 실천과 종교 그 자체에서 고찰된
각 나라의 종교에 관한 법

제 1장 : 종교 일반

어둠 중에서도 가장 덜 짙은 어둠을 판단할 수 있고, 심연(深淵) 중에서도 가장 덜 깊은 심연을 판단할 수 있듯이, 사이비 종교 중에서도 사회 복지에 가장 적합한 것을 찾아볼 수 있다. 즉, 인간을 내세의 행복으로 이끄는 효과는 없더라도 현세의 행복에 가장 많이 공헌할 수 있는 종교 말이다.

따라서 그 뿌리를 하늘에 두고 있는 종교든, 아니면 이 땅에 두고 있는 종교든, 나는 시민 신분에 가져다주는 복지와 관련해서만 세계의 다양한 종교를 검토하고자 한다.

이 책에서 나는 신학자가 아니라 정치적 저술가로서, 고귀한 진리와 관련해서 고찰한 것이 아니기 때문에 오직 인간적 사고방식에서만 진실인 것들이 있을 수 있다.

참된 종교에 관해 말하자면, 나는 결코 그 이점을 정치적 이점에 양보시키려고 한 것이 아니라 그 둘을 결합하고자 한 것이다. 조금이라도 공정한 마음을 갖고 있다면 그 점을 알 수 있을 것이다. 그런데 그것을 결합하려면 먼저 알아야 한다.

인간에게 서로 사랑하라고 명하는 기독교는 물론 각 민족이 가장 좋은 정치법과 시민법을 갖기를 바란다. 가장 좋은 정치법과 시민법은 기독교 다음으로 인간이 주고받을 수 있는 최대의 복지이기 때문이다.

제 2장 : 벨(1)의 역설

벨은 우상 숭배자보다는 무신론자가 되는 것이 더 낫다는 것, 즉 달리 말해 나쁜 종교를 갖느니 차라리 종교를 갖지 않는 것이 덜 위험하다는 것을 증명하고자 했다.[1] "나는 나쁜 놈이라는 말을 듣는 것보다 존재하지 않는 사람이라는 말을 듣는 편이 더 좋다"라고 그는 말했다. 이것은 한낱 궤변에 불과한 것으로, 신이 존재한다고 믿는 것은 매우 유익하지만 어떤 사람이 존재한다고 믿는 것은 인류에게 아무 이익도 되지 않는다는 것에 근거를 두고 있다. 신이 존재하지 않는다는 생각에서 우리의 독립 관념, 혹은 그런 관념을 가질 수 없다면 반항 관념이 생긴다. 종교가 언제나 억압하는 것은 아니기 때문에 억압적 요인이 아니라고 말하는 것은 시민법도 억압적 요인이 아니라고 말하는

---

1   《혜성에 관한 생각》 등.

것이나 마찬가지이다.

종교가 낳은 유용함을 똑같이 열거하지 않은 채 그것이 초래한 해악만 길게 열거해 저서에 모아 놓는 것은 종교에 대해 부당하게 논하는 것이다. 만약 내가 시민법, 군주정체, 공화정체가 이 세상에 초래한 모든 해악을 이야기하고자 한다면, 엄청난 것들을 말하게 될 것이다. 국민이 종교를 갖는 것은 무익하다 하더라도, 군주가 종교를 갖는 것은 무익하지 않다. 인간의 법을 두려워하지 않는 사람이 가질 수 있는 유일한 재갈을 씌워 제지할 수 있기 때문이다.

종교를 사랑하면서 두려워하는 군주는 쓰다듬어 주는 손이나 달래주는 목소리에 굴복하는 사자(獅子)이다. 종교를 두려워하면서 증오하는 군주는 행인에게 덤벼드는 것을 막아주는 사슬을 물어뜯는 야수(野獸)와 같다. 종교를 전혀 갖지 않은 군주는 오직 물어뜯고 잡아먹을 때만 자유를 느끼는 무시무시한 짐승이다.

중요한 것은 어떤 사람이나 어떤 민족이 종교를 남용하는 것보다 차라리 종교를 갖지 않는 것이 더 나은지 아닌지를 아는 것이 아니라, 때때로 종교를 남용하는 것과 인간에게 전혀 종교가 없는 것 중에 어떤 것이 해악이 적은지를 아는 것이다.

무신론에 대한 혐오를 줄이기 위해 사람들은 지나치게 우상 숭배를 과장한다. 고대인이 어떤 악덕의 제단을 세웠을 때 그것은 그들이 그 악덕을 사랑한다는 것을 의미한 것이 아니다. 그것은 오히려 그들이 그 악덕을 증오한다는 것을 의미했다. 스파르타인이 두려움의 신에게 바치는 예배당을 세웠을 때, 그것은 이 호전적인 민족이 전투할 때 그들의 마음을 두려움이 지배하게 해 달라고 기원한 것이 아니다. 죄를 부추기지 말아 달라고 기원하는 신도 있었고, 죄에서 벗어나게 해 달라고 기원하는 신도 있었다.

제 3장 : 제한된 정체는 기독교에 더 적합하고, 전제정체는 이슬람교에 더 적합하다

기독교는 단순한 전제정체와는 거리가 멀다. 복음서에서 온화함이 그토록 권장되고 있으니, 기독교는 군주가 벌을 주고 잔인함을 행사하는 전제적인 분노와는 반대되기 때문이다.

이 종교는 다처제를 금지하므로, 기독교국의 군주는 덜 틀어박혀 있고 국민과도 덜 분리되어 있다. 따라서 더 인간적이다. 그들은 법을 만들려는 의향이 더 많고, 자신들이 모든 것을 할 수 없다는 것을 더 잘 이해할 수 있다.

이슬람교 군주는 끊임없이 죽음을 부여하거나 부여받지만, 기독교도들의 경우에는 종교 덕분에 군주가 덜 겁먹고 따라서 덜 잔인하다. 군주는 국민을 믿고, 국민은 군주를 믿는 것이다. 얼마나 훌륭한 일인가! 기독교는 내세의 행복만 목적으로 삼는 듯이 보이지만 현세에서도 우리를 행복하게 한다.

제국의 방대함과 풍토의 결함에도 불구하고 에티오피아에 전제주의가 확립되는 것을 막고 아프리카 한복판에 유럽의 풍속과 법을 가져다준 것은 바로 기독교이다.

에티오피아 황태자는 대공(大公)의 지위를 누리고, 다른 국민에게 사랑과 복종의 모범을 보여주고 있다. 바로 그 근처에서는 이슬람교가 센나르(2) 국왕의 자식들을 가두고 있다. 2 국왕이 죽으면, 평의회는 왕좌에 오르는 사람을 위해 그들을 참수(斬首)시킨다.

한편에는 그리스와 로마의 왕이나 장군들의 끊임없는 학살을, 다른 한편에는 아시아를 유린한 티무르(3)와 칭기즈칸에 의해 파괴된 민족과 도시들을 눈앞에 그려 보자. 그러면 기독교 덕분에 통치에서는 정치법을, 전쟁에서는 만민법을 갖게 되었다는 것을 알게 될 것이다. 그것은 인간의 본성으로는 제대로 알아낼 수 없었을 것이다.

바로 이 만민법 덕분에, 우리는 승리를 해도 패배한 민족에게 생명, 자유, 법, 재산과 같은 중요한 것들을 그대로 남겨준다. 그리고 맹목적으로 되지 않는다면 언제나 종교도 빼앗지 않는다.

오늘날 유럽 민족은 전제적이고 호전적으로 된 로마 제국에서 민족과 군대가 분열되었던 것만큼, 또는 군대들끼리 서로 분열되었던 것만큼 분열되어 있지는 않다고 말할 수 있다. 로마 제국에서는 한편으로는 군대가 서로 전쟁했고, 다른 한편으로는 도시의 약탈과 토지의 분할이나 몰수가 군대에 허용되어 있었다.

---

2 《교훈적이고 신기한 편지들》제4집에 나오는 의사 퐁스(Ponce)의 "에티오피아 견문기".

제 4장 : 기독교의 특성과 이슬람교의 특성에서 생기는 결과

기독교와 이슬람교의 특성을 고려할 때, 다른 것은 검토할 필요도 없이 하나를 선택하고 다른 하나는 버려야 한다. 종교가 인간의 풍속을 순화시켜야 한다는 것은 종교가 진실하다는 것보다 훨씬 더 명백하기 때문이다.

종교가 정복자에 의해 주어질 때, 그것은 인간의 본성에 불행한 일이다. 칼에 대해서만 말하는 이슬람교는 그 종교를 세운 파괴 정신으로 여전히 인간에게 영향을 미치고 있다.

목동 왕 중의 한 명인 샤바카[4]의 이야기는 감탄할 만하다. 3 테베의 신이 그의 꿈에 나타나 이집트의 모든 사제를 죽이라고 명령했다. 그러자 그는 신들이 평소의 뜻에 그토록 어긋나는 일을 명령하는 것을 보니 자신이 통치하는 것을 더 이상 원하지 않는다고 판단했다. 그래서 그는 에티오피아로 물러났다.

제 5장 : 가톨릭은 군주정체에 더 적합하고, 개신교는 공화정체에 더 어울린다

한 나라에서 어떤 종교가 생겨나 형성되는 경우, 그 종교는 보통 그것이 확립된 정체의 정책을 따른다. 종교를 받아들이는 사람이나 받아들이게 하는 사람이나 그들이 태어난 나라의 통치 관념과 다른 통치

---

3   디오도로스, 제1편 참조.

관념은 거의 가지고 있지 않기 때문이다.

기독교가 2세기 전에 가톨릭과 개신교로 나뉘는 불행한 분열을 겪었을 때, 북쪽의 민족은 개신교를 선택하고, 남쪽의 민족은 가톨릭을 유지했다.

북쪽 민족은 남쪽 민족이 갖지 않은 독립정신과 자유정신을 갖고 있고 앞으로도 계속 그럴 텐데, 눈에 보이는 지도자가 없는 종교는 그런 지도자가 있는 종교보다 독립적 풍토에 더 적합하기 때문이다.

개신교가 수립된 나라에서조차 개혁은 정치적 국가의 정책을 토대로 이루어졌다. 루터는 대 군주들이 자기편이었으므로 외형적 우위를 지니지 않는 성직자의 권위를 그들에게 인정하게 하기가 불가능했을 것이다. 칼뱅은 공화국에 사는 인민이나 군주국의 미천한 서민이 자기편이었으므로 우월한 직위나 고위직을 설정하지 않는 것이 훨씬 유익했다.

이 두 종파는 저마다 자신이 가장 완전하다고 여겼다. 칼뱅파는 자신들이 예수 그리스도가 말한 것에 더 부합한다고 생각했고, 루터파는 자신들이 사도들이 행한 것에 더 부합한다고 생각했다.

제 6장 : 벨의 또 다른 역설

벨은 모든 종교를 공격한 후 기독교를 비난했다. 그는 진정한 기독교인이라면 존속할 수 있는 국가를 만들지 못할 것이라고 대담하게 주장했다. 왜 만들지 못한단 말인가? 그들은 자신의 의무에 대해 훤히 알고 매우 열심히 그 의무를 완수하는 시민일 텐데. 그들은 자연적 방어권을 매우 잘 알 테고, 종교에 대한 의무를 믿으면 믿을수록 조국에 대한 의무를 더 생각할 텐데. 마음속에 새겨진 기독교의 원리가 군주정체의 거짓된 명예, 공화정체의 인간적 덕성, 전제국가의 비굴한 두려움보다 훨씬 더 강력할 텐데.

놀랍게도 벨은 자기 종교의 정신을 몰랐다는 혐의를 받을 수 있다. 그는 기독교 수립을 위한 명령과 기독교 자체를, 복음서의 계율과 복음서의 조언을 구별할 줄 몰랐다고 말이다. 입법자가 법을 부여하는 대신 조언을 했다면, 그것은 그 조언이 법으로 명령될 경우에는 법의 정신에 어긋난다는 것을 알았기 때문이다.

제 7장 : 종교에서 완전함의 법

정신에 호소하는 인간의 법은 조언 대신 계율을 주어야 하고, 마음에 호소하는 종교는 조언을 많이 주고 계율은 아주 적게 주어야 한다.

예를 들어 종교가 선(善)을 위해서가 아니라 최고의 선을 위해서, 좋은 것을 위해서가 아니라 완전한 것을 위해서 규칙을 부여할 때, 그것은 법이 아니라 조언이어야 적절하다. 완전성은 인간의 보편성과도 사물의 보편성과도 관계가 없기 때문이다.

게다가 만약 그것이 법이라면, 처음의 법을 지키게 하기 위해 수많은 다른 법이 필요할 것이다. 독신은 기독교의 조언이었다. 그것을 특정한 부류의 사람들을 위한 법으로 만들었을 때, 사람들이 그 법을 지키도록 강제하기 위해 날마다 새로운 법이 필요했다.4 완전함을 사랑하는 사람들이 조언에 따라 실천했을 것을 사람들에게 계율을 통해 실천하게 하느라고 입법자는 지쳤고, 그로 인해 사회도 지쳤다.

제 8장 : 도덕의 법과 종교의 법의 조화

불행히도 신이 주지 않은 종교를 가진 나라에서는 항상 종교가 도덕과 일치될 필요가 있다. 종교는 거짓된 것이라도 사람들이 인간의 올바름에 대해 가질 수 있는 가장 좋은 보증이기 때문이다.

페구 지방 사람들의 종교의 주안점은 죽이지 말라, 훔치지 말라, 음란한 행동을 하지 말라, 이웃에게 불쾌한 일을 하지 말라, 이웃에게 최대한 선을 행하라는 것이다. 5 그들은 이것을 지키면 어떤 종교를 갖더라도 구원받는다고 믿는다. 그리하여 이 민족은 오만하고 가난하긴 하지만 온화함과 불행한 사람에 대한 연민을 가지고 있다.

제 9장 : 에세네파(5)

에세네파는 사람들에 대해 정의를 지키고, 설사 명령에 복종하기 위해서라 할지라도 누구에게도 해를 끼치지 않고, 불의를 미워하고, 모든 사람에게 약속을 지키고, 겸손한 태도로 명령하고, 언제나 진리의 편에 서고, 모든 부당한 이득을 피할 것을 맹세했다. 6

---

4   뒤팽(Dupin, 1657~1719, 프랑스 신학자이자 역사가_옮긴이 주), 《6세기의 성직자 저자 총서》, 제 5권 참조.
5   《동인도회사 설립에 도움을 준 여행기 모음집》, 제 3권, 제 1부, 63쪽.
6   프리도, 《유대인의 역사》.

제10장 : 스토아학파

고대인에게 철학의 여러 학파는 종교의 종류로 간주될 수 있었다. 그 중 스토아학파만큼 그 원리가 인간에게 합당하고 선한 사람들을 양성하는 데 적절한 것은 결코 없었다. 만약 내가 기독교인이라는 생각을 잠시 하지 않을 수 있다면, 나는 '제논 학파'의 파괴를 인류의 불행 중 하나로 여기지 않을 수 없을 것이다.

그 학파는 쾌락과 고통을 경시하고 위대함이 있는 것만 강조했다.

그 학파만이 시민을 만들 수 있었고, 위인을 만들었고, 위대한 황제를 만들었다.

잠시 계시 진리를 고려하지 말고 전체 자연 속에서 찾아보라. 그러면 안토니누스 왕조(6)보다 더 위대한 대상을 찾을 수 없을 것이다. 심지어 율리아누스도 그보다 더 위대하지 않을 것이다(이렇게 던진 한 표로 인해 내가 그의 종교 배반의 공모자가 되지는 않겠지). 율리아누스 이후로는 인간을 다스리기에 합당한 군주가 없었다.

스토아학파는 부(富), 인간의 권세, 고통, 슬픔, 쾌락을 헛된 것으로 보면서, 오직 인간의 행복을 위해 일하고 사회의 의무를 수행하는 데 몰두했다. 그들은 그들 자신 안에 성스러운 정신이 있다고 믿고, 그 성스러운 정신을 인류를 돌보는 호의적인 구세주와 같은 것으로 여겼던 듯하다.

사회를 위해 태어난 그들은 모두 사회를 위해 일하는 것이 자신의 운명이라고 믿었다. 그들의 보상은 전부 그들 내부에 있었고 그들은 자신의 철학만으로 행복했으며 타인의 행복만이 그들의 행복을 증대시켜줄 수 있는 것처럼 보였으니, 그것은 그들에게 그렇게 힘든 일은 아니었을 것이다.

제11장 : 명상

인간은 자신을 보존하고 자신을 먹이고 자신을 입히고 모든 사회 활동을 하도록 만들어진 존재이므로, 종교가 인간에게 지나치게 명상적인 생활을 하게 해서는 안 된다. [7]

이슬람교도는 습관에 의해 사변적으로 된다. 그들은 하루에 다섯 번 기도하고, 그때마다 이 세상에 속하는 모든 것을 등 뒤로 던지는 동작을 해야 한다. 그것이 그들에게 사변 훈련을 시킨다. 여기에 더해, 엄격한 운명의 교리가 부여하는 세상 만물에 대한 무관심도 있다.

게다가 그들을 초연하게 만드는 다른 이유도 있다면, 이를테면 정체의 가혹함이나 토지 소유권에 관한 법 같은 것이 덧없음을 느끼게 한다면, 모든 것이 끝이다.

조로아스터교는 예전에 페르시아 왕국을 번영시켰다. 그 종교는 전제주의의 나쁜 결과를 교정했는데, 오늘날 이슬람교는 이 제국을 파괴시키고 있다.

---

7   이것이 석가모니와 노자의 교리의 단점이다.

제 12장 : 고 행

고행(苦行)은 나태의 관념이 아니라 노동의 관념, 특별함의 관념이 아니라 선(善)의 관념, 탐욕의 관념이 아니라 검소함의 관념과 결합하는 것이 좋다.

제 13장 : 속죄할 수 없는 죄

키케로가 말하는8 고위 성직자들의 책의 한 구절에 의하면, 로마인에게는 속죄할 수 없는 죄가 있었던 듯하다. 9 바로 그것을 근거로 조시모스는 콘스탄티누스의 개종 동기를 왜곡시키기에 매우 적당한 이야기를 정당화했고, (7) 율리아누스는 그의 저서 《황제들》에서 그 개종에 대해 신랄하게 조롱했다.

　몇몇 중대한 범죄만 금지하면서 손은 저지해도 마음은 내버려 두는 이교(異敎)에는 속죄할 수 없는 죄가 있을 수 있다. 그러나 모든 정념을 억제하고, 행동만이 아니라 욕망과 생각까지 감시하고, 약간의 사슬이 아니라 헤아릴 수 없이 수많은 실로 우리를 묶어 두고, 인간적인 정의를 능가하여 또 다른 정의를 가르치고, 참회에서 사랑으로 사랑

---

8 《법률론》, 제 2편, 제 22장.
9 Sacrum commissum, quod neque expiari poterit, impie commissum est ; quod expiari poterit publici sacerdotes expianto(속죄할 수 없는 신성모독은 불경스럽게 저질러진 것으로 간주되고, 속죄할 수 있는 신성모독은 공적인 사제들에 의해 속죄받을 것이다).

에서 참회로 끊임없이 끌고 다니기 위해 만들어진 종교, 재판관과 죄인 사이에 위대한 중재자를 두고 의인(義人)과 중재자 사이에 위대한 재판관을 두는 종교, 그런 종교에는 속죄할 수 없는 죄가 있을 수 없다. 그러나 이 종교는 모든 사람에게 두려움과 희망을 주기는 하지만, 본성상 속죄할 수 없는 죄는 없어도 죄 많은 한평생은 속죄할 수 없다는 것, 새로운 죄와 새로운 속죄로 끊임없이 신의 자비를 괴롭히는 것은 매우 위험하다는 것, 우리는 주님께 결코 갚지 못한 오래된 빚을 걱정하며 새로운 빚을 지거나 한도를 넘어 아버지의 온정이 끝나는 지점에까지 이르는 것을 두려워해야 한다는 것을 충분히 느끼게 한다.

제14장 : 종교의 힘이 어떻게 시민법의 힘에 적용되는가

종교와 시민법은 주로 사람들을 좋은 시민으로 만드는 것을 지향해야 하므로, 둘 중 어느 하나가 이 목적에서 벗어날 때는 다른 하나가 더욱 그것을 추구해야 한다. 즉, 종교가 억제를 덜 할수록 시민법은 더욱 억제해야 한다.

그리하여 일본에서는 지배적 종교가 교리를 거의 가지고 있지 않고 천국이나 지옥도 제시하지 않으므로, 그것을 보충하기 위해 법이 극도로 엄격하게 만들어졌고 극도로 정확하게 집행되었다.

종교가 인간 행동에 대해 필연성의 교리를 수립할 때는 법의 형벌이 더 엄격해야 하고 치안에 보다 주의를 기울여야 한다. 그래서 그런 것이 없으면 자기 자신을 포기할 사람들이 그런 동기에 의해 단호해

지도록 해야 한다. 그러나 종교가 자유의 교리를 수립한다면, 그것은 다른 문제이다.

영혼의 게으름에서 이슬람교의 예정설 교리가 생기고, 이 예정설 교리에서 영혼의 게으름이 생긴다. "이것은 신의 의지 안에 있는 것이다. 따라서 그냥 가만히 있어야 한다"라고 사람들은 말했다. 그런 경우에는 종교 속에서 잠자고 있는 사람들을 법으로 자극해야 한다.

시민법이 허용하는 것을 종교가 벌할 때, 종교가 벌하는 것을 시민법도 허용하지 않는 것은 위험하다. 둘 중 어느 하나는 항상 관념에 있어서 조화와 정당성의 부족을 드러내는데, 그것이 다른 하나로 번지게 되기 때문이다.

그리하여 칭기즈칸의 타타르족에게는 칼을 불 속에 넣는 것, 채찍에 기대는 것, 말굴레로 말을 때리는 것, 한 뼈로 다른 뼈를 깨뜨리는 것은 죄가 되었고 심지어 사형에 처해지기도 했는데, 맹세를 저버리거나 타인의 재산을 빼앗거나 사람을 모욕하고 죽이는 것은 죄라고 생각되지 않았다.10 한마디로 말해서, 별일 아닌 것을 필수적인 것으로 여기게 하는 법이 필수적인 것을 별일 아닌 것으로 여기게 하는 결함을 지닌 것이다.

타이완 사람들은 지옥을 믿는다.11 그러나 그것은 일정한 계절에 나체로 나가지 않은 사람들, 명주가 아니라 삼베옷을 입은 사람들,

---

10 교황 인노첸시오 4세(Innocentius IV, 1243~1254년에 재위한 중세의 위대한 교황 가운데 한 사람이다_옮긴이 주)가 1246년에 타타리아로 보낸 조반니 다 피안 델 카르피네 수사의 견문기 참조.
11 《동인도회사 설립에 도움을 준 여행기 모음집》, 제5권, 제1부, 192쪽.

굴을 따러 간 사람들, 새의 노래로 점을 치지 않은 채 행동한 사람들을 벌주기 위한 것이었다. 따라서 그들은 술주정이나 여자와의 방탕함은 죄라고 여기지 않는다. 그들은 심지어 아들의 방탕함은 신들을 기분 좋게 해준다고 믿는다.

종교가 의외의 것을 정당화할 때, 종교는 사람들 사이의 가장 큰 원동력을 무익하게 잃어버리게 된다. 인도인은 갠지스강물에 성스럽게 만드는 효능이 있다고 믿는다.[12] 이 강변에서 죽는 사람은 저승의 형벌이 면제되고 극락에서 살게 된다고 알려져 있다. 그래서 가장 멀리 떨어진 곳에서도 사람들은 죽은 자의 재로 가득 찬 단지를 보내 그것을 갠지스강에 던진다. 살아생전 덕이 있었느냐 없었느냐는 중요하지 않다. 갠지스강에 던져지기만 하면 되는 것이다.

보상의 장소인 낙원에 대한 관념은 필연적으로 형벌의 장소인 지옥에 대한 관념을 수반한다. 그런데 사람들이 지옥을 두려워하는 일 없이 낙원을 바랄 때, 시민법은 더 이상 힘을 갖지 못한다. 저승에서 틀림없이 보상받는다고 믿는 사람들은 입법자의 권한에서 벗어나게 될 테고, 죽음을 몹시 경시할 것이다. 집정자가 부과할 수 있는 가장 큰 형벌도 잠깐이면 끝나고 행복이 시작될 것이 확실하다고 믿는 사람을 법에 의해 제지할 방법이 있겠는가?

---

12 《교훈적이고 신기한 편지들》, 제15집.

제15장 : 시민법은 때때로 어떻게 거짓 종교를 교정하는가

옛것에 대한 존경, 우직함, 미신은 때때로 풍속을 문란하게 할 수 있는 종교의식이나 의례를 확립했다. 그런 예는 이 세상에 적지 않았다. 아리스토텔레스는 그 경우에 가장이 처자식을 위해 사원에 가서 그런 의식을 행하는 것을 법이 허용했다고 말한다.13 종교에 맞서 풍속을 보호하는 훌륭한 시민법이었다!

아우구스투스는 연장자인 친척이 동행하지 않으면 젊은 남녀가 야간 의식에 참여하는 것을 일절 금지했다.14 그리고 그는 목신(牧神) 축제를 부활시켰을 때 청년이 알몸으로 달리는 것을 허용하지 않았다.15

제16장 : 종교의 법은 어떻게 정치적 구조의 결함을 교정하는가

한편, 법이 무력할 때는 종교가 정치적 국가를 유지할 수 있다.

그리하여 국가가 종종 내전으로 흔들릴 때, 종교 덕분에 국가의 어떤 부분이 계속 평화를 유지하게 된다면 종교는 많은 도움이 될 것이다. 그리스에서 엘리스(8)인은 아폴론의 사제로서 영원한 평화를 누렸다. 일본에서는 성스러운 도시 미야코를 언제나 평화롭게 내버려

---

13 《정치학》, 제7편, 제17장.
14 수에토니우스, "아우구스투스", 제31장.
15 위의 책.

둔다. 16 종교가 이 규칙을 유지하는 것이다. 마치 이 땅에 홀로 있는 듯한 이 제국은 외국으로부터 어떠한 자원도 받지 않고 그것을 원하지도 않는데, 언제나 그 내부에 전쟁에 의해 파괴되지 않는 상업을 가지고 있다.

전쟁이 공동 협의로 행해지지 않고 전쟁을 끝내거나 예방할 어떤 수단도 법에 정해져 있지 않은 나라에서는, 파종이나 그와 유사한 노동과 같이 국가 존립에 없어서는 안 될 일을 사람들이 할 수 있도록 종교가 평화나 휴전의 시기를 정한다.

아라비아의 부족들 사이에서는 해마다 넉 달 동안 모든 적대행위가 중지되었고, 17 아주 사소한 분쟁도 불경건한 행동으로 여겨졌다. 프랑스에서는 각 영주가 전쟁이나 강화를 할 때, 어떤 계절에 휴전해야 하는지를 종교가 정해주었다.

제 17장 : 같은 주제 계속

한 나라에 증오의 동기가 많을 때, 종교는 많은 조정 수단을 제공해야 한다. 약탈 민족인 아라비아인은 종종 서로에게 손해를 끼치고 부정을 저지르곤 했다. 무함마드는 다음과 같은 법을 만들었다. 18

"어떤 사람이 자기 형제가 흘린 피를 용서하는 경우, 19 그는 악인에

---

16 《동인도회사 설립에 도움을 준 여행기 모음집》, 제 4권, 제 1부, 127쪽.
17 프리도, 《무함마드의 생애》, 64쪽.
18 《쿠란》, 제 1편, 암소의 장.
19 탈리온 법을 거부하고.

게 손해배상을 위한 소송을 제기할 수 있다. 그러나 보상을 받은 후에 악인에게 해를 가하는 사람은 심판의 날에 고통스러운 형벌을 받을 것이다."

게르만족은 친족의 증오와 원한을 물려받았다. 그러나 그것은 영구적인 것은 아니었다. 살인도 일정한 양의 가축을 제공함으로써 속죄되었다. 그리고 가족 전체가 보상을 받았다. 타키투스는 "이것은 매우 유익한 일이다. 자유로운 민족에게 원한은 몹시 위험하기 때문이다"라고 말한다. [20] 나는 그들에게 대단한 영향력을 가지고 있던 사제들이 이러한 조정에 개입했다고 생각한다.

조정 방법이 정해져 있지 않은 말레이족의 경우, [21] 누군가를 죽인 자는 죽은 자의 친척이나 친구에게 살해될 것이라고 확신하고 격분을 자제하지 못해 만나는 사람마다 해치고 죽인다.

제18장 : 어떻게 종교의 법이 시민법의 효과를 갖는가

초기 그리스인은 대개 여기저기 흩어져 있던 작은 민족들로, 바다에서는 해적질을 하고 육지에서는 강도짓을 하며 통치 조직도 법도 없이 지냈다. 헤라클레스와 테세우스[9]의 대단한 업적은 이 신흥민족이 처했던 상황을 보여준다. 당시의 종교는 살인에 대한 혐오감을 주

---

20 《게르만족의 풍속》.
21 《동인도회사 설립에 도움을 준 여행기 모음집》, 제7권, 303쪽. 《포르뱅 백작의 회고록》에서 마카사르족(마카사르는 인도네시아의 술라웨시섬 남부에 위치하며 인도네시아 동부 지방의 중심지이다_옮긴이 주)에 대한 이야기도 참조할 것.

기 위한 것 이외에 무엇을 할 수 있었을까?

종교에 의해 확립된 내용은 다음과 같았다. 폭력에 의해 살해된 사람은 우선 살인자에게 화를 내고,[22] 그에게 불안과 두려움을 불어넣으며, 자신이 자주 다니던 장소를 살인자가 양보하기를 원했다. 그리고 죄인과 접촉하거나 이야기를 나눈 사람은 명예가 훼손되었고[23] 법정에서 증언할 수 없었다. 살인자는 도시에서 추방되어야 했고, 대가를 치러야 했다. [24]

제19장 : 시민 국가에서 교리가 사람들에게 유익한지 해로운지는 교리가 진실인지 거짓인지보다 교리를 활용하는지 남용하는지에 달렸다

가장 진실하고 신성한 교리도 사회의 원리와 연결되지 않을 때는 매우 나쁜 결과를 가져올 수 있다. 반대로 가장 거짓된 교리도 그것을 사회의 원리와 어울리게 만들 때는 훌륭한 결과를 가져올 수 있다.

공자(孔子)의 종교는 영혼의 불멸성을 부정한다. 그리고 제논 학파도 그것을 믿지 않았다. 그런데 어찌된 일일까? 그 두 교파는 그들

---

22 플라톤, 《법률》, 제9편.
23 비극 《콜로노스의 오이디푸스》(소포클레스가 지은 아테네 비극으로, 테베 3부작 중 가장 마지막에 쓰였다. 사건이 벌어진 순서는 《오이디푸스 왕》이 처음이고, 그다음이 《콜로노스의 오이디푸스》이며, 마지막이 《안티고네》이다. 이 비극은 오이디푸스의 비극적인 삶의 마지막을 묘사하고 있다_옮긴이 주) 참조.
24 플라톤, 《법률》, 제9편.

의 나쁜 원리로부터 비록 올바르지는 않아도 사회를 위해 훌륭한 결과를 끌어냈다. 노자(老子)와 석가모니의 종교는 영혼의 불멸성을 믿는다. 그러나 그토록 신성한 교리로부터 그 신자들은 무서운 결과를 끌어냈다.25

거의 온 세계에 걸쳐, 그리고 모든 시대에서, 잘못 받아들여진 영혼불멸설은 여자, 노예, 신하, 친구를 부추겨 자신들의 존경이나 사랑의 대상을 섬기러 다른 세상으로 가기 위해 자살하게 만들었다. 서인도제도에서도 그랬고, 덴마크 사람들도 그랬다.26 그리고 일본,27 마카사르,28 그밖에 지구상의 몇몇 장소에서는 오늘날에도 여전히 그러하다.

이런 관습은 영혼불멸의 교리에서 직접 유래한 것이기보다는 육체부활의 교리에서 나온 것이다. 바로 거기에서 사후에도 동일한 개인이 같은 욕구, 같은 감각, 같은 열정을 지닐 것이라는 결론을 끌어낸

---

25 중국의 한 철학자는 석가모니의 교리에 대해 다음과 같이 반박한다. "이 교파의 책에는 우리의 육체는 우리의 집이고 영혼은 거기에 거주하는 불멸의 주인이라고 쓰여 있다. 그러나 만약 우리 부모의 육체가 단지 집에 불과하다면, 흙과 진흙 덩어리를 바라보듯 무심하게 그 육체를 바라보는 것이 당연하다. 그렇다면 그것은 사람의 마음에서 부모에 대한 사랑의 덕성을 빼앗고자 하는 것이 아니겠는가? 마찬가지로 그것은 육체를 보살피는 것을 경시하게 하고, 육체의 보존을 위해 필요한 연민과 애정을 육체에 쏟지 않게 한다. 그러므로 불교 신자들은 자살하는 사람이 많다." 중국 철학자의 저서, 뒤 알드 신부의 모음집, 제3권, 52쪽.

26 토마스 바르톨린(Thomas Bartholin, 1616~1680, 덴마크의 해부학자_옮긴이 주), 《고대 덴마크》참조.

27 《동인도회사 설립에 도움을 준 여행기 모음집》에서 일본에 관한 견문기.

28 《포르뱅 백작의 회고록》.

것이다. 이런 관점에서 영혼불멸의 교리는 사람들에게 대단한 영향을 미친다. 새로운 변모에 대한 관념보다는 단순히 거주지가 바뀐다는 관념이 우리의 머리로 더 이해하기 쉽고 우리의 마음에 더 흡족하기 때문이다.

종교는 교리를 확립하는 것만으로는 충분하지 않고, 그것에 대해 지도도 해야 한다. 우리가 앞에서 말한 교리에 대해 기독교가 아주 훌륭하게 수행한 것은 바로 그것이다. 기독교는 우리가 느끼거나 알고 있던 나라가 아니라 믿고 있던 나라를 바라게 한다. 그리고 육체의 부활에 이르기까지 모든 것이 우리를 정신적인 관념으로 이끈다.

제 20장 : 같은 주제 계속

고대 페르시아인의 성스러운 책들은 "만일 성자(聖子)가 되고자 한다면, 네 자식을 교육시켜라. 자식이 하는 모든 선행의 공덕이 네게 돌아올 것이기 때문이다"라고 말한다.[29] 그 책들은 일찍 혼인하는 것을 권장했다. 자식은 심판의 날에 다리와 같은 것이 될 터이므로 자식을 갖지 않은 자는 건너갈 수 없을 것이기 때문이다. 이런 교리들은 잘못된 것이었지만, 매우 유익했다.

---

29 하이드.

제 21장 : 윤 회

영혼불멸의 교리는 순수한 불멸의 교리, 단순히 거주지가 바뀐다는 교리, 윤회의 교리라는 세 가지 분파로 나뉜다. 다시 말하자면 기독교인의 이론, 스키타이인의 이론, 인도인의 이론이다. 앞의 두 가지에 대해서는 방금 이야기했다. 이제 세 번째 이론에 대해서, 그것에 대한 지도가 좋게도 나쁘게도 이루어졌으므로 인도 지역에서 좋은 결과와 나쁜 결과를 초래했다는 것을 말하고자 한다. 그 이론은 사람들에게 피를 흘리는 것에 대해 상당한 혐오감을 주기 때문에, 인도 지역에는 살인이 매우 적다. 그리고 거기서는 사형에 처하는 일이 없는데도, 모든 사람이 평온하게 지낸다.

다른 한편, 거기서는 남편이 죽으면 아내가 스스로 자기 몸을 불태운다. 오직 죄 없는 자만이 극단적인 죽음을 겪게 되는 것이다.

제 22장 : 종교가 하찮은 것에 대해 혐오를 불어넣는 것이
얼마나 위험한가

종교적 편견에 의해 인도 지역에 수립된 명예는 여러 카스트가 서로 혐오하게 만든다. 이 명예는 오로지 종교에 토대를 두고 있고, 카스트 집단의 차별은 시민적 차별을 이루는 것은 아니다. 그래서 왕과 함께 식사하면 자기 명예가 더럽혀진다고 믿는 인도인도 있다.

이런 종류의 차별은 다른 사람에 대한 특정한 혐오감과 결부되어 있는데, 그 혐오감은 신분의 차이로 인해 생기는 감정과는 아주 다르다. 우리의 경우, 신분의 차이로 인한 감정에는 하급자에 대한 사랑도 포함되기 때문이다.

종교의 법은 악덕에 대한 경멸 이외의 다른 경멸을 갖게 하는 것, 특히 인간에 대한 사랑과 연민으로부터 사람들이 멀어지는 것을 피해야 한다.

이슬람교와 인도의 종교는 그 내부에 수많은 종족을 포함하고 있다. 인도인은 이슬람교인이 소고기를 먹기 때문에 그들을 미워하고, 이슬람교인은 인도인이 돼지고기를 먹기 때문에 그들을 미워한다.

제 23장 : 제전(祭典)

종교가 노동 중단을 명령할 때는 숭배하는 존재의 위대함보다 인간의 필요를 더 고려해야 한다.

아테네에는 제전이 지나치게 많은 것이 큰 단점이었다.30 그리스의 모든 도시가 이 지배 민족에게 자신들의 분쟁 해결을 의뢰했으므로, 그들은 나랏일을 충분히 처리할 수 없었다.

콘스탄티누스가 일요일에 일하지 않는 것으로 정했을 때,31 그의 명령은 도시를 위한 것이었고, 농촌 사람들을 위한 것은 아니었다. 그는 도시에서는 노동이 유익한 것이지만 시골에서는 필요한 것임을 알고 있었다.

---

30 크세노폰, 《아테네 공화국》.
31 Leg. 3. cod. de feriis. 이 법은 틀림없이 이교도만을 위해 만들어졌을 것이다.

같은 이유로 상업으로 유지되는 나라에서 제전의 수는 그 상업 자체에 관련되어야 한다. 개신교 국가는 지리적으로 가톨릭 국가보다 노동의 필요가 더 많은 곳에 자리 잡고 있다.[32] 따라서 제전을 없애는 것은 가톨릭 국가보다 개신교 국가에 더 적합했다.

댐피어는 사람들의 오락이 풍토에 따라 많이 바뀐다고 지적한다.[33] 더운 풍토에서는 맛있는 과일이 많이 생산되므로, 곧바로 필요한 것을 구할 수 있는 야만족은 즐기는 데에 더 많은 시간을 사용한다. 추운 지방의 인디언은 그다지 많은 여가를 갖지 못한다. 그들은 계속해서 낚시와 사냥을 해야 한다. 따라서 그들에게는 춤, 음악, 잔치가 더 적다. 이런 민족에게 확립되는 종교는 제전을 설정할 때 그런 점을 고려해야 한다.

제 24장 : 지방 특유의 종교 법

여러 종교에는 지방 특유의 법이 많이 있다. 목테수마(10)가 스페인 사람의 종교는 스페인에 좋은 것이고, 멕시코의 종교는 그의 나라에 좋은 것이라고 그토록 고집스럽게 말했을 때, 그가 부조리한 말을 한 것은 아니었다. 사실 입법자들은 그들에 앞서 자연이 확립한 것을 고려하지 않을 수 없기 때문이다.

윤회설은 인도 지역의 풍토에 맞게 만들어진 것이다. 극도의 더위

---

32 가톨릭 국가는 더 남쪽에 있고, 개신교 국가는 북쪽에 있다.
33 《새로운 세계 일주》, 제 2권.

가 모든 들판을 시들게 하므로, 34 거기서는 매우 적은 가축밖에 기를
수 없다. 경작을 위한 들판이 부족할 위험은 항상 존재한다. 거기서
는 소가 잘 번식하지 못하고, 35 많은 병에 걸리기 쉽다. 따라서 소를
보전하는 종교법은 그 나라의 통치 조직에 매우 적합한 것이다.

초원이 말라 죽어가는 동안, 다행히 벼와 채소는 거기서 사용할 수
있는 물 덕분에 잘 자란다. 따라서 그 식량만 허용하는 종교법은 그러
한 풍토에서 인간에게 매우 유익하다.

그곳 가축의 고기는 맛이 없다. 36 그런데 가축에서 얻는 우유와 버
터는 그들의 생필품 일부를 이룬다. 따라서 소를 먹거나 죽이는 것을
금지하는 법은 인도 지역에서는 합리적이다.

아테네에는 수많은 사람이 있었는데, 영토는 불모지였다. 그래서
신에게 특정한 작은 선물을 바치는 사람이 소를 제물로 바치는 사람
보다 더 신을 숭배한다는 것이 종교적인 규범이었다. 37

---

34 베르니에, 《여행기》, 제 2권, 137쪽.
35 《교훈적인 편지들》, 제 12집, 95쪽.
36 베르니에, 《여행기》, 제 2권, 137쪽.
37 에우리피데스(Euripides, BC480~BC406, 고대 아테네에서 활동한 비극 시인__
옮긴이 주), 아테나이오스 제 2편 40쪽에서.

제25장 : 한 나라의 종교를 다른 나라로 옮기는 일의 불편함

그러므로 한 나라의 종교를 다른 나라로 옮기는 데에는 매우 빈번하게 많은 불편함이 나타난다.[38]

불랭빌리에[(11)]는 "아라비아에는 틀림없이 돼지가 매우 적을 것이다. 거기에는 숲이 거의 없고 이 동물의 먹이에 알맞은 것이 거의 없다. 게다가 물과 음식의 염분 때문에 사람들이 피부병에 걸리기가 매우 쉽다"라고 말한다.[39] 돼지고기를 금지하는 지방 특유의 법은 돼지고기가 거의 보편적인 식량, 이를테면 필요한 식량인 다른 지방에는[40] 적절하지 못할 것이다.

여기서 나는 한 가지 고찰을 하고자 한다. 산토리오[(12)]는 사람들이 먹는 돼지고기가 거의 땀이 나지 않게 하고 심지어 이 식품은 다른 음식의 발한(發汗) 작용을 크게 방해한다는 것을 관찰했다.[41] 그는 발한 작용이 3분의 1까지 감소하는 것을 발견했다.[42] 그런데 발한이 안 되면 피부병을 일으키거나 피부병이 악화된다고 알려져 있다. 따라서 팔레스타인, 아라비아, 이집트, 리비아와 같이 이런 질병에 취약한 풍토에서는 돼지의 식용이 금지되어야 한다.

---

38 여기서는 기독교에 대해 말하는 것은 아니다. 제24편 제1장의 마지막에서 말한 것처럼 기독교는 최고의 선이기 때문이다.

39 《무함마드의 생애》.

40 중국에서처럼.

41 《계량 의학(*Médecine Statique*)》, 제3과, 제22절.

42 제3과, 제23절.

제 26장 : 같은 주제 계속

샤르댕은 페르시아에는 제국의 경계에 있는 쿠라강을 제외하면 항해할 수 있는 강이 없다고 말한다. [43] 그러므로 강에서 항해하는 것을 금지한 조로아스터교도의 옛 법은 그들의 나라에서는 아무런 불편이 없었다. 그러나 다른 나라에서라면 그 법은 상업을 파멸시켰을 것이다.

끊임없는 목욕은 더운 풍토에서는 매우 통용되는 것이다. 그래서 이슬람법과 인도의 종교는 목욕을 명령한다. 인도 지역에서는 흐르는 물에서 신에게 기도하는 것이 매우 칭송받을 만한 행동이다. [44] 그러나 다른 풍토에서는 어떻게 그런 일을 실행하겠는가?

풍토에 토대를 둔 종교가 다른 나라의 풍토와 몹시 충돌할 때, 그 종교는 그 나라에 수립될 수 없었다. 그곳에 도입되어도 곧 사라졌다. 인간적인 관점으로 말하자면, 기독교와 이슬람교에 경계를 정해준 것은 바로 풍토인 듯하다.

그러므로 종교는 특수한 교리와 일반적인 종교의식을 갖는 것이 거의 언제나 적당하다. 종교의식을 실행하는 것과 관련된 법에는 세세한 규정이 필요하지 않다. 예를 들어 특정한 고행이 아니라 일반적인 고행이면 된다. 기독교는 양식(良識)으로 가득 차 있다. 금욕은 신법(神法)에 속하지만, 특수한 금욕은 통치 조직의 법에 속하는 것이므로 변경할 수 있다.

---

43 《페르시아 여행》, 제2권.
44 베르니에, 《여행기》, 제2권.

제 25 편

각 나라의 종교 수립과 그 외적 조직에 관한 법

제 1장 : 종교에 대한 감정

독실한 사람과 무신론자는 언제나 종교에 대해 이야기한다. 한쪽은 사랑하는 것에 대해서, 다른 한쪽은 두려워하는 것에 대해서 말한다.

제 2장 : 여러 종교에 대한 애착의 동기

세계의 여러 종교는 그 종교를 믿는 사람들에게 종교에 대한 애착의 동기를 똑같이 부여하지 않는다. 그것은 사람들이 생각하고 느끼는 방식과 그 종교가 어떻게 조화를 이루느냐에 따라 많이 달라진다.

우리는 우상(偶像) 숭배에 매우 끌리는 경향이 있지만, 우상 숭배적 종교에 강한 애착을 갖지는 않는다. 우리는 정신적 관념에 별로 끌리지 않지만, 정신적 존재를 숭배하게 하는 종교에는 강한 애착을 느낀다. 그것은 다른 종교에 의해 저속화된 신성(神性)을 그 저속함으로부터 끌어내는 종교를 선택했을 만큼 우리가 똑똑하다고 스스로 느끼는 만족감에서 어느 정도 유래하는 행복한 감정이다. 우리는 우상숭배를 무지한 민족의 종교라고 여기고, 정신적 존재를 대상으로 하는 종교를 양식 있는 민족의 종교라고 여긴다.

우리가 교리를 형성하는 최고의 정신적 존재에 대한 관념과 함께 종교의식에 포함된 감각적 생각도 겸비할 수 있을 때, 그것은 우리에게 종교에 대한 커다란 애착을 부여한다. 애착의 동기가 감각적인 사물에 대한 우리의 자연적 성향에 결부되기 때문이다. 그래서 그런 종류의 종교의식을 개신교인보다 더 많이 가진 가톨릭교도는 개신교인이 자신의 종교에 애착을 느끼는 것보다 더 강하게 애착을 느끼고 선교에도 더 열성적이다.

에페소스(1) 사람들은 공의회의 신부들이 동정녀 마리아를 '신의 어머니'라고 불러도 좋다고 결정한 것을 알게 되었을 때 열광적으로 기뻐했다.1 그들은 주교들의 손에 입을 맞추었고 그 무릎을 끌어안았

---

1   성 치릴로(Cyrillus Alexandrinus, 376?~444. 제24대 알렉산드리아 대주교로 5세기경에 활약한 기독교 교부이다. 431년 에페소스 공의회에서 네스토리우스의 주장을 반대한 것으로 유명하다. 그들의 종교적 논쟁은 예수 그리스도 안에서 신성과 인성의 관계를 중심으로 벌어졌다. 치릴로는 한 위격 안에 두 본성이 통일되어 있음을 주장했지만, 네스토리우스는 두 본성의 차이를 강조하여 두 위격으로 분열시키는 듯한 인상을 주었다. 이 논쟁은 치릴로가 성육신을 통해 두 본성이 내적 통일을 이루었음을 설명하기 위해 동정녀 마리아를 테오토코스(그리스어로 '신의 어머니'라는 뜻)로 부를 것을 주장하면서 세상의 주목을 끌었다. 네스토리우스가 이 용어를 받아들일 수 없다고 하자 에페소스 공의회가 열리게 되었다. '치릴로'라는 표기 대신 라틴어 철자 그대로 '키릴루스'로 표기하기도 한다_옮긴이 주)의

다. 모두에게서 환호성이 울려 퍼졌다.

지적인 종교가 우리에게 신의 선택이라는 관념, 그리고 그 종교를 믿는 사람과 믿지 않는 사람에 대한 차별의 관념도 부여할 때, 우리는 그 종교에 더 많이 집착하게 된다. 만약 이슬람교도의 한편에 자신들이 신의 유일성을 위한 응징자라고 생각하게 만드는 우상 숭배 민족이 없었다면, 그리고 다른 한편에 신이 자신들을 더 좋아한다고 믿게 만드는 기독교인이 없었다면, 그들은 좋은 이슬람교도가 될 수 없었을 것이다.

의례(儀禮)가 많은 종교는 의례가 적은 종교보다 더 집착하게 만든다.2 사람은 계속 매여 있는 것에 집착을 많이 하게 마련이다. 이슬람교도와 유대인의 끈질긴 완고함,3 그리고 오직 사냥이나 전쟁에만 전념하고 종교적 의례를 별로 가지고 있지 않은 미개한 야만족이 쉽게 종교를 바꾸는 것이 바로 그 증거이다.

인간은 희망이나 두려움을 갖는 경향이 극도로 강하다. 그러므로 지옥도 천국도 가지지 않은 종교는 인간의 마음에 들 수 없을 것이다. 그것은 외국의 종교가 일본에 쉽게 정착했고 사람들이 열의와 애정으

편지.

2 이것은 전 편의 끝에서 두 번째 장에서 내가 말한 것과 모순되지 않는다. 여기서는 종교에 대한 애착의 동기에 대해 말하는 것이고, 거기서는 종교를 더 일반적인 것으로 만드는 방법에 대해 말한 것이다.

3 이것은 전 세계에서 목격된다. 터키인에 대해서는 《동방의 포교단(Missions du Levant)》을, 바타비아의 무어인에 대해서는 《동인도회사 설립에 도움을 준 여행기 모음집》 제3권 제1부 201쪽을, 흑인 이슬람교도에 대해서는 라바 신부의 저서를 참조할 것.

로 받아들였다는 사실에 의해 증명된다. 4

종교가 사람의 마음을 끌기 위해서는 순수한 도덕을 가지고 있어야 한다. 인간은 하나하나 살펴보면 사기꾼이지만 전체적으로는 매우 정직하다. 그들은 도덕을 좋아한다. 이토록 진지한 주제를 다루고 있는 것이 아니라면, 나는 그런 점이 연극에서 아주 잘 드러난다고 말하고 싶다. 확실히 사람들은 도덕이 인정하는 감정을 좋아하고, 도덕이 배척하는 감정에는 기분 상해한다.

종교의식의 외관이 아주 장엄하면, 그것은 우리를 기분 좋게 하고 우리에게 종교에 대한 많은 애착을 준다. 사원의 부(富)와 성직자의 부는 우리에게 많은 영향을 준다. 그러므로 사람들의 가난 자체가 종교에 애착을 갖게 하는 동기가 되는데, 그것은 그들의 가난을 야기한 사람들에게 핑계로 사용되었다.

제 3장 : 사 원

문명화된 거의 모든 민족은 집에서 산다. 신을 경배하고 두려움이나 희망 속에서 신을 찾아가기 위한 집, 신을 위한 집을 짓는다는 관념은 당연히 거기에서 나온 것이다.

사실 신의 존재를 더 잘 느낄 수 있고 모두 함께 자신의 나약함과 불행을 털어 놓을 수 있는 장소보다 인간에게 더 위안을 주는 것은 없다.

---

4 기독교와 인도 지역의 여러 종교를 말한다. 이들 종교에는 지옥과 천국이 있으나, 일본의 민속신앙인 신도(神道)에는 그것이 없다.

그러나 너무도 자연스러운 이런 관념은 토지를 경작하는 민족에게 만 생긴다. 그들 스스로 집을 가지고 있지 않은 민족에게서는 사원이 세워지는 것을 볼 수 없다.

칭기즈칸이 모스크에 대해 그토록 커다란 경멸을 드러냈던 것은 바로 그 때문이다.[5] 이 군주는 이슬람교도에게 질문하여 그들의 모든 교리를 인정했지만, 메카 순례의 필요성을 정한 교리는 제외했다.[6] 그는 어디서나 신을 숭배할 수 없다는 것을 이해할 수 없었다. 타타르족은 집에서 살지 않았으므로 사원을 알지 못했던 것이다.

사원을 가지지 않은 민족은 자신들의 종교에 대한 애착이 별로 없다. 바로 그 때문에 타타르족은 언제나 신앙에 대해 그토록 관대했다.[7] 로마 제국을 정복한 야만족이 기독교를 믿는 것에 잠시도 주저하지 않았던 것도, 아메리카의 미개인이 자기 고유의 종교에 그토록 애착이 없었던 것도 그 때문이다. 그리고 우리 선교사들이 파라과이에 교회를 세운 이후 그들이 우리 종교에 그토록 열성적인 것도 다 그 때문이다.

신은 불행한 사람들의 피난처이고 죄인보다 더 불행한 사람은 없으므로, 자연히 사원은 그들을 위한 은신처라고 생각하게 되었다. 이런 생각은 그리스인에게는 더욱더 자연스럽게 보였다. 그리스에서 살인

---

5 그는 부카라의 모스크에 들어가자, 쿠란을 말의 다리 밑으로 집어 던졌다. 《타타르족의 역사》, 제3부, 273쪽.
6 위의 책, 342쪽.
7 이런 정신적 경향은 자신들의 기원을 타타르족에게서 끌어내는 일본인에게까지 전해졌다. 그것은 쉽게 증명할 수 있다.

자는 도시와 사람들 곁에서 추방되므로 그들에게는 사원 이외에는 집이 없었고 신 이외에는 다른 보호자가 없는 것 같았기 때문이다.

처음에는 이것이 본의 아니게 살인을 저지른 자에게만 관련되었다. 그러나 거기에 중죄인도 포함되자, 사람들은 심한 모순에 빠졌다. 그들이 인간을 모독했다면, 신을 모독한 것은 말할 필요도 없는 일이었다.

그리스에는 이런 피난처가 늘어났다. 타키투스는 사원이 지불 능력이 없는 채무자와 못된 노예로 가득 차 있었다고 말한다.[8] 그래서 관리들은 치안을 유지하기가 힘들었고, 사람들은 마치 신에 대한 예절처럼 인간의 범죄를 보호했다. 결국 원로원은 그 대다수를 없애지 않을 수 없었다.

모세의 법은 매우 현명했다. 본의 아니게 살인을 저지른 자는 무죄였지만, 피해자 친족의 눈앞에 보이지 말아야 했다. 그래서 모세는 그들을 위한 피난처를 설립했다.[9] 대죄인은 피난처에 수용될 자격이 없었으므로 그들에게는 피난처가 없었다.[10] 유대인에게는 끊임없이 장소를 바꾸는 이동식 성막(聖幕) 밖에 없었다. 거기에는 피난처의 관념이 개입할 여지가 없었다. 사실 나중에는 그들도 사원을 갖게 되었다. 그러나 사방에서 죄인이 거기로 몰려들었다면, 신의 숭배에 방해가 될 수 있었을 것이다. 그리스에서처럼 살인자가 국외로 추방되

8　《연대기》, 제3편.
9　〈민수기〉, 제35장.
10　위의 책.

었다면, 그들이 이방인의 신들을 숭배할 우려가 있었을 것이다. 이런 모든 점을 고려하여 피난의 도시가 세워졌고, 사람들은 고위 성직자가 죽을 때까지 거기서 머물러야 했다.

제 4장 : 성직자

초기에는 사람들이 식물만 제물로 바쳤다고 포르피리오스(2)는 말한다. 그토록 간단한 종교의식을 위해서는 각자가 자기 가정에서 신관(神官)이 될 수 있었다.

신의 마음에 들고자 하는 자연적 욕구가 의식을 증가시켰다. 그로 인해 농업에 종사하는 사람들은 그 모든 의식을 실행하고 세세한 것들을 이행할 수가 없었다.

사람들은 특별한 장소를 신에게 바쳤고, 각 시민이 자기 집과 집안일을 돌보듯 그곳을 돌보기 위한 성직자가 필요하게 되었다. 그러므로 사제(司祭)를 갖고 있지 않은 민족은 대개 야만족이다. 옛날에는 페달리아족(3)이 그랬고,11 불구스키족12은 지금도 여전히 그렇다.

신에게 바쳐진 사람들은 존경받아야 했다. 육체적 순결이 신을 가

---

11 릴리오 기랄디〔Lilio Giraldi, 1479~1552, 이탈리아 르네상스 시대의 고전학자. 여기서 말하는 저서는 《여러 나라의 신들(de deis gentium)》이다_옮긴이 주〕, 726쪽.

12 시베리아의 민족. 《북쪽 지방의 여행기 모음집》 제 8권에서 에베라르트 이스브란트 이데스(Eberhard Isbrand Ides, 1657~1708, 덴마크의 상인이자 여행가_옮긴이 주)의 "견문기" 참조.

장 기쁘게 하는 장소에 접근하는 데 필요하고, 일정한 종교적 실천에 속한다고 생각하는 민족에게는 특히 그러했다.

신에 대한 숭배에 계속 주의를 기울여야 하므로, 대부분의 민족은 성직자를 별개의 집단으로 구성했다. 그리하여 이집트인, 유대인, 페르시아인은 특정한 가문을 신에게 바치고 그들이 대를 이어 신을 섬기게 했다.13 심지어 성직자에게 나랏일을 멀리하게 하는 것뿐만 아니라 가정의 걱정거리도 없애고자 생각한 종교도 있었다. 그리고 그것이 기독교 법의 주류를 이루는 종교적 규율이 되었다.

여기서 나는 독신법(獨身法)의 결과에 대해 말할 생각은 없다. 그러나 성직자 집단은 지나치게 팽창하고 세속인 집단은 충분히 팽창하지 못하게 됨에 따라 그 법이 해로울 수 있다는 것을 알 수 있다.

인간 오성(悟性)의 본성상, 우리는 종교에 관하여 노력을 전제로 하는 모든 것을 사랑한다. 그것은 도덕에 있어서 엄격함을 특성으로 하는 모든 것을 이론적으로 사랑하는 것과 같다. 독신 생활이 가장 적합하지 않을 듯이 보이는 민족, 그래서 더 난처한 결과를 초래할 수 있는 민족이 오히려 독신제도를 더 마음에 들어 했다. 풍토의 성질상 독신법이 지켜지기 더 어려운 유럽 남부 지방에서는 그 법이 채택되었고, 정념이 강하지 않은 북쪽 지방에서는 배제되었다. 그뿐만이 아니다. 주민이 별로 없는 나라에서는 그 법이 용인되었고, 주민이 많은 나라에서는 배척되었다. 물론 이 모든 고찰은 독신의 지나친 확장에 대한 것일 뿐, 독신 그 자체에 대한 것은 아니다.

---

13 하이드 참조.

제 5장 : 성직자의 부에 대하여 법이 가해야 하는 제한

개개의 집안은 멸망할 수 있다. 그러므로 개개의 집안의 재산은 영구적인 용도를 갖지 않는다. 성직자는 멸망할 수 없는 집안이다. 따라서 그 재산은 영원히 거기에 묶여 있고, 밖으로 나가는 일이 없다.

개개의 집안은 수가 늘어날 수 있다. 따라서 그들의 재산도 증가할 수 있어야 한다. 성직자는 수가 늘어나서는 안 되는 집안이다. 따라서 거기서는 재산이 제한되어야 한다.

성직자의 재산에 대해 우리는 그 재산의 한계에 관한 규정을 제외하고 〈레위기〉의 규정을 채택했다. 종교 공동체에 허용되지 않는 재산 취득의 한계가 어느 정도인지 실제로 우리는 계속 알지 못할 것이다.

이 끝없는 취득은 사람들 눈에 매우 비상식적으로 보이므로, 그것을 변호하려는 자는 멍청이로 여겨질 것이다.

시민법은 때때로 기존의 악습을 바꾸는 데 장애를 발견하게 된다. 그 악습이 시민법이 존중해야 할 것들과 결부되어 있기 때문이다. 그런 경우에는 그것을 직접 공격하는 규정보다 간접적 규정이 입법자의 훌륭한 정신을 더 잘 나타내 준다. 성직자의 재산 취득을 금지하는 대신, 그들 스스로 그것을 싫어하게 만들도록 애써야 한다. 즉, 권리는 남겨주되, 실질적인 것은 빼앗아야 한다.

유럽의 몇몇 나라에서는 영주(領主)의 권리를 고려하여 농노(農奴)가 취득한 부동산에 대한 보상세(4)가 영주들을 위해 제정되었다. 그리고 같은 경우에 군주도 자신의 이익을 위해 소유권세(5)를 요구했다. 그런 세금이 없는 카스티야에서는 성직자 집단이 전부 차지했다. (6) 아라곤에서는 약간의 소유권세가 있어서 성직자 집단이 취득하는 것이 적었고, 소유권세와 보상세가 제정되어 있는 프랑스에서는 성직자 집단이 취득하는 것이 훨씬 더 적었다. 프랑스의 번영은 부분적으로는 이 두 가지 세금을 실행한 덕분이라고 말할 수 있다. 가능하다면 이 세금들을 늘리고, 공동체에 속하는 양도 불가능한 재산을 막아라.

성직자 집단의 꼭 필요한 오래된 소유지를 신성불가침한 것으로 만들라. 성직자 집단과 마찬가지로 그것을 고정적, 영구적인 것으로 만들라. 그러나 새로운 소유지는 그들의 손에서 빠져나오게 하라.

규칙이 폐해가 되면 그 규칙을 위반하는 것을 허용하라. 폐해가 규칙에 들어맞으면 폐해를 용인하라.

로마에서는 사람들이 성직자 집단과 어떤 분쟁이 있었을 때 그 집단에 보내진 의견서를 여전히 기억하고 있다. 그 의견서에는 "구약성서에서 뭐라 말하든, 성직자 집단은 국가의 부담금을 납세해야 한다"라는 규율이 적혀 있었다. 사람들은 이 의견서를 작성한 자가 종교의 언어보다 세금 징수인의 언어를 더 잘 이해했다는 결론을 내렸다.

제 6 장 : 수도원

조금만 상식이 있어도, 끝없이 영속하는 그런 단체는 종신으로 재산을 팔아서도 안 되고 종신으로 빚을 져서도 안 된다는 것을 알 수 있다. 그 단체들이 친족이 없거나 친족을 갖고 싶어 하지 않는 모든 사람의 상속인이 되게 하고 싶지 않다면 말이다. 그들은 사람들을 상대로 노름판을 벌여서 물주가 된다.

제 7장 : 미신의 사치

"신의 존재를 부정하는 자, 신의 존재를 인정하지만 신이 세상사에 관여하지 않는다고 주장하는 자, 그리고 희생제물을 통해 쉽게 신을 달랠 수 있다고 생각하는 자는 신에게 불경한 자들이다. 이 세 가지 의견은 똑같이 해롭다"라고 플라톤은 말한다.[14] 그것으로 플라톤은 자연적 지혜가 종교에 관해 지금까지 말한 것 중 가장 합리적으로 말했다.

종교의식의 외적인 장엄함은 국가의 구조와 많은 관계가 있다. 좋은 공화정체에서는 허영의 사치뿐만 아니라 미신의 사치도 억압했다. 종교에 절약법도 만들었다. 솔론의 여러 법, 키케로가 채택한 장례식에 관한 플라톤의 여러 법, 그리고 희생제물에 관한 누마의 몇 가지 법[15]이 여기에 해당한다.

"새(鳥)와 하루 동안 그린 그림은 신에게 바치기 아주 좋은 선물이다"라고 키케로는 말했다. 어느 스파르타인은 "우리는 날마다 신을 숭배할 수단을 갖기 위해 평범한 물건들을 바친다"라고 말했다.

인간이 신에 대한 의식을 치를 때 가져야 하는 배려는 그 의식의 장대함과는 매우 다르다. 신이 우리에게 경멸하라고 명하는 것들을 우리가 높이 평가한다는 것을 신이 알게 되기를 바라지 않는다면, 신에

---

14 《법률》, 제10편.
15 Rogum vino ne respergito(화장용 장작더미 위에 술을 뿌리지 말라). 12표법.

게 재물을 바치지 말자.

"덕인이라면 부정한 자의 선물을 받는 것을 수치스러워할 터에, 과연 신은 불경한 자의 공물을 어떻게 생각할까?"라고 플라톤은 감탄스럽게 말했다.

국가가 필요에 따라 사람들에게 징수하고 남겨준 것을 종교가 공물(供物)이라는 구실로 요구해서는 안 된다. 그리고 플라톤이 말하듯이,[16] 순결하고 독실한 사람들은 자신과 유사한 공물을 바쳐야 한다.

종교는 장례식의 지출을 권장해서도 안 될 것이다. 모든 재산이 평등해지는 바로 그 순간과 상황에서 재산의 차이를 없애는 것만큼 자연스러운 일이 있겠는가?

제8장 : 최고위 성직자의 지위

종교가 많은 성직자를 가지고 있을 때, 그 성직자들이 한 사람의 수장을 갖고 최고위 성직자의 지위를 설정하는 것은 당연한 일이다. 군주정체에서는 국가의 여러 단체가 분리될수록 좋고 한 사람에게 모든 권력을 집중시켜서는 안 되므로, 최고위 성직자의 지위와 제국 지배자의 지위가 분리되는 것이 좋다. 전제정체에서는 그런 필요성이 존재하지 않는다. 전제정체의 본질은 한 사람에게 모든 권력을 결합시키는 것이기 때문이다. 그러나 그 경우, 군주는 종교를 자신의 법 자체로, 자기 의지의 결과로 여기게 될 수 있을 것이다.

---

16 《법률》, 제3편.

이런 단점을 예방하기 위해서는 종교의 기념물, 예를 들어 종교를 고정시키고 확립시키는 신성한 서적 같은 것이 있어야 한다. 페르시아의 왕은 종교의 수장이지만, 쿠란이 종교를 규제한다. 중국의 황제는 최고 성직자이지만, 모든 사람의 손에 책이 있고 그 자신도 책에 따라야 한다. 한 황제가 그 책들을 없애려고 했지만, 헛일이었다. 책은 폭정(暴政)에 승리했다.

제 9장 : 종교에 대한 관용

우리는 여기서 정치적 관점에서 논하는 것이지, 신학자의 관점에서 논하는 것이 아니다. 그리고 신학자들 자신에게도 종교를 관용하는 것과 인정하는 것 사이에는 큰 차이가 있다.

국가의 법이 여러 종교를 허용해야 한다고 믿었다면, 여러 종교가 서로 관용하도록 강제하기도 해야 한다. 억압당한 종교는 그 자신도 억압하게 되는 것이 원칙이다. 어떤 우연에 의해 억압에서 벗어날 수 있게 되자마자, 그 종교는 자신을 억압한 종교를 하나의 종교로서가 아니라 폭군으로서 공격하기 때문이다.

따라서 법은 다양한 종교에 대해서 국가를 혼란스럽게 하지 않는 것뿐만 아니라 그들 상호 간에도 분쟁을 일으키지 않도록 요구하는 것이 유익하다. 한 시민이 국가 기관을 동요시키지 않는 것으로 그친다면, 그것은 법을 만족시키는 것이 아니다. 더 나아가 어떠한 시민에게도 폐를 끼치지 않아야 한다.

제10장 : 같은 주제 계속

다른 종교를 관용할 수 있는 종교는 포교를 거의 생각하지 않기 때문에 오직 비관용적인 종교만 다른 곳에 뿌리내리는 일에 열성적이므로, 국가가 이미 확립된 종교에 만족할 때는 다른 종교의 수립을 허용하지 않는 것이 매우 좋은 시민법이 될 것이다. 17

따라서 종교에 관한 정치법의 근본 원리는 다음과 같다. 나라 안에 새로운 종교를 받아들일 것인지 받아들이지 않을 것인지 자유로이 결정할 수 있을 때는 새로운 종교를 정착시켜서는 안 된다. 그러나 새로운 종교가 나라 안에 정착하면, 그것을 관용해야 한다.

제11장 : 종교의 변경

자기 나라에서 지배적인 종교를 파괴하거나 변경하려고 시도하는 군주는 많은 위험을 무릅쓰게 된다. 그의 통치가 전제적이라면, 다른 어떤 폭정의 경우보다 혁명을 보게 될 위험이 더 크다. 그런 종류의 나라에서는 혁명은 전혀 새로운 것이 아니다. 국가는 종교, 풍속, 생활양식을 한순간에, 즉 군주가 새로운 종교를 설립한다는 명령을 공표하는 것처럼 그렇게 빨리 변경할 수 없다는 사실에서 혁명이 초래

---

17 이 장 전체에서 내가 말하는 것은 기독교에 대한 것이 아니다. 다른 대목에서도 말했듯이, 기독교는 최고의 선이기 때문이다. 전편 제1장의 마지막과 《법의 정신에 대한 변론》 제2부 참조.

된다.

게다가 기존의 종교는 국가의 구조와 결부되어 있지만, 새로운 종교는 그것과 관계가 없다. 기존의 종교는 풍토와 조화를 이루고 있지만, 새로운 종교는 종종 그것과 맞지 않는다. 그뿐만이 아니다. 시민들은 자신들의 법에 싫증을 느끼고, 기존의 정체에 경멸을 품는다. 한 종교에 대한 확고한 신앙이 두 종교에 대한 의혹으로 대체된다. 간단히 말해서, 적어도 얼마간 나쁜 시민과 나쁜 신자가 국가에 주어지는 것이다.

제12장 : 형 법

종교에 관해서는 형법을 피해야 한다. 형법이 두려움을 심어주는 것은 사실이다. 그러나 종교도 두려움을 불러일으키는 형법을 가지고 있으므로, 한쪽의 두려움은 다른 쪽의 두려움에 의해 사라진다. 이 두 가지 상이한 두려움 사이에서, 사람들의 영혼은 잔인해진다.

종교가 주는 위협과 약속은 너무도 크다. 따라서 종교가 우리 마음속에 있을 때, 집정자가 우리에게 종교를 버리도록 강요하기 위해 뭔가를 할 수 있더라도 우리에게서 종교를 빼앗고 나면 우리에게 남는 것이 아무것도 없고 종교를 남겨주면 아무것도 빼앗지 않은 것 같이 생각된다.

따라서 영혼을 그 대단한 대상으로 가득 채우거나 그 대상이 더욱 중요해지는 순간으로 다가가게 해서는 결코 영혼에서 종교를 떼어낼수 없다. 호의(好意)에 의하여, 생활의 편리에 의하여, 재산에 대한 희망에 의하여 종교를 공격하는 것이 더 확실하다. 다른 정념이 우리의 영혼에 작용하여 종교가 불러일으키는 정념을 침묵시킬 때, 경고하는 것이 아니라 잊게 하는 것으로, 화나게 하는 것이 아니라 열의 없게 만드는 것으로 공격해야 한다. 종교의 변경에 관해서는 권유가 형벌보다 더 효과적이라는 것이 일반적인 규칙이다.

인간 정신의 특징은 사용된 형벌의 종류에서도 나타났다. 일본의 박해를 떠올려 보라.18 사람들은 오래 계속되는 형벌보다 잔인한 형벌에 더 반항했다. 오래 계속되는 형벌은 겁먹게 하기보다는 싫증나게 하고, 이겨내기가 어렵지 않아 보이기 때문에 오히려 더 어렵다.

요컨대 형법은 파괴하는 효과밖에는 얻지 못했다는 것을 역사가 우리에게 충분히 가르쳐주고 있다.

제 13장 : 스페인과 포르투갈의 종교재판관에게 보내는 매우 겸손한 질책

얼마 전 종교재판소의 판결로 리스본에서 화형당한 18살의 한 유대인 처녀가 그 짧은 글이 쓰이는 계기가 되었다. 나는 그것이 지금까지 쓰인 글 중 가장 쓸데없는 글이라고 생각한다. 너무도 분명한 것을 증명하고자 할 때는 설득하지 못하는 것이 확실하다.

필자는 자신이 유대인이지만 기독교를 존중한다고 공언한다. 기독교를 매우 사랑하므로 기독교인이 아닌 군주들에게서 기독교를 박해

---

18 《동인도회사 설립에 도움을 준 여행기 모음집》, 제 5권, 제 1부, 192쪽 참조.

하기 위한 그럴 듯한 구실을 충분히 빼앗을 수 있다는 것이다.

그는 종교재판관들에게 다음과 같이 말한다.

"당신들은 일본 황제가 자기 나라에 있는 모든 기독교인을 약한 불로 태우게 한 일에 대해 한탄하고 있습니다. 그러나 일본 황제는 '우리는 당신들 자신이 당신들과 같은 신앙을 갖지 않은 사람들을 다루는 것과 똑같은 방식으로 우리와 같은 신앙을 갖지 않은 당신들을 다루는 것이오. 당신들 자신의 나약함에 대해서만 한탄하시오. 당신들의 나약함 때문에 당신들이 우리를 전멸시키지 못하는 것이고, 또 바로 그것 때문에 우리가 당신들을 전멸시키는 것이니 말이오'라고 대답할 것입니다.

그러나 당신들은 그 황제보다 훨씬 더 잔인하다는 것을 인정해야 합니다. 당신들은 우리를, 당신들이 믿는 것과 같은 것을 믿고 있을 뿐인 우리를, 당신들이 믿는 모든 것을 믿지 않는다는 이유로 죽이고 있으니까요. 우리가 따르는 종교는 옛날에 신에게 사랑받았던 종교라는 것을 당신들 자신도 알고 있어요. 우리는 신이 아직도 그 종교를 사랑한다고 생각하고, 당신들은 그렇지 않다고 생각합니다. 당신들은 그렇게 판단하기 때문에, 얼마든지 있을 수 있는 오류에 빠진 사람들을 칼과 불로 죽이는 것이지요. 신이 과거에 사랑한 것을 지금도 여전히 사랑하고 계신다고 믿는 오류 말입니다. 19

---

19 복음의 체계가 신의 계획의 영역에 들어 있고, 따라서 그것은 신의 불변성 자체의 결과라는 것을 알지 못하는 것이 바로 유대인의 맹목의 원천이다.

당신들은 우리에게도 잔인하지만, 우리 자식들에게는 훨씬 더 잔인합니다. 당신들이 우리 자식들을 화형시키는 이유는 그들이 부모의 권고를 따르기 때문입니다. 자연법 및 모든 민족의 법에서 신을 존경하듯 부모를 존경하라고 가르치고 있는데 말이지요.

이슬람교가 수립된 방법 때문에 이슬람교도에 대해 당신들이 가졌던 유리한 조건을 당신들은 스스로 포기하고 있습니다. 이슬람교도가 신자의 수를 자랑할 때, 당신들은 그들에게 그것은 무력으로 얻은 것이라고 말합니다. 그들은 칼로 종교를 확장했다고 말입니다. 그럼 왜 당신들은 불로 당신들의 종교를 수립하는 것입니까?

당신들이 우리를 당신들 곁으로 불러들이고자 할 때, 우리는 당신들이 자랑으로 삼는, 당신들이 유래한 원천 때문에 당신들에게 반대하는 것입니다. 당신들은 당신들의 종교가 새로운 것이지만 신성하다고 대답합니다. 그리고 당신들은 그 종교가 이교도의 박해와 당신네 순교자들의 피를 통해 확대된 것으로써 그 점을 증명합니다. 그러나 오늘날 당신들은 디오클레티아누스 황제(7)의 역할을 하고 있고, 당신들이 하던 역할을 우리에게 시키고 있습니다.

우리는 당신들에게 간청합니다. 우리, 즉 당신들과 우리 유대인이 섬기는 전능하신 신의 이름이 아니라 따를 수 있는 모범을 보이기 위해 인간으로 태어났다고 당신들이 말하는 그리스도의 이름으로 간청합니다. 만약 그리스도가 아직도 이 땅에 계신다면 그분이 할 행동과 똑같이 당신들도 우리에게 행동해 주기를 간청합니다. 당신들은 우리가 기독교인이 되기를 바라면서 당신들 자신은 기독교인이기를 바라지 않고 있습니다.

그러나 당신들이 기독교인이기를 바라지 않더라도 적어도 인간이 되십시오. 즉, 자연이 우리에게 주는 정의의 그 약한 빛만 가지고 있을 뿐, 당신들을 이끌어 주는 종교도 당신들을 밝혀주는 계시도 없을 때 당신들이 하게 될 행동으로 우리를 다루어 주십시오.

만약 하느님이 당신들을 사랑하여 당신들에게 진리를 보게 해주신 것이라면, 당신들에게 커다란 은총을 베풀어 주신 것입니다. 그런데 아버지의 유산을 받지 못한 자들을 미워하는 것이 아버지의 유산을 물려받은 자식들이 할 일일까요?

만약 당신들이 그 진리를 가지고 있다면, 당신들이 제안하는 방법으로 인해 그것을 우리에게 감추지 마십시오. 진리의 특성은 마음과 정신을 정복해 승리를 거두는 것입니다. 당신들이 형벌을 통해 진리를 받아들이게 하려 할 때는 무능력을 시인할 뿐인데, 그것은 진리의 특성이 아니지요.

만약 당신들이 합리적이라면, 우리가 당신들을 속이려 하지 않는다고 우리를 죽여서는 안 됩니다. 만약 당신들의 그리스도가 신의 아들이라면, 그 신비를 더럽히지 않은 것에 대해 그분이 우리에게 보상해 주시리라고 기대합니다. 당신들과 우리가 섬기는 신은 신이 옛날에 우리에게 준 종교를 위해 우리가 죽은 것에 대해 우리를 벌하시지 않으리라고 믿습니다. 우리는 신이 아직도 우리에게 그 종교를 주셨다고 믿기 때문입니다.

자연적인 지혜가 그 어느 때보다 강한 세기, 철학이 정신을 밝혀준 세기, 당신네 복음서의 도덕이 더 많이 알려진 세기, 서로에 대한 인간의 권리와 서로의 양심에 대한 영향력이 더 잘 확립된 세기, 당신들은 그런 세기에 살고 있습니다. 따라서 조심하지 않은 탓에 당신들의 정념이 되어버린 예전의 편견에서 깨어나지 않는다면, 당신들은 그 어떤 지혜와 교육으로도 교정할 수 없는 사람들이라는 것을 인정해야 합니다. 그리고 당신들 같은 사람들에게 권한을 부여하는 국민은 참으로 불행합니다.

우리가 우리 생각을 솔직하게 말하기를 원하십니까? 당신들은 우리를 당신네 종교의 적이라기보다는 당신들의 적으로 여기고 있습니다. 만약 당신들이 당신네 종교를 사랑한다면 그 종교가 지독한 무지에 의해 오염되도록 내버려두지 않을 것이기 때문입니다.

우리는 당신들에게 다음과 같은 한 가지 사실을 알려줘야겠습니다. 후세에 누군가가 우리가 사는 이 세기에 유럽의 민족이 문명화되어 있었다고 감히 말한다면, 당신들을 예로 들어 그들이 야만적이었다는 것을 증명할 것입니다. 그리하여 당신들에 대해 사람들이 갖게될 생각으로 인해 당신들의 세기는 빛이 바랠 것이고, 당신들의 동시대인 모두에게 증오가 미치게 될 것입니다."

제 14장 : 왜 일본에서 기독교는 그토록 불쾌감을 주는가

나는 일본인의 잔인성에 대해 말했었다.[20] 집정자는 신앙을 포기하는 것이 문제가 되었을 때 기독교가 불러일으키는 강경함을 매우 위험한 것으로 여겼다. 대담성이 커진다고 생각한 것이다. 일본의 법은

---

20 제6편.

아주 사소한 불복종도 엄격하게 처벌한다. 기독교를 포기하라고 명령했는데, 포기하지 않는 것은 복종하지 않는 것이었다. 그러므로 불복죄로 처벌되었는데, 불복종이 계속되자 다른 벌을 받을 필요가 있을 것으로 보였다.

일본인은 형벌을 군주에게 가해진 모욕에 대한 복수로 여긴다. 우리 순교자들이 부르는 환희의 노래는 군주에 대한 테러 행위로 보였고, 순교자라는 호칭은 집정자들을 겁먹게 했다. 그들의 머릿속에서 그것은 반역자를 의미했다. 그래서 그들은 그런 호칭을 얻지 못하도록 전력을 다했다. 그러자 사람들의 마음은 격분했고, 형을 선고하는 재판소와 고통을 겪는 피고 사이에, 시민법과 종교법 사이에 무서운 투쟁을 보게 되었다.

제 15장 : 포 교

이슬람교도를 제외하면 동양의 모든 민족은 어떤 종교든 그 자체로는 상관이 없다고 생각한다. 그들이 다른 종교의 정착을 두려워하는 것은 단지 정체의 변화 때문이다. 일본인에게는 여러 교파가 있고 아주 오래전부터 나라에 한 사람의 종교적 수장이 있었는데, 종교에 관해서는 결코 분쟁이 없다. 21 샴족의 경우도 마찬가지이다. 22 칼미크족(8)은 더 나아가서 모든 종류의 종교를 허용하는 것을 양심의 문제

---

21 캠퍼 참조.
22 포르뱅 백작의 《회고록》.

로 여긴다.[23] 캘커타에서는 모든 종교가 좋다는 것이 국가의 규범이다.[24]

그러나 풍토, 법, 풍속, 생활양식이 완전히 다르고 지리적으로 매우 멀리 떨어진 나라에서 들어온 종교가 그 신성함으로 기대할 수 있는 모든 성공을 거두는 결과가 초래되지는 않는다. 전제적인 대제국에서는 특히 그렇다. 처음에는 이방인이 허용된다. 군주의 권력을 해치는 것으로 보이지 않는 것에는 주의를 기울이지 않기 때문이다. 거기서는 사람들이 모든 것에 대해 극도로 무지하다. 그래서 유럽인은 몇 가지 지식을 제공함으로써 환심을 살 수 있다. 그것은 시작으로는 좋다. 그러나 그가 약간의 성공을 거두면, 논쟁이 벌어지고 다소의 이해관계를 가질 수 있는 사람들이 알게 된다. 그러면 그 나라는 본질상 특히 평온을 요구하는데 아주 사소한 소란도 평온을 깨뜨릴 수 있으므로, 곧 새로운 종교와 그것을 알리는 사람들을 추방한다. 그리고 설교하는 사람들 사이에서 싸움이 발생하면, 종교를 제안하는 사람들끼리도 서로 뜻이 맞지 않는 종교에 혐오를 느끼기 시작한다.

---

23 《타타르족의 역사》, 제5부.
24 프랑수아 피라르, 《여행기》, 제27장.

제 26 편

법이 판결하는 일의 분야와 법의 관계

제 1장 : 개요

사람은 여러 종류의 법에 의해 통치된다. 자연법, 종교의 법인 신의 법, 종교의 통치 조직에 관한 법으로 '카논법'이라고도 불리는 교회법, 각 민족은 세계의 시민이라는 의미에서 세계의 시민법으로 여길 수 있는 만민법, 모든 사회를 건설한 인간의 지혜를 대상으로 하는 일반적인 정치법, 각 사회와 관련되는 개별적 정치법, 한 민족이 다른 민족에게 폭력을 행사하기를 원했고 폭력을 행사할 수 있었거나 행사해야만 했던 것을 근거로 한 정복법, 한 시민이 다른 모든 시민으로부터 자신의 재산과 생명을 지킬 수 있게 하는 각 사회의 시민법, 마지막으로 한 사회는 여러 가정으로 나뉘는데 이 가정이 특별한 통치를 필요로 하는 데서 유래하는 가정법(家庭法)이 그것이다.

따라서 법의 다양한 분야가 존재한다. 판결해야 하는 일이 주로 그

분야 중 어떤 것과 관련되는지를 아는 것, 그리고 인간을 통치해야 하는 원리들을 혼동하지 않는 것, 거기에 인간 이성의 탁월성이 달려 있다.

제 2장 : 신의 법과 인간의 법

인간의 법으로 판결해야 하는 것을 신의 법으로 판결해서는 안 되고, 신의 법으로 해결해야 하는 것을 인간의 법으로 해결해서는 안 된다.

이 두 가지 법은 그 기원과 대상과 본성이 다르다.

인간의 법과 종교의 법이 본성이 다르다는 것은 모두가 인정하는 것이고, 그것은 하나의 커다란 원리이다. 그러나 그 원리 자체는 다른 원리들에 따르는데, 이제 그것을 찾아보자.

첫째, 인간의 법은 발생하는 모든 사건에 지배되고 인간의 의지가 변화하는 데 따라 달라지는 것이 그 본성이다. 반면 종교의 법은 절대 변하지 않는 것이 본성이다. 인간의 법은 선에 대해 판결하고, 종교의 법은 최선에 대해 판결한다. 선에는 여러 가지가 있기 때문에, 선의 대상은 다를 수 있다. 그러나 최선은 하나뿐이고, 따라서 달라질 수 없다. 법을 변경할 수 있는 것은 법이 단지 좋은 것에 불과하다고 여겨지기 때문이다. 그러나 종교가 제정한 것은 언제나 최선의 것이라고 전제된다.

둘째, 법이 아무것도 아니거나 지배자의 변덕스럽고 잠정적인 의지에 불과한 나라가 있다. 만약 그런 나라에서 종교의 법이 인간의 법과 같은 본성이라면 종교의 법도 아무것도 아닌 것이 될 것이다. 그러나 사회에는 고정된 뭔가가 있어야 하는데, 그 고정된 뭔가가 바로 종교이다.

셋째, 종교의 주된 힘은 사람들이 그것을 믿는 데에서 나온다. 인간의 법의 힘은 사람들이 그것을 두려워하는 데에서 나온다. 오래된 것은 종교에 알맞다. 우리는 종종 오래된 것일수록 더 믿기 때문이다. 우리의 머릿속에는 그것을 반박할 수 있는, 그 시대에서 끌어낸 부수적 관념이 없는 까닭이다. 반대로 인간의 법은 새로움에서 이익을 얻는다. 새로움이란 법을 지키게 하려고 입법자가 현재 기울이는 특별한 주의를 알려주는 것이기 때문이다.

제 3장 : 자연법에 어긋나는 시민법

"만약 노예가 자신을 지키고 자유인을 죽인다면, 그는 존속 살인범으로 다루어져야 한다"라고 플라톤은 말한다.[1] 그것이 바로 자연적 방어를 벌주는 시민법이다.

헨리 8세 치하에서 증인과 대질시키는 일 없이 어떤 사람에게 유죄 판결을 내린 법은 자연적 방어에 어긋나는 것이었다. 사실 유죄를 선고할 수 있으려면, 증인들이 자신의 불리한 증언의 대상이 되는 사람이 피고소인이라는 것을 알아야 하고 피고소인은 "당신이 말하는 것은 내가 아니오"라고 말할 수 있어야 한다.

같은 시대에 어떤 남자와 좋지 않은 관계를 가진 처녀가 왕과 결혼

---

1 《법률》, 제9편.

하기 전에 그것을 왕에게 고백하지 않으면 유죄를 선고하는 법이 제정되었는데, 그것은 자연적 수치의 방어권을 위반하는 것이었다. 처녀에게 그런 고백을 하라고 요구하는 것은 남자에게 자기 목숨을 지키려고 애쓰지 말라고 요구하는 것과 마찬가지로 비상식적이다.

처녀가 임신 사실을 당국에 신고하지 않았을 때 그 아기가 죽으면 처녀를 사형에 처하는 헨리 2세의 법은 그에 못지않게 자연적 방어에 어긋나는 것이다. 아기의 보존에 신경을 쓰도록 가장 가까운 여성 친척 한 사람에게 임신을 알리게 강제하는 것으로 충분했다.

자연적 수치라는 그 고통 속에서 그녀가 다른 어떤 고백을 할 수 있겠는가? 교육의 영향으로 그녀의 마음속에는 그 수치를 지켜야 한다는 생각이 크다. 그런 순간, 생명의 상실에 대한 생각은 그녀의 마음속에 거의 남지 않는다.

7세 여자아이에게 남편을 선택하도록 허용한 영국의 법2이 크게 화제가 되었다. 이 법은 두 가지 면에서 불쾌감을 준다. 자연이 부여한 정신적 성숙기도 신체적 성숙기도 고려하지 않았기 때문이다.

로마에서는 아버지가 딸을 강제로 남편과 이혼시킬 수 있었다.3 비록 그 자신이 결혼에 동의했을지라도 말이다. 그러나 이혼이 제삼자의 손에 맡겨지는 것은 자연에 반하는 것이다.

이혼이 자연에 부합하려면, 두 당사자 또는 적어도 그중 한 명이

---

2 벨은 자신의 저서 《칼뱅주의 역사의 비평(*Critique de l'histoire du calvinisme*)》 293쪽에서 이 법에 대해 말하고 있다.

3 제5법, 법전 de Repudiis et Judicio de moribus sublato 참조.

이혼에 동의해야 한다. 둘 다 동의하지 않는다면, 그 이혼은 괴상한 것이다. 요컨대 이혼의 권한은 불편한 결혼생활을 하고 있고 그것을 그만두는 것이 이익이 되는 시기를 아는 사람에게만 주어질 수 있다.

제 4장 : 같은 주제 계속

부르고뉴 왕 군도바두스는 도둑질한 자의 아내나 아들이 범죄를 고발하지 않으면 그들을 노예로 만들게 했다.4 이 법은 자연에 반하는 것이었다. 아내가 어떻게 남편을 고발할 수 있겠는가? 아들이 어떻게 아버지를 고발할 수 있겠는가? 그는 범죄 행위를 벌하기 위해, 훨씬 더 죄가 되는 행위를 명령한 것이다.

레케스빈투스(1)의 법은 간통한 여자의 자식 혹은 그 남편의 자식에게 그녀를 고발하고 집안의 노예들을 고문하는 것을 허용했다.5 풍속을 보존키 위해 풍속의 원천인 자연을 뒤엎는 불공정한 법이었다.

우리는 연극 무대 위에서 젊은 주인공이 계모의 죄를 밝히는 것에 대해 그 죄 자체에 대한 것과 똑같은 혐오를 보여주는 것을 기쁘게 바라본다. 주인공은 경악 속에서 고발당하고 심판받고 유죄를 선고받고 추방되고 치욕을 뒤집어쓰면서도 페드르를 배출한 그 고약한 혈통에 대해서는 생각하려고 하지 않는다. (2) 그는 가장 아끼는 것, 가장 다정한 대상, 그의 마음에 호소하는 모든 것, 그를 화나게 할 수 있는

---

4 부르군트족의 법, 제 47조.
5 서고트족의 법, 제 3편, 제 4조, 제 13항.

모든 것을 버리고 그가 전혀 당할 필요가 없었던 신들의 복수에 몸을 맡긴다. 그것을 보는 우리에게 기쁨을 야기하는 것은 자연의 목소리이다. 그것은 모든 목소리 중에서 가장 즐거운 것이다.

제 5장 : 자연법의 원리를 변경하여 시민법의 원리에 의해 판단할 수 있는 경우

아테네의 어떤 법은 가난에 빠진 아버지를 자식이 부양해야 한다고 정했다. 6 창부(娼婦)에게서 태어난 자식, 7 불미스러운 관계로 정숙함을 위태롭게 한 아버지의 자식, 생계를 유지하기 위한 직업을 아버지에게서 이어받지 못한 자식은 예외였다. 8

　법은 첫 번째 경우에는 아버지가 불확실하므로 자연적 의무를 무의미하게 만든 것으로 간주했다. 두 번째 경우에는 아버지가 자신이 부여한 생명을 치욕스럽게 만들고 자식에게서 기개를 빼앗음으로써 자식에게 끼칠 수 있는 최대한의 해를 입힌 것으로 여겼다. 세 번째 경우에는 생계가 너무 어려워 자식의 인생을 견딜 수 없는 것으로 만들었다고 보았다. 법은 아버지와 아들을 두 사람의 시민으로만 고려했

6　위반하면 모욕을 당했고, 감옥형에 처하는 법도 있었다.
7　플루타르코스, "솔론의 생애".
8　플루타르코스, "솔론의 생애". 갈레노스(Claudios Galenos, 129?~199?, 고대 그리스의 의학자이자 철학자로 로마 황제 마르쿠스 아우렐리우스의 시의로 임명되기도 했다. 수백 권에 달하는 의학과 철학 관련 저서를 집필했고 고대 의학의 완성자로 불린다_옮긴이 주), 《기술에 대한 장려(in Exhort. ad Art.)》, 제 8장.

고, 정치적이고 시민적인 견지에서만 규정했다. 또한 좋은 공화국에는 특히 풍속이 필요하다는 점을 고려했다. 나는 솔론의 법이 처음의 두 가지 경우에는 좋다고 생각한다. 즉, 자연이 아들에게 어떤 사람이 아버지인지 모르게 한 경우나 심지어 아버지를 무시하라고 명령하는 듯이 보이는 경우 말이다. 그러나 세 번째 경우는 동의할 수 없다. 그 경우에는 아버지가 단지 시민적 규칙을 어긴 것에 지나지 않기 때문이다.

제6장 : 상속의 순서는 자연법의 원리가 아니라 정치법이나 시민법의 원리에 좌우된다

보코니아 법은 외동딸일지라도 여자를 상속인으로 정하는 것을 허용하지 않았다. 그보다 더 부당한 법은 결코 없었다고 성 아우구스티노는 말한다. 9 마르쿨푸스의 한 규정은 아버지의 상속에서 딸을 빼는 관습을 부도덕한 것으로 간주한다. 10 유스티니아누스는 딸을 무시하는 남자의 상속권을 야만적이라고 부른다. 11 이러한 사상은 자식이 아버지를 상속하는 권리를 자연법의 결과라고 여긴 데에서 비롯된 것인데, 사실은 그렇지 않다.

자연법은 아버지에게 자식을 부양할 것을 명령하지만, 자식을 상

---

9   《신국론(神國論, *De Civitate Dei*)》, 제3편.
10 제2편, 제12장.
11 《신칙법》 21.

속인으로 삼으라고 강제하지는 않는다. 재산의 분할, 분할에 관한 법, 분할재산을 가졌던 자가 죽은 후의 상속, 이 모든 것은 사회에 의하여, 따라서 정치법이나 시민법에 의해서만 규정될 수 있었다.

사실 정치적 혹은 시민적 질서는 종종 자식이 아버지를 상속하기를 요구한다. 그러나 언제나 그렇게 요구하는 것은 아니다.

우리의 봉토(封土) 법에서 장남이나 남자 쪽의 가장 가까운 친족이 모든 것을 차지하고 여자들은 아무것도 얻지 못하는 데에는 나름의 이유가 있을 수 있었다. 그리고 자매, 사생아, 그 밖의 친족, 그들이 없을 경우 국고(國庫)가 딸과 동등한 권리를 갖는 롬바르드족의 법12에도 이유가 있을 수 있었다.

중국의 몇몇 왕조에서는 황제의 형제가 황제의 뒤를 잇고 자식은 뒤를 잇지 않는다고 규정되었다. 군주에게 어느 정도 경험이 있기를 바라고 미성년이 걱정된다면, 그리고 환관(宦官)들이 연이어 어린아이들을 왕좌에 앉히는 것을 예방해야 했다면, 그런 상속 순서를 정하는 것이 적절할 수 있었다. 그러므로 몇몇 저자들이13 이 형제들을 왕위 찬탈자로 취급한 것은 기존의 관념을 토대로 그 나라의 법을 판단한 것이다.

갈라의 아들 마시니사가 아니라 그의 형제 오이잘케스(3)가 왕위를 이은 것은 누미디아의 관습에 따른 것이었다.14 그리고 마을마다 추

---

12 제2편, 제14조, 제6, 7, 8항.
13 뒤 알드 신부, 두 번째 왕조에 대해서.
14 티투스 리비우스, 10편 묶음집 제3권, 제29편.

장(酋長)이 있는 바르바리(4)의 아랍인들은 오늘날에도 여전히 옛 관습에 따라 숙부나 다른 친족을 선택하여 추장의 뒤를 잇는다. 15

순수하게 선거로 임명되는 군주정체도 있다. 상속 순서가 정치법이나 시민법에서 유래되어야 한다는 것이 명백하므로, 어떤 경우에 상속권이 자식에게 주어져야 하고 또 어떤 경우에 다른 사람에게 주어져야 합리적인지를 결정하는 것은 이들 법의 소관이다.

다처제가 확립된 나라에서는 군주에게 자식이 많다. 다른 나라보다 특히 더 자식의 수가 매우 많은 나라도 있다. 사람들이 왕의 자식들을 부양하기가 불가능한 나라도 있다. 16 그런 곳에서는 왕의 자식이 아니라 왕의 누이의 자식이 계승한다고 정할 수 있었다.

자식의 수가 대단히 많으면, 국가가 끔찍한 내란의 위험에 처할 수 있다. 왕의 누이의 자식에게 왕위를 물려주는 상속 순서는 그런 폐단을 예방해 준다. 왕의 누이의 자식은 왕에게 부인이 단 한 명밖에 없을 때의 왕의 자식보다 더 많지 않을 것이기 때문이다.

국가적 이유나 종교상의 어떤 규범으로 인해 특정한 가문이 계속 지배하기를 바라는 나라가 있다. 인도 지역의 카스트에 대한 집착과

---

15 쇼(Thomas Shaw, 1694~1751, 영국의 성직자이자 여행가로 동방과 북아프리카를 여행한 그의 이야기는 18세기와 19세기 초에 알제리와 튀니지에 대한 참고서적이 되었다_옮긴이 주), 《여행기》, 제 1권, 402쪽.

16 아프리카의 로앙고(Loango, 1550년~1883년경에 현재의 콩고 지역에 존속하였던 전제군주제 국가인 로앙고 왕국을 말한다. 몽테스키외는 Lovengo로 표기했다_옮긴이 주)에서처럼. 《동인도회사 설립에 도움을 준 여행기 모음집》, 제 4권, 제 1부, 114쪽 참조. 스미스, 《기니 여행》, 제 2부, 150쪽, 위다 왕국(현재의 베냉 공화국 남쪽 기니만에 위치한 옛 작은 왕국_옮긴이 주)에 대하여.

혈통이 끊기는 것에 대한 두려움이 바로 그런 것이다. 17 거기서는 언제나 왕족의 혈통을 가진 군주를 갖기 위해 왕의 누나의 자식을 선택해야 한다고 생각했다.

일반적 원칙은 다음과 같다. 자식을 부양하는 것은 자연법의 의무이다. 자식에게 상속하는 것은 시민법이나 정치법의 의무이다. 그로 인해 세계 여러 나라에서 서자(庶子)에 대한 상이한 규정이 생긴다. 그 규정들은 각 나라의 시민법이나 정치법을 따르는 것이다.

제 7장 : 자연법의 규범에 관한 사항을 종교의 규범에 따라 결정해서는 안 된다

아비시니아(5) 사람들은 매우 고된 50일간의 절식(絶食)을 하는데, 그것은 사람들을 오랫동안 움직일 수 없도록 쇠약하게 만든다. 그래서 터키인은 그들이 절식한 후에 공격하는 것을 놓치지 않는다. 18 종교는 자연적 방어를 위해 이런 종교의식을 제한해야 할 것이다.

유대인은 안식일을 지키라는 명령을 받았다. 그러나 적이 안식일을 택해 공격해 왔을 때, 방어하지 않은 것은19 그 민족의 어리석은 행동이었다.

---

17 《교훈적이고 신기한 편지들》, 제 14집 참조. 《동인도회사 설립에 도움을 준 여행기 모음집》, 제 3권, 제 2부, 644쪽 참조.
18 《동인도회사 설립에 도움을 준 여행기 모음집》, 제 4권, 제 1부, 35쪽과 103쪽 참조.
19 폼페이우스가 사원을 포위했을 때의 그들의 행동처럼. 디오, 제 37편 참조.

캄비세스는 펠루시움(6)을 포위 공격하면서 이집트인이 신성시하는 동물을 제일선에 많이 배치했다. 그러자 수비대의 병사들은 감히 활을 쏘지 못했다. 자연적 방어가 그 어떤 규범보다 우위의 범주에 속한다는 것을 누가 모를 수 있을까?

제 8장 : 시민법의 원리에 따라 규정된 사항을 카논법의 원리로 규정해서는 안 된다

로마인의 시민법에 의하면, **20** 신성한 장소에서 개인의 물건을 훔치는 자는 절도죄로만 처벌받는다. 그러나 카논법에 의하면, **21** 그는 신성 모독죄로 처벌받는다. 카논법은 장소에 주목하고 시민법은 물건에 주목한 것이다. 그러나 장소에만 주의를 기울이는 것은 절도의 본질과 정의에 대해서도, 신성모독의 본질과 정의에 대해서도 깊이 생각하지 않은 것이다.

남편이 아내의 부정을 이유로 별거를 요구할 수 있듯이, 옛날에는 아내가 남편의 부정을 이유로 별거를 요구했다. **22** 로마법의 규정**23**에 어긋나는 이 관행은 교회의 법정에 도입된 것으로**24** 카논법의 규범만

---

20 Leg. 5, ff. ad leg. Juliam peculatus.
21 Cap. Quisquis 17, quæstione 4. 퀴자스(Jacques Cujas, 1522~1590, 프랑스 법학자_옮긴이 주), 《규율과 수정(*Observationes et Emendationes*)》, 제 3권, 제 13편, 제 19장.
22 보마누아르, 《보부아지 지방의 관습》, 제 18장.
23 Leg. I, Cod. ad leg. Jul. de adult.
24 오늘날 프랑스의 교회 법정은 그런 것을 심리하지 않는다.

고려된 것이다. 사실 혼인을 순전히 정신적 관념에서만, 그리고 내세의 것과 관련해서만 바라본다면 위반에는 남녀의 구별이 없다. 그러나 거의 모든 민족의 정치법과 시민법은 정당한 이유로 그 둘을 구별했다. 그 법들은 남자에게는 요구하지 않는 정도의 자제와 정조를 여성에게 요구했다.

여성에게 정절을 저버리는 것은 모든 덕성의 포기를 전제하는 것이고, 여성은 혼인법을 위반함으로써 자연적인 종속의 상태에서 벗어나며, 자연은 여성의 부정을 분명한 표시로 드러냈기 때문이다. 또한 아내의 간통으로 태어난 사생아는 필연적으로 남편에게 속하고 남편의 부담이 되지만, 남편의 간통으로 태어난 사생아는 아내에게 속하지도 않고 아내의 부담이 되지도 않기 때문이다.

제9장 : 시민법의 원리에 따라 규정되어야 하는 사항이 종교법의 원리에 따라 규정될 수 있는 경우는 드물다

종교법에는 숭고함이 더 많고, 시민법은 그 범위가 더 넓다.

종교에서 끌어낸 완전무결함의 법은 그 법이 지켜지는 사회의 선량함보다는 그것을 지키는 개인의 선량함을 목적으로 한다. 반면 시민법은 개인의 선량함보다 인간 일반의 도덕적 선량함을 목적으로 한다.

그러므로 종교에서 직접 유래하는 관념은 아무리 존경할 만한 것일지라도 반드시 시민법의 원리로 사용되지는 않는다. 시민법에는 사회의 일반적 복지라는 또 다른 원리가 있기 때문이다.

로마인은 공화국에서 여자의 풍속을 보존하기 위한 규칙을 만들었다. 즉, 그것은 정치적 제도였다. 군주정체가 성립되었을 때, 그들은 이에 관해 시민법을 만들었는데 시민적 정체의 원리를 토대로 그것을 만들었다. 기독교가 발생했을 때, 새로 만들어진 법은 풍속의 일반적 선량함보다는 혼인의 신성함에 더 많이 관련되어 있었다. 남녀의 결합을 시민적 상태보다 정신적 상태에서 더 많이 고려한 것이다.

　초기 로마법에 의하면, 25 아내가 간통죄를 선고받은 후에 아내를 집으로 데려가는 남편은 아내의 방탕한 행위에 대한 공범자로 처벌받았다. 유스티니아누스는 생각을 달리하여 2년 동안에는 남편이 수도원에서 아내를 되찾아올 수 있다고 정했다. 26

　남편을 전장에 보낸 아내는 남편의 소식을 더 이상 듣지 못하게 되었을 때, 초기에는 쉽게 재혼할 수 있었다. 이혼할 수 있는 권한이 그녀의 수중에 있었기 때문이다. 콘스탄티누스 법에 의하면, 27 아내는 4년을 기다린 후에 군대 지휘관에게 이혼장을 보낼 수 있었다. 그리고 남편이 돌아와도 아내를 간통으로 고소할 수 없었다.

　그러나 유스티니아누스는 남편이 떠난 후 아무리 시간이 흘러도 군대 지휘관의 진술과 선서에 의해 남편의 죽음을 증명할 수 없으면 아내는 재혼할 수 없다고 규정했다. 28 유스티니아누스는 혼인의 파기 불가능성에 주목한 것이었지만, 지나치게 주목했다고 말할 수 있다.

25　Leg. 11, § ult., ff. ad leg. Jul. de adult.
26　《신칙법》134, 제9집, 제10장, 제170조.
27　Leg. 7, Cod. de Repudiis et Judicio de moribus sublato.
28　Auth. Hodie quantiscumque, Cod. de repud.

소극적 증거로 충분한데도 그는 적극적 증거를 요구했다. 멀리 떨어져 있고 많은 사고의 위험에 노출되어 있는 남자의 운명을 보고하라는 매우 어려운 일을 요구한 것이다. 남편의 죽음을 추정하는 것이 매우 당연한데도, 그는 범죄, 다시 말해 남편의 탈영을 추정했다. 그는 혼인 생활을 하지 않는 상태에 여자를 버려둠으로써 공공의 복지를 저해했고, 여자를 수많은 위험에 처하게 함으로써 개인적 이익을 저해했다.

유스티니아누스 법은 수도원에 들어가는 것에 대한 남편과 아내의 동의를 이혼 사유에 포함시켰는데,[29] 이것은 시민법의 원리와 완전히 거리가 멀었다. 이혼 사유가 혼인 전에 예측하지 못한 어떤 장애에서 유래하는 것은 당연한 일이다. 그러나 순결을 지키고 싶다는 그 욕망은 우리의 내면에 있는 것이므로 예측할 수 있다. 이 법은 본질적으로 영구적인 신분을 불안정하게 만든다. 그것은 다른 혼인을 희망할 때만 혼인의 파기를 허용하는 이혼의 근본적 권리에 어긋난다. 그리고 종교적 관념을 따르더라도, 이 법은 희생 없이 신에게 제물을 바치는 것에 불과하다.

---

29 Auth. Quod hodie, Cod. de repud.

제 10장 : 어떤 경우에 금지하는 종교법이 아니라
허용하는 시민법을 따라야 하나

일부다처제를 금지하는 종교가 그것이 허용된 나라에 도입될 때, 정치적으로만 말한다면 여러 명의 아내를 둔 남자가 그 종교를 믿는 것을 나라의 법이 허용하지 말아야 한다고 생각한다. 집정자나 남편이 어떤 식으로든 아내들에게 시민적 신분을 회복시켜 줌으로써 배상하지 않는다면 말이다. 그렇지 않으면 그녀들의 상황은 비참해질 것이다. 그녀들은 다만 법에 복종했을 뿐인데, 사회의 가장 큰 이익을 빼앗기게 될 것이다.

제 11장 : 내세에 관한 재판소의 규율로 인간의 재판소를
규정해서는 안 된다

고해소(告解所) 관념을 토대로 기독교 수도사들이 만든 종교재판소는 모든 좋은 치안 조직과 반대되는 것이다. 그것은 사방에서 전반적인 반란을 야기했다. 종교재판소를 설립하고자 한 사람들이 그 반항 자체에서 이익을 끌어내지 않았다면 그에 굴복하고 말았을 것이다.

　이 재판소는 모든 정체에서 받아들여질 수 없는 것이다. 군주정체에서 그것은 밀고자와 배신자만 만들 뿐이다. 공화정체에서는 불성실한 사람들만 양산하고, 전제국가에서는 그 국가와 마찬가지로 파괴적이다.

제12장 : 같은 주제 계속

같은 죄로 고발된 두 사람 중에 부인하는 사람은 사형에 처해지고 자백하는 사람은 형벌을 면하는 것은 이 재판소의 악습 중의 하나이다. 이것은 죄를 부인하는 자는 회개하지 않아서 지옥에 떨어져야 하고 자백하는 자는 회개하여 구원받는 것으로 여기는 수도원의 관념에서 유래된 것이다. 그러나 그러한 구별은 인간의 재판소에는 해당될 수 없다. 인간의 법정은 행동만 보고, 인간과의 사이에 결백이라는 단 하나의 조항만 가지고 있다. 반면 신의 법정은 생각을 보기 때문에 결백과 후회라는 두 가지 조항을 가지고 있다.

제13장 : 혼인에 관하여 어떤 경우에 종교법을 따르고
어떤 경우에 시민법을 따라야 하나

모든 나라와 모든 시대에서 종교는 혼인에 개입하게 되었다. 어떤 사항이 부도덕하거나 불법적이라고 여겨졌지만 필요한 것이었을 때, 때로는 그것을 정당화하고 때로는 비판하기 위해 종교에 호소해야 했다.

다른 한편, 혼인은 인간의 모든 행동 중에서 가장 사회와 관련이 많은 것이므로 시민법에 의해 규정되어야 했다.

혼인의 특성, 그 형식, 약혼 방법, 혼인으로 얻는 생식능력(이것 때문에 혼인이 특별한 축복의 대상이라는 것을 모든 민족이 이해하게 되었다. 물론 이 축복은 반드시 혼인에 결부된 것이 아니라 더 상위의 은총에 달려 있지만.) 과 관련된 모든 것은 종교의 영역에 속한다.

이 결합이 재산에 미치는 결과, 상호 이익, 새로운 가정과 새로운 가정을 배출한 가정과 앞으로 생겨날 가정에 대한 모든 것, 이 모든 것은 시민법과 관계된다.

혼인의 커다란 목적 중 하나는 합법적이지 않은 결합에 수반되는 모든 불확실성을 없애는 것이므로, 혼인이 최대한의 진정성을 가질 수 있도록 거기에 종교가 종교적 각인(刻印)을 새겨 넣고 시민법도 각인을 덧붙인다. 그러므로 혼인이 유효하기 위해서는 종교가 요구하는 조건 이외에 시민법도 다른 조건을 요구할 수 있다.

시민법이 그런 권력을 가질 수 있는 것은 그 각인이 상반되는 것이 아니라 덧붙여지는 것이기 때문이다. 종교법은 일정한 의식을 원하고, 시민법은 아버지의 동의를 원한다. 여기서 시민법이 뭔가를 더 요구하긴 하지만, 상반되는 것은 전혀 요구하지 않는다.

따라서 그 관계가 파기할 수 없는 것인지 아닌지를 결정하는 것은 종교법이 해야 할 일이다. 종교법이 파기할 수 없는 관계라고 결정했는데 시민법은 깨어질 수 있는 관계라고 규정한다면, 그것은 상반되는 두 가지 사항이 되기 때문이다.

때때로 혼인을 보증하는 시민법의 각인이 절대적으로 필요한 것은 아니다. 혼인을 파기하는 대신 정혼한 사람들을 처벌하는 것으로 그친 법의 경우가 그러하다.

로마의 파피아 법은 법으로 금지된 혼인을 부당하다고 선고하고 단지 형벌만 받게 했다.[30] 그러나 마르쿠스 안토니누스(7) 황제의 연설을 토대로 만들어진 원로원 의결은 그 혼인을 무효로 선언했다. 결혼도, 아내도, 지참금도, 남편도 이제 없는 것이다. 31 시민법은 상황에 따라 결정되는데, 때로는 악을 바로잡는 일에 더 주의를 기울이고 때로는 그것을 예방하는 일에 더 주의를 기울인다.

제14장 : 친족 간 혼인에서 어떤 경우에 자연법을 따르고 어떤 경우에 시민법을 따라야 하나

친족 간 혼인을 금지하는 것에 대해 자연법이 멈추고 시민법이 시작되는 지점을 정하는 것은 매우 미묘한 문제이다. 그것을 위해서는 몇 가지 원리를 세워야 한다.

아들과 어머니의 혼인은 사태를 혼란스럽게 만든다. 아들은 어머니에게 끝없는 존경을 바쳐야 하고, 아내는 남편에게 끝없는 존경을 바쳐야 한다. 따라서 어머니와 아들의 혼인은 둘 중 어느 경우에나 자연적 상태를 뒤엎게 될 것이다.

그뿐이 아니다. 자연은 여자에게는 자식을 가질 수 있는 시기를 앞당겨 놓았지만, 남자에게는 늦추어 놓았다. 같은 이유로, 여자는 그 능력을 더 빨리 잃고 남자는 더 늦게 잃는다. 만약 어머니와 아들 사이의 혼인이 허용된다면, 남편이 자연의 의도를 따를 수 있게 될 때 아내는 더 이상 그렇지 못하게 되는 일이 거의 언제나 일어날 것이다.

---

30 "제23편 주민 수와 관계되는 법"의 제21장에서 말한 것을 참조할 것.
31 제16법 ff. De ritu nuptiarum 참조. 《학설휘찬》에서 제3법, 제1항 De donationibus inter virum et uxorem도 참조.

아버지와 딸의 혼인도 마찬가지로 자연에 반하는 것이다. 그러나 이 혼인에는 앞에서 말한 두 가지 장애가 없으므로 자연에 반하는 정도가 덜하다. 그래서 우리가 여행기에서 보듯이, 32 타타르족은 딸과 혼인할 수는 있지만33 어머니와는 결코 혼인하지 않는다.

자식의 정절(貞節)을 감시하는 것은 아버지에게 언제나 당연한 일이었다. 자식을 혼인시켜야 할 의무가 있는 아버지는 자식에게 가장 완전한 육체와 가장 깨끗한 정신을 보존하게 해야 했다. 바로 그것이 상대에게 욕망을 불러일으킬 수 있는 것이었고, 애정을 주기에 가장 적합한 것이었다. 언제나 자식의 풍속을 유지하는 일에 전념하는 아버지는 자식을 타락시킬 수 있는 모든 것에 대해 당연히 반감을 가질 수밖에 없었다. 사람들은 혼인은 타락이 아니라고 할 것이다. 그러나 혼인하기 전에 말을 해야 하고, 사랑받아야 하고, 유혹해야 한다. 그 유혹은 당연히 반감을 일으켰으리라.

따라서 교육시켜야 하는 사람과 교육받아야 하는 사람 사이에는 넘을 수 없는 장벽이 필요했고, 정당한 이유가 있더라도 모든 종류의 타락을 피해야 했다. 왜 아버지들은 딸과 혼인하려는 자가 딸 곁에서 친밀하게 구는 것을 그토록 철저하게 금지하는 것일까?

---

32 《타타르족의 역사》, 제3부, 256쪽.

33 이 법은 그들의 아주 오래된 법이다. 아틸라는 자신의 딸 에스카와 혼인하기 위해 어떤 장소에서 멈췄다고 프리스쿠스(Priscus, 410~471, 그리스 역사가로 비잔티움 제국의 외교관이었다. 그의 역사 서적은 사절단의 일원으로 참가하여 보았던 훈족 왕 아틸라의 궁정에 대한 정보를 제공해 준다_옮긴이 주)는 그의 《사절》에서 말한다. 그것은 스키타이족의 법에 의해 '허용된 일'이었다고 그는 말한다. 22쪽.

남매의 근친상간(近親相姦)에 대한 혐오도 같은 근거에서 비롯되었을 것이다. 부모가 자식의 풍속과 순결한 집안을 유지하기를 원하는 것만으로도 남녀의 결합으로 이끌 수 있는 모든 것에 대한 혐오를 자식들에게 충분히 불어넣게 된다.

사촌끼리의 혼인에 대한 금지도 같은 기원을 가진다. 초기에는, 다시 말해 사치를 몰랐던 신성한 시기에는 자식이 모두 집에 남았고 그 안에서 정착했다. 34 대가족에게 필요한 것은 작은 집뿐이었기 때문이다. 두 형제의 자식들, 즉 사촌들은 친형제로 여겨졌고, 서로 그렇게 생각했다. 35 따라서 남매사이의 혼인에 대한 반감은 사촌간의 혼인에 대해서도 존재했다. 36

이런 원인은 매우 강력하고 자연스러운 것이므로 아무런 소통이 없어도 거의 전 세계에 걸쳐 작용했다. 타이완의 주민에게 사촌 관계에 있는 친족의 혼인은 근친상간의 죄를 짓는 것이라고 가르친 것은 로마인이 아니다. 37 그것을 아라비아인에게 말해준 것도 로마인이 아니다. 38 로마인은 몰디브인에게도 가르쳐 주지 않았다. 39

---

34 초기 로마인들의 경우 그러했다.

35 실제로 로마인의 경우 두 형제의 자식들은 같은 명칭을 가지고 있었다. 즉, 사촌은 형제라고 불렸다.

36 초기에는 로마에서 사촌끼리 혼인하지 않았는데, 나중에 이 민족은 그것을 허용하는 법을 만들었다. 사촌과 혼인한 대단히 인기 있는 한 남자에게 혜택을 주기 위한 것이었다. 플루타르코스, "로마의 상황에 관한 질문".

37 《인도 지역 여행기 모음집》, 제5권, 제1부, "타이완섬의 상황에 대한 견문기".

38 《쿠란》, 여자에 대한 장.

39 프랑수아 피라르 참조.

몇몇 민족이 부녀간, 남매간의 혼인을 배척하지 않았던 것은 제 1 편에서 보았듯이 지적 존재가 언제나 자신들의 법을 따르는 것은 아니기 때문이다. 믿을 수 없는 일이지만, 종종 종교적 관념이 인간을 그런 미망(迷妄)에 빠뜨리기도 했다. 아시리아인과 페르시아인은 어머니와 결혼했는데, 전자는 세미라미스에 대한 종교적 존경에서 그렇게 한 것이고, 후자는 조로아스터교가 그런 혼인을 선호했기 때문이다. 40 이집트인이 누이와 혼인한 것 역시 이시스 여신을 위해 그런 혼인을 신성화한 이집트 종교의 망상이었다. 종교 정신이란 우리에게 위대하고 어려운 일을 노력해서 하게 만드는 것이다. 따라서 거짓 종교가 축성했다는 이유로 그런 것을 당연한 것으로 판단해서는 안 된다.

집안에서 자연적 정결(淨潔)을 보존하기 위해 부녀간과 남매간의 혼인이 금지되는 원리는 자연법에 의해 금지되는 혼인과 오직 시민법에 의해서만 금지되는 혼인이 어떤 것인지 알게 해준다.

자식은 아버지와 함께 살거나 함께 사는 것으로 여겨지므로 사위는 장모와, 시아버지는 며느리 또는 아내의 딸과 함께 살거나 함께 사는 것으로 여겨진다. 따라서 그들 사이의 혼인은 자연법에 의해 금지된다. 그런 경우 이미지는 현실과 똑같은 효과를 갖는다. 이미지도 같은 원인을 가지고 있기 때문이다. 시민법은 이런 혼인을 허용할 수 없고, 허용해서도 안 된다.

---

40 그런 혼인은 더 명예로운 것으로 여겨졌다. 필론, 《십계명의 계율과 관련된 특수법》, 파리, 1640년, 778쪽 참조.

앞에서 말한 바와 같이, 사촌이 대개 같은 집에서 살기 때문에 형제로 여겨지는 민족이 있다. 그러나 그런 관행을 알지 못하는 민족도 있다. 전자의 경우에는 사촌간의 혼인이 자연에 반하는 것으로 여겨지지만, 후자의 경우에는 그렇지 않다.

그러나 자연법은 지방 특유의 법이 될 수 없다. 그러므로 그런 혼인이 금지되거나 허용될 때, 그것은 상황에 따라 시민법에 의해 금지되거나 허용된다.

처남이나 매부, 처제나 형수 등이 같은 집에 사는 것은 필연적인 관행이 아니다. 따라서 그들 사이의 혼인은 집안의 정결을 보존하기 위해 금지되는 것이 아니다. 그런 혼인을 금지하거나 허용하는 법은 자연법이 아니라 상황에 따라 조절되고 각 나라의 관행에 좌우되는 시민법이다. 그것은 법이 풍속과 생활양식에 좌우되는 경우이다.

특정한 혼인이 그 나라의 관행에 의하면 자연법에 의해 금지된 혼인이나 마찬가지일 경우, 시민법은 그 혼인을 금지한다. 그리고 그런 경우에 해당하지 않으면 혼인을 허용한다. 자연법의 금지는 변하지 않는다. 자연법은 부모와 자식은 필연적으로 같은 집에 산다는 변하지 않는 사실에 의존하고 있기 때문이다. 그러나 시민법의 금지는 우연적이다. 시민법은 사촌이나 그 밖의 사람들이 우연히 같은 집에 사는 우연적 상황에 의존하기 때문이다.

이것은 어떻게 해서 모세의 법, 이집트인의 법, **41** 그 밖의 여러 민족의 법이 형부나 시형제 혹은 처제나 형수 등과의 혼인을 허용하는

---

41 제8법, 법전 de incestis et inutilibus nuptiis 참조.

반면 다른 민족에게서는 이런 혼인이 금지되는지를 설명해 준다.

인도 지역에는 그런 종류의 혼인을 인정해야 할 매우 자연적인 이유가 있다. 거기서는 백부가 아버지처럼 여겨지고, 그에게는 조카들을 친자식처럼 부양하고 혼인시킬 의무가 있다. 이것은 선량하고 인정이 넘치는 그 민족의 성격에서 기인하는 것이다. 이 법 또는 이 관행은 다른 법이나 관행을 낳게 되었다. 만약 남편이 아내를 잃으면, 그는 반드시 아내의 자매와 혼인한다.42 그것은 아주 자연스러운 것이다. 새 아내는 자기 자매의 아이들의 어머니가 되는 것이므로 부당한 계모가 되지 않기 때문이다.

제15장 : 시민법의 원리에 의존하는 사항을 정치법의 원리로 규제해서는 안 된다

인간은 자연적 독립을 포기하고 정치법 밑에서 살고 있듯이, 자연적인 공동 재산을 포기하고 시민법 밑에서 살고 있다.

정치법은 인간에게 자유를 가져다주었고, 시민법은 소유권을 가져다주었다. 소유권에 관한 법으로만 결정해야 할 것을 자유의 법으로 결정해서는 안 된다. 자유의 법은, 우리가 말했듯이, 단지 국가의 지배권에 불과하다. 개인의 이익은 공익에 양보해야 한다고 말하는 것은 잘못된 추론이다. 그것은 국가의 지배권, 다시 말해 시민의 자유에 관한 문제에서만 일어날 수 있는 것으로, 재산의 소유에 대한 문제

---

42 《교훈적이고 신기한 편지들》, 제14집, 403쪽.

는 해당되지 않는다. 각자 시민법에 의해 부여받은 소유권을 변함없이 보존하는 것이 언제나 공익이기 때문이다.

키케로는 토지균분법은 해로운 것이라고 주장했다. 국가는 오로지 각자 자기 재산을 보존하기 위해서 설립된 것이기 때문이었다.

따라서 공익에 관련될 경우, 개인에게서 재산을 빼앗거나 정치법 혹은 정치적 규칙에 의해 조금이라도 개인의 재산을 공제하는 것은 결코 공익이 아니라는 것을 규범으로 삼도록 하자. 그런 경우에는 소유권의 수호신인 시민법을 엄중히 따라야 한다.

그러므로 국가가 개인의 재산을 필요로 하는 경우, 엄격한 정치법에 따라 행동해서는 안 된다. 그런 경우에는 어머니의 눈으로 각 개인을 마치 국가 전체처럼 바라보는 시민법이 우세하게 작용해야 한다.

만약 집정자가 공공건물이나 새로운 도로를 만들고자 한다면, 배상해야 한다. 그 점에 관해 국가는 개인과 교섭하는 개인과 같은 존재이다. 국가가 시민에게 부동산을 매각하도록 강요할 수 있다는 것, 자기 재산을 양도하도록 강요받을 수 없다고 시민법이 부여해 준 그 커다란 특권을 빼앗는 것만으로 충분하다.

로마인을 멸망시킨 여러 민족은 그 정복 자체를 남용한 후에 자유의 정신 덕분에 공평의 정신으로 돌아왔다. 그들은 가장 야만적인 법을 절도 있게 실행했다. 그것에 대해 의심이 든다면, 12세기에 판례에 대해 저술한 보마누아르의 훌륭한 저서를 읽어 보기만 하면 된다.

그의 시대에 오늘날 하듯이 대로(大路)의 보수작업이 행해졌다. 그는 다음과 같이 말한다. "대로가 복구될 수 없을 때는 옛 대로와 최대한 가깝게 다른 대로를 만들었다. 그러나 도로에서 이익을 끌어내는 사람들의 비용으로 소유주에게 보상이 이루어졌다. "[43] 당시에는 시민법에 의해 결정되었는데, 오늘날에는 정치법에 의해 결정된다.

제 16장 : 정치법의 규칙으로 결정해야 할 때, 시민법의 규칙으로 결정해서는 안 된다

만약 국가의 소유권에서 유래하는 규칙과 국가의 자유에서 비롯되는 규칙을 혼동하지 않는다면, 모든 문제의 핵심이 보일 것이다.

국유지(國有地)는 양도할 수 있는가, 아니면 양도할 수 없는가? 이 문제는 시민법이 아니라 정치법에 의해 결정되어야 한다. 국가에서 재산의 처분을 규정하는 시민법이 필요한 것과 마찬가지로 국가를 존속시키기 위해서는 국유지가 필요하기 때문에, 그 문제는 시민법에 의해 결정되어서는 안 된다.

국유지를 양도하면, 국가는 다른 국유지를 위하여 새로운 자금을 만들 수밖에 없을 것이다. 그러나 이런 방책은 또 국정을 뒤엎는다. 사물의 본성상 국유지가 마련될 때마다 항상 국민은 더 많이 지불하고 지배자는 얻는 것이 더 적을 것이기 때문이다. 따라서 한마디로 말해, 국유지는 필요하고 양도는 필요하지 않다.

군주정체에서 계승의 순서는 국가의 이익을 근거로 하는데, 국가의 이익을 위해서는 그 순서가 고정되어야 한다. 이미 말한 바와 같이

---

[43] 영주는 농민에게 징수하기 위해 징수원을 임명했다. 귀족에게는 백작이 분담금을 강요했고, 성직자에게는 주교가 강요했다. 보마누아르, 제 25장.

모든 것이 자의적이기 때문에 모든 것이 불확실한 전제정체에서 일어날 불행을 피하기 위해서이다.

계승 순서를 확정하는 것은 지배 왕가를 위한 것이 아니다. 지배 왕가가 있는 것이 국가의 이익이 되기 때문이다. 개인의 상속을 규정하는 법은 개인의 이익을 목적으로 하는 시민법이다. 왕위계승을 규정하는 법은 국가의 이익과 보존을 목적으로 하는 정치법이다.

그러므로 한 나라에서 정치법에 의해 계승의 순서가 정해져 있었는데 그 순서가 종말을 고하게 되었을 때, 어떤 민족의 것이든 시민법에 근거해서 계승을 요구하는 것은 부조리하다. 개별적인 한 사회는 다른 사회를 위해 법을 만들지 않는다. 로마인의 시민법이라고 해서 다른 시민법들보다 더 적용될 수 있는 것은 아니다. 그들 자신도 국왕을 재판할 때 시민법을 사용하지 않았다. 그리고 그들이 국왕을 재판할 때 사용한 규범은 몹시 고약한 것이므로 그것을 되살려서는 안 된다.

따라서 정치법에 의해 어떤 가문이 계승을 단념하게 되었을 때, 시민법에 기초하여 복권(復權)을 주장하는 것은 부조리하다. 물론 복권은 법에 있는 것이고, 법의 테두리 안에서 생활하는 사람들에게 좋은 것이 될 수 있다. 그러나 법을 위해 설정된 사람들, 법을 위해 생활하는 사람들에게는 좋은 것이 아니다.

왕국, 국민, 세계에 관한 권리를 개인들 사이의 '빗물받이 홈통'(키케로의 표현을 사용한다면44)에 관한 권리를 결정할 때와 같은 규범에 따라 결정하기를 주장하는 것은 우스꽝스러운 일이다.

---

44 《법률론》, 제1편.

제17장 : 같은 주제 계속

도편(陶片) 추방제는 시민법의 규칙이 아니라 정치법의 규칙에 의해
검토되어야 한다. 그 관행은 민중적 정체를 쇠퇴시키기는커녕 오히
려 그 정체의 온화함을 증명하기에 매우 적합하다. 우리에게 추방은
늘 형벌이지만, 만약 우리가 도편추방의 관념과 처벌의 관념을 분리
할 줄 알았다면 그런 사실을 알 수 있었을 것이다.

아리스토텔레스는 이 관행에 뭔가 인간적이고 민중적인 요소가 있
다는 것을 모든 사람이 인정했다고 말한다. [45] 그 재판이 행해지던 시
대와 장소에서 그것이 고약한 것으로 생각되지 않았다면, 이토록 멀
리 떨어져서 사물을 보고 있는 우리가 과연 고발자, 재판관, 심지어
피고인과 다르게 생각해야 할까?

그리고 이 인민재판이 재판받은 사람에게 영예를 안겨주었다는 것,
아테네에서 그럴 가치가 없는 사람[46]에 대해 이 재판이 남용되자 즉시
그 재판의 이용이 중지되었다는 것[47]에 주목한다면, 우리가 그것에
대해 잘못 생각하고 있었다는 것을 알게 될 것이다. 그것은 한 시민에
게 새로운 영예를 안겨줌으로써 그의 영예가 야기할 수 있는 나쁜 결

---

45 《정치학》, 제3편, 제3장.

46 히페르볼로스(Hyperbolos, 기원전 5세기 아테네 정치가이자 선동가로 경멸스러
운 인간으로 평가된다. 그는 도시에 대한 영향력 때문이 아니라 도시의 명예를 추
락시키는 상스러운 사람이기 때문에 추방되었다고 한다. 이후 도편추방제는 폐지
되었다_옮긴이 주). 플루타르코스, "아리스테이데스의 생애" 참조.

47 그것은 입법자의 정신에 어긋났다.

과를 예방한 훌륭한 법이었다.

제 18장 : 서로 모순되어 보이는 법들이 같은 분야에 속하는 것인지 검토해야 한다

로마에서는 남편이 다른 사람에게 자기 아내를 빌려주는 것이 허용되었다. 플루타르코스는 우리에게 그 사실을 분명히 말하고 있다. **48** 카토가 호르텐시우스에게 자기 아내를 빌려준 것을 우리는 알고 있는데, **49** 카토는 결코 자기 나라의 법을 위반할 사람이 아니었다. (8)

다른 한편 아내의 방탕함을 용서하고 그녀를 재판에 넘기지 않은 남편, 또는 아내가 유죄를 선고받은 후 그녀를 다시 맞이한 남편은 처벌받았다. **50** 이 법들은 서로 모순되어 보이지만 모순되지 않는다. 로마인에게 아내를 빌려주는 것을 허용한 법은 분명히 스파르타의 제도로서, 이런 표현을 사용해도 좋다면 "좋은 종자의 아이들을 공화국에 제공하기 위해 수립된 것"이다. 그리고 다른 법은 풍속 보존을 목적으로 한 것이다. 전자는 정치법이고, 후자는 시민법이었다.

---

48 플루타르코스, "리쿠르고스와 누마의 비교"에서.
49 플루타르코스, "카토의 생애". 스트라본은 제 11편에서 "그런 일이 우리 시대에 일어났다"라고 말한다.
50 Leg. 11, § ult. ff. ad leg. Jul. de adult.

제 19장 : 가정법에 의해 결정해야 할 것을 시민법에 의해
결정해서는 안 된다

서고트족의 법은 간통(姦通) 현장을 목격한 노예는 남녀를 묶어 남편과 재판관에게 보내야 할 의무가 있다고 정했다.[51] 공적, 가정적, 개인적 징벌의 임무를 비천한 사람의 수중에 맡기는 끔찍한 법이었다!

이 법은 동양의 후궁에서만 바람직할 것이다. 거기서는 노예에게 출입을 금지할 의무가 있으므로 부정이 행해지면 곧 노예는 직무를 유기한 것이 되기 때문이다. 그가 죄인을 체포하는 것은 그들을 재판받게 하기 위해서라기보다 스스로 재판받고 부정행위가 행해진 상황을 조사하여 그의 태만에 대한 혐의가 풀릴 기회를 얻기 위해서이다.

그러나 여자들이 감시당하지 않는 나라에서, 집을 관리하는 여자들을 시민법에 의해 노예의 수사에 맡기는 것은 당치않은 일이다. 그 수사는 기껏해야 어떤 특정한 경우에 특수한 가정법이 될 수 있을지 모르지만, 결코 시민법이 될 수는 없다.

---

51 서고트족의 법, 제3편, 제4조, 제6항.

제 20장 : 만민법에 속하는 것을 시민법의 원리에 의해
결정해서는 안 된다

자유는 주로 법이 명령하지 않는 것을 하도록 강요받을 수 없다는 데에 있다. 사람들은 시민법에 의해 지배된다는 이유만으로 그런 상태에 놓이게 된다. 따라서 우리는 시민법 아래에서 살기 때문에 자유로운 것이다.

그러므로 서로 간에 시민법 아래에서 생활하지 않는 군주들은 자유롭지 못하다. 그들은 힘에 의해 지배된다. 그들은 끊임없이 강요할 수 있고 또는 강요받을 수 있다. 그 결과, 그들이 강제로 맺은 조약도 자발적으로 맺은 조약과 똑같이 구속력을 가진다. 시민법 아래에서 생활하는 우리는 법이 요구하지 않는 어떤 계약을 강제로 맺게 되었을 때, 법의 도움으로 폭력 행위를 취소할 수 있다. 그러나 늘 강요하거나 강요받는 상태에 있는 군주는 폭력에 의해 체결하게 된 조약에 대해 불평할 수 없다. 그것은 자신의 자연적 상태에 대해 불평하는 것과 마찬가지이다. 그것은 그가 다른 군주들에게 군주이고 다른 군주들은 그에게 시민이기를 바라는 것과 같다. 다시 말해 그것은 사물의 본성에 어긋나는 것이다.

제 21장 : 만민법에 속하는 것을 정치법에 의해 결정해서는 안 된다

정치법은 모든 사람이 자신이 거주하는 나라의 형사 및 민사 재판소, 그리고 주권자의 비난에 복종할 것을 요구한다.

만민법은 군주들이 서로 사절(使節)을 보낼 것을 원했다. 그리고 사물의 본성에서 끌어낸 이성은 그 사절들이 파견된 나라의 주권자나 재판소에 종속되는 것을 허용하지 않았다. 그들은 그들을 파견하는 군주의 말(言)이므로, 그 말은 자유로워야 한다. 어떠한 장애도 그들의 행동을 방해해서는 안 된다. 그들은 예속되지 않은 한 사람을 위해서 말하기 때문에 종종 기분을 상하게 만들 수도 있다. 따라서 만약 그들이 범죄 때문에 처벌받을 수 있다면, 그들에게 죄를 뒤집어씌울 수도 있을 것이다. 만약 채무 때문에 체포될 수 있다면 그들의 채무를 조작할 수도 있을 것이다. 그러면 태생적으로 자존심이 강한 군주가 모든 것을 두려워하는 사람의 입을 통해 말하는 셈이 될 것이다.

그러므로 사절에 관해서는 정치법에서 파생된 이성이 아니라 만민법에서 끌어온 이성을 따라야 한다. 만약 그들이 자신의 대표적 지위를 남용한다면, 그들을 본국으로 송환함으로써 그 대표적 지위를 멈추게 한다. 그들은 주인 앞에서 고발당할 수도 있는데, 그러면 주인은 그들의 재판관 또는 공범자가 된다.

제 22장 : 잉카 황제 아타우알파(9)의 불행한 운명

우리가 방금 확립한 원리는 스페인 사람들에 의해 잔인하게 침해되었다. 잉카 황제 아타우알파는 만민법에 의해서만 재판받을 수 있었다.52 그런데 스페인 사람들은 그를 정치법과 시민법에 의해 재판했다. 그들은 그가 자기 부하 몇 사람을 죽였다거나 아내가 여러 명 있다거나 하는 등의 이유로 그를 탄핵했다. 그들이 잉카 제국의 정치법과 시민법이 아니라 스페인의 정치법과 시민법에 의해 그를 단죄한 것은 어리석음의 극치였다.

제 23장 : 어떤 사정으로 인해 정치법이 국가를 파괴하게 될 때, 국가를 보존하면서 때로는 만민법이 되는 정치법에 의해 결정해야 한다

국가에서 일정한 계승 순서를 정한 정치법이 그 법의 목적인 정치 집단을 파괴하게 될 경우, 다른 정치법이 그 순서를 바꿀 수 있다는 것을 의심해서는 안 된다. 이 법은 첫째 법에 대립되는 것이 아니라, 오히려 본질적으로 보면 완전히 부합하는 것이다. 두 법이 다 **인민의 안녕이 최고의 법**이라는 원리에 의존할 것이기 때문이다.

어떤 대국이 다른 대국의 속국이 되면 약해지고 심지어 본국도 약하게 만든다고 나는 말했다.53 알다시피 국가는 그 수장이 국내에 있

---

52 잉카 가르실라소 데 라 베가, 108쪽 참조.

어야 이익이 되고, 국가의 수입이 잘 관리되어야 하며 국가의 돈이 다른 나라를 부유하게 만들기 위해 유출되지 않아야 한다. 통치해야 하는 자가 외국의 규범에 물들지 않는 것은 중요한 일이다. 외국의 규범은 기존에 확립된 규범만큼 적당하지 않다. 게다가 인간은 놀랄 정도로 자신의 법과 관습에 애착을 갖게 마련이다. 법과 관습은 각 국민의 행복을 이루는 것이다. 모든 나라의 역사가 보여주듯이, 큰 혼란과 유혈사태 없이 법과 관습을 변경하기란 드물다.

그러므로 어떤 대국의 왕위계승자가 다른 대국의 소유자라면 그 대국은 마땅히 그를 배제할 수 있다. 계승의 순서가 변경되는 것이 두 나라에 모두 유익하기 때문이다. 그러므로 엘리자베타(10) 치세 초기에 제정된 러시아 법은 다른 군주국을 소유하게 될 모든 계승자를 매우 조심스럽게 배제한다. 또한 포르투갈 법은 혈통의 권리에 의해 왕좌에 오를 수 있는 모든 외국인을 배척한다.

국가가 배제할 수 있는 권한이 있다면, 포기시킬 수 있는 권리를 가지고 있는 것은 말할 것도 없다. 만약 어떤 혼인으로 인해 나라의 독립을 잃게 되거나 나라가 분할되는 결과가 초래될까 봐 걱정된다면, 국가는 혼인계약 당사자들과 그들에게서 태어날 아이들에게 그 나라에 대해 갖게 될 모든 권리를 포기시킬 수 있을 것이다. 그리고 그들을 배제하기 위한 법을 만들어 둘 수 있었을 테니, 포기하는 자와 포기하게 만드는 자는 불평하지 못할 것이다.

---

53 이 점에 대해서는 제5편 제14장, 제8편 제16장~제20장, 제9편 제4장~제7장, 제10편 제9장과 제10장을 참조할 것.

제24장 : 경찰 규칙은 다른 시민법과는 다른 분야에 속한다

집정자가 처벌하는 죄인이 있고 교정(矯正)하는 죄인이 있다. 전자는 법의 권력에 복종하는 것이고, 후자는 집정자의 권위에 복종하는 것이다. 전자는 사회에서 배제되고, 후자는 사회의 규칙에 따라 살도록 강제된다.

경찰권의 행사에서 벌하는 자는 법보다는 오히려 집정자이다. 범죄의 재판에서 벌하는 자는 집정자보다는 오히려 법이다. 경찰권에 속하는 일들은 매순간 일어나는 일이고 보통 대단치 않은 사건이다. 따라서 격식이 그다지 필요하지 않다. 경찰 행위는 신속하고, 경찰권은 날마다 되풀이되는 사항에 대해 행사된다. 따라서 커다란 처벌은 적절하지 않다. 경찰권은 언제나 세부적인 일에 전념하므로, 커다란 범례는 그것을 위해 만들어진 것이 아니다.

경찰권은 법보다는 오히려 규칙을 가지고 있다. 경찰권에 속하는 사람들은 늘 집정자의 눈 아래에 있다. 따라서 그들이 권한을 남용한다면, 그것은 집정자의 잘못이다. 그러므로 중대한 법 위반과 단순한 치안 위반을 혼동해서는 안 된다. 그것은 다른 분야에 속한다.

따라서 총기 휴대가 사형죄로 처벌되고 총기 악용이 총기 휴대보다 더 치명적으로 여겨지지 않는 이탈리아의 공화국54에서는 사물의 본성에 따르지 않은 것이다.

또한 부정행위가 적발된 빵장수의 몸에 말뚝을 박아 처형하게 한

---

54 베네치아.

그 황제의 행위는 대단히 칭송받았으나, 그것은 단지 정의 자체를 과장함으로써만 정의로울 수 있는 술탄의 행위일 뿐이다.

제 25장 : 고유의 성질에서 도출된 특수한 규칙에 따라야 하는 사항에 대해 시민법의 일반적 규정을 따라서는 안 된다

배 안에 있는 선원들 사이에 항해 중에 맺어진 모든 시민적 채무는 무효라는 것은 좋은 법일까? 프랑수아 피라르는 그의 시대에 포르투갈인은 그 법을 지키지 않았으나 프랑스인은 그 법을 지켰다고 말한다.[55] 짧은 기간만 함께 있는 사람들, 군주에게 공급받으므로 부족한 것이 전혀 없는 사람들, 오직 여행이라는 목적만 가질 수 있는 사람들, 더 이상 사회 안에 있지 않고 배의 시민인 사람들, 그런 사람들에게 단지 시민 사회의 부담을 유지하기 위해서 도입된 그런 채무를 지게 해서는 안 된다.

줄곧 해안을 따라 항해하던 시대를 위해 만들어진 로도스인의 법이 폭풍우 중에 배 안에 남아 있던 사람들은 배와 화물을 갖고 배를 떠난 사람들은 아무것도 갖지 못한다고 정한 것은 같은 정신에 의해서였다.

---

[55] 제 14장, 제 12부.

제6부

제 27 편   상속에 관한 로마법의 기원과 변천

단일 장

이 문제는 매우 오래된 고대의 제도에서 기인한다. 이 문제를 더 깊이 파고 들어가기 위해, 로마인의 초기 법에서 내가 아는 한 지금까지 아무도 고찰하지 않은 것을 탐구하도록 허용해 주기 바란다.

알다시피 로물루스는 그의 작은 국가의 토지를 시민들에게 분배했다. 1 나는 상속에 관한 로마법이 거기에서 유래한다고 생각한다.

토지 분할법은 한 가문의 재산이 다른 가문으로 이전되지 않는 것을 요구했다. 그 결과 두 종류의 법정 상속인만 존재하게 되었다. 2 자

---

1   할리카르나소스의 디오니시오스, 제 2편, 제 3장. 플루타르코스, "누마와 리쿠르고스의 비교".

2   Ast si intestatus moritur, cui suus hæres nec extabit, agnatus proximus familiam habeto(유언을 남기지 않고 죽은 사람에게 상속인이 없으면, 부계 쪽으

식과 부권(父權) 밑에서 생활하는 모든 자손, 즉 직계상속인, 그리고 그들이 없을 경우 부계 친족이라 불리는 남자 쪽으로 가장 가까운 친척이었다. 모계 친족이라 불리는 여자 쪽의 친척은 상속할 수 없었다. 그들은 재산을 다른 집안으로 옮겨가기 때문이었다. 그래서 그렇게 정해진 것이다.

또 자식은 어머니를 상속할 수 없고, 어머니도 자식을 상속할 수 없었다. 그것은 한 가문의 재산을 다른 가문으로 이전하는 것이기 때문이다. 그래서 12표법에서는 그들이 제외되었다.[3] 12표법은 부계 친족만 상속하게 했는데, 모자 사이는 부계 친족이 아니었다.

그러나 직계상속인 또는 직계상속인이 없을 경우의 가장 가까운 부계 친족은 남자든 여자든 상관없었다. 어머니 쪽의 친족은 상속하지 못하므로 여자 상속인이 혼인하더라도 그 재산은 항상 원래의 가문으로 돌아가기 때문이었다. 12표법에서 상속인이 남자인지 여자인지를 구별하지 않은 것은 그 때문이다.[4]

그로 말미암아 친손주는 할아버지를 상속했지만, 외손주는 상속하지 못했다. 재산이 다른 가문으로 옮겨지지 않기 위해서, 부계 친족이 외손주보다 더 선호되었기 때문이다. 그러므로 딸은 아버지를 상속해도, 딸의 자식은 할아버지를 상속하지 못했다.[5]

로 가장 가까운 남자가 재산을 갖는다). 울피아누스의 마지막 조항, 12표법에 대한 단장.

3 울피아누스, 《단장》, 제26조, 제8항 참조. 《법학제요》, 제3조, In præmio ad Sen. cons. Tertullianum.

4 파울루스, 《판결문》, 제4편, 제8조, 제3항.

이와 같이 초기 로마인의 경우, 토지 분할법에 부합할 때는 여자도 상속했고 그 법에 위배될 때는 여자들은 상속하지 못했다.

초기 로마인의 상속법은 그러했다. 그 법은 국가 구조의 자연적 부속물로서 토지 분할에서 나온 것이다. 그러므로 그것은 외국에서 유래한 것이 아니고, 그리스 도시들에 파견된 사절들이 가져온 수많은 법에 들어있던 것이 아님을 잘 알 수 있다.

할리카르나소스의 디오니시오스에 의하면, 6 세르비우스 툴리우스는 토지 분할에 관한 로물루스와 누마의 법이 폐지된 것을 발견하고 그것을 복원시키고 옛 법에 새로운 무게를 주기 위해 새 법을 만들었다. 따라서 우리가 방금 말한 법은 토지 분할의 결과로 만들어진 것으로, 로마의 이 세 입법자의 작품이라는 것은 의심할 여지가 없다.

상속의 순서는 정치법의 결과로 정해졌으므로, 한 시민이 개인적 의지에 의해 그 순서를 뒤흔들어선 안 되었다. 다시 말해서 초기 로마 시대에는 유언(遺言)하는 것이 허용되지 않았다. 하지만 생의 마지막 순간에 선행을 베푸는 타협을 박탈당하는 것은 가혹한 일이었을 것이다.

이 점에 대해 법을 개인의 의지와 조화시키는 방법이 발견되었다. 인민의회에서 개인의 재산을 처분하는 것이 허용된 것이다. 그래서 각 유언은 어찌 보면 입법권의 행위가 되었다.

12표법은 유언하는 사람에게 자신이 원하는 시민을 상속인으로 선

---

5 《법학제요》, 제3편, 제1조, 제15항.
6 제4편, 276쪽.

택하도록 허용했다. 로마법이 유언 없이 상속할 수 있는 사람의 수를 그토록 엄중히 제한했던 이유는 토지 분할법 때문이었다. 그리고 유언할 권한을 그토록 크게 확장한 이유는 아버지가 자식을 팔 수 있으니7 자식에게서 자기 재산을 빼앗을 수 있는 것은 지극히 당연했기 때문이다. 따라서 그것은 서로 다른 원리에서 유래한 것이므로 서로 다른 결과가 되었다. 그것이 바로 이 점에 관한 로마법의 정신이다.

아테네의 옛 법은 시민에게 유언하는 것을 허용하지 않았다. 솔론은 자식이 있는 사람을 제외하고 그것을 허용했다.8 그리고 부권에 대한 관념에 심취해 있던 로마의 입법자들은 자식에게 해롭더라도 유언하는 것을 허용했다. 아테네의 옛 법이 로마의 법보다 더 일관성이 있었다는 것을 인정해야 한다. 로마인에게 유언하는 것이 무한히 허용되자 토지 분할에 대한 정치적 규정이 차츰 파괴되었다. 그것은 무엇보다 빈부의 엄청난 차이를 가져왔다. 여러 몫이 한 사람에게 집중되어, 몇몇 시민이 지나치게 많이 갖고 수많은 다른 사람들은 아무것도 갖지 못했다. 그래서 계속해서 자기 몫을 빼앗긴 인민은 끊임없이 토지의 새로운 분배를 요구했다. 인민은 검소, 절약, 가난이 로마인의 변별적 특성을 이루던 시대에 그들의 사치가 극도에 이르렀던 시대와 마찬가지로 그것을 요구했다.

유언은 곧 인민의회에서 만들어지는 법과 같았으므로, 군대에 있

---

7 할리카르나소스의 디오니시오스는 아버지에게 아들을 세 번 팔 수 있도록 허용한 법이 10인 위원회가 아니라 로물루스의 법이었다는 것을 누마의 법에 의해 증명하고 있다. 제2편.
8 플루타르코스, "솔론의 생애" 참조.

는 사람들은 유언하는 권한을 빼앗겼다. 그래서 인민 앞에서 해야 할 유언 조항9을 몇몇 동료들 앞에서 할 수 있는 권한이 병사들에게 주어졌다. 10

대 인민의회는 1년에 두 번밖에 열리지 않았다. 게다가 인민은 증가했고, 안건도 증가했다. 따라서 인민 단체를 대표하는 성년의 로마 시민 몇 명 앞에서 유언하는 것을 모든 시민에게 허용하는 것이 적합하다고 판단되었다. 11 5명의 시민이 선택되었고, 12 그들 앞에서 상속인은 유언자로부터 그의 가산(家産), 즉 유산을 샀다. 13 다른 시민 한 명은 그 가격을 평가하기 위하여 저울을 가지고 있었다. 로마인에게는 아직 화폐가 없었기 때문이다. 14

이 5명의 시민은 인민의 다섯 계급을 대표했고, 아무것도 가진 것

---

9 이 유언은 서면으로 작성되지 않았고 일정한 격식도 없었다. 키케로가 《웅변에 관하여(De oratore)》제1편에서 말했듯이, sine libra et tabulis(정확한 측정도 목록도 없었다).

10 이 유언은 "전투 직전"(in procinctu)의 유언이라 불리는 것으로, 오직 황제의 법령에 의해서만 정해지는 "군대의" 유언이라 불리는 것(leg 1. ff. de militari testamento)과는 다른 것이었다. 그것은 병사들에 대한 황제의 감언이설 중의 하나였다.

11 《법학제요》, 제2편, 제10조, 제1항. 아울루스 겔리우스, 제15편, 제27장. 이런 종류의 유언을 per æs et libram(청동 한 조각으로 측정되는)이라고 불렀다.

12 울피아누스, 제10조, 제2항.

13 테오필루스(Theophilus, 6세기 비잔티움의 법학자로 유스티니아누스의 《법학제요》를 편찬한 사람 중의 한 명이다_옮긴이 주), 《법학제요》, 제2편, 제10조.

14 그들은 피로스 전쟁 시기에 이르러서야 화폐를 갖게 된다. 티투스 리비우스는 베이의 포위 공격에 대해 이야기하면서 다음과 같이 말한다: nondum argentum signatum erat(아직 은이 주조되지 않았다). 제4편.

이 없는 사람들로 이루어진 여섯 번째 계급은 포함되지 않았던 것으로 보인다.

유스티니아누스의 견해를 따라 그러한 매매가 가상이었다고 말해서는 안 된다. 결국 나중에는 그렇게 되었지만 처음에는 그렇지 않았다. 그 후에 유언을 규정하는 대부분의 법은 그 기원이 바로 이 매매의 사실성에서 비롯한다. 울피아누스의 《단장》15에서 그 증거를 잘 볼 수 있다. 귀머거리, 벙어리, 낭비자는 유언할 수 없었다. 귀머거리는 가산을 살 사람의 말을 들을 수 없고, 벙어리는 지명하는 말을 할 수 없고, 낭비자는 모든 사무관리를 금지당해 자신의 가산을 팔 수 없기 때문이었다. 그 밖의 예들은 생략한다.

유언은 인민의회에서 이루어졌으므로 시민법의 행위이기보다 오히려 정치법의 행위였고, 사적인 법이기보다 오히려 공적인 법이었다. 그러므로 아버지가 자신의 지배 아래에 있는 아들에게도 유언하라고 허용할 수 없었다.

대부분의 민족에게서, 유언은 평범한 계약 이상의 중대한 격식을 따르지 않는다. 유언이나 평범한 계약이나 모두 계약자의 의지 표현에 불과하고 사적인 법에 속하기 때문이다. 그러나 유언이 공적인 법에서 유래하는 로마인의 경우, 유언은 다른 행위보다 더 중대한 격식을 취했다.16 그것은 로마법에 의해 지배되고 있는 프랑스의 여러 지방에서 오늘날에도 여전히 존속하고 있다.

---

15 제 20조, 제 13항.
16 《법학제요》, 제 2편, 제 10조, 제 1항.

이미 말한 것처럼 유언은 인민의 법이므로, 그것은 명령의 힘을 가지고 이른바 '직접적'이고 '명령적'인 말로 이루어져야 했다. 따라서 명령의 말에 의해서가 아니면, 유산을 줄 수도 이전할 수도 없다는 규칙이 만들어졌다. 17 또한 어떤 경우에는 대체상속인을 지정하여18 유산이 다른 상속인에게 이전될 것을 명령할 수 있었다. 그러나 신탁 유증(信託遺贈), 즉 유산 혹은 유산의 일부를 다른 사람에게 건네 달라고 당부하는 형식으로 어떤 사람에게 맡길 수는 없었다. 19

아버지가 아들을 상속인으로 지명하지도 않고 상속권을 박탈하지도 않았을 때 유언은 파기되었다. 그러나 딸의 경우는 상속인으로 지정하지도 않고 상속권을 박탈하지도 않았더라도 유언이 유효했다. 나는 그 이유를 알 만하다. 아버지가 아들을 상속인으로 지정하지도 않고 상속권을 박탈하지도 않았을 때는 '유언 없이' 자신의 아버지를 상속하게 될 손자에게 손해를 입히게 될 것이다. 그러나 딸을 상속인으로 지정하지도 않고 상속권을 박탈하지도 않았을 때는 딸의 자식에게 전혀 손해를 끼치지 않는다. 딸의 자식은 직계상속인도 부계 친족도 아니기 때문에 '유언 없이' 어머니를 상속하지 못할 것이다. 20

---

17 "티티우스, 내 상속인이 되어라."

18 평범한 대체상속인 지정, 피후견인과 관련된 대체상속인 지정, 모범적인 대체상속인 지정.

19 아우구스투스는 특별한 이유로 인해 신탁 유증을 허용하기 시작했다. 《법학제요》, 제2편, 제23조, 제1항.

20 Ad liberos matris intestatæ hæreditas, lege XII tab. non pertinebat, quia feminæ suos hæredes non habent(12표법에 따르면, 유언을 남기지 않은 사람의 유산은 어머니의 자식에게는 적용되지 않는다. 여자들은 상속인을 가질 수 없기 때

초기 로마인의 상속법은 토지 분할의 정신을 따르는 것만 생각해서 여자들의 부(富)를 충분히 제한하지 않았다. 그래서 여자들의 부와 항상 불가분의 관계에 있는 사치(奢侈)에 문을 열어놓았다. 제2차 포에니 전쟁과 제3차 포에니 전쟁 사이에 사람들은 폐단을 느끼기 시작하여 보코니아 법을 만들었다.[21] 매우 중대한 동기로 이 법이 만들어졌는데 우리에게는 그에 대한 사료가 별로 남아 있지 않고 지금까지 매우 모호한 방법으로만 이야기되었을 뿐이므로, 내가 그것을 설명해 보겠다.

키케로는 이 법의 한 단편을 우리에게 보존해 주었는데, 거기에는 여자는 혼인했든 안 했든 상속인으로 지정하는 것이 금지되어 있다.[22]

이 법에 대해 언급한 티투스 리비우스의 《요약서》에도 그보다 더 많이 서술되어 있지 않다.[23] 키케로[24]와 성 아우구스티노[25]에 의하면, 딸은 심지어 무남독녀라 하더라도 이 금지에 포함되었던 것으로 보인다.

문이다). 울피아누스, 《단장》, 제26조, 제7항.

21 인민 호민관 퀸투스 보코니우스가 그 법을 제안했다. 키케로, "두 번째 베레스 반박문" 참조. 티투스 리비우스의 《요약서》 제41편에서 볼룸니우스(Volumnius, 고대 로마의 집정관__옮긴이 주) 대신 보코니우스를 읽어야 한다.

22 Sanxit … ne quis hæredem virginem neve mulierem faceret(누구도 처녀나 기혼 여성을 상속인으로 삼아서는 안 된다고 … 공포되었다). 키케로, "두 번째 베레스 반박문".

23 Legem tulit, ne quis hæredem mulierem institueret(누구도 여자 상속인을 정해서는 안 된다는 법이 채택되었다). 제41편.

24 "두 번째 베레스 반박문".

25 《신국론》, 제3편.

대 카토(1)는 이 법을 받아들이게 하려고 전력을 기울였다. 26 아울루스 겔리우스는 그런 상황에서 카토가 한 연설의 한 단편을 인용하고 있다. 27 카토는 여자의 상속을 막음으로써 사치의 원인을 예방하고자 한 것이다. 오피아 법을 옹호하면서 사치 자체를 막으려고 했던 것처럼 말이다.

유스티니아누스28와 테오필루스29의 《법학제요》에는 유증 권한을 제한하는 보코니아 법의 한 장이 서술되어 있다. 이 저서를 읽어 보면, 상속인이 상속을 거절할 정도로 상속 재산이 유증에 의해 고갈되는 것을 피하기 위해 그 장이 만들어졌다는 것을 누구나 알 수 있다. 그러나 그것은 보코니아 법의 정신은 아니었다. 우리가 본 바와 같이, 보코니아 법의 목적은 여자들이 어떠한 상속도 받지 못하도록 막는 것이었다. 유증 권한에 제한을 두는 이 장도 그런 목적과 관계가 있었다. 만약 원하는 대로 유증할 수 있었다면, 여자들이 상속으로 얻지 못하는 것을 유증으로 받을 수 있었을 것이기 때문이다.

보코니아 법은 여자들의 지나친 부를 막기 위해 만들어졌다. 따라서 여자들에게서 빼앗아야 했던 것은 막대한 유산이지 사치를 유지할 수 없는 정도의 유산은 아니었다. 법은 상속을 박탈당한 여자에게 주어져야 하는 일정한 금액을 정했다. 키케로는 그 사실을 우리에게 알려주고 있으나, 30 그 금액이 얼마인지에 대해서는 말하지 않았다. 그

---

26 티투스 리비우스의 《요약서》, 제41편.

27 제17편, 제6장.

28 《법학제요》, 제2편, 제22조.

29 위의 책.

러나 디오는 그 금액이 10만 세스테르티우스였다고 말한다. 31

보코니아 법은 가난을 조절하기 위해서가 아니라 부를 조절하기 위해서 만들어졌다. 그래서 키케로는 그 법이 호구조사에 등록된 사람들에 대해서만 규정했다고 말한다. 32

이것은 법을 회피하는 구실을 제공해 주었다. 알다시피 로마인은 극도로 형식주의자였다. 그리고 앞에서 말했듯이 공화국의 정신은 법의 문구를 그대로 따르는 것이었다. 딸에게 유산을 남길 수 있도록 호구조사에 등록하지 않은 아버지들이 있었다. 그런데 법무관은 법의 문구에 위배되지 않았으므로 보코니아 법을 어긴 것이 아니라고 판단했다.

아니우스 아셀루스라는 어떤 사람은 무남독녀 딸을 상속인으로 지정했다. 키케로는 그가 호구조사에 들어 있지 않았기 때문에 보코니아 법에 위배되지 않아서 그렇게 할 수 있었다고 말한다. 33 법무관인 베레스가 딸에게서 상속 재산을 박탈하자, 키케로는 "베레스는 매수되었다. 그렇지 않았다면 다른 법무관들이 인정한 상속 순서를 뒤바

---

30 Nemo censuit plus Fadiæ dandum, quam posset ad eam lege Voconia pervenire (보코니아 법 아래에서 그녀가 얻을 수 있는 것 이상으로 파디아에게 주라고 권고한 사람은 아무도 없었다). 《최고의 선과 악에 대하여 (De finibus bonorum et malorum)》, 제 2편.

31 Cum lege Voconia mulieribus prohiberetur ne qua majorem centum millibus nummûm hæreditatem posset adire (여자가 10만 세스테르티우스 이상을 상속받지 못하게 한 보코니아 법에 호소하는 것이 가능해졌다), 제 56편.

32 Qui census esset (호구조사에 등록된 사람). "두 번째 베레스 반박문".

33 Census non erat (호구조사에 등록되지 않은). 위의 책.

꾸지 않았을 것이다"라고 주장했다.

그러면 모든 시민이 포함되는 호구조사에 들어 있지 않은 시민이란 어떤 것이었을까? 할리카르나소스의 디오니시오스[34]가 이야기한 세르비우스 툴리우스의 제도에 의하면, 호구조사에 등록되지 않은 모든 시민은 노예가 되었다고 한다. 키케로도 그런 사람은 자유를 잃었다고 말했고,[35] 조나라스도 같은 말을 했다. 따라서 보코니아 법의 정신에 따라 호구조사에 들어 있지 않은 것과 세르비우스 툴리우스 제도의 정신에 따라 호구조사에 들어 있지 않은 것 사이에는 분명히 차이가 있었다.

첫 다섯 계급에는 재산에 비례하여 사람들이 배치되었는데,[36] 이 다섯 계급에 등록되지 않은 사람들은 보코니아 법의 정신에 의하면 호구조사에 들어 있지 않은 것이었다. 그리고 여섯 개의 계급 안에 등록되지 않은 사람들 혹은 감찰관이 "아이라리"(*ærarii*) 라고 불리는 사람들 수에 포함시키지 않은 사람들이 세르비우스 툴리우스의 제도에 따르면 호구조사에 들어 있지 않은 것이었다. 본성의 힘이 얼마나 강한지, 보코니아 법을 피하기 위해 아버지들은 재산이 없고 인두세가 부과되는 사람들과 함께 제 6계급에 섞이는 치욕을 마다하지 않았다. 심지어 카이리테스 명부(2)(Caerites tabilae)[37]로 보내지는 것에 동의

---

34 제 4편.
35 "카이키나 변호문"(In oratione pro Cæcinna).
36 이들 첫 다섯 계급은 그 수가 매우 막대하여 때때로 저자들은 다섯 계급에 대해서만 서술하기도 한다.
37 In Cæritum tabulas referri; ærarius fieri(카이리테스 명부에 오르면, 최하위 계

한 아버지들도 있었을 것이다.

로마인의 판례가 신탁 유증을 허용하지 않았다는 것은 이미 서술한 바 있다. 이 신탁 유증은 보코니아 법을 피하려는 기대에서 도입되었다. 즉, 법률상 유산을 받을 수 있는 상속인을 지정하고, 법에 의해 배제된 사람에게 유산을 전해 달라고 그 상속인에게 부탁하는 것이었다. 이 새로운 처리 방법은 서로 다른 결과를 초래했다. 어떤 사람들은 유산을 전해주었다. 섹스투스 페두케우스의 행동은 훌륭했다.[38] 그는 막대한 유산을 물려받았는데, 그것을 전해 달라고 부탁받았음을 아는 사람은 그 자신을 제외하면 이 세상에 아무도 없었다. 그는 유언자의 아내를 찾아가서 그녀에게 남편의 모든 재산을 주었다.

또 어떤 사람들은 상속 재산을 자기가 가졌는데, P. 섹스틸리우스 루푸스의 예도 유명하다. 키케로가 에피쿠로스학파와의 논쟁에서 그 예를 사용했기 때문이다.[39] 그는 이렇게 말했다.

"나는 젊은 시절에 섹스틸리우스의 부탁을 받고 그의 친구 집으로 그를 따라갔다. 퀸투스 파디우스 갈루스의 유산을 그의 딸 파디아에게 전해주어야 하는지 아닌지를 물어보기 위해서였다. 그는 매우 근엄한 사람들과 함께 몇 명의 청년들을 모아 놓았다. 그런데 파디아에게 보코니아 법에 의해 가져야 하는 것 이상을 주어야 한다는 의견을 내놓은 사람은 아무도 없었다. 그래서 섹스틸리우스는 막대한 유산

급이 된다).

38 키케로, 《최고의 선과 악에 대하여》, 제2편.
39 키케로, 《최고의 선과 악에 대하여》, 제2편.

을 가졌다. 만약 그가 유익함이 아니라 정의와 정직을 택했더라면, 그 유산 중 단 1세스테르티우스도 갖지 않았을 것이다."

그는 또 이렇게 덧붙였다.

"내 생각에 당신들은 유산을 돌려주었을 수 있다. 심지어 에피쿠로스도 유산을 돌려주었을 수 있다. 그러나 그렇게 되면, 당신들은 당신들의 원리를 따르지 않은 셈이 될 것이다."

나는 여기서 몇 가지 고찰을 해 보고자 한다.

입법자가 자연적 감정 자체에 반하는 법을 만들 수밖에 없다는 것은 인간 조건의 불행이다. 보코니아 법이 바로 그러했다. 입법자들은 시민보다는 사회의 관점에서, 그리고 인간보다는 시민의 관점에서 법을 제정하기 때문이다. 법은 시민과 인간을 포기하고 공화국만 생각한 것이다. 어떤 사람이 딸에게 유산을 전해 달라고 친구에게 부탁했다고 하자. 법은 유언자의 자연적 감정을 무시하고 딸의 효심도 무시한다. 그리고 유산을 전해줄 것을 위탁받은 사람에 대해서도 전혀 고려하지 않는다. 그는 가혹한 상황에 놓여 있다.

유산을 전해줄 것인가? 그러면 그는 나쁜 시민이 된다. 유산을 가질 것인가? 그러면 그는 정직하지 못한 사람이 된다. 법을 피할 생각을 한 사람들은 천성이 선량한 사람들뿐이다. 법을 피하기 위해 선택될 수 있는 사람들도 오직 정직한 사람들뿐이다. 그것은 언제나 탐욕과 쾌락에 대해 승리를 거두어야 하기 때문이다. 그런 종류의 승리를 얻는 사람들은 오직 정직한 사람들뿐이다. 어쩌면 그 경우에 그들을 나쁜 시민으로 여기는 것은 가혹하다고 할 수 있을 것이다. 법이 이렇게 정직한 사람들에게만 법을 피하도록 강요한다면, 입법자는 목적한 바를 대부분 이루었다고 할 수 있다.

보코니아 법이 제정된 시기의 풍속은 예전의 순수함을 어느 정도 보존하고 있었다. 때때로 사람들은 법을 위해 공적인 양심에 끌리기도 했고, 법을 지키겠다는 맹세도 시켰다.[40] 그래서 어찌 보면 두 개의 성실성이 싸우는 셈이었다. 그러나 나중에는 풍속이 부패하여 보코니아 법을 피하기 위한 신탁 유증의 효과보다 그 법을 지키게 만드는 힘이 더 강하게 되었다.

내전(內戰)은 수많은 시민을 죽게 했다. 아우구스투스 치하의 로마에는 거의 사람이 살지 않았다. 로마의 인구를 늘려야 했다. 그래서 파피아 법이 만들어졌다. 이 법에는 혼인하고 자식을 갖도록 시민들을 장려할 수 있는 것이 하나도 빠짐없이 들어가 있었다.[41] 그 주된 수단 중의 하나는 법의 의도에 동참하는 사람에게는 상속의 희망을 증가시키고, 법의 의도를 거부하는 사람에게는 그런 희망을 감소시키는 것이었다. 보코니아 법은 여자가 상속할 수 없게 만들었는데, 파피아 법은 일정한 경우에 이 금지를 폐지했다.

여자, 특히 자식을 가진 여자는 남편의 유언에 따라 유산을 받을 수 있게 되었다.[42] 여자들은 자식이 있으면 외부인의 유언에 의해서도 유산을 받을 수 있었다. 이 모든 것은 보코니아 법의 규정에 어긋나는 것이었다. 그런데 이 법의 정신이 완전히 버려진 것은 아니라는

---

40 섹스틸리우스는 법을 지키겠다고 맹세했었다고 말했다. 키케로, 《최고의 선과 악에 대하여》, 제2편.

41 제23편 제21장에서 말한 것을 참조할 것.

42 이 점에 대해서는 울피아누스, 《단장》, 제15조, 제16항 참조.

점은 주목할 만하다. 예를 들어 파피아 법43은 자식이 한 명 있는 남자에게는 외부인의 유언에 의해 모든 유산을 받는 것을 허용했으나, 44 여자에게는 3명의 자식이 있어야만 같은 혜택을 부여했다. 45

파피아 법은 오직 외부인의 유언에 의해서만 3명의 자식을 가진 여자가 상속할 수 있게 했고, 친족의 상속에 대해서는 옛 법과 보코니아법의 효력을 그대로 유지했다는 점을 주목해야 한다. 46 그러나 그것은 오래 지속되지 않았다.

모든 주민의 부유함으로 인해 부패한 로마는 풍속을 바꾸었다. 더이상 여자들의 사치를 막는 것이 문제가 아니었다. 하드리아누스 치하에서 살았던 아울루스 겔리우스는 그의 시대에 보코니아 법은 거의없어졌다고 우리에게 말한다. 47 도시의 호사가 그 법을 뒤덮어 버린것이다. 그래서 우리는 니게르(3) 치하에서 살았던 파울루스의 《판결문》48과 세베루스 알렉산데르 시대 사람인 울피아누스의 《단장》49

---

43 파피아 법의 여러 규정에는 똑같은 차별이 존재한다. 울피아누스, 《단장》, 마지막 조 제4항과 제5항, 그리고 같은 조 제6항 참조.
44 Quod tibi filiolus, vel filia, nascitur, ex me ⋯
     Jura parentis habes; propter me scriberis hæres.
     (나로 인해 그대에게 아들이나 딸이 태어났으니 ⋯
     그대에게는 부모의 권리가 있고, 내 덕분에 그대는 상속자로 지명될 수 있으리라)
     유베날리스, 풍자시 9.
45 제9법, 테오도시우스 법전, de bonis proscriptorum 참조. 디오, 제55편. 울피아누스, 《단장》, 마지막 조 제6항, 제29조 제3항 참조.
46 울피아누스, 《단장》, 제16조, 제1항. 소조메노스, 제1편, 제19장.
47 제20편, 제1장.
48 제4편, 제8조, 제3항.
49 제26조, 제6항.

에서 아버지 쪽의 누이는 상속할 수 있었다는 것과 보코니아 법에 의해 금지되는 경우는 더 촌수가 먼 친족뿐이었다는 것을 알 수 있다.

로마의 옛 법은 너무 가혹하게 보이기 시작했다. 그런데 법무관은 공정함, 절제, 예의범절이란 이유 이외에는 마음이 움직이지 않았다.

앞에서 보았듯이, 로마의 옛 법에 의하면 어머니는 자식의 유산에 대한 몫이 전혀 없었다. 보코니아 법은 그녀들을 거기서 제외하는 새로운 이유가 되었다. 그러나 클라우디우스 황제는 자식을 잃은 것에 대한 위로로 자식의 유산을 어머니에게 주었다. 하드리아누스50 치하에서 이루어진 테르툴리우스 원로원 의결은 어머니가 자유인이면 자식이 셋 있을 때, 어머니가 해방된 노예이면 자식이 넷 있을 때 자식의 유산을 주었다. 이 원로원 의결은 외부인에 의해 주어지는 유산을 같은 방식으로 여자들에게 허용했던 파피아 법의 확장에 불과한 것이 분명하다. 마침내 유스티니아누스는 자식의 수와 상관없이 여자들에게 상속을 허용했다. 51

여자의 상속을 막은 법을 제한한 것과 같은 이유로, 여자 쪽 친족의 상속을 구속했던 법도 조금씩 무너졌다. 이런 법들은 여자가 자신의 부유함 혹은 부유함에 대한 기대를 사치에 이용하지 못하도록 해야 하는 훌륭한 공화정체의 정신에 매우 부합하는 것이었다. 그에 반해 군주정체의 사치는 혼인을 부담스럽고 비용이 많이 드는 것으로

---

50 안토니누스 피우스 황제를 말하는 것인데 하드리아누스에게 입양되어 하드리아누스라는 이름을 얻었다.

51 Leg. 2, Cod. de jure liberorum. 《법학제요》, 제3편, 제3조, 제4항, de senatus-consult. Tertul.

만들므로, 여자가 줄 수 있는 부유함이나 여자가 마련해 줄 수 있는 상속에 대한 기대에 의해 혼인으로 이끌어야 한다. 그리하여 로마에 군주정체가 성립되었을 때 상속에 관한 모든 제도가 바뀌었다.

법무관은 남자 쪽 친족이 없을 때는 여자 쪽 친족이 상속하게 했다. 옛 법에 의하면 여자 쪽 친족은 결코 상속할 수 없었는데 말이다. 오르피투스 원로원 의결은 자식이 어머니를 상속할 수 있게 했다. 발렌티니아누스 황제, 52 테오도시우스 황제, 아르카디우스 황제는 외손주가 할아버지를 상속할 수 있게 했다. 마침내 유스티니아누스 황제는 상속에 관한 옛 법의 잔재를 완전히 없앴다. 53 그는 비속, 존속, 같은 항렬이라는 세 부류의 상속인을 정하고 남자와 여자, 여자 쪽 친족과 남자 쪽 친족을 구분하지 않았다. 그리고 그 점에 대하여 남아 있던 모든 구별을 폐지했다. 그는 자신이 옛 법의 문제점이라고 부른 것에서 벗어남으로써 자연 자체를 따르는 것이라고 믿었다.

---

52 Leg. 9, Cod. de suis et legitimis liberis.
53 Leg. 12, Cod. ibid. 《신칙법》 118과 127.

제 28 편

프랑스인의 시민법 기원과 변천

"나의 마음은 나에게 물체의 변신을 노래하게 만드니 …"(1)

— 오비디우스, 《변신》

제 1장 : 여러 게르만족 법의 상이한 특성

자신들의 지역을 벗어난 프랑크족은 종족의 현자들에게 살리카법을 편찬하게 했다. 1 리푸아리 프랑크족은 클로도베쿠스 치하에서 살리 프랑크족과 합병했을 때 그들의 관행을 유지했고, 2 아우스트라시 아(2)의 왕 테우데리쿠스(3)는 그것을 글로 나타내게 했다. 3 그는 자

---

1   살리카법의 서문을 볼 것. 라이프니츠(Gottfried Wilhelm Leibniz, 1646~1716, 독일의 철학자이자 수학자로 철학과 수학의 역사에서 중요한 위치를 차지한다. 또한 정치학, 법학, 윤리학, 신학, 역사학, 철학, 언어학 등 방대한 분야에 걸쳐 저술을 남겼다_옮긴이 주)는 "프랑크족의 기원에 대하여"라는 논문에서 이 법이 클로도베쿠스 치세 이전에 만들어졌다고 말한다. 그러나 그것은 프랑크족이 게르마니아에서 떠나기 이전에는 만들어질 수 없었다. 그들은 그 당시에는 라틴어를 몰랐다.

2   투르의 그레고리우스 참조.

신의 왕국에 속해 있던 바바리족과 알라만니족(4)의 관행도 똑같이 수집했다. 4 게르마니아가 많은 종족의 유출로 인해 약해졌으므로 프랑크족은 먼저 전진하여 전방을 정복한 후 뒤로 물러나서 그들 조상의 숲속으로 그 지배력을 옮겨갔다. 튀링겐족의 법전5도 바로 이 테우데리쿠스에 의해 주어진 것 같다. 튀링겐족도 그의 지배를 받았으니까.

프리슬란트족(5)은 카롤루스 마르텔루스(6)와 피피누스(7)에 의해 정복되었는데, 그들의 법은 이 군주들 이전에 있던 것은 아니었다. 6 처음으로 작센족을 굴복시킨 카롤루스 마그누스는 현재 우리가 가지고 있는 법을 그들에게 주었다. 이 두 법전이 정복자의 손에서 나왔다는 것을 알기 위해서는 그것을 읽어보기만 하면 된다. 서고트족, 부르군트족, 롬바르드족은 왕국을 건설하자 피정복 민족에게 그들의 관행을 따르게 하기 위해서가 아니라 그들 스스로 따르기 위해서 그들의 법을 글로 기록하게 했다.

살리카법과 리푸아리아법, 알라만니족의 법, 바바리족의 법, 튀링겐족의 법, 프리슬란트족의 법에는 놀라운 단순성이 있다. 거기서는 본래의 투박함, 다른 정신에 의해 전혀 약화되지 않은 정신을 볼 수 있다. 그 법들은 거의 변하지 않았다. 그들 민족은 프랑크족을 제외하면 게르마니아에 계속 남아 있었기 때문이다. 프랑크족 자신도 게르마니아에 제국의 큰 부분을 건설했다. 그러므로 그들의 법은 완전

---

3   바바리족의 법과 살리카법의 서문 참조.
4   위의 책.
5   Lex Angliorum Werinorum, hoc est, Thuringorum.
6   그들은 글을 쓸 줄 몰랐다.

히 게르만적이었다. 서고트족, 롬바르드족, 부르군트족의 법은 상황이 달랐다. 그 법들은 특성을 많이 잃어버렸다. 그들 민족은 새로운 거주지에 정착하자 자신들의 특성을 많이 잃었기 때문이다.

부르군트족의 왕국은 정복 민족의 법이 큰 변화를 받을 만큼 오래 존속하지 않았다. 그들의 관행을 수집한 군도바두스와 시기스문두스(8)는 거의 그들의 마지막 왕이었다. 롬바르드족의 법은 변화됐다기보다는 첨가됐다. 로타리의 법에 이어 그리모알두스, 리우트프란두스, 라트키스, 아이스툴푸스(9)의 법이 뒤를 이었지만, 그 법들은 새로운 형태를 취하지 않았다. 서고트족의 법은 그렇지 않았다.7 그들의 왕은 법을 개정했고, 성직자에게 개정하게 하기도 했다.

제1왕조(10)의 왕들은 살리카법과 리푸아리아법에서 절대로 기독교와 조화될 수 없는 것을 없앴지만,8 그 주된 내용은 그대로 남겨두었다. 서고트족의 법에 대해서는 그렇게 말할 수 없다.

부르군트족의 법과 특히 서고트족의 법은 체형(體刑)을 인정했다.

---

7 에우리쿠스가 법을 제정했고, 리우비길두스가 그것을 개정했다. 이시도루스(Isidorus, 560~636. 30년 이상 세비야 대주교를 지냈으며 문법, 신학, 역사 등 다양한 분야의 저서를 남겼다. 가톨릭 성인으로, '이시도로'로 표기되어 있다_옮긴이 주)의 연대기를 참조할 것. 킨다스빈투스(Chindasvinthus, 563~653, 프랑스어 Chindaswinthe, 스페인어 Chindasvinto, 영어 Chindasuinth, 서고트족의 왕으로 레케스빈투스의 아버지_옮긴이 주)와 레케스빈투스는 법을 다시 만들었다. 에기카(Egica, 610~702, 프랑스어와 스페인어 Égica, 서고트족의 왕_옮긴이 주)는 오늘날 현존하는 법전을 만들게 했고, 주교들에게 그것을 위임했다. 그러나 톨레도의 제16차 공의회를 통해 나타나듯이, 킨다스빈투스와 레케스빈투스의 법은 유지되었다.
8 바바리족의 법 서문 참조.

살리카법과 리푸아리아법은 체형을 받아들이지 않았고, 9 그 특성을 더 잘 보존했다.

부르군트족과 서고트족은 그들의 주(州)가 매우 위험에 노출되어 있었으므로, 옛 주민을 회유하고 그들에게 가장 공평한 시민법을 부여하려고 애썼다. 10 그러나 프랑크족의 왕들은 자신의 권력에 자신이 있었으므로 그런 배려는 하지 않았다. 11

프랑크족의 지배하에 살고 있던 작센족은 복종시킬 수 없는 기질을 가지고 있었고 끈질기게 반항했다. 그들의 법에서는 야만족의 다른 법전에서는 볼 수 없는 정복자의 가혹함이 발견된다. 12 그 법의 벌금형에서는 게르만족 법의 정신을, 체형에서는 정복자의 정신을 볼 수 있다.

그들의 나라 안에서 저지르는 범죄는 체형에 처해졌고, 그들의 영토 밖에서 저지르는 범죄의 처벌에서만 게르만법의 정신을 따랐다. 그 법에는 그들의 범죄에 대해 결코 자비가 없을 것이며, 교회의 피난처조차 용인되지 않는다고 천명되어 있다.

서고트족의 궁정에서는 주교가 막대한 권한을 가지고 있었고, 가장 중요한 일은 공의회에서 결정되었다. 오늘날 종교재판의 모든 규범, 모든 원리, 모든 의도는 서고트족의 법전에서 유래한다. 수도사

---

9 킬데베르투스의 법령에서 몇몇 체형을 볼 수 있을 뿐이다.
10 부르군트족의 법전과 서문, 특히 제12조 제5항과 제38조 참조. 투르의 그레고리우스 제2편 제33장과 서고트족의 법전도 참조할 것.
11 다음의 제3장을 참조할 것.
12 제2장 제8항과 제9항, 제4장 제2항과 제7항 참조.

들은 유대인에게 맞서 옛날 주교들이 만든 법을 베꼈을 뿐이다.

그런데 부르군트족을 위한 군도바두스의 법은 상당히 정당했던 것으로 보인다. 로타리와 그 밖의 롬바르드족 군주들의 법은 훨씬 더 그렇다. 그러나 서고트족의 법, 레케스빈투스, 킨다스빈투스, 에기카의 법은 유치하고 서투르고 어리석다. 그 법들은 목적을 달성하지 못한다. 미사여구로 가득하고 의미는 없으며, 내용은 경박하고 문체는 거창하다.

제 2장 : 야만족의 법은 모두 속인법(屬人法)이었다

일정한 지역에 매이지 않은 것이 야만족 법의 한 특성이다. 즉, 프랑크족은 프랑크족의 법에 의해 재판되었고, 알라만니족은 알라만니족의 법에 의해, 부르군트족은 부르군트족의 법에 의해, 로마인은 로마인의 법에 의해 재판되었다. 그 시대 사람들은 정복 민족의 법을 통일시킬 생각을 하기는커녕 피정복 민족의 입법자가 되려는 생각조차 하지 않았다.

나는 그 기원이 게르만족의 풍속에 있다고 생각한다. 이들 민족은 늪, 호수, 숲에 의해 나뉘어 있었다. 심지어 카이사르의 저서를 보면,[13] 그들은 서로 분리되는 것을 좋아했다는 것을 알 수 있다. 그들이 결합한 것은 로마인에 대한 두려움 때문이었다.

하지만 여러 민족이 섞여 있을 때도, 각 개인은 자기 민족의 관행

---

13 《갈리아 전기(戰記)》, 제 6편.

과 관습에 따라 재판되어야 했다. 모든 민족은 개별적으로는 자유롭고 독립적이었다. 그들이 섞여 있을 때도 여전히 독립성은 남아 있었던 것이다. 조국은 같았으나 각자 고유한 통치체제를 가지고 있었고, 영토는 같았으나 민족은 달랐다. 따라서 속인법의 정신은 그들이 자신의 지역에서 나오기 전부터 그들 민족에게 존재하고 있었고, 그들은 그 정신을 정복지로 가져갔다.

그런 기존의 관행은 마르쿨푸스의 서식집에서, 14 야만족의 법전에서, 특히 리푸아리아법에서, 15 제1왕조 왕들의 칙령에서16 발견된다. 그 점에 관해 제2왕조(11)에서 만들어진 법령집은 바로 이 칙령에서 유래한 것이다. 17 자식은 아버지의 법을 따랐고, 18 아내는 남편의 법을 따랐고, 19 과부는 자신들의 법으로 돌아갔고, 20 해방된 노예는 주인의 법을 가졌다. 21 그뿐만이 아니다. 각자 자신이 원하는 법을 택할 수 있었다. 로타리우스 1세(12)의 법률은 이 선택이 공개되어야 한다고 요구했다. 22

---

14 제1편, 서식 8.
15 제31장.
16 560년의 클로타리우스의 칙령, 발뤼즈(Étienne Baluze, 1630~1718, 프랑스의 사료 편찬관이자 법학자_옮긴이 주)가 간행한 《법령집》 제1권 제4항. 위의 책, 마지막 부분.
17 롬바르드족의 법에 첨부된 법령집, 제1편 제25조 제71장, 제2편 제41조 제7장 및 제56조 제1장과 제2장.
18 위의 책, 제2편, 제5조.
19 위의 책, 제2편, 제7조, 제1장.
20 위의 책, 제2장.
21 위의 책, 제2편, 제35조, 제2장.

제 3장 : 살리카법과 서고트족 및 부르군트족의 법의 주요한 차이

나는 부르군트족의 법과 서고트족의 법이 공평했다고 말했다. 23 그러나 살리카법은 그렇지 않았다. 그것은 프랑크족과 로마인 사이에 몹시 개탄스러운 차별을 확립했다. 어떤 사람이 프랑크인, 야만인 또는 살리카법 밑에서 생활하는 사람을 죽였을 때는 그 친족에게 200수의 합의금을 지불했다. 24 그러나 소유주인 로마인을 죽였을 때는 100수만 지불했고, 25 하인인 로마인을 죽였을 때는 고작 45수만 지불하면 되었다. 왕의 봉신인 프랑크인26을 살해한 데 대한 합의금은 600수였다. 그러나 왕에게 초대받은 사람이라도 로마인이라면27 그 합의금이 300수밖에 안 되었다. 28 따라서 살리카법은 프랑크인 영주와 로마인 영주 사이에, 보통 지위의 프랑크인과 로마인 사이에 잔인한 차별을 두었다.

그뿐이 아니다. 만일 사람을 모아 프랑크인의 집을 습격하여 그를 죽인다면, 살리카법은 600수의 합의금을 내도록 명령했다. 29 그러나

---

22 롬바르드족의 법, 제2편, 제37조.

23 이 편의 첫 장에서.

24 살리카법, 제44조, 제1항.

25 Qui res in pago ubi remanet proprias habet(자기가 사는 지역에 재산을 가지고 있는 사람). 살리카법, 제44조, 제15항. 제7항도 참조할 것.

26 Qui in truste dominica est(왕의 신뢰를 받는 사람). 위의 책, 제44조, 제4항.

27 Si Romanus homo conviva regis fuerit(왕에게 식사 초대를 받은 로마인). 위의 책, 제6항.

28 주요 로마인은 궁정에서 종사했다. 궁정에서 자란 여러 주교의 전기를 통해 그것을 알 수 있다. 글을 쓸 줄 아는 사람은 로마인뿐이었기 때문이다.

로마인이나 해방된 노예30를 공격했다면, 절반의 합의금만 지불했다. 같은 법에 의하면, 31 로마인이 프랑크인을 사슬로 묶었을 때는 30수의 합의금을 내야 했다. 그러나 프랑크인이 로마인을 묶었을 때는 15수의 합의금만 지불했다. 로마인에게 탈취당한 프랑크인은 62.5수의 합의금을 받았고, 프랑크인에게 탈취당한 로마인은 30수의 합의금밖에 받지 못했다. 이 모든 것은 로마인에게는 견디기 어려운 것이었으리라.

그런데 어느 저명한 저자32는 프랑크족이 로마인의 가장 좋은 벗이었다는 전제를 토대로 '프랑크족의 갈리아 정착'에 대한 학설을 제시했다. 로마인에게 끔찍한 해를 끼치고 그들로부터 끔찍한 해를 받은33 프랑크족이 과연 로마인의 가장 좋은 벗이었을까? 무기로 로마인을 굴복시킨 후 법으로 그들을 냉혹하게 억압한 프랑크족이 로마인의 친구였다고? 그들이 로마인의 친구였다면, 중국을 정복한 타타르족도 중국인의 친구였다.

몇몇 가톨릭 주교가 아리우스파 왕들을 섬멸하기 위해 프랑크족을

---

29 살리카법, 제45조.
30 Lidus, 농노보다 더 나은 신분을 말함. 알라만니족의 법, 제95장.
31 제35조, 제3항과 제4항.
32 뒤보 사제. [Jean-Baptiste Dubos, 1670~1742. 프랑스의 성직자이자 역사가로, 그의 저서의 정확한 서명은 《갈리아에서의 프랑스 군주제 성립에 대한 비판적 역사(*Histoire critique de l'établissement de la monarchie française dans les Gaules*)》이다. 이후 몽테스키외는 몇몇 표현으로 이 서명을 줄여서 언급하는데, 《갈리아에서의 프랑스 군주제 성립》으로 통일하여 옮긴다_**옮긴이 주**]
33 아르보가스테스(Flavius Arbogastes, 4세기 로마 제국의 장군_**옮긴이 주**)의 원정대가 그 증거이다. 투르의 그레고리우스, 《프랑크족의 역사》, 제2편.

이용하려 했다고 해서 그들이 야만족의 지배하에 살기를 바랐다고 할 수 있을까? 프랑크족이 로마인에게 특별한 배려를 했다고 결론지을 수 있을까? 나는 거기서 다른 결론을 끌어낼 것이다. 프랑크족은 로마인에게 자신감을 가지면 가질수록 더욱더 그들을 배려하지 않았다.

그러나 뒤보 신부는 역사가로서는 부적당한 근거, 즉 시인이나 웅변가에게서 그 근거를 끌어왔다. 이처럼 과장된 작품을 근거로 학설을 세워서는 안 된다.

제 4장 : 로마법은 어떻게 프랑크족의 지배 지역에서는 사라지고, 고트족과 부르군트족의 지배 지역에서는 유지되었는가

앞에서 말한 것들은 지금까지 모호하기 그지없었던 다른 문제들을 밝혀줄 것이다.

오늘날 프랑스라고 불리는 지역은 제1왕조 시기에는 로마법 혹은 테오도시우스 법전과 거기 살고 있던 야만족34의 여러 법에 의해 통치되었다.

프랑크족의 지배 지역에서 살리카법은 프랑크족을 위해 제정되었고, 테오도시우스 법전35은 로마인을 위한 것이었다. 서고트족의 지배 지역에서는 알라리쿠스(13)의 명령에 의해 편찬된 테오도시우스 법전이 로마인의 분쟁을 해결했고, 36 에우리쿠스가 글로 작성하게

---

34 프랑크족, 서고트족, 부르군트족.
35 그것은 438년에 완성되었다.

한 민족의 관습은 서고트족의 분쟁을 해결했다. 37

그런데 왜 살리카법은 프랑크족의 지역에서 거의 전체적인 권위를 획득했을까? 서고트족의 지배지에서는 로마법이 확대되어 전체적인 권위를 갖게 되는 동안, 왜 거기서는 로마법이 점점 사라졌을까?

프랑크족의 지역에서는 프랑크족, 야만족 또는 살리카법 아래에서 사는 사람38에게 커다란 이익이 있었기 때문에 로마법 사용이 사라졌다는 것이 내 대답이다. 즉, 모든 사람이 로마법을 버리고 살리카법 아래에서 사는 것을 좋아한 것이다. 오직 성직자들만 로마법을 채택했다. 39 그들은 법을 바꾸어도 아무 이익이 없었기 때문이다. 신분과 계급의 차이는 합의금의 크기에만 존재했는데, 이에 대해서는 다른 대목에서 살펴볼 것이다.

그런데 성직자에게는 특별법에 의해 프랑크족과 마찬가지로 유리한 합의금이 주어졌다. 40 따라서 그들은 로마법을 유지했다. 그로 인

---

36 알라리쿠스가 지배한 지 20년째 되는 해에 명령하여, 이 법전의 서문에 나타나 있듯이 2년 후에 아니아누스〔Anianus, 알라리쿠스의 상서(尙書, 국새 · 인감 · 문서보관 업무를 관장하는 벼슬〕이다_옮긴이 주〕에 의해 발표되었다.

37 스페인 기원 504년, 이시도루스의 《연대기》.

38 Francum, aut barbarum, aut hominem qui salica lege vivit(프랑크족 또는 야만족, 또는 살리카법에 따라 사는 사람). 살리카법, 제45조, 제1항.

39 리푸아리아법 제58조 제1항에는 "교회는 로마법 아래에서 살았는데, 그 로마법에 따르면"이란 말이 나온다. 그 점에 대해 뒤 캉주가 〈로마법(Lex Romana)〉이라는 단어에 얼마나 많은 권한을 결부시켰는지 볼 것.

40 린덴브로크의 살리카법에서 이 법의 끝에 첨가된 법령집, 그리고 그 점에 있어서 성직자의 특권에 관한 야만족 법의 여러 법전을 참조할 것. 또 카롤루스 마그누스가 이탈리아의 왕이었던 그의 아들 피피누스(777~810, 카롤루스 마그누스의 둘

해 그들이 입는 피해는 아무것도 없었다. 게다가 로마법은 기독교 황제들의 작품이었으므로 그들에게 적합한 것이기도 했다.

다른 한편, 서고트족의 영지에서는 서고트 법이 로마인에 비해 서고트족에게 아무 시민적 이익을 주지 않았으므로41 로마인이 자기들의 법을 버리고 다른 법 아래에서 살아갈 이유가 전혀 없었다. 따라서 그들은 자신들의 법을 유지했고, 서고트족의 법을 취하지 않았다.

이것은 우리의 연구가 진전됨에 따라 확실해진다. 군도바두스의 법은 매우 공평했고, 로마인보다 부르군트족에게 더 유리하지 않았다. 그 법의 서문에 의하면, 그 법은 부르군트족을 위해 제정되었고 또 로마인과 부르군트인 사이에 발생할 수 있는 문제를 해결하기 위해 만들어진 것으로 보인다. 후자의 경우, 재판관은 로마인과 부르군트인이 동일한 수로 구성되었다. 그것은 당시의 정치적 타협42에서 유래하는 특수한 이유로 인해 필요한 것이었다.

로마법은 로마인들 사이에 생길 수 있는 분쟁을 해결하기 위해 부르군트족의 영지에서 존속했다. 로마인은 프랑크족의 지역에서와 달리 그들의 법을 버릴 이유가 전혀 없었다. 더구나 아고바르두스(14)가 유순왕 루도비쿠스에게 보낸 유명한 편지에 의해 드러나듯이, 부르

째 아들 피피누스 카를로마누스를 말한다. 이탈리아의 피피누스라고도 불린다_ 옮긴이 주) 에게 보낸 807년의 편지도 참조할 것(발뤼즈 간행본, 제1권, 462쪽). 그 편지에 성직자는 세 배의 합의금을 받아야 한다고 쓰여 있다. 그리고 《법령집》, 발뤼즈 간행본, 제1권, 제5편, 302항을 볼 것.

41 서고트법 참조.

42 이에 대해서는 다른 대목, 즉 제30편 제6장, 제7장, 제8장, 제9장에서 이야기할 것이다.

군트족의 지역에서는 살리카법이 확립되어 있지 않았으므로 더욱 그러했다.

아고바르두스는 루도비쿠스에게 부르군트족의 영지에 살리카법을 확립시킬 것을 요청했다. 43 그러므로 부르군트족의 지역에는 살리카법이 확립되어 있지 않았던 것이다. 이와 같이 옛날 이 왕국에 속했던 많은 지방에서 로마법이 존속했고, 지금도 여전히 존속하고 있다.

마찬가지로 고트족이 정착한 지역에서도 로마법과 고트족의 법이 유지되었다. 거기서는 살리카법이 전혀 받아들여지지 않았다. 피피누스와 카롤루스 마르텔루스가 사라센인을 쫓아냈을 때, 그 군주들에게 항복한 도시와 주는 자신들의 법을 보존하게 해 달라고 요구했고 그것을 허가받았다. 44 그로 인해 모든 법이 속인법(屬人法)이던 당시의 관행에도 불구하고 로마법은 곧 그 지방들에서는 실질적인 속지법(屬地法)으로 여겨지게 되었다.

---

43 아고바르두스, 《저작집(Opera)》.

44 뒤셴의 모음집, 제3권, 366쪽에서 틸버리의 거버스(Gervase of Tilbury, 1150 ~1220, 영국 틸버리 태생의 법학자이자 정치가_옮긴이 주)를 참조할 것, "Facta pactione cum Francis, quod illic Gothi patriis legibus, moribus paternis vivant. Et sic Narbonensis provincia Pippino subjicitur(그들이 그들 조상의 관습에 따라, 즉 고트족의 법에 따라 살아도 좋다는 협정을 프랑크족과 맺었다. 그리하여 나르본 지방은 피피누스의 지배를 받았다)." 또 카텔(Guillaume Catel, 1560~1626, 프랑스의 역사가_옮긴이 주) 이 《랑그독의 역사》에서 기록한 759년의 연대기를 참조할 것. 그리고 뒤셴의 모음집 제2권 316쪽, 인 카리지아코(in Carisiaco, 프랑스 루아르 지방 셰리제(Chérisay)라는 지역의 옛 명칭_옮긴이 주) 회의에서 셉티마니아 사람들이 요구한 것에 관해 작자 미상의 《유순왕 루도비쿠스》의 전기를 참조할 것.

이것은 864년 피스트에서 발포된 대머리왕 카롤루스의 칙령에 의해 입증된다. 그 칙령은 로마법에 의해 재판되는 지역과 로마법에 의해 재판되지 않는 지역을 구분한다. 45

피스트의 칙령은 두 가지 사실을 증명한다. 하나는 로마법에 따라 재판되는 지방이 있고 그 법에 따라 재판되지 않는 지방이 있었다는 것, 그리고 다른 하나는 로마법에 의해 재판되는 지방은 같은 칙령을 통해 알 수 있는 바와 같이 오늘날에도 여전히 로마법을 따르는 지방이라는 것이다. 46 이와 같이 관습법에 의해 지배되는 프랑스와 성문법에 의해 지배되는 프랑스의 구별은 피스트 칙령의 시대에 이미 확립되어 있었다.

나는 군주정체 초기에는 모든 법이 속인법이었다고 말했다. 그러므로 피스트 칙령이 로마법이 적용되는 지방과 그렇지 않은 지방을 구분할 때, 그것은 다음과 같은 사실을 의미한다. 즉, 로마법에 속하지 않는 지방에서는 많은 사람이 여러 야만족의 법 중 어느 하나의 법 아래에서 생활하기로 선택했고, 그런 고장에는 이제 로마법 아래에서 생활하기로 선택한 사람이 거의 없었다는 것, 그리고 로마법이 적용되는 지방에서는 야만족의 법 아래에서 생활하기로 선택한 사람이 별로 없었다는 것이다.

---

45 In illa terra in qua judicia secundum legem romanam terminantur, secundum ipsam legem judicetur ; et in illa terra in qua, etc. (재판이 로마법에 따라 결정되는 지역에서는 그 법에 따라 사건이 판결될 것이고, 그렇지 않은 지역에서는 …), 제16항. 제20항도 참조할 것.

46 피스트 칙령 제12항과 제16항 in Cavilono, in Narbona 참조.

여기서 내가 새로운 사실을 말하고 있다는 것을 잘 알고 있다. 그러나 그것이 진실이더라도, 너무나 오래된 일이다. 어쨌든 그런 것을 말한 사람이 나든 발루아 같은 사람들이든 혹은 비뇽(15)과 같은 사람들이든 무슨 상관이랴?

제5장 : 같은 주제 계속

군도바두스의 법은 로마법과 함께 부르군트족에게서 오랫동안 존속했다. 그것은 유순왕 루도비쿠스의 시대에도 여전히 거기서 사용되었다. 그 점에 대해 아고바르두스의 편지는 전혀 의심의 여지를 남기지 않는다. 마찬가지로 피스트 칙령이 서고트족에게 점령된 지방을 로마법 지방이라고 부르고 있다 해도, 거기서도 줄곧 서고트족의 법이 존속하고 있었다. 이것은 878년, 즉 피스트 칙령이 있은 지 14년 후에 말더듬이왕 루이(16)의 치하에서 열린 트루아의 교구회의에 의해 증명된다.

그 후에 고트족과 부르군트족의 법은 그들의 지역에서조차 사라졌다. 야만족의 속인법을 온 사방에서 사라지게 만든 일반적인 이유에 의해서였다. 47

47　다음의 제9장, 제10장, 제11장 참조.

제 6장 : 어떻게 로마법은 롬바르드족의 영토에서 보존되었나

모든 것이 내 원리에 부합한다. 롬바르드족의 법은 공평했고, 로마인은 그들의 법을 버리고 롬바르드족의 법을 택하는 데 아무런 이익도 없었다. 프랑크족의 치하에 있던 로마인이 살리카법을 선택한 동기가 이탈리아에서는 발생하지 않은 것이다. 그래서 거기서는 로마법이 롬바르드족의 법과 함께 유지되었다.

심지어 롬바르드족의 법이 로마법에 밀리는 지경이 되었다. 그것은 더 이상 지배 민족의 법이 아니게 된 것이다. 롬바르드족의 법이 계속 주요 귀족 계급의 법이었다고는 하지만, 대부분의 도시는 공화국으로 건립되었고 이 귀족 계급은 무너지거나 전멸되었다.48 새 공화국의 시민들은 결투재판(17)의 관행 및 기사도 관습과 관행에서 많이 기인하는 제도를 가진 법을 택하고 싶어 하지 않았다. 당시 이탈리아에서 매우 강력했던 성직 계급은 거의 모두 로마법 아래에서 생활하고 있었으므로, 롬바르드족의 법을 따르는 사람들의 수는 계속 줄어들 수밖에 없었다.

게다가 롬바르드족의 법은 온 세계를 지배하던 것을 이탈리아에게 상기시키는 로마법의 위엄을 갖고 있지 않았고, 로마법만큼 적용 범위가 넓지도 못했다. 롬바르드족의 법과 로마법은 공화국으로 건립된 도시들의 법규를 보완하는 데에만 사용될 수 있을 뿐이었는데, 어느 것이 더 보완을 잘할 수 있었을까? 몇 가지 경우에 대해서만 규정

---

48 마키아벨리가 피렌체의 옛 귀족 계급의 파멸에 대해 말한 것을 참조할 것.

한 롬바르드족의 법일까, 아니면 모든 경우를 포괄한 로마법일까?

제 7장 : 어떻게 로마법은 스페인에서 없어졌나

스페인에서는 상황이 다르게 진행되었다. 거기서는 서고트법이 승리를 거두고 로마법이 패했다. 킨다스빈투스49와 레케스빈투스는 로마법의 사용을 금했고, 50 재판소에서 그것을 인용하는 것조차 허용하지 않았다. 레케스빈투스는 고트족과 로마인 사이의 혼인 금지를 폐지하는 법도 만들었다. 51 그 두 법이 같은 정신을 가지고 있었던 것은 명백하다. 즉, 왕은 고트족과 로마인 사이를 갈라 놓는 주요 원인을 제거하고 싶었다. 그런데 두 민족 사이의 혼인을 금지하는 것과 서로 다른 법 아래에서 생활하게 하는 것만큼 그들을 갈라놓는 것은 없다고 생각되었다.

그러나 서고트족의 왕들이 아무리 로마법을 금지했다 해도, 그들이 남부 갈리아에 소유하던 영지에서는 여전히 로마법이 존속했다. 왕국의 중심에서 멀리 있는 그 지방들은 매우 독립적으로 생활하고 있었다. 52 672년에 왕좌에 오른 밤바(18)의 전기를 통해 우리는 그 지

---

49 그는 642년에 통치를 시작했다.

50 "우리는 외국의 법이나 로마법에 의해 더 이상 고통받고 싶지 않다." 서고트족의 법, 제2편, 제1조, 제9항과 제10항.

51 Ut tam Gotho Romanam Quam Romano Gotham matrimonio liceat sociari (고트인 남자와 로마인 여자, 로마인 남자와 고트인 여자 사이의 혼인이 허용된다). 서고트족의 법, 제3편, 제1조, 제1장.

52 카시오도루스의 저서에서 그의 시대에 가장 명성 있는 군주였던 동고트족의 왕 테

방의 토착민이 우위를 차지하고 있었다는 것을 알 수 있다. 53 그리하여 로마법은 거기서 더 큰 권한을 가졌고, 고트족의 법은 권위가 더 적었다.

스페인법은 그들의 생활양식이나 실제 상황에 적합하지 않았다. 아마도 사람들은 로마법을 고집하기까지 했을 것이다. 그들은 로마법에 자유의 정신을 결부시켰기 때문이다. 그뿐만이 아니다. 킨다스빈투스와 레케스빈투스의 법은 유대인에 대한 무시무시한 규정을 포함하고 있었다. 그러나 유대인은 남부 갈리아에서 세력이 강했다. 밤바 왕의 전기 작가는 이 지방을 유대인의 "유곽"이라고 부른다. 사라센인들이 그 지방에 갔을 때, 그들은 그곳에 불려간 것이었는데, 유대인이나 로마인이 아니라면 누가 그들을 불러올 수 있었겠는가?

고트족은 지배 민족이었기 때문에 가장 먼저 탄압당했다. 프로코피우스를 보면, 54 큰 재앙을 당한 그들은 갈리아 나르보넨시스에서

오도리쿠스가 그들에게 가졌던 관대함을 참조할 것. 제 4편, 편지 19와 편지 26.

53 이 주들의 저항은 사건에 뒤이은 판결을 통해 드러나듯이 전체적인 반란이었다. 파울루스(Flavius Paulus, 프랑스어로는 Duc Paul로 표기한다. 7세기 말 서고트족의 공작으로 밤바 왕의 서고트 왕국에 대항해 반란을 일으켰고, 673년에는 셉티마니아의 왕으로 선언했으나 몇 달밖에 지속되지 못했다_옮긴이 주)와 그의 지지자들은 로마인이었고, 심지어 주교들도 그들을 두둔했다. 밤바는 굴복시킨 모반자들을 감히 죽이지 못했다. 전기 작가는 갈리아 나르보넨시스(현 프랑스 남부 랑그도크루시용 일대에 있던 로마 제국 속주의 명칭_옮긴이 주)를 배신의 양육지라고 불렀다.

54 Gothi qui cladi superfuerant, ex Gallia cum uxoribus liberisque egressi in Hispaniam ad Teudim jam palam tyrannum se receperunt(학살에서 살아남은 고트족은 아내와 아이들을 데리고 갈리아를 떠났고, 공공연한 폭군이었던 테우디

스페인으로 물러난 것을 알 수 있다. 아마도 이 불행 속에서 그들은 아직 방어하고 있던 스페인의 여러 지방으로 피신했을 것이다. 그리하여 남부 갈리아에서 서고트족의 법 아래에서 살던 사람들의 수가 크게 감소했다.

제 8 장 : 가짜 법령

그 하찮은 편찬자 베네딕투스 레비타(19)는 로마법의 사용을 금지한 서고트족의 법을 카롤루스 마그누스의 한 법령으로 변모시키려고 하지 않았던가?[55] 마치 전 세계에서 로마법을 근절시키려고 했던 것처럼, 그는 이 특별법을 일반적인 법으로 만들었다.

제 9 장 : 야만족의 법전과 법령은 어떻게 없어졌나

살리카법, 리푸아리아법, 부르군트족과 서고트족의 법은 프랑스에서 차츰 사용되지 않았다. 그것은 다음과 같이 전개되었다.

봉토가 세습되고 하위 봉토가 확대되자 더 이상 이 법들이 적용될 수 없는 많은 관행이 도입되었다. 대부분의 사건을 벌금으로 해결하는 이들 법의 정신은 잘 유지되었다. 그러나 물론 가치가 변했으므로

스에 의해 스페인에 받아들여졌다). 《고트족의 전쟁(*De bello Gothorum*)》, 제 1 편, 제 13장.

55 《법령집》, 발뤼즈 간행, 제 1권, 제 6편, 제 343장, 981쪽.

벌금도 바뀌었다. 그래서 영주들이 자신의 작은 법정에서 지불되어야 하는 벌금을 정해 놓은 증서를 많이 볼 수 있다. 56 이와 같이 법 자체는 지켜지지 않았으나 법의 정신은 지켜졌다.

게다가 프랑스는 정치적 종속보다는 봉건적 종속을 인정하는 수많은 작은 영지들로 나뉘어 있었으므로, 단 하나의 법만 허용하기가 매우 어려웠다. 사실 그 법을 지키게 할 수도 없었을 것이다. 재판 행정과 정무를 감시하는 특별 관리57들을 여러 주로 파견하는 관행도 더 이상 거의 실시되지 않았다. 증서에 의하면, 심지어 새로운 봉토가 정해질 때도 왕은 그곳에 특별 관리를 보내는 권리를 포기한 것으로 보인다. 그리하여 거의 모든 것이 봉토가 되자, 그런 관리들은 더 이상 고용될 수 없었다. 이미 공통의 법이 없어진 것이다. 아무도 공통의 법을 지키게 할 수 없었기 때문이다.

따라서 살리카법, 부르군트족과 서고트족의 법은 제2왕조 말기에는 완전히 무시되었고, 제3왕조(20) 초기에는 그것에 관해 말하는 것을 거의 들을 수 없게 되었다.

첫 두 왕조 치하에서는 종종 국민집회가 소집되었다. 즉, 영주들과 주교들의 회의였다. 서민계급은 아직 고려되지 않았다. 이 회의에서는 성직자 계급을 규제하고자 애썼다. 말하자면 성직자는 정복자 아

---

56 라 토마시에르(Gaspard Thaumas de la Thaumassière, 1631~1701, 프랑스의 법학자이자 역사가. 여기서 말하는 저서는 《베리 지역의 옛 관습과 새로운 관습 (*Les anciennes et les nouvelles coutumes locales de Berry*)》이다_옮긴이 주)는 여러 장의 증서를 수집했다. 예를 들어 제61장, 제66장, 그 밖의 장들을 참조할 것.
57 Missi dominici(왕의 파견인).

래에서 형성되어 특권을 확립한 집단이었다. 그 회의에서 만들어진 법이 바로 우리가 '법령'이라고 부르는 것이다. 네 가지 일이 일어났다. 봉토법이 확립되었고, 교회 재산의 대부분은 봉토법의 지배를 받았다. 성직자들은 더욱더 분리되어 나갔고, 개혁법을 무시했다. **58** 개혁법에서는 성직자 자신들만이 유일한 개혁자가 아니었기 때문이다. 공의회의 교회법과 교황령이 집성되었다. **59** 성직자들은 이 법을 보다 순수한 원천에서 나온 것으로 받아들였다.

대 봉토가 건립된 이후, 앞에서 말했듯이 왕들은 여러 주에 자신들로부터 유래한 법을 지키게 하기 위한 사절을 더 이상 보내지 않았다. 그리하여 제3왕조 치하에서는 더 이상 법령에 관한 이야기를 들을 수 없었다.

---

58 대머리왕 카롤루스는 844년의 법령 제8항에서 다음과 같이 말했다. "주교들은 교회법을 만들 권한이 있다는 핑계로 이 법에 반대하거나 이 법을 무시하지 말아야 한다." 그는 이미 그 법의 몰락을 예견하고 있었던 듯하다.

59 교회법의 집록에는 수많은 교황령도 포함되었는데, 옛날의 모음집에는 교황령이 거의 없었다. 디오니시우스 엑시구스(Dionysius Exiguus, 6세기에 로마에서 활동한 기독교 신학자이자 교회법학자이다_옮긴이 주)가 자신의 모음집에 많은 교황령을 집어넣었고, 이시도루스 메르카토르(Isidorus Mercator, 830~840년에 교황령 모음집을 편찬한 사람인데, 오랫동안 세비야의 대주교인 이시도루스와 혼동되었지만 동일인이 아니다_옮긴이 주)의 모음집에는 진짜 교황령과 가짜 교황령이 잔뜩 들어 있었다. 프랑스에서 옛 모음집은 카롤루스 마그누스에 이르기까지 사용되었다. 이 군주는 교황 하드리아누스 1세에게서 디오니시우스 엑시구스의 모음집을 받아서 그것을 받아들이게 했다. 이시도루스 메르카토르의 모음집은 카롤루스 마그누스가 통치하던 무렵 프랑스에 나타나서 사람들의 열광을 받았고, 그 후에 이른바 "교회법 전서"라는 것이 나왔다.

제 10장 : 같은 주제 계속

여러 법령이 롬바르드족의 법, 살리카법, 바바리족의 법에 첨가되었다. 그 이유가 연구되었는데, 그것은 그 자체에서 찾아야 한다. 법령은 여러 종류가 있었다. 어떤 것은 정치적 정책에 관한 것이었고 또 어떤 것은 경제 정책에 관한 것이었으며, 대부분은 교회 정책에 관한 것이었고 소수가 시민 정책에 관한 것이었다. 이 마지막 종류의 법령은 시민법, 즉 각 민족의 속인법에 첨가되었다. 법령 중에서 로마법에 어긋나는 규정은 아무것도 없다[60]고 말하는 것은 바로 그 때문이다.

사실 경제 정책, 교회 정책 또는 정치적 정책에 관한 법령은 로마법과 아무 관계가 없었다. 그리고 시민 정책과 관련된 법령도 야만족의 법에만 관계된 것으로 그 법들을 설명하고 수정하고 증감시켰다. 그러나 속인법에 첨가된 이 법령들은 법령의 본체 자체를 무시하게 만들었다. 무지의 시대에는 저서의 요약집이 종종 저서 자체를 사라지게 한다.

제 11장 : 야만족의 법전과 로마법 및 법령들이 몰락한 그 밖의 원인

여러 게르만족이 로마 제국을 정복했을 때, 그들은 거기서 문자의 사용을 발견했다. 그들은 로마인을 흉내 내어 자신들의 관행을 글로 작성했고[61] 그것으로 법전을 만들었다. 그런데 카롤루스 마그누스 치세

---

60 피스트 칙령 제 20항 참조.

이후의 실정, 노르만족의 침략, 내란으로 인해 전승 민족은 그들이 빠져나온 어둠 속으로 다시 빠지고 말았다. 사람들은 이제 글을 읽을 줄도 쓸 줄도 몰랐다. 그리하여 프랑스와 독일에서는 야만족의 성문법, 로마법, 법령들이 잊히게 되었다. 이탈리아에서는 문자의 사용이 더 잘 보존되었다. 그곳은 교황과 그리스 황제들이 지배하는 곳이었고, 번창하는 도시들과 당시 행해지던 거의 유일한 상업이 있는 곳이었다. 이탈리아와 가까운 까닭에, 옛날 고트족과 부르군트족이 지배하던 갈리아의 여러 지방에서는 로마법이 더 잘 보존되었다. 거기서는 그 법이 속지법이었고 일종의 특권이었으므로 더욱 그러했다. 스페인에서 서고트족의 법이 사라진 것은 문자를 몰랐기 때문이었을 것이다. 많은 법이 사라지면서 곳곳에서 관습이 형성되었다.

속인법은 몰락했다. 합의금과 "프레다"(*freda*)[62]라고 불리는 것은 법의 조문보다 관습에 의해 정해졌다. 그리하여 군주정체가 확립될 때 게르만의 관행에서 성문법으로 옮겨갔던 것처럼, 몇 세기 후에는 성문법에서 글로 쓰이지 않은 관행으로 되돌아갔다.

---

61 이것은 이들 법전의 몇몇 서문에 분명히 명시되어 있다. 심지어 작센족과 프리슬란트족의 법에서는 여러 구역에 따라 다른 규정도 볼 수 있다. 이런 관행에 상황에 따라 요구되는 몇몇 특별 규정이 첨가되었다. 작센족에게 가혹한 법이 바로 그러한 경우이다.

62 나중에 이것에 관해 이야기할 것이다.

제12장 : 지방의 관습 — 야만족의 법과 로마법의 변천

몇 가지 사료에 의하면, 제1왕조와 제2왕조에서 이미 지방의 관습이 있었다는 것을 알 수 있다. 거기에는 '현지의 관습', 63 '옛 관행', 64 '관습', 65 '여러 법', 66 '여러 관습'에 대해 언급되어 있다. 저자들은 '관습'이라고 불린 것은 야만족의 법이고, '법'이라고 불린 것은 로마법이라고 생각했다. 나는 그런 일은 있을 수 없다는 것을 증명하고자 한다.

피피누스 왕은 법이 없는 곳에서는 어디서나 관습을 따르지만 관습이 법에 우선해서는 안 된다고 지시했다. 67 그런데 로마법이 야만족의 법전보다 우선권을 갖고 있었다고 말하는 것은 모든 옛 사료, 특히 야만족의 법전을 뒤집는 것이다. 야만족의 법전은 줄곧 그 반대의 말을 하고 있다.

야만족의 법은 관습이 아니라 속인법으로서, 바로 그 법이 관습을 도입한 것이다. 예를 들어 살리카법은 속인법이었지만, 전반적으로 혹은 거의 전반적으로 살리 프랑크족이 살고 있는 지역에서는 비록 그 법이 속인법이긴 해도 살리 프랑크족에게 속지법이 되었고, 다른

---

63 마르쿨푸스의 《서식집》 서문.

64 롬바르드족의 법, 제2편, 제58조, 제3항.

65 위의 책, 제2편, 제41조, 제6항.

66 성인 레오데가리오(Leodegarius, 프랑스어 Léger, 독일어와 영어 Leodegar로 표기한다. 7세기의 주교이자 순교자이다_옮긴이 주) 생애.

67 롬바르드족의 법, 제2편, 제41조, 제6항.

곳에 살고 있는 프랑크족에게만 속인법이었다. 그런데 만일 살리카법이 속지법인 곳에서 부르군트족, 알라만니족 혹은 로마인까지도 자주 사건을 일으켰다면, 그 사건들은 그들 민족의 법에 의해 해결되었을 것이다. 그리고 그 법들의 몇몇 사항에 부합하는 수많은 판결은 틀림없이 그 지방에 새로운 관행을 도입했을 것이다. 이것은 피피누스의 명령을 잘 설명해준다.

살리카법이 결정해 주지 않을 경우에는 그런 관행이 그곳에 사는 프랑크족에게도 영향을 미칠 수 있었다는 것은 자연스러운 일이다. 그러나 그 관행이 살리카법에 우세할 수 있었다는 것은 자연스러운 일이 아니다.

그러므로 각 지역에는 지배적인 법과 그 법에 위배되지 않을 때 지배적인 법을 보완할 수 있도록 받아들여진 관행이 있었다.

심지어 속지법이 아닌 법을 보완하는 데도 관행이 사용될 수도 있었다. 똑같이 살리카법을 예로 들어보자. 살리카법이 속지법인 곳에서 부르군트족은 부르군트족의 법에 의해 재판을 받는데, 만약 부르군트 법의 법조문에 들어있지 않은 경우라면 현지의 관습에 따라 재판된다는 것은 의심할 여지가 없다.

피피누스 왕의 시대에 기성의 관습은 법만큼 힘이 없었다. 그러나 곧 관습이 법을 무너뜨렸다. 그런데 새로운 규칙은 언제나 현재의 병폐를 알려주는 치료제이므로, 피피누스의 시대에 이미 법보다 관습이 선호되기 시작했다고 생각할 수 있다.

내가 한 말은 피스트 칙령에서 볼 수 있는 것처럼 로마법이 어떻게 초기부터 속지법이 되기 시작했는가, 그리고 앞에서 언급한 트루아

교구회의를 통해 드러나듯이68 어떻게 고트족의 법이 거기서 계속 사용되었는가를 설명해 준다. 로마법은 일반적 속인법이 되었고, 고트족의 법은 특수한 속인법이 된 것이다. 따라서 로마법은 속지법이었다. 그러나 로마법이 서고트족과 부르군트족의 여러 주에서 속지법으로 존속했던 반면 어째서 야만족의 속인법은 무지함으로 인해 사방에서 몰락했을까? 로마법도 다른 속인법과 거의 같은 운명을 겪었다는 것이 내 대답이다. 그렇지 않았다면 로마법이 속지법이었던 여러 주에서 우리는 유스티니아누스 법 대신 여전히 테오도시우스 법전을 가지고 있을 것이다. 이 주들에 남아 있는 것이라고는 로마법 지역 혹은 성문법 지역이라는 명칭, 그리고 사람들이 자신들의 법을 하나의 특권으로 여기고 있을 때 그 법에 갖는 애착과 당시 사람들의 기억 속에 간직된 로마법의 몇몇 규정이 거의 전부였다. 그러나 유스티니아누스의 편찬물이 나왔을 때, 고트족과 부르군트족의 영토인 주에서 그것이 성문법으로 받아들여지는 결과를 낳기에는 충분했다. 그에 반해 프랑크족의 옛 영토에서 그것은 단지 글로 쓰인 도리와 같은 것이었을 뿐이다.

68 앞의 제5장 참조.

제 13장 : 살리카법 또는 살리 프랑크족의 법과
리푸아리 프랑크족의 법 및 다른 야만족의 법의 차이

살리카법은 소극적 증명의 관행을 인정하지 않았다. 다시 말해서, 살리카법에 의하면 청구나 탄핵을 하는 자는 그것을 증명해야 했고, 피고는 그것을 부정하는 것으로는 충분하지 않았다. 이것은 세계의 거의 모든 국민의 법과 일치한다.

리푸아리 프랑크족의 법은 전혀 다른 정신을 가지고 있었다. 69 그 법은 소극적 증명으로 만족했다. 그래서 청구나 탄핵을 받은 자는 일정한 수의 증인과 함께 자신에게 전가된 일을 하지 않았다고 선서함으로써 대부분의 경우 자신의 무죄를 증명할 수 있었다. 선서해야 하는 증인의 수는 사안의 중대성에 따라 증가했고, 70 때로는 72명에 이르기도 했다. 71 알라만니족, 바바리족, 튀링겐족, 프리슬란트족, 작센족, 롬바르드족, 부르군트족의 법은 리푸아리 프랑크족의 법과 같은 방침으로 만들어졌다.

나는 살리카법이 소극적 증명을 인정하지 않았다고 말했다. 그렇지만 그것이 인정된 경우가 하나 있었다. 72 그러나 그 경우에도 살리

---

69 이것은 여러 게르만족은 공통의 관행과 개별적인 관행을 가지고 있다고 한 타키투스의 말에 부합된다.

70 리푸아리아법, 제6조, 제7조, 제8조 등.

71 위의 책, 제11조, 제12조, 제17조.

72 왕의 측근 신하, 즉 대단히 정직한 사람이라고 전제하는 왕의 봉신이 탄핵된 경우였다. Pactus legis salicæ 제76조 참조.

카법은 적극적 증명의 지원 없이 소극적 증명만 인정한 것은 아니었다. 원고는 청구를 확정하기 위해 자기 증인들의 진술을 들려주고, 피고는 무죄를 증명하기 위해 자기 증인들의 진술을 들려준다. [73] 그러면 재판관은 두 가지 증언에서 진실을 가려냈다. [74] 이 방법은 리푸아리 프랑크족의 법이나 다른 야만족의 법과는 매우 달랐다. 그 법들에서는 피고가 죄가 없다는 것을 선서하고 자기 친척들에게 그가 진실을 말했다는 것을 선서하게 함으로써 무죄를 증명했다. 이런 법들은 태생적으로 천진하고 순박한 민족에게만 적합할 수 있었다. 그리하여 입법자는 이런 법의 남용을 막아야만 했는데, 이에 대해서는 조금 후에 살펴보기로 하자.

제 14장 : 그 밖의 차이

살리카법은 결투에 의한 증명을 인정하지 않았지만, 리푸아리 프랑크족의 법[75]과 거의 모든 야만족의 법[76]은 그것을 인정했다. 결투법은 소극적 증명을 설정한 법의 자연적 귀결이며 치유책이었던 것 같다. 어떤 사람이 소송을 했는데 그것이 선서에 의해 부당하게 회피되려는 것을 보았을 때, 꼼짝없이 궁지에 몰릴 처지가 된 전사에게 자신이 당하는 부당함과 거짓 선서에 대해 결투를 신청하는 것[77] 이외에

---

73 같은 제 76조 참조.
74 오늘날 영국에서 여전히 실행되는 것처럼.
75 제 32조, 제 57조 제 2항, 제 59조 제 4항.
76 아래의 각주 참조.

달리 무슨 방법이 있었겠는가? 소극적 증명의 관행을 인정하지 않은 살리카법은 결투에 의한 증명이 필요 없었고 그것을 받아들이지 않았다. 그러나 리푸아리 프랑크족의 법78과 그 밖의 다른 야만족의 법79은 소극적 증명의 관행을 인정했으므로 결투에 의한 증명을 설정해야만 했다.

이 문제에 대하여 부르고뉴 왕 군도바두스의 유명한 두 가지 규정을 읽어 보기 바란다. 80 그 규정이 사물의 본질에서 나온 것임을 알 수 있을 것이다. 야만족법의 표현에 의하면, 선서를 남용하려고 한 자의 손에서는 선서를 빼앗아야 했다.

롬바르드족의 로타리 법은 선서로 자신을 변호한 자는 더 이상 결투 때문에 괴롭힘을 당하지 않는 경우를 인정했다. 이 관행은 널리 퍼졌다. 81 거기서 어떤 악습이 생겼고 어떻게 옛 방식으로 되돌아갈 수밖에 없었는지는 나중에 살펴보기로 하자.

---

77 이 정신은 리푸아리아법 제59조 제4항과 제67조 제5항, 그리고 리푸아리아법에 첨가된 803년의 유순왕 루도비쿠스의 칙령 제22항에 잘 나타나 있다.

78 이 법을 참조할 것.

79 프리슬란트족, 롬바르드족, 바바리족, 작센족, 튀링겐족, 부르군트족의 법.

80 부르군트족의 법 제8조 제1항과 제2항의 형사사건에 관한 것과 민사사건에 관한 내용도 있는 제45조. 또 튀링겐족의 법 제1조 제31항과 제7조 제6항 및 제8조, 알라만니족의 법 제89조, 바바리족의 법 제8조 제2장 제6항과 제3장 제1항 및 제9조 제4장 제4항, 프리슬란트족의 법 제2조 제3항과 제14조 제4항, 롬바르드족의 법 제1편 제32조 제3항과 제35조 제1항 및 제2편 제35조 제2항도 참조할 것.

81 다음의 제18장 끝부분을 참조할 것.

제 15장 : 성 찰

야만족의 법전에 가해진 변화에서, 거기에 첨가된 규정에서, 법령집
에서, 결투에 의한 증명이 사실상 소극적 증명의 결과가 아니라는 문
구를 발견할 수 없다고 말하는 것이 아니다. 여러 세기가 지나는 동
안, 특수한 상황이 특수한 법을 만들게 할 수 있었다. 나는 게르만족
법의 일반적 정신과 그 본성 및 기원에 대해서 말하는 것이다. 즉, 그
법에 의해 지정되거나 설정된, 그들 민족의 옛 관행에 대해 말하는 것
이다. 여기서 문제 삼고 있는 것은 단지 그것뿐이다.

제 16장 : 살리카법에 의해 설정된 끓는 물에 의한 증명

살리카법은 끓는 물에 의한 증명의 관행을 인정했다.[82] 그리고 이 증
거가 너무 잔인했으므로, 법은 그 엄격함을 완화하기 위한 타협책을
취했다.[83] 끓는 물에 의한 증명을 하도록 소환된 자에게 상대편의 동
의를 얻어 자기 손을 돈으로 사는 것을 허용한 것이다. 고발자는 법이
정한 일정한 금액을 조건으로 피고가 범죄를 저지르지 않았다고 선언
하는 몇몇 증인의 선서로 만족할 수 있었다. 이것은 소극적 증명을 인
정한 살리카법의 특수한 경우였다.

　이 증명은 합의사항으로서, 법이 허용하긴 했으나 명령한 것은 아

82　몇몇 다른 야만족의 법도 그랬다.

83　제 56조.

니었다. 법은 피고가 소극적 증명으로 자신을 변호하는 것을 수락하는 고발자에게 일정한 배상금을 준 것이다. 잘못이나 부당함을 용서하는 것이 고발자의 자유이듯이, 피고의 선서를 믿는 것은 고발자의 자유였다.

재판 전에 두 당사자가 한쪽은 끔찍한 증명에 대한 두려움에서, 그리고 다른 한쪽은 눈앞의 작은 배상금 때문에 분쟁을 중단하고 증오를 끝내도록 법은 타협책을 준 것이다.[84] 이 소극적 증명이 일단 행사되면 더 이상 다른 증명은 필요하지 않았으므로, 결투의 관행은 살리카법의 이 특별 규정의 결과일 수 없었다는 것을 잘 알 수 있다.

제17장 : 우리 선조들의 사고방식

우리 선조들이 이렇게 시민의 명예와 재산과 생명을 이성보다 우연의 영역에 속하는 것들에 좌우되게 했다는 것, 그리고 아무것도 증명해주지 않는 증거, 즉 무죄든 유죄든 어느 것에도 관련되지 않는 증거를 끊임없이 사용했다는 것을 알고 사람들은 놀랄 것이다.

한 번도 굴복당한 적이 없던 게르만족은 더할 나위 없는 독립을 누리고 있었다.[85] 그들은 살인, 절도, 모욕으로 인해 집안끼리 서로 전쟁을 벌였다.[86] 이 관습은 전쟁을 몇 가지 규칙 아래에 둠으로써 수

---

84 위의 책, 제56조.
85 타키투스가 말한 것을 보면 그렇게 보인다. Omnibus idem habitus(모두에게 같은 특성).
86 벨레이우스 파테르쿨루스(Velleius Paterculus, 1세기 로마의 역사가로, 저서로

정되었다. 즉, 전쟁은 집정자의 명령으로 그의 감시하에 수행된 것이다. 87 그것은 서로 해치는 전체적인 방종보다는 더 바람직했다.

오늘날 터키인이 내전에서의 첫 승리를 신이 결정하는 판결로 여기는 것처럼, 게르만족은 그들의 개인적 문제에서 전투의 결과를 죄인이나 찬탈자를 벌주려고 늘 주의를 기울이고 있는 신의 판결이라고 생각했다.

타키투스에 의하면, 게르만족들은 한 민족이 다른 민족과 전쟁하고자 할 때 포로를 붙잡아 자기네 민족 한 사람과 싸우게 하고 그 싸움의 결과로 전쟁의 승패를 판단했다. 일대일의 결투가 공적인 문제를 해결할 수 있다고 믿은 민족이니, 그것으로 개인들의 분쟁도 해결할 수 있다고 생각한 것은 당연한 일이다.

부르고뉴 왕 군도바두스는 모든 왕 중에 가장 많이 결투의 관행을 허용했다. 88 이 군주는 그의 법 자체 안에서 법의 동기를 설명한다. "우리 백성이 더 이상 모호한 사실에 대해 선서하지 않고 또 확실한 사실에 대해 거짓 선서를 하지 않게 하기 위해서다"라고 그는 말한다. 따라서 성직자들은 결투를 허용하는 법을 불경하다고 선언한 반면, 89 부르군트족의 법은 선서를 설정한 법을 신성모독으로 여겼다.

는 《로마사》가 있다_옮긴이 주) 는 제 2편 제 118장에서 게르만족들은 모든 문제를 싸움으로 해결했다고 말한다.

87 야만족의 법전을 참조할 것. 그리고 더 최근의 시대에 대해서는 보마누아르의 《보부아지 지방의 관습》을 참조할 것.

88 부르군트족의 법, 제 45장.

89 아고바르두스의 《저작집》 참조.

결투에 의한 증명에는 경험에 입각한 어떤 이유가 있었다. 오직 호전적인 민족에게 비겁함은 다른 악덕을 전제로 한다. 즉, 비겁함은 그동안 받아온 교육에 반항했다는 것, 명예에 둔감하고 다른 사람들을 지배하는 원리에 따라 행동하지 않았다는 것을 증명한다. 또 그것은 사람들의 경멸을 두려워하지 않고 그들의 존경을 중시하지 않는다는 것을 보여준다. 조금이라도 좋은 집안에서 태어나기만 했다면, 대개 체력과 어울리는 기량도 용기와 부합하는 체력도 있을 것이다. 명예를 중시한다면, 명예를 얻는 데 꼭 필요한 것들을 평생 단련할 것이기 때문이다. 게다가 체력과 용기와 용맹이 높이 평가되는 호전적인 민족에게 정말로 추악한 범죄란 속임수와 술책과 계략, 즉 비겁함에서 생기는 범죄이다.

불에 의한 증명에 관해 말하자면, 피고가 뜨거운 쇠 위에 손을 올려놓거나 끓는 물 속에 손을 넣은 후 그 손을 자루로 감싸서 봉인했다. 그리고 사흘 후 화상 자국이 없으면 무죄가 선고되었다. 무기를 다루는 데 능숙한 민족의 거칠고 못이 박힌 피부에 사흘 후까지 뜨거운 쇠나 끓는 물의 자국이 남아 있을 리가 없다는 것은 분명하지 않은가? 만약 남아 있다면, 그것은 시험을 받은 자가 유약한 남자라는 표시였다. 우리의 농부들은 못이 박힌 손으로 뜨거운 쇠를 자유자재로 다룬다. 여자라 하더라도 일하는 여자들의 손은 뜨거운 쇠를 견딜 수 있었다. 귀부인에게는 대신 싸워줄 기사가 얼마든지 있었다. **90** 그리

---

90 보마누아르, 《보부아지 지방의 관습》, 제61장 참조. 끓는 물에 의한 증명이 보조적인 것에 불과한 앵글족의 법, 제14장도 참조할 것.

고 사치가 없는 민족의 경우, 중간 계급의 신분은 없었다.

튀링겐족의 법에 의하면, 91 간통으로 고소된 여자는 그녀를 위해 대신 싸워줄 기사가 나타나지 않을 경우에만 끓는 물의 검증을 강요받았다. 그리고 리푸아리 프랑크족의 법은 무죄를 증명하기 위한 증인을 발견하지 못하는 경우에만 이 검증을 허용했다. 92 그러나 친척 중 누구도 변호해 주려고 하지 않는 여자나 자신의 성실성에 대해 어떤 증거도 대지 못하는 남자는 그 자체로 이미 유죄가 입증된 셈이다.

따라서 나는 다음과 같이 말한다. 결투에 의한 증명과 뜨거운 쇠나 끓는 물에 의한 증명이 사용되던 시대의 상황에서는 그런 법이 풍속과 조화를 이루고 있어서 그 법이 부당한데도 불구하고 그렇게 부당한 결정을 초래하지는 않았다. 즉, 원인에 비해 결과는 유해하지 않았다. 그 법은 공정함의 권리를 침해했다기보다 공정함에 적합하지 않은 것이었고, 포학했다기보다 비상식적인 것이었다.

제18장 : 결투에 의한 증명은 어떻게 확대되었나

아고바르두스가 유순왕 루도비쿠스에게 보낸 편지를 보면, 결투에 의한 증명은 프랑크족의 관행이 아니었다고 결론내릴 수 있을 것이다. 아고바르두스는 왕에게 군도바두스 법의 폐해를 지적한 다음93

---

91 제14조.

92 제31장 제5항.

93 Si placeret domino nostro ut eos transferret ad legem Francorum(그것을 프랑크족의 법으로 옮기는 것이 우리 군주님의 마음에 든다면).

부르고뉴에서 프랑크족의 법으로 사건을 판결할 것을 요청했기 때문이다. 그러나 다른 한편 그 시대에 프랑스에서 결투재판이 시행되었다고 알려져 있으므로, 사람들은 어리둥절했다. 그것은 내가 한 말에 의해 설명된다. 즉, 살리 프랑크족의 법은 그 증명을 인정하지 않았지만, 리푸아리 프랑크족의 법94은 그것을 받아들였다.

그러나 성직자들의 반대 아우성에도 불구하고, 결투재판의 관행은 프랑스에서 날마다 퍼져 나갔다. 그리고 이제 나는 대부분 그런 관행을 야기한 것은 바로 성직자들 자신이었다는 것을 증명하고자 한다.

그 증명을 우리에게 제공하는 것은 롬바르드족의 법이다.

"오래전부터 고약한 관습이 도입되었다(오토 2세(21)의 법령 전문에 쓰여 있다). 그것은 어떤 유산 상속 증서가 위조라고 공격받았을 때 그 증서를 제출한 자가 복음서에 대고 그것이 진짜라고 맹세하면, 아무 재판도 없이 그대로 그가 유산의 소유주가 되는 것이다. 그리하여 거짓 선서를 해도 확실히 취득할 수 있었다."95

황제 오토 1세(22)가 로마에서 황제에 즉위하고96 교황 요한 12세가 공의회를 개최했을 때, 이탈리아의 모든 영주는 황제가 그 고약한 악습을 고치기 위해 법을 제정해야 한다고 소리쳤다.97 교황과 황제

---

94 이 법 제59조 제4항, 제67조 제5항 참조.
95 롬바르드족의 법, 제2편, 제55조, 제34장.
96 962년.
97 Ab Italiæ· proceribus est proclamatum, ut imperator sanctus, mutata lege, facinus indignum destrueret(신성한 황제가 그 법을 바꿔서 수치스러운 행위를 없애야 한다고 이탈리아의 영주들이 선언했다). 롬바르드족의 법, 제2편, 제55조, 제34장.

는 곧 라벤나에서 열릴 공의회98에 이 안건을 위임해야 한다고 판단했다. 거기서 영주들은 똑같은 요구를 했고, 그들의 외침은 두 배로 더 커졌다. 그러나 몇몇 사람이 결석했다는 것을 핑계로 그 안건은 다시 연기되었다. 오토 2세와 부르고뉴 왕 콘라드99 (23)가 이탈리아에 도착했을 때, 그들은 베로나에서100 이탈리아 영주들과 만났다. 101 그리고 그들의 거듭된 간청에 따라 황제는 모두의 동의를 얻어 다음과 같은 내용의 법을 제정했다.

"유산 상속에 대한 분쟁이 있을 때, 즉 당사자 한쪽은 상속 증서를 사용하려고 하는데 다른 한쪽은 그 증서가 위조라고 주장할 때, 사건은 결투에 의해 결정될 것이다. 봉토 문제에 관해서도 똑같은 규칙이 지켜질 것이다. 교회도 같은 법을 따라야 하고, 그들을 대신하는 기사를 통해 싸울 수 있다."

교회에 도입된 증명의 단점 때문에 귀족 계급이 결투에 의한 증명을 요구했다는 것을 알 수 있다. 또 귀족 계급의 외침에도 불구하고, 악습 자체의 호소에도 불구하고, 지배자로서 말하고 행동하기 위해 이탈리아에 도착한 오토의 권위에도 불구하고, 성직자 집단은 두 번

---

98 그 공의회는 967년, 교황 요한 13세와 황제 오토 1세의 면전에서 열렸다.
99 오토 2세의 숙부이고, 로돌프(Rodolphe II de Bourgogne, 880~937, 912년부터 상부 부르고뉴의 왕이었고, 933년부터는 부르고뉴를 통일하여 프로방스까지 다스렸다_옮긴이 주)의 아들이며, 상부 부르고뉴의 왕.
100 988년.
101 Cum in hoc ab omnibus imperiales aures pulsarentur(그리하여 온 사방에서 그들은 황제의 귀에다 대고 퍼부었다). 롬바르드족의 법, 제 2편, 제 55조, 제 34장.

의 공의회에서 완강하게 버텼다는 것을 알 수 있다. 결국 귀족 계급과 군주들의 협력 덕분에 성직자들이 어쩔 수 없이 양보했으므로, 결투 재판의 관행은 귀족 계급의 특권처럼 여겨졌고, 불의에 대한 방벽이 요 소유권의 보장으로 생각되었다. 그때부터 이 방법은 확대될 수밖에 없었다. 그리고 그런 일은 황제가 강하고 교황이 약했던 시기, 오토와 같은 황제들이 이탈리아에 와서 제국의 위엄을 회복했던 시기에 벌어졌다.

이제 내가 위에서 말한 것, 즉 소극적 증명 제도가 결투의 판례를 초래했다는 것을 확인하기 위한 고찰을 하고자 한다. 두 오토 황제 앞에서 사람들이 불평한 악습은 상속 증서가 허위라는 반박을 받은 사람이 복음서에 대고 그것은 가짜가 아니라고 선언함으로써 소극적 증명으로 자신을 방어하는 것이었다. 훼손된 법의 남용을 교정하기 위해 무엇이 행해졌나? 결투의 관행이 부활되었다.

당시 성직자 계급과 세속인들 사이의 분쟁을 명확하게 알 수 있도록 나는 서둘러 오토 2세의 법령에 대해 이야기했다. 그 이전에는 로타리우스 1세의 법령이 있었다. 102 그 법령은 똑같은 불평과 분쟁에 대해 재산의 소유권을 확보하려면 그 증서가 가짜가 아니라고 공증인이 선서하도록 정했다. 그리고 만약 공증인이 죽었을 때는 증서에 서

---

102 롬바르드족의 법, 제2편, 제55조, 제33항. 무라토리(Ludovico Antonio Muratori, 1672~1750, 이탈리아 사료 편찬의 창시자로 여겨지는 역사가_**옮긴이 주**)가 사용한 사본에서는, 이 법령이 귀도(Guido III Spoletensis, 프랑스어와 영어로는 Guy로 표기한다. 스폴레토 공작으로 889년 이탈리아 왕이 되었고, 891년 신성로마제국 황제로 즉위했다_**옮긴이 주**) 황제의 것으로 되어 있다.

명한 증인들이 선서해야 한다고 정했다. 그러나 병폐는 여전히 남았고, 결국 방금 말한 대책을 써야 했다.

그 시대 이전에 카롤루스 마그누스에 의해 개최된 총회에서는 그런 상황에서 고발자나 피고인이 거짓 선서를 하지 않기가 매우 어려우므로 차라리 결투재판을 부활하는 것이 더 낫다고 국민이 그에게 진언한 것을 발견할 수 있다. 103 카롤루스 마그누스는 그렇게 했다.

결투재판의 관행이 부르군트족에게 퍼지면서 선서의 관행은 제한되었다. 이탈리아의 왕 테오도리쿠스는 동고트족의 결투를 폐지했고, 104 킨다스빈투스와 레케스빈투스의 법은 결투의 관념까지 없애고자 했던 것 같다. 그러나 그런 법들은 나르보넨시스에서는 거의 받아들여지지 않았고, 거기서는 결투가 고트족의 특권처럼 여겨질 정도였다. 105

동고트족이 그리스인에게 멸망한 후 이탈리아를 정복한 롬바르드족은 결투의 관행을 다시 가져왔다. 그러나 그들의 초기 법은 그것을 제한했다. 106 카롤루스 마그누스, 107 유순왕 루도비쿠스, 두 오토 황

---

103 롬바르드족의 법, 제2편, 제55조, 제23항.

104 카시오도루스, 제3편, 편지 23과 24 참조.

105 In palatio quoque Bera comes Barcinonensis, cum impeteretur a quodam vocato Sunila, et infidelitatis argueretur, cim eodem secundum legem propriam, utpote quia uterque Gothus erat, equestri prælio congressus est et victus(궁정에서 바르셀로나 백작 베라는 수닐라라고 불리는 어떤 사람에게 공격당하고 신의가 없다고 고발을 당했다. 그들은 둘 다 고트족이었기 때문에, 그들 자신의 법에 따라 그는 말을 타고 상대방과 싸워서 이겼다). 작자 미상의 《유순왕 루도비쿠스의 생애》.

106 롬바르드족의 법, 제1편 제4조와 제9조 제23항, 제2편 제35조 제4항과 제5

제는 여러 가지 일반적인 법령을 제정했는데, 그것이 롬바르드족의 법에 삽입되거나 살리카법에 첨가된 것을 볼 수 있다. 그 법들은 결투를 처음에는 형사사건으로, 그다음에는 민사사건으로 확대시켰다. 사람들은 어찌해야 할지 알 수 없었다. 선서에 의한 소극적 증명에 단점이 있었는데, 결투에 의한 증명에도 단점이 있었다. 그래서 사람들은 둘 중 어느 것이 더 강한 충격을 주느냐에 따라 그 방법을 바꿨다.

한편에서는 성직자들이 모든 세속 사건에서 사람들이 교회와 제단에 의지하는 것을 보고 싶어 했다. 108 그리고 다른 한편에서는 자존심 강한 귀족 계급이 자신의 권리를 칼로 지키고 싶어 했다.

귀족 계급이 불평한 관행을 성직자 계급이 도입했다고 말하는 것은 아니다. 그 관습은 야만족의 법 정신과 소극적 증명 제도에서 유래한 것이다. 그러나 많은 범죄자에게 처벌을 면해줄 수 있는 이 방법이 죄인을 두려워하게 하고 거짓 선서를 하는 사람을 겁에 질리게 하려면 교회의 신성함을 이용해야 한다고 생각했으므로, 성직자들은 그 관행과 거기에 결부된 방법을 지지했다. 그런데 사실 그들은 소극적 증명을 반대했다. 보마누아르의 저서를 보면, 109 소극적 증명은 종교

항 및 제55조 제1항과 제2항과 제3항 참조. 그리고 로타리의 규정, 리우트프란
두스의 규정 제15항 참조.
107 위의 책, 제2편, 제55조, 제23항.
108 재판의 선서는 당시 교회 안에서 이루어졌다. 그리고 제1왕조 때는 왕의 궁전 안
에 그곳에서 재판되는 사건들을 위한 특별 제단이 있었다. 마르쿨푸스의 서식집
제1편 제37장, 리푸아리아법 제59조 제4항과 제65조 제5항, 투르의 그레고리
우스 역사서, 살리카법에 첨부된 803년의 칙령을 참조할 것.
109 제39장, 212쪽.

재판소에서 절대로 인정되지 않았다는 것을 알 수 있다. 그것은 분명히 소극적 증명 제도를 무너뜨리고 그에 관한 야만족 법전의 규정을 약화시키는 데 크게 기여했다.

이것은 또한 내가 여러 번 말한 소극적 증명의 관행과 결투재판의 관행 사이의 관계를 잘 느끼게 해줄 것이다. 세속의 재판소는 이것을 둘 다 인정했지만, 종교재판소는 둘 다 배척했다.

결투에 의한 증명을 선택할 때, 민족은 호전적인 특성을 따른 것이다. 결투를 신의 판결로 설정하면서, 역시 신의 판결로 여겼던 십자가나 찬물과 끓는 물에 의한 증명을 폐지했기 때문이다.

카롤루스 마그누스는 자기 자식들 사이에 어떤 분쟁이 발생하면 십자가 재판(24)으로 해결하라고 명령했다. 유순왕 루도비쿠스는 이 재판을 종교적 사건에만 한정했고, 110 그의 아들 로타리우스는 모든 경우에 그것을 폐지했다. 그는 마찬가지로 찬물에 의한 증명도 폐지했다. 111

일반적으로 받아들여진 관행이 거의 없던 시절에 이런 증명들이 몇몇 교회에서 다시 도입되지 않았다고 말하는 것은 아니다. 필리프 오귀스트의 헌장112에 그에 대한 언급이 있는 만큼 더욱 그렇다. 다만 그런 증명들이 별로 사용되지 않았다고 말하는 것이다. 성왕 루이 시대와 그보다 조금 뒤까지 살았던 보마누아르는 여러 종류의 증명법을

---

110 살리카법에 이어 롬바르드족의 법에 이 왕의 법령들이 삽입된 것을 볼 수 있다.
111 롬바르드족의 법, 제2편, 제55조, 제31항에 삽입된 규정에서.
112 1200년.

열거하면서 결투재판의 증명에 관해 이야기하고 있지만, 위의 증명들에 대해서는 전혀 언급하지 않는다.[113]

제 19장 : 살리카법, 로마법, 왕의 법령들이 잊힌 새로운 이유

살리카법, 로마법, 왕의 법령들이 그 권위를 잃어버리게 된 이유에 대해서 나는 이미 말했다. 결투에 의한 증명이 널리 확장된 것이 그 주된 원인이었다는 것을 덧붙이고자 한다.

그 관행을 인정하지 않았던 살리카법은 쓸모없는 것이 되어 사라졌다. 로마법도 그것을 인정하지 않았으므로 마찬가지로 없어졌다. 사람들은 결투재판법을 제정하고 그에 대한 좋은 판례를 만드는 것밖에 생각하지 않았다. 여러 법령의 규정도 무용지물이 되었다. 그리하여 많은 법이 어느 사이엔가 그 권위를 잃었고, 다른 법이 그것을 대신한 것도 아닌데 잊히고 말았다. 이런 민족에게는 성문법이 필요 없었다. 그래서 성문법은 아주 쉽게 망각 속에 빠질 수 있었다.

두 당사자 사이에 뭔가 분쟁이 있다면, 결투를 명령했다. 그것을 위해서는 대단한 능력이 필요하지 않았다.

모든 민사소송과 형사소송은 사실로 환원된다. 그리고 그 사실에 대해 결투가 이루어졌다. 사건의 핵심뿐만 아니라 부수적인 사건이나 중간 판결도 결투에 의해서 재판되었다. 그것은 보마누아르가 제시하는 몇 가지 예를 보면 알 수 있다.[114]

---

113 《보부아지 지방의 관습》, 제39장.

내가 아는 바로는, 제3왕조 초기의 판례는 모두 타인을 대하는 태도에 관한 것이었다. 명예에 관한 일이 모든 것을 지배한 것이다. 사람들이 재판관에게 복종하지 않으면, 그는 자신이 받은 모욕에 대해 고소했다. 부르주에서 법관이 어떤 사람을 소환했는데 그 사람이 오지 않자, 법관은 "나는 그대를 부르러 보냈다. 그대는 무시하고 오지 않았다. 이 모욕에 대해 해명하라"라고 말했다. 115 그리고 결투가 실시되었다. 뚱보왕 루이(25)는 이 관습을 고쳤다. 116

오를레앙에서는 모든 채무 청구에서 결투재판이 사용되었다. 117 소(小) 루이(26)는 청구 금액이 5수를 초과할 때만 그 관습을 시행하라고 선포했다. 이 명령은 지방의 법이었다. 성왕 루이의 시대에는 금액이 12드니에(27) 이상이면 되었기 때문이다. 118 보마누아르가 한 법률가에게서 들은 바에 의하면, 옛날에는 소송사건에서 자신을 대신해 싸울 기사를 일정 기간 고용할 수 있는 나쁜 관습이 프랑스에 있었다고 한다. 119 당시 결투재판의 관행이 대단히 넓게 퍼져 있었던 것이 틀림없다.

---

114 제61장, 309쪽과 310쪽.
115 《칙령집(*Recueil des Ordonnances*)》, 1145년의 뚱보왕 루이의 헌장.
116 위의 책.
117 《칙령집》, 1168년의 소 루이의 헌장.
118 보마누아르, 제68장, 325쪽 참조.
119 《보부아지 지방의 관습》, 제28장, 203쪽 참조.

제 20장 : 명예에 관한 일의 기원

야만족의 법전에서는 알쏭달쏭한 수수께끼 같은 것이 발견된다. 프리슬란트족의 법에 의하면, 몽둥이로 맞은 사람에게 2분의 1수의 합의금밖에 주지 않는다.120 그런데 아주 작은 것이라도 상처가 있으면 더 많은 합의금을 주어야 한다. 살리카법에 의하면, 한 자유인이 다른 자유인을 몽둥이로 세 번 때리면 3수를 내야 했다. 그런데 피가 나게 하면, 칼로 상처를 입힌 것처럼 처벌받아서 15수를 내야 했다. 형벌은 상처의 크기에 따라 정해졌다. 롬바르드족의 법은 한 번, 두 번, 세 번, 네 번 때린 것에 대해 각각 다른 합의금을 정해 놓았다.121 오늘날에는 한 번을 때리든 10만 번을 때리든 마찬가지이다.

롬바르드족의 법122에 삽입된 카롤루스 마그누스의 법령에는 결투가 허가된 사람들은 몽둥이로 싸우라고 정해져 있다. 아마도 그것은 성직자 계급에 대한 배려였고, 결투의 관행이 널리 퍼져 있어서 유혈사태를 더 적게 하기 위해서였을 것이다. 유순왕 루도비쿠스의 법령은 몽둥이로 싸울지 무기로 싸울지 선택할 수 있게 했다.123 그 후로 몽둥이로 싸우는 사람은 농노들뿐이었다.124

명예에 관한 일의 특별조항이 생기고 형성되는 것이 벌써 눈앞에

---

120 Additio sapientium Wilemari, 제 5조.
121 제 1편, 제 6조, 제 3항.
122 제 2편, 제 5조, 제 23항.
123 819년에 살리카법에 첨가된 법령.
124 보마누아르, 제 64장, 328쪽 참조.

보인다. 고발자는 먼저 재판관 앞에서 아무개가 이러저러한 행동을 했다고 고발하고, 피고발자는 고발자가 거짓말했다고 대답한다.[125] 그러면 그것에 대해서 재판관은 결투를 명령했다. 그리하여 반박 당하면 결투해야 한다는 규범이 확립되었다.

어떤 사람이 결투하겠다고 선언하면 다시 취소할 수 없었다.[126] 만약 취소하면, 그는 형벌을 받았다. 거기서부터 말로 약속했을 때 그 말을 철회하는 것을 명예는 허용하지 않는다는 규칙이 나왔다.

귀족은 말을 타고 무기로 서로 싸웠고,[127] 평민은 땅에서 몽둥이로 싸웠다.[128] 그로 인해 몽둥이는 모욕의 도구가 되었다.[129] 몽둥이로 맞은 사람은 평민으로 취급받은 것이기 때문이었다.

얼굴을 드러내 놓고 싸우는 사람들은 평민뿐이었다.[130] 그리하여 얼굴을 타격당할 수 있는 사람들도 그들뿐이었다. 따귀를 맞는 것은 피로써 설욕해야 하는 모욕이 되었다. 뺨을 맞은 사람은 평민으로 취

---

125 위의 책, 329쪽.
126 위의 책, 제3장 25쪽과 329쪽.
127 결투자들의 무기에 대해서는 보마누아르 제61장 308쪽, 제64장 328쪽 참조.
128 보마누아르, 제64장, 328쪽 참조. 갈랑〔Auguste Galland, 1572~1637, 파리 대학에서 공부했고 뛰어난 변호사였으며 프랑스 국가 고문의 지위에까지 올랐다. 여기서는 서명이 없지만, 이후의 각주에서 다시 나오는 것을 참조하면 《프랑크족의 자유 소유지에 관한 개론(Traité du franc-alleu)》을 말하는 것으로 보인다_옮긴이 주〕이 263쪽에서 인용한 앙주의 성 알비노(Albinus, 468~550, 프랑스어는 Aubin으로 표기한다. 프랑스 서부에 있는 도시 앙제의 주교였다. 앙주는 앙제가 속한 지역명이다_옮긴이 주) 의 헌장들도 참조할 것.
129 로마인의 경우는 몽둥이로 맞는 것이 불명예가 아니었다. Leg. Ictus fustium. De iis qui notantur infamia.
130 그들에게는 방패와 몽둥이밖에 없었다. 보마누아르, 제64장, 328쪽.

급당한 것이기 때문이었다.

게르만족들도 우리 못지않게 명예에 관한 일에 민감했고, 심지어
더했다. 그래서 촌수가 가장 먼 친척도 모욕(侮辱) 사건에는 매우 열
성적으로 가담했다. 그들의 모든 법전은 이 점에 토대를 두고 있다.
롬바르드족의 법에 따르면, 치욕(恥辱)과 조소(嘲笑)를 퍼붓기 위해
부하들을 데려와서 아무 방비도 하지 않은 사람을 때린 자는 그 사람
을 죽였을 때 내야 하는 합의금의 절반을 내고131, 같은 동기로 상대방
을 묶었을 때는 같은 합의금의 4분의 3을 내야 했다. 132

따라서 우리 조상들은 모욕에 대단히 민감했지만, 특별한 종류의
모욕, 즉 일정한 도구로 신체의 일정한 부위에 일정한 방식으로 타격
을 당하는 모욕에 대해서는 아직 알지 못했다고 말할 수 있다. 그 모
든 것은 얻어맞은 모욕 속에 포함되었고, 그런 경우 폭행의 정도가 모
욕의 정도가 되었다.

제21장 : 게르만족의 명예에 관한 일에 대한 새로운 고찰

"게르만족에게는 전투에서 방패를 포기한 것이 큰 불명예였다. 그래
서 이런 불행 뒤에는 여러 사람이 자살했다"고 타키투스는 말한다. 133
그래서 옛 살리카법은 방패를 포기했다는 욕설을 들은 사람에게 15수

---

131 제1편, 제6조, 제1항.
132 위의 책, 제2항.
133 《게르만족의 풍속》.

의 합의금을 주도록 했다. 134

카롤루스 마그누스는 살리카법을 고쳐서 그런 경우에 3수의 합의금으로 정했다. 135 이 군주가 군기의 약화를 바랐다고 의심할 수는 없다. 그런 변화는 무기의 변화에서 비롯된 것이 분명하다. 그리고 이 무기의 변화로부터 많은 관행의 기원이 유래한다.

제 22장 : 결투에 관련된 풍속

여성과의 관계는 감각적 쾌락에 결부된 행복, 사랑하고 사랑받는 기쁨, 그리고 개인적 재능을 구성하는 것 중 일부에 대해서는 여성이 매우 식견을 갖춘 재판관이기 때문에 그런 여성의 마음에 들고자 하는 욕망을 토대로 한다. 마음에 들고자 하는 이 일반적 욕망은 환심을 사려는 언동을 낳게 되는데, 이것은 사랑이 아니라 사랑에 대한 미묘하고 경쾌하며 끊임없는 거짓말이다.

민족마다, 시대마다 여러 상황에 따라 사랑은 위의 세 가지 중에 어느 하나로 더 많이 향하게 된다. 그런데 결투의 시대에는 여자의 환심을 사려는 정신이 우세했다고 생각한다.

롬바르드족의 법을 보면, 136 두 결투자 중 한 사람이 몸에 마법의 풀을 지니고 있으면 재판관이 그것을 치우게 하고 이제 더 이상 그런

---

134 Pactus legis salicæ에서.
135 우리는 옛 법과 이 군주가 고친 법을 가지고 있다.
136 제2편, 제55조, 제11항.

풀을 가지고 있지 않다는 선서를 시켰다. 이 법은 일반적 통념에 근거한 것에 불과했는데, 그런 종류의 마법을 상상하게 한 것은 바로 두려움이다. 두려움으로 인해 많은 것을 발명하게 되었다고 말하지 않는가? 결투할 때 결투자들은 철저하게 무장했고 공격용과 방어용의 무거운 무기를 가지고 있었다. 그런데 상당히 단련되고 견고한 무기들은 무한한 이익을 주었으므로, 어떤 투사들이 마력을 지닌 무기를 가지고 있을 거라는 생각은 틀림없이 많은 사람을 현혹시켰을 것이다.

거기서 기사도(騎士道)라는 놀라운 체제가 생겼다. 모든 사람이 그런 생각에 빠져들었다. 사람들은 소설 속에서 편력(遍歷) 기사, 강신술사(降神術士), 요정, 날개가 달렸거나 지혜가 있는 말, 눈에 보이지 않거나 상처 입지 않는 사람, 위대한 사람의 출생이나 교육에 관심을 갖는 마법사, 마법에 걸렸거나 마법이 풀린 궁전을 보게 되었다. 말하자면 우리의 세상에서 새로운 세상을 보았고, 자연의 평범한 운행은 오직 비속한 사람들만을 위한 것이 되었다.

성(城)과 요새와 강도가 잔뜩 있는 세상의 한 부분에서 언제나 무장하고 다니는 편력기사는 불의를 처벌하고 약자를 보호하는 것을 명예로 여겼다. 여기서 다시 우리의 소설 속에는 여자의 환심을 사려는 언동이 나오는데, 그것은 힘과 보호의 관념에 결부된 사랑의 관념을 토대로 했다.

그러므로 아름답고 나약하며 정숙한 여인을 보고 그녀를 위해 기꺼이 위험을 무릅쓰고 일상 행동에서는 그녀의 마음에 들려고 하는 비범한 남자들을 사람들이 상상하게 되었을 때, 여자의 환심을 사려는 언동이 생긴 것이다.

우리의 기사도 소설은 여자의 마음에 들려는 이 욕망을 부추기고, 옛사람들은 거의 몰랐다고 말할 수 있는 여자의 환심을 사려는 정신을 유럽의 일부 지방에 퍼뜨렸다.

저 거대한 도시 로마의 놀라운 사치는 감각적 쾌락에 대한 생각을 부추겼다. 그리스 전원의 평온함에 대한 관념은 사랑의 감정을 묘사하게 했다.137 여성의 덕성과 아름다움의 보호자인 편력기사에 대한 관념은 여자의 환심을 사려는 언동에 대한 관념으로 이끌었다.

이 정신은 무술 시합의 관행에 의해 계속 이어졌다. 무술 시합은 능력과 사랑의 권리를 함께 결합시킴으로써 여자의 환심을 사려는 정신에 다시 커다란 중요성을 부여했다.

제 23장 : 결투재판의 법규

아마도 '결투재판'이라는 이 기괴한 관행이 원리로 환원된 것을 보고 싶은 호기심, 그토록 기이한 법전을 찾아보고 싶은 호기심을 느낄 것이다. 본질적으로 합리적인 인간은 편견에 대해서조차 규칙을 만든다. 결투재판만큼 양식에 어긋나는 것은 없었다. 그러나 일단 인정되자, 그 실행은 상당히 신중하게 이루어졌다.

그 시대의 법규에 정통하려면, 사법 분야에 큰 변화를 준 성왕 루이의 규칙을 주의 깊게 읽어야 한다. 드 퐁텐은 이 군주와 같은 시대 사람이었고, 보마누아르는 그 후에 책을 썼다.138 그 밖의 다른 사람

---

137 중세의 그리스 소설을 볼 수 있다.

들은 그 후에 살았던 사람들이다. 따라서 옛날의 실행 방법은 그것에 가해진 수정 속에서 찾을 수밖에 없다.

제24장 : 결투재판에서 수립된 규칙

고발인이 여러 명일 때는 한 사람이 사건을 고소하도록 고발인들끼리 의견을 일치시켜야 했다.139 만약 그들이 합의하지 못하면, 피소당한 자가 그들 중에서 소송을 제기할 사람을 지명했다.

귀족이 평민을 제소했을 때, 140 그는 방패와 몽둥이를 가지고 걸어서 출두해야 했다. 만약 그가 귀족의 무기를 가지고 말을 타고 오면, 그에게서 말과 무기를 빼앗았다. 그는 셔츠 바람이 되어, 그 상태로 평민과 싸워야 했다.

결투에 앞서, 재판소는 세 가지 공시(公示)를 했다.141 하나는 당사자들의 친족은 퇴장할 것을 명령하는 공시였고, 다른 하나는 사람들에게 침묵을 지키라고 경고하는 공시였다. 그리고 세 번째 공시는 당사자들 어느 쪽에게도 도움을 주는 것을 금지하는 것이었다. 이를 위반하면 중벌을 받았고, 만약 그 도움으로 결투자 중 한 사람이 패했다면 사형에까지 처해졌다.

재판소 사람들은 결투장 울타리를 지켰다.142 그리고 두 당사자 중

---

138 1283년에.
139 보마누아르, 제6장, 40쪽과 41쪽.
140 위의 책, 제64장, 328쪽.
141 위의 책, 330쪽.

한쪽이 화해를 요청할 경우, 두 당사자가 그 순간 어떤 상태인지에 대해 매우 주의를 기울였다. 만약 화해가 성립되지 않으면, 그들을 똑같은 상태로 돌아가게 하기 위해서였다. 143

범죄나 잘못된 판결 때문에 결투의 표시(28)가 받아들여졌을 경우, 영주의 동의 없이는 화해가 이루어질 수 없었다. 그리고 당사자 중 한쪽이 패했을 때도 백작이 인가해야만 화해가 이루어질 수 있었다. 144 마치 요즘의 사면장(赦免狀)과 비슷했다.

그러나 사형에 해당하는 범죄인데 영주가 뇌물에 매수되어 화해에 동의했다면, 그는 60리브르의 벌금을 냈다. 그리고 그가 갖고 있던 악인을 처벌하는 권리는 백작에게 귀속되었다. 145

결투를 신청할 수도, 결투에 응할 수도 없는 사람들도 많았다. 그러한 사정을 참작하여 대리 결투자를 내세우는 것이 허용되었다. 그리고 대리 결투자가 승부에 최선을 다할 수 있도록, 그가 지면 그의 주먹을 잘랐다. 146

지난 세기에 결투를 금지하는 중대한 법이 제정되었지만, 어쩌면 전사에게 손을 잃게 함으로써 전사의 자질을 빼앗는 것만으로도 충분

---

142 위의 책.
143 위의 책.
144 지위가 높은 봉신은 특별한 권리를 가지고 있었다.
145 보마누아르는 제64장 330쪽에서 "그는 재판권을 잃게 된다"라고 말한다. 당시의 저자들은 이 말을 일반적 의미로 사용하지 않았다. 그것은 해당 사건에 국한되는 것이었다. 드 퐁텐, 제21장, 제29항.
146 이 관행은 법령집에서 볼 수 있는데, 보마누아르의 시대에도 남아 있었다. 제61장, 315쪽 참조.

했을지 모른다. 보통 인간에게 기개(氣槪)를 잃어버린 뒤 살아남는 것보다 더 슬픈 일은 없기 때문이다.

사형에 해당하는 죄에서 대리 결투자에 의해 결투가 행해질 때, 당사자들은 결투를 볼 수 없는 장소에 갇혔다. 그리고 각자 대리 결투자가 졌을 경우 처형에 사용될 밧줄에 감싸여 있었다. 147

결투에서 졌다고 해서 반드시 이의가 제기된 사건에서 지는 것은 아니었다. 예를 들어 중간 판결에 대해 결투한 것이라면, 중간 판결만 졌을 뿐이다. 148

제 25장 : 결투재판의 관행에 가해진 제한

별로 중요하지 않은 민사사건에 대해 결투의 표시가 받아들여졌을 때, 영주는 당사자들에게 이를 철회하게 했다.

만약 다 알려진 사실이라면, 149 예를 들어 어떤 사람이 시장 한복판에서 살해되었다면 증인에 의한 증명도 결투에 의한 증명도 지시되지 않았다. 재판관은 다 아는 사실로 판결했다.

영주의 법정에서 종종 같은 방법으로 판결되어 그 관행이 알려져 있을 때, 150 영주는 당사자들에게 결투를 거부했다. 결투의 다양한 결과 때문에 관습이 바뀌지 않도록 하기 위해서였다.

---

147 보마누아르, 제 64장, 330쪽.
148 위의 책, 제 61장, 309쪽.
149 위의 책, 제 61장, 308쪽, 제 43장, 239쪽.
150 위의 책, 제 61장, 314쪽. 드 퐁텐, 제 22장, 제 24항도 참조할 것.

결투 신청은 자기 자신을 위해서, 자기 혈통의 누군가를 위해서, 그리고 충성을 맹세한 군주를 위해서만 할 수 있었다. 151

피고인이 사면되면, 다른 친족이 결투를 신청할 수 없었다. 152 그렇지 않으면 싸움을 끝낼 수 없었을 것이다.

죽은 줄 알고 친족이 복수하려 했던 사람이 다시 나타나게 되면, 그것은 더 이상 결투할 문제가 아니었다. 공공연한 부재(不在)로 사실 확인이 불가능할 때도 마찬가지였다. 153

살해된 사람이 죽기 전에 고발된 사람의 무고함을 밝히고 다른 사람을 지명했다면, 결투가 이루어지지 않았다. 154 그러나 그가 아무도 지명하지 않았다면, 그의 진술은 자신의 죽음을 용서하는 것으로밖에 여겨지지 않았다. 그래서 고소가 계속되었고, 심지어 귀족들 사이에서는 전투가 벌어지기도 했다.

전투가 벌어졌을 때 친족 중 한 사람이 결투 표시를 하거나 받아들이면, 전투의 권리는 소멸되었다. 당사자들이 일상적 재판 진행을 따르기를 원한 것으로 생각하는 것이다. 따라서 어느 한쪽이 전투를 계속하면 손해배상을 하라는 선고를 받았다.

이와 같이 결투재판의 방법은 전체의 싸움을 개인의 싸움으로 바꾸고 재판소의 효력을 회복시키며 만민법에 의해서만 지배받는 사람들을 시민 상태로 되돌릴 수 있다는 이점을 가지고 있었다.

---

151 보마누아르, 제 63장, 322쪽.
152 위의 책.
153 위의 책.
154 위의 책, 323쪽.

현명한 일이 매우 광기 어린 방법으로 진행되는 경우가 많듯이, 매우 현명하게 운용되는 광기도 있다.

범죄 때문에 고소된 자가 그 죄를 저지른 사람이 고소인 자신이라는 것을 분명히 증명했을 때, 결투 신청은 더 이상 인정되지 않았다. 155 확실한 처벌보다 결과가 불확실한 결투를 선호하지 않을 죄인은 없기 때문이다.

중재자나 교회 재판소에 의해 결정되는 사건에서는 결투가 없었다. 156 죽은 남편의 재산에 대한 아내의 권리에 관한 경우에도 결투가 없었다.

"여자들은 결투할 수 없다"라고 보마누아르는 말한다. 만일 어떤 여자가 대리 결투자를 지명하지 않은 채 누군가를 고소하면, 결투의 표시는 받아들여지지 않았다. 또 여자는 고소하려면 주인, 즉 남편의 허락을 받아야 했다. 157 그러나 남편의 허락이 없어도 고소될 수는 있었다.

고소인이나 피고소인이 15세 미만일 경우에는 결투가 이루어지지 않았다. 158 그러나 후견인이나 재산 관리인이 결투재판의 위험을 무릅쓰고자 한다면, 미성년자의 사건에서도 결투를 명령할 수 있었다.

농노(農奴)에게 결투가 허용된 경우는 다음과 같다고 생각한다. 농노는 다른 농노와 결투했고, 고소당했을 때는 자유인이나 심지어 귀

---

155 보마누아르, 제63장, 324쪽.
156 위의 책, 325쪽.
157 위의 책.
158 위의 책, 323쪽. 이 책의 제18편도 참조할 것.

족과도 결투했다. 그러나 그가 자유인이나 귀족을 고소했을 때는 상대방이 결투를 거부할 수 있었다. 159 그리고 농노의 영주는 심지어 그를 법정에서 끌어낼 권리도 가지고 있었다. 농노는 영주의 특허장이나 관행에 의해 모든 자유인과 결투할 수 있었다. 160 교회는 교회에 대한 존경의 표시로 자기네 농노에 대해 같은 권리161를 주장했다. 162

제 26장 : 당사자 한 명과 증인 한 명 사이의 결투재판

보마누아르에 의하면, 163 증인이 자신에게 불리한 진술을 하려는 것을 본 사람은 상대방이 중상모략하는 거짓 증인을 제시했다고 재판관에게 말함으로써164 두 번째 증인을 회피할 수 있었다. 만일 증인이 싸움을 계속하고 싶다면, 결투를 신청하였다. 증인 신문은 더 이상 문제가 되지 않았다. 증인이 지면 상대방은 거짓 증인을 제시했다는 판정이 내려져서 소송에 졌기 때문이다.

　두 번째 증인이 선서하게 해서는 안 되었다. 그가 증언한다면, 두

---

159 보마누아르, 제63장, 322쪽.

160 드 퐁텐, 제22장, 제7항.

161 Habeant bellandi et testificandi licentiam(그들은 싸움에 참여하거나 증언하는 자유를 가지고 있다). 1118년의 뚱보왕 루이의 헌장.

162 위의 책.

163 보마누아르, 제61장, 315쪽.

164 "그들이 선서하기 전에 누구를 위해 증언하기를 원하는지 물어보아야 한다. 거짓 증언으로 그들을 고발하는 것은 바로 그 순간이기 때문이다." 보마누아르, 제39장, 218쪽.

증인의 증언으로 사건이 종결되었기 때문이다. 그러나 두 번째 증인을 제지함으로써 첫 번째 증인의 진술은 무효가 되었다.

두 번째 증인이 이렇게 거부되면, 상대방은 다른 증인을 진술시킬 수 없었으므로 소송에 졌다. 그러나 결투 신청이 없는 경우에는 다른 증인을 내세울 수 있었다. [165]

증인은 진술하기 전에 당사자에게 "나는 당신의 싸움을 위해 결투하고 싶지도 않고 나를 위한 소송을 시작하고 싶지도 않습니다. 그러나 만약 당신이 나를 방어해 준다면 기꺼이 진실을 말하겠습니다"라고 말할 수 있었다고 보마누아르는 이야기한다. [166] 당사자는 증인을 위해 결투하지 않을 수 없었다. 만약 그가 지더라도 본 소송을 지는 것은 아니었고, [167] 증인이 배척되었다.

나는 이것이 옛 관습이 변형된 것이었다고 생각한다. 내가 그렇게 생각하는 이유는 증인에게 결투를 신청하는 관행은 바바리족의 법[168]과 부르군트족의 법[169]에 아무런 제한 없이 확립되어 있기 때문이다.

아고바르두스[170]와 성 아비토[171] (29)가 격렬히 항의했던 군도바두스의 법령에 대해서는 이미 이야기했다. 이 군주는 다음과 같이 말했

---

165 보마누아르, 제61장, 316쪽.
166 보마누아르, 제6장, 40쪽.
167 그러나 대리 결투자들에 의해서 결투가 진행된다면, 패배한 결투자는 주먹이 잘렸다.
168 제16조, 제2항.
169 제45조.
170 "유순왕 루도비쿠스에게 보낸 편지".
171 "성 아비토의 생애".

다. "피고인이 그가 범죄를 저지르지 않았다고 선서해 줄 증인을 내세울 때, 고발자는 증인 중의 한 명에게 결투를 신청할 수 있다. 선서하겠다고 나서서 진실을 안다고 선언한 사람이라면 진실을 지키기 위해 결투하는 것을 전혀 어려워하지 않는 것이 정당하기 때문이다." 이 왕은 증인에게 결투를 피하기 위한 어떤 핑계도 허용하지 않았다.

제 27장 : 한쪽 당사자와 영주의 중신 중 한 사람 사이의 결투재판, 오판에 대한 상소

결투에 의한 판결의 성격은 사건을 영원히 종결시키는 것으로 새로운 재판이나 새로운 소송과는 양립되지 않으므로, 172 로마법과 교회법에 의해 확립된 것과 같은 상소, 즉 어떤 재판소의 판결을 쇄신해 달라고 상급재판소에 상소하는 것은 프랑스에는 없었다.

오직 명예에 관한 일에 의해서만 지배되는 호전적 민족은 그런 소송 형태를 알지 못했다. 그리고 언제나 같은 정신을 따르는 이 민족은 재판관에 대해서도 당사자에게 사용할 수 있는 방법을 택했다. 173

이 민족에게 상소는 무기로 하는 결투에 대한 도전이었고, 피를 보아야 끝나는 것이었다. 그것은 서면으로 다투자고 청하는 것이 아니었다. 그런 것은 나중에 가서야 알려졌다.

---

172 "결투 신청을 유지하기 위해 소환된 법정에서 결투가 개시되면, 싸움은 끝난 것이기 때문이다. 따라서 더 이상의 상소는 없었다." 보마누아르, 제 2장, 22쪽.
173 보마누아르, 제 61장 312쪽과 제 67장 338쪽.

그래서 성왕 루이는 그의 《율령집(Établissements)》174에서 상소는 반역과 부정을 포함하고 있다고 말한다. 또한 보마누아르도 만약 어떤 사람이 영주에게 받은 침해에 대해 항의하고 싶다면 자기 봉토를 포기한다고 그에게 알려야 하고, 그런 후에야 그를 상위 영주에게 상소하여 결투를 신청했다고 말한다.175 마찬가지로 영주는 자기 신하를 백작에게 제소하려면 신하에게 받은 서약을 포기했다.

잘못된 재판에 대해 영주를 상소한다는 것은 그의 재판이 사실과 다르게 악의적으로 이루어졌다고 말하는 것이다. 그런데 영주에 대해 그런 말을 하는 것은 일종의 반역죄를 저지르는 것이었다.

그리하여 잘못된 재판에 대해 재판소를 설치하고 관리한 영주를 고소하는 대신 그 재판소 자체의 구성원인 중신들을 고소했다. 그렇게 함으로써 반역죄를 피했다. 단지 중신들만 모욕한 것인데, 중신들에게는 언제나 모욕에 대한 해명을 할 수 있었다.

중신들의 재판이 잘못되었다고 고소하는 데에는 많은 위험이 따랐다.176 판결이 내려져 선고를 기다린 경우, 중신들이 옳은 판결을 했다고 주장하면 그들 모두와 결투해야 했다.177 모든 재판관이 의견을 진술하기 전에 고소해도, 같은 의견으로 합의한 모든 재판관178과 결투해야 했다. 이런 위험을 피하기 위해, 사람들은 중신이 각자 자기

---

174 제2편, 제15장.
175 보마누아르, 제61장 310쪽과 311쪽, 제67장 337쪽.
176 위의 책, 제61장, 313쪽.
177 위의 책, 314쪽.
178 판결과 의견이 일치하는 재판관들.

의견을 큰 소리로 말하도록 명령해 달라고 영주에게 간청했다. 179 그리고 첫 번째 중신이 진술하고 두 번째 중신이 똑같은 진술을 하려고 할 때, 첫 번째 중신에게 거짓되고 사악하며 중상모략을 한다고 말하는 것이다. 그러면 그 사람하고만 결투하면 되었다.

드 퐁텐은 오판(誤判)에 대해 고소하기 전에 3명의 재판관이 의견을 진술하게 해야 한다고 했다. 그러나 세 사람 모두와 결투해야 한다고는 말하지 않았고, 그들의 의견에 찬성한 모든 사람과 결투해야 하는 경우가 있었다고는 더더욱 말하지 않았다. 180 이러한 차이는 그 시대에 정확히 똑같은 관행이 없었던 데에서 비롯된 것이다. 보마누아르는 클레르몽 백작령에서 일어난 일을 보고한 것이고, 드 퐁텐은 베르망두아에서 실행된 것을 보고한 것이다.

중신 또는 봉신이 판결을 지지한다고 선언했을 때, 181 재판관은 결투 신청을 하게 했고 상소인에게 상소를 유지하겠다는 다짐을 받았다. 그러나 피소된 중신은 영주의 신하였기 때문에 그에게는 다짐받지 않았다. 그는 상소를 막거나 아니면 60리브르의 벌금을 영주에게 지불해야 했다.

상소자가 재판이 잘못되었다는 것을 증명하지 못하면, 그는 영주에게 60리브르의 벌금을 냈다. 182 그리고 그가 고소한 중신에게도, 판

---

179 보마누아르, 제61장, 314쪽.
180 제22장 제1항, 제10항, 제11항. 그는 다만 그들 각자에게 벌금을 지불했다고 말했다.
181 위의 책, 제61장, 314쪽.
182 위의 책. 드 퐁텐, 제22장, 제9항.

결에 공개적으로 동의한 사람 각자에게도 같은 벌금을 지불했다. 183

죽음에 해당하는 범죄의 혐의를 강하게 받은 사람이 붙잡혀 유죄 판결을 받았을 때는 오판을 이유로 상소할 수 없었다. 184 그는 목숨을 연장하기 위해서 혹은 화해를 얻어 내기 위해서 계속 상소할 것이기 때문이다.

어떤 사람이 판결이 거짓이고 잘못되었다고 말하면서 자신의 말을 증명하러 나서지 않는다면, 다시 말해 결투를 신청하지 않는다면, 입 밖에 낸 비열한 말에 대해 그가 귀족이라면 10수의 벌금을, 농노라면 5수의 벌금을 선고받았다. 185

재판관이나 중신은 결투에 패해도 목숨을 잃거나 사지가 잘리지 않았다. 186 그러나 그들을 고소한 자는 사형을 받을 만할 사건일 때는 사형에 처해졌다. 187

오판에 대해 봉신(封臣)을 고소하는 이 방법은 영주 자신을 고소하는 것을 피하기 위해서였다. 그러나 만일 영주에게 중신이 없거나 충분하지 않다면, 188 그는 돈을 내고 상위 영주에게서 중신을 빌릴 수 있었다. 189 그러나 이 중신들은 원하지 않으면 선서하지 않아도 되었

---

183 위의 책.
184 보마누아르, 제61장, 316쪽. 드 퐁텐, 제22장, 제21항.
185 보마누아르, 제61장, 314쪽.
186 드 퐁텐, 제22장, 제7항.
187 위의 책, 제21장, 제11항과 제12항 및 그 이하의 항을 보면, 오판에 대한 상소를 한 자가 목숨을 잃는 경우, 오판이 인정되지 않는 경우, 혹은 단지 중간 판결에 불과한 경우를 구분한다.
188 보마누아르, 제62장, 322쪽. 드 퐁텐, 제22장, 제3항.

다. 그들은 단지 조언해 주러 왔을 뿐이라고 말할 수 있었다. 그리고 이런 특별한 경우에는190 영주가 직접 재판하여 판결을 선고하므로, 오판에 대해 그를 상소한다면 그가 상소에 응해야 했다.

만일 영주가 너무 가난하여 상위 영주에게 중신을 빌릴 능력이 없거나 그런 요청을 하지 않는다면, 혹은 상위 영주가 중신을 빌려주는 것을 거절한다면, 영주 혼자서는 재판할 수 없을 뿐만 아니라 판결할 수 없는 재판소에서 변론하라고 누구에게도 강요할 수 없으므로 사건은 상위 영주의 법정으로 옮겨졌다. 191

나는 이것이 재판권과 봉토가 분리된 커다란 원인 중의 하나였다고 생각한다. 바로 거기에서 '봉토와 재판권은 별개'라는 프랑스 법률가의 규칙이 생긴 것이다. 자기 밑에 신하가 없는 봉신이 수없이 많았는데, 그들은 자신의 법정을 유지할 능력이 없었기 때문이다. 모든 사건은 상위 영주의 법정으로 옮겨졌고, 그들은 재판권을 잃었다. 그들에게는 재판권을 요구할 능력도 의지도 없었기 때문이다.

판결에 동의한 모든 재판관은 판결을 선고할 때 배석해야 했다. 192 오판 상소를 하려는 자가 그들에게 동의하는지 물을 때 '그렇다'라고 말하기 위해서였다. "그것은 예의와 성실성의 문제이다. 거기에는 회

---

189 백작에게 중신을 빌려줄 의무가 있는 것은 아니었다. 보마누아르, 제 67장, 337쪽.
190 "그의 법정에는 재판을 할 사람이 아무도 없다." 보마누아르, 제 67장, 336쪽과 337쪽.
191 위의 책, 제 62장, 322쪽.
192 드 퐁텐, 제 21장, 제 27항과 제 28항.

피나 연기의 여지가 없다"라고 드 퐁텐은 말한다. 193 나는 바로 이런 사고방식에서 오늘날 영국에서 여전히 따르는 관행이 생겼다고 생각한다. 사형 선고를 하려면 모든 배심원이 같은 의견이어야 한다는 관행 말이다.

따라서 판결은 다수의 의견에 따라 선고되어야 했다. 만약 가부 동수일 때는 범죄의 경우는 피고에게 유리하게, 채무의 경우에는 채무자에게 유리하게, 상속의 경우에는 피고에게 유리하게 선고되었다.

드 퐁텐에 의하면, 194 중신은 그 수가 4명밖에 안 된다거나195 그들 모두가 참가하지 않았다거나 가장 현명한 사람들이 참가하지 않았다는 이유로 재판하지 않겠다고 말할 수 없었다. 그것은 마치 한창 교전 중에 영주 곁에 부하가 일부밖에 없으므로 영주를 돕지 않겠다고 말하는 것이나 마찬가지이다. 그러나 법정에 권위를 부여하고 가장 용감하고 현명한 사람들을 택하는 것은 물론 영주의 의무였다. 내가 이런 예를 드는 것은 싸우고 재판하는 것이 봉신의 의무였다는 것을 알려주기 위해서이다. 심지어 재판하는 것은 싸우는 것과 똑같이 중요한 의무였다.

자신의 법정에서 봉신에게 소송을 제기했다가 패소한 영주는 오판을 이유로 신하 중 한 사람을 고소할 수 있었다. 196 그러나 이 신하는 충성 서약을 바쳤으므로 영주에게 경의를 표해야 하고 영주는 충성

---

193 위의 책, 제28항.
194 제21장, 제37항.
195 필요한 최소 인원수였다. 드 퐁텐, 제21장, 제36항.
196 보마누아르, 제67장, 337쪽 참조.

서약을 받은 것에 대해 봉신에게 온정을 베풀어야 했으므로, 영주가 재판이 틀렸고 잘못되었다고 일반적으로 말하는 것인지197 아니면 자기 신하에게 개인적 직무 유기를 탓하는 것인지198 구별했다. 전자의 경우는 영주가 자신의 법정을, 말하자면 자기 자신을 모욕한 것이므로 결투 신청은 있을 수 없었다. 두 번째 경우에는 영주가 봉신의 명예를 공격했기 때문에 결투 신청이 있었다. 그리고 둘 중 패배한 자는 공공의 평화를 유지하기 위해 목숨과 재산을 잃었다.

특수한 경우에 필요했던 이런 구별은 차츰 확대되었다. 보마누아르에 의하면, 오판에 대해 상소하는 자가 중신 한 사람을 개인적 비난으로 공격했을 때는 결투가 있었다. 그러나 판결에 대해서만 공격했다면, 결투로 심판하게 할지 아니면 법으로 심판하게 할지 정하는 것은 고소당한 중신의 자유였다.199 그러나 보마누아르 시대를 지배한 정신은 결투재판의 관행을 제한하는 것이었으므로, 또 판결을 결투로 방어할 것인지 아닌지에 대해 피소된 중신에게 주어진 그 자유는 그 시대에 확립된 명예의 관념에도 어긋나고 영주의 법정을 지키겠다고 영주에게 한 약속에도 어긋나는 것이었으므로, 보마누아르의 그런 구별은 프랑스인에게 새로운 법 원리였다고 생각한다.

오판에 대한 모든 상소가 결투에 의해 결정되었다고 말하는 것은 아니다. 이 상소도 다른 모든 상소와 마찬가지였다. 내가 제 25장에

---

197 위의 책.
198 위의 책.
199 위의 책, 제 67장, 337쪽과 338쪽.

서 말한 예외를 상기해 보자. 여기서 결투 신청을 철회해야 하는지 아닌지를 검토하는 것은 상급재판소의 임무였다.

왕의 법정에서 내려진 판결에 대해서는 오판 상소를 할 수 없었다. 왕과 대등한 자는 없었으므로 왕을 고소할 수 있는 사람이 아무도 없었기 때문이다. 그리고 왕의 상급자는 없었으므로 왕의 법정에 대해 상소할 수 있는 사람은 아무도 없었다.

이 기본법은 정치법으로 필요한 것이었지만, 시민법으로서 그 시대 재판 절차의 남용을 줄여주기도 했다. 영주는 자신의 법정이 오판으로 상소당하는 것이 두렵거나200 자신의 법정을 오판으로 상소하려고 나서는 자를 보았을 때, 오판 상소를 당하지 않는 것이 재판에 유리하다면 오판 상소를 할 수 없는 왕의 법정 사람들을 요청할 수 있었다. 그래서 필리프 왕은 어떤 사건을 재판하기 위해 코르비 수도원장의 법정에 자신의 고문단 전원을 파견했다고 드 퐁텐은 말한다. 201

그러나 만일 영주가 왕의 재판관들을 얻을 수 없다면, 그가 왕에게 직속된 경우에는 자신의 법정을 왕의 법정으로 옮길 수 있었다. 그리고 만일 중간 영주들이 있다면, 그는 자신의 상위 영주에게 부탁하고, 그 영주에서 다시 그 위의 영주로 올라가 왕에게까지 이르렀다.

이처럼 그 시대에는 오늘날과 같은 상소의 방법도 없었고 그런 관념조차 없었지만, 어쨌든 왕에게 청원할 수 있었다. 왕은 언제나 모든 강물이 흘러나오는 근원이요, 모든 강물이 흘러들어가는 바다였다.

---

200 드 퐁텐, 제22장, 제14항.
201 드 퐁텐, 위의 책.

제 28장 : 재판 불이행에 대한 상소

영주의 법정에서 당사자에게 판결 내리는 것이 지연되거나 회피 또는 거절되었을 때는 재판 불이행에 대해 상소했다.

제 2왕조에서는 백작의 수하에 여러 관리가 있었는데, 그들의 신분은 종속되어 있었으나 재판권은 종속적이지 않았다. 이 관리들은 그들의 법정과 재판소나 재판 회의에서 백작 자신처럼 최종심으로 재판했다. 차이가 있다면 단지 재판권의 분배에 있었을 뿐이다. 예를 들어 백작은 사형 선고를 하고 자유와 재산 복원에 대해 재판할 수 있었지만, 202 백작 수하의 백인대장은 그런 것은 할 수 없었다.

같은 이유로 왕에게 예정된 주요한 소송이 있었다. 203 그것은 정치적 질서와 직접 관련되는 것이었다. 주교, 수도원장, 백작과 다른 귀족들 사이의 분쟁이 바로 그런 경우였는데, 그에 대해서는 왕이 고위 봉신들과 함께204 재판했다.

몇몇 저자들에 의하면 사람들이 왕의 사절, 즉 '왕의 파견관'(*missus dominicus*)에게 백작에 대해 상소했다고 하는데, 그것은 근거가 없다. 백작과 파견관은 서로 독립적인 대등한 재판권을 가지고 있었다. 205 차이가 있다면 단지 파견관은 1년에 4개월, 백작은 나머지 8

---

202 812년의 법령 3, 제 3항, 발뤼즈 간행본, 497쪽. 롬바르드족의 법 제 2편 제 3항에 첨부된 대머리왕 카롤루스의 법령.
203 812년 법령 3, 제 2항, 발뤼즈 간행본, 497쪽.
204 Cum fidelibus. 유순왕 루도비쿠스의 법령, 발뤼즈 간행본, 667쪽.
205 롬바르드족의 법 제 2편, 제 3항에 첨부된 대머리왕 카롤루스의 법령 참조.

개월 동안 법정을 운영했다는 것뿐이었다. 206

어떤 재판소207에서 유죄를 선고받은 사람이 그곳에 재심을 청구하여 다시 패소하면, 그는 15수의 벌금을 내거나 사건을 판결한 재판관들의 손에 열다섯 대의 매를 맞았다. 208

백작이나 왕의 사절은 이치를 따져 귀족을 복종시키기에 역부족이라고 느낄 때는 귀족에게 왕의 재판소에 출두하겠다는 보증을 하게했다. 209 그것은 사건을 재판하기 위해서이지, 재심하기 위해서가아니었다. 메츠의 법령을 보면, 210 왕의 법정에 오판 상소를 하는 것은 수립되어 있지만 그 밖의 다른 종류의 상소는 모두 금지되고 처벌된다.

보좌 판사211의 판결에 복종하지 않으면서도 상고하지 않는 사람은복종할 때까지 감옥에 갇혔다. 212 그리고 상고하는 사람은 엄중한 감시하에 왕 앞에 끌려가고, 사건은 왕의 법정에서 심의되었다.

재판 불이행에 대한 상소는 별로 문제가 되지 못했다. 그 시대에는재판을 개정할 권리를 가지고 있던 백작과 그 밖의 다른 사람들이 성

---

206 812년의 법령 3, 제 8항.

207 Placitum.

208 롬바르드족의 법 제 2편 제 59조에 첨부된 법령.

209 그것은 서식, 증서, 법령을 통해 드러난다.

210 757년 법령, 제 9항과 제 10항, 발뤼즈 간행본, 180쪽. 755년 공의회 apud Vernas, 제 29항, 발뤼즈 간행, 175쪽. 이 두 법령은 피피누스 왕 치하에서 제정되었다.

211 백작 수하의 관리: scabini.

212 805년의 카롤루스 마그누스의 법령 11, 발뤼즈 간행본, 423쪽. 롬바르드족의 법 제 2편 제 3조 제 23항에 있는 로타리우스의 법.

실하게 법정을 열지 않는다는 불평은커녕 오히려 지나치게 법정을 연다는 불평이 있었기 때문이다. 213 그래서 백작이든 어떤 사법 기관의 관리이든 매년 3회 이상 법정을 여는 것을 금지하는 명령이 어디에나 많이 나타나 있다. 그들의 태만을 고치기보다 그들의 활동을 막아야 했던 것이다.

그러나 소규모의 영주권이 수없이 많이 생기고 다양한 단계의 봉신(封臣) 신분이 확립되자, 법정을 여는 것에 대한 일부 봉신들의 태만이 이런 종류의 상소를 발생시켰다. 214 그로 인해 막대한 벌금이 상위 영주에게 귀속되는 만큼 더욱더 그런 상소가 많이 생겼다.

결투재판의 관행이 점점 더 확대되자, 중신을 모으기가 어려운 장소나 경우나 시기가 생겼고 그 결과 재판을 게을리하게 되었다. 그리하여 재판 불이행에 대한 상소가 나타났다. 그리고 이런 종류의 상소는 종종 우리 역사의 주목할 만한 시점이 되었다. 오늘날 우리의 전쟁이 보통 만민법의 침해를 그 원인이나 구실로 삼고 있는 것처럼, 그 시대 대부분의 전쟁은 정치법의 침해가 동기였기 때문이다.

재판 불이행의 경우에는 결투가 실행되는 일은 결코 없었다고 보마누아르는 말한다. 215 그 이유는 다음과 같다. 영주에 대해서는 마땅히 경의를 표해야 하므로 영주 자신에게 결투를 신청할 수는 없었다. 그리고 영주의 중신에게도 결투를 신청할 수 없었다. 사건이 명백하

---

213 롬바르드족의 법, 제2편, 제52조, 제22항 참조.
214 필리프 오귀스트 시대부터 재판 불이행에 대한 상소가 나타난다.
215 제61장, 315쪽.

여 휴정이나 지연된 날을 계산하기만 하면 되었기 때문이다. 또한 오판에 대한 상소는 판결에 대해서만 할 수 있었는데, 아무런 판결도 없었기 때문이다. 그리고 중신의 부정행위는 당사자와 마찬가지로 영주도 모욕하는 것이었는데, 영주와 중신 사이에 결투가 벌어지는 것은 질서에 어긋나는 일이었다.

그러나 상급재판소에서 증인에 의해 재판 불이행을 증명할 때는 증인에게 결투를 신청할 수 있었다. 216 하지만 이것으로 영주나 그의 재판소가 해를 입지는 않았다.

첫째, 영주의 가신이나 중신이 판결을 지연시켰거나 일정한 유예기간이 지난 후에도 재판하는 것을 피했기 때문에 재판 불이행이 초래된 경우에는 영주의 중신들을 상대로 상위 영주에게 재판 불이행에 대해 상소했다. 그리고 그들이 패소하면, 그들은 자신들의 영주에게 벌금을 냈다. 217 영주는 가신들에게 아무 도움도 줄 수 없었다. 오히려 그는 그들이 각자 60리브르의 벌금을 낼 때까지 그들의 봉토를 차압했다.

둘째, 재판 불이행이 영주 때문에 초래되었다면, 그것은 그의 법정에 재판할 만큼 충분한 가신이 없거나 그가 가신들을 소집하지 않았거나 자기 대신 그들을 소집할 사람을 정하지 않은 경우이다. 그때도 재판 불이행에 대해 상위 영주에게 상소했다. 그러나 영주에게 경의를 표해야 하므로 상소자만 소환되고 영주는 소환되지 않았다. 218

---

216 위의 책.
217 드 퐁텐, 제21장, 제24항.

영주가 상급재판소에서 재판받기를 요구하여 재판 불이행에 대해 승소하면, 사건은 그에게 다시 회송되고 그는 60리브르의 벌금을 받았다. 219 그러나 재판 불이행이 증명되면, 영주에 대한 처벌은 기피된 사건에 대한 재판권을 잃는 것이었다. 220 그리고 그 사건은 상급 재판소에서 재판되었다. 사실 재판 불이행에 대한 상소는 오직 그것을 위해서였다.

셋째, 영주가 자신의 법정에서 피소되는 일은 봉토와 관련된 사건 이외에는 일어나지 않았는데, 221 그런 경우 영주 자신은 모든 유예기간이 지난 후 사람들 앞에 소환되었다. 222 그때 군주의 허락을 받아야 했고, 군주의 이름으로 소환되었다. 중신의 이름으로 소환되지는 않았다. 중신들은 자신의 영주를 소환할 수 없었기 때문이다. 그러나 그들은 자신의 영주를 대신하여 소환할 수는 있었다. 223

때때로 재판 불이행의 상소에는 오판 상소가 수반되었다. 224 영주

---

218 드 퐁텐, 제21장, 제32항.
219 보마누아르, 제61장, 312쪽.
220 드 퐁텐, 제21장, 제29항.
221 루이 8세 치하에서 넬(Nesle, 프랑스 북부의 행정구역 명칭이다_옮긴이 주)의 영주는 플랑드르 백작 부인 잔(Jeanne)을 상대로 소송을 제기했다. 그는 40일 이내에 사건을 재판하게 하라고 그녀를 독촉했다. 그 후 그는 재판 불이행으로 왕의 법정에 상소했다. 그녀는 플랑드르에서 자신의 중신들에게 재판하게 하겠다고 답변했다. 왕의 법정은 그 사건을 플랑드르로 회송하지 않고 백작 부인을 소환한다고 선고했다.
222 드 퐁텐, 제21장, 제34항.
223 위의 책, 제9항.
224 보마누아르, 제61장, 311쪽.

가 재판 불이행에도 불구하고 판결을 내리게 했을 경우이다.

영주를 재판 불이행으로 부당하게 상소한 봉신은 영주가 원하는 만큼의 벌금을 영주에게 지불하라는 선고를 받았다. 225

헨트(30) 주민들은 플랑드르 백작이 법정에서 그들에 대한 재판을 지연시킨 것에 대해 그를 재판 불이행으로 왕에게 상소했다. 226 그런데 그가 그 지방의 관습이 허용하는 유예기간을 아직 다 소비하지 않은 것으로 판명되었다. 헨트 주민들은 백작에게 회송되었고, 그는 6만 리브르가 될 때까지 그들의 재산을 압류했다. 그들은 이 벌금을 줄이기 위해 다시 왕의 법정으로 갔다. 그러나 백작은 그 벌금을 받을 수 있고, 심지어 원한다면 더 받을 수도 있다는 판결을 받았다. 보마누아르는 이 재판에 참석했다.

넷째, 봉신의 신체나 명예, 혹은 봉토에 속하지 않는 재산 때문에 생길 수 있는 영주와 봉신 사이의 소송에서는 재판 불이행의 상소는 문제가 되지 않았다. 그것은 영주의 법정이 아니라 영주 상급자의 법정에서 재판되었기 때문이다. 가신은 영주의 신체에 대해 판결할 권리가 없었기 때문이라고 드 퐁텐은 말한다. 227

나는 이러한 사실에 대해서 명확한 개념을 제시하고자 애썼다. 당시 저자들의 저서에는 너무 모호하고 막연하게 서술되어 있어서 그 혼돈 속에서 그런 사실들을 끌어낸다는 것은 정말이지 그것을 발견하

---

225 보마누아르, 312쪽. 그러나 영주의 가신도 부하도 아닌 사람은 영주에게 60리브르의 벌금만 내면 되었다. 위의 책.
226 위의 책, 318쪽.
227 제21장, 제35항.

는 것이나 다름없었다.

제 29장 : 성왕 루이의 통치 시대

성왕 루이는 자기 소유지의 재판소에서 결투재판을 폐지했다. 그것에 관해 그가 내린 명령228과 《율령집》229에 의하면 그렇게 보인다.

그러나 그는 오판 상소의 경우를 제외하고는 남작(31)들의 법정에서는 결투재판을 폐지하지 않았다. 230

사람들은 판결한 재판관들에게 결투재판을 요청하지 않고는 자기 영주의 법정을 고소할 수 없었다. 231 그러나 성왕 루이는 결투 없이 오판 상소를 하는 관행을 도입했다. 232 그것은 혁명과도 같은 변화였다.

그는 자기 소유지의 여러 영지(領地)에서 내려진 판결에 대해 오판 상소를 할 수 없다고 선언했다. 233 그것은 반역죄였기 때문이다. 실제로 그것이 영주에 대한 일종의 반역죄라면 하물며 왕에 대해서는 말할 것도 없었다. 그러나 그는 자신의 법정에서 내려진 판결에 대해 수정을 요청할 수는 있다고 정했다. 234 그 판결이 잘못이라거나 악의

---

228 1260년에.
229 제1편, 제2장과 제7장. 제2편, 제10장과 제11장.
230 《율령집》 도처에 나타나 있다. 보마누아르, 제61장, 309쪽.
231 즉 오판에 대해 상소하는 것을 말한다.
232 《율령집》, 제1편 제6장과 제2편 제15장.
233 위의 책, 제2편, 제15장.
234 위의 책, 제1편 제78장과 제2편 제15장.

적이라는 이유가 아니라 어떤 손해를 끼쳤다는 이유로 말이다. 235 반대로 남작들 법정의 판결에 대해서는 불만이 있다면 부득이 오판 상소를 할 수밖에 없다고 정했다. 236

《율령집》에 따르면, 방금 말한 것처럼 왕의 소유지의 법정을 오판을 이유로 상소할 수는 없었다. 같은 재판소에 수정을 요청해야 했다. 그리고 대법관이 요청된 수정을 거부할 경우, 왕은 자신의 법정에 상소하거나237 《율령집》을 그 자체로 해석한다면 왕에게 청원이나 탄원하는 것을 허가했다. 238

성왕 루이는 영주들의 법정에 대한 오판 상소를 허가하면서, 사건을 왕의 재판소나 상위 영주의 재판소로 가져가서239 결투에 의해서가 아니라240 증인에 의해서 그가 제시한 규칙의 절차 형식에 따라 결정해야 한다고 했다. 241

그리하여 영주의 법정에서처럼 오판 상소를 할 수 있든 왕의 소유지의 법정에서처럼 오판 상소를 할 수 없든, 그는 결투라는 우연을 무릅쓰지 않고도 상소할 수 있게 했다.

드 퐁텐은 이처럼 결투재판 없이 진행된, 그가 본 최초의 두 가지

---

235 위의 책, 제1편, 제78장.
236 위의 책, 제2편, 제15장.
237 위의 책, 제1편, 제78장.
238 위의 책, 제2편, 제15장.
239 그러나 오판이 아닌데 상소하기를 원한다면, 받아들여지지 않았다. 위의 책, 제2편, 제15장.
240 위의 책, 제1편 제6장과 제67장, 제2편 제15장. 보마누아르, 제11장, 58쪽.
241 《율령집》, 제1편 제1장, 제2장, 제3장.

예를 우리에게 이야기한다. **242** 하나는 왕의 소유지에 속한 생캉탱 (Saint-Quentin) 법정에서 판결된 사건이고, 다른 하나는 배석한 백작이 예전의 법 해석을 내세워 항변했던 퐁티외(Ponthieu) 법정의 사건이었다. 그러나 이 두 사건은 모두 법에 의해 재판되었다.

성왕 루이는 왜 자기 소유지의 재판소에 수립한 것과 다른 절차를 남작들의 법정에 명령했을까 아마 궁금할 것이다. 그 이유는 다음과 같다. 성왕 루이는 자기 소유지의 법정을 위한 규정을 정할 때는 자기 생각에 아무런 방해도 받지 않았다. 그러나 영주들에 대해서는 신중을 기해야 했다. 영주들은 그들의 법정에 대해 오판 상소를 하는 위험을 무릅쓰지 않는 한 결코 사건을 그들의 법정에서 빼낼 수 없는 옛 특권을 누리고 있었다.

성왕 루이는 이 오판 상소의 관행을 유지했다. 그러나 결투하지 않고 오판 상소를 할 수 있도록 정했다. 즉, 변화가 그다지 느껴지지 않도록 그 내용은 폐지하고 말만 남겨놓은 것이다.

이것이 영주들의 법정에 보편적으로 받아들여진 것은 아니었다. 보마누아르는 그의 시대에 두 가지 재판 방법이 있었다고 말한다. **243** 하나는 왕의 《율령집》을 따르는 것이었고, 다른 하나는 옛 관습을 따르는 것이었다. 영주들은 그중 어느 한 방법을 따를 권리가 있었는데, 어떤 사건에서 한 가지 방법을 선택하면 다른 방법으로 돌아갈 수는 없었다고 한다. 보마누아르가 덧붙인 말에 의하면, **244** 클레르몽

---

242 제 22장, 제 16항과 제 17항.
243 제 61장, 309쪽.

백작은 새로운 방법을 따르고 있었는데 그의 봉신들은 옛 방법을 고수했다고 한다. 그러나 백작은 옛 방법을 복원시키기를 원한다면 그렇게 할 수 있었을 것이다. 그렇지 않다면, 그는 봉신들보다 더 권위가 적은 셈이었을 테니까.

당시 프랑스는 왕의 소유지인 지역과 이른바 남작의 지역, 즉 '남작령'으로 나뉘어 있었다는 것을 알아야 한다.245 성왕 루이의 《율령집》의 용어를 사용하자면, '왕의 통치지역'과 '왕의 통치를 벗어나는 지역'이었다. 왕이 자기 소유지의 지역에 대해 명령할 때는 단지 자신의 권위만 사용할 뿐이었다. 그러나 남작들의 지역에도 관련되는 명령을 내릴 때는 그들과 협력하고 그들의 도장이나 서명을 받아 명령을 작성했다.246 그렇지 않으면, 남작들은 그 명령이 그들의 영지에 이득이 되는지 아닌지에 따라 그것을 받아들이거나 받아들이지 않았다. 하위 봉신과 고위 봉신의 관계도 마찬가지였다.

그런데 《율령집》은 영주들에게 매우 중요한 사항에 관해서 규정한 것이지만 그들의 동의를 받지 않았다. 그래서 그것은 이익이 된다고

---

244 위의 책.

245 보마누아르, 드 퐁텐, 그리고 《율령집》 제2편 제10장, 제11장, 제15장과 그밖의 여러 장 참조.

246 로리에르(Eusèbe Jacques de Laurière, 1659~1728. 프랑스의 법학자로서 많은 저작을 남겼는데, 가장 유명한 것은 《제3왕조 프랑스 왕들의 칙령집》이다_옮긴이 주)의 모음집에서 제3왕조 초기의 칙령들을 참조할 것. 특히 교회의 재판권에 대한 필리프 오귀스트의 칙령, 유대인에 대한 루이 8세의 칙령, 브뤼셀이 보충한 증서, 그중에서도 토지의 임대와 매입 및 여성의 봉건적 성년에 관한 성왕 루이의 증서를 참조할 것. 제2권, 제3편, 35쪽. 필리프 오귀스트의 칙령은 앞의 책, 7쪽.

생각하는 영주들에게만 받아들여졌다. 성왕 루이의 아들 로베르(32)는 자신의 클레르몽 백작령에 《율령집》을 받아들였지만, 그의 봉신들은 자신들의 영지에서 그것을 실행하는 것이 유익하다고 생각하지 않았다.

제 30장 : 상소에 대한 고찰

상소는 결투를 신청하는 것이므로 즉석에서 실행되어야 했던 것으로 생각된다. "상소하지 않고 법정을 떠나는 자는 상소권을 잃고, 판결이 온당하다고 간주하는 것이다"라고 보마누아르는 말한다. 247 이것은 결투재판의 관행이 제한된 뒤에도 존속했다. 248

제 31장 : 같은 주제 계속

평민은 자기 영주의 법정을 오판으로 상소할 수 없었다. 그것은 드 퐁텐을 통해 우리에게 알려져 있는데, 249 《율령집》에 의해서도 확인된다. 250 "그래서 영주와 평민 사이에는 하느님 이외에 다른 재판관이 없다"라고 드 퐁텐은 다시 말한다. 251

---

247 제 63장, 327쪽. 앞의 책, 제 61장, 312쪽.
248 성왕 루이의 《율령집》, 제 2편, 제 15장 참조. 1453년의 샤를 7세의 칙령 참조.
249 제 21장, 제 21항과 제 22항.
250 제 1편, 제 136장.
251 제 2장, 제 8항.

영주의 법정을 오판으로 상소하는 권리를 평민에게 금지한 것은 결투재판의 관행이었다. 그것은 정말 사실이었다. 그래서 증서 또는 관행에 의해서 결투할 권리를 가지고 있던 평민은 영주의 법정에 대해 오판 상소를 할 권리도 가지고 있었다.[252] 설사 재판한 사람들이 기사였다고 해도 말이다.[253] 드 퐁텐은 평민이 오판 상소를 함으로써 기사와 결투하는 불상사가 일어나지 않도록 하기 위한 수단을 제시하고 있다.[254]

결투재판의 관행이 없어지기 시작하고 새로운 상소의 관행이 생겨나자, 영주 법정의 부당함에 대한 구제책을 자유인은 가지고 있는데 평민은 가지고 있지 않은 것이 불합리하게 생각되었다. 그래서 고등법원은 자유인의 상소와 마찬가지로 평민의 상소를 받아들였다.

제 32장 : 같은 주제 계속

영주의 법정이 오판 상소를 당했을 때, 영주는 상위 영주 앞에 직접 출두하여 자기 법정의 판결을 변호했다. 마찬가지로 재판 불이행에 대한 상소의 경우에도 상위 영주 앞에 소환된 당사자는 자신의 영주

---

252 드 퐁텐, 제22장, 제7항. 이 항목과 같은 책 제22장 제21항은 지금까지 매우 잘 못 설명되었다. 드 퐁텐은 영주의 재판과 기사의 재판을 대립시키지 않는다. 그것 은 같은 것이었기 때문이다. 그러나 그는 평범한 서민과 결투할 특권을 가진 서민 은 대립시킨다.
253 기사는 언제나 재판관의 수에 포함될 수 있다. 드 퐁텐, 제21장, 제48항.
254 제22장, 제14항.

와 함께 갔다. 재판 불이행이 증명되지 않을 경우, 영주가 재판권을 되찾기 위해서였다. 255

그 후 온갖 종류의 상소가 제기되는 바람에, 두 가지 특수한 경우에 불과했던 일이 모든 사건에 적용되는 일반적인 것이 되었다. 그러자 영주가 자신의 재판소가 아닌 다른 재판소에서, 자신의 사건이 아닌 다른 사건 때문에 평생을 보내야 한다는 것이 비상식적으로 여겨졌다. 그래서 발루아 왕가의 필리프 왕은 대법관만 소환되는 것으로 정했다. 256 그리고 상소가 더욱 빈번하게 행해지자, 당사자가 상소에서 변호하게 되었다. 재판관의 행위가 당사자의 행위가 된 것이다. 257

재판 불이행의 상소에서 영주는 자기 법정에서 재판하게 하는 권리를 잃는 것에 불과했다고 나는 말했다. 258 그러나 영주 자신이 당사자로 고발을 당했다면, 259 그런 일은 매우 빈번해졌는데, 260 그는 소환 받은 왕이나 상위 영주에게 60리브르의 벌금을 냈다. 상소가 보편적으로 받아들여지게 되었을 때, 영주의 재판관의 선고가 수정되면 영주에게 벌금을 내게 하는 관행은 바로 여기에서 비롯된 것이다. 오

---

255 드 퐁텐, 제 21장, 제 33항.
256 1332년.
257 1402년에 살았던 부틸리에〔Boutillier, 프랑스 법률가로 그의 저서 《시골 전서 (全書)》는 프랑스 왕국 북부의 관행과 관습을 집대성한 것이다_옮긴이 주〕의 시대에 상황이 어땠는지 참조할 것. 《시골 전서》, 제 1편, 19쪽과 20쪽.
258 제 30장.
259 보마누아르, 제 61장, 312쪽과 318쪽.
260 위의 책.

랫동안 존속했던 이 관행은 루시용 칙령으로 확인되는데, 그 불합리함 때문에 결국은 없어졌다.

제33장 : 같은 주제 계속

결투재판의 관행에서, 재판관 중 한 사람을 오판으로 상소한 자는 결투를 통해 소송에 질 수는 있었지만[261] 이길 수는 없었다. 사실 유리한 판결을 받은 당사자가 타인의 행위로 인해 그 판결을 빼앗겨서는 안 되는 일이었다. 따라서 결투에 이긴 오판 상소인은 당사자와 다시 결투해야 했다. 그것은 판결이 옳았는지 틀렸는지를 알기 위한 것이 아니었다. 결투로 인해 그 판결은 폐지되었으므로 그 판결은 더 이상 문제가 되지 않았다. 그것은 청구가 정당했는지 아닌지를 결정하기 위해서였다. 이 새로운 쟁점을 두고 결투한 것이다. 우리의 판결 선고 방법은 틀림없이 여기에서 유래되었을 것이다. "법정은 상소를 폐지한다, 법정은 상소 및 상소의 원인을 폐지한다"라는 선고 방식 말이다.

사실 오판 상소를 한 사람이 졌을 때 상소는 폐지되었다. 그리고 그가 이겼을 때는 판결도 폐지되고 상소 자체도 폐지되었다. 새로운 판결에 착수해야 했다.

사건이 심문을 통해 재판될 때는 이런 선고 방법이 사용되지 않았던 것은 틀림없는 사실이다. 심문 법정이 창설된 초기에는 이 형식이

---

261 드 퐁텐, 제21장, 제14항.

사용될 수 없었다고 라 로슈플라방(33)은 말한다. 262

제 34장 : 어떻게 해서 소송 절차는 비공개가 되었나

결투는 공개적인 절차 형식을 낳았다. 공격과 방어가 똑같이 알려진 것이다. "증인은 모든 사람 앞에서 증언해야 한다"라고 보마누아르는 말한다. 263

부틸리에의 주석자가 옛 실무자와 손으로 쓰인 옛 소송 서류를 통해 알게 되었다고 하는 바에 의하면, 옛날 프랑스에서는 형사소송이 공개적으로 이루어져서 로마인의 공개 재판과 별로 다르지 않은 형식이었다고 한다. 이것은 당시 보편적 현상이었던 문맹과 관련이 있었다. 문자의 사용은 생각을 고정시키고 비밀을 수립하게 한다. 그러나 문자가 사용되지 않을 때는 똑같은 생각을 고정시키려면 절차를 공개하는 것밖에 없다.

재판관이 재판하고 재판관 앞에서 변호한 내용에 불확실한 것이 있을 수 있었으므로, 264 법정이 열릴 때마다 '기록265' 절차라고 불리는 것에 의해 기억을 되살릴 수 있었다. 그리고 이 경우에는 증인에게 결투를 신청하는 것이 허락되지 않았다. 그렇게 되면 사건이 결코 끝나지 않을 것이기 때문이다.

---

262 《프랑스 고등법원》, 제1편, 제16장.
263 제 61장, 315쪽.
264 보마누아르가 제 39장 209쪽에서 말한 것처럼.
265 법정에서 이미 일어난 일, 말해지거나 명령된 일은 증인을 통해 증명되었다.

그 이후, 비공개의 소송 형식이 도입되었다. 모든 것이 공개되었다가, 모든 것이 비밀이 된 것이다. 심문, 증거 조사, 진술 확인, 대질, 검찰의 논고, 모든 것이 비밀이 되었다. 이것은 오늘날의 관행이다. 새로운 형식이 이후에 성립된 정체에 적합한 것처럼, 전자의 소송 형식은 당시의 정체에 적합한 것이었다.

부틸리에의 주석자는 이 변화의 시점을 1539년의 명령으로 본다. 나는 그 변화가 서서히 이루어졌다고 생각한다. 영주들이 옛 재판 방법을 버림에 따라, 그리고 성왕 루이의 《율령집》에서 가져온 방법이 완성됨에 따라 영주령에서 영주령으로 변화가 전해졌다고 말이다. 사실 보마누아르는 결투 신청을 할 수 있는 경우에만 증인의 말을 공개적으로 들었다고 말한다. 266 다른 경우에는 증인의 진술이 비밀에 부쳐졌고, 그들의 증언은 글로 기록되었다. 따라서 결투 신청이 없어졌을 때, 소송 절차는 비공개가 되었다.

제 35장 : 소송비용

옛날에는 프랑스의 세속 법정에서 소송비용에 대한 선고가 없었다. 267 패소한 당사자는 영주와 그의 중신들에 대한 벌금을 선고받는 것으로 충분히 벌을 받았다. 결투재판에 의한 소송 방법에서는 범죄

---

266 제 39장, 218쪽.
267 드 퐁텐, 《조언》, 제 22장, 제 3항과 제 8항. 보마누아르, 제 33장. 《율령집》, 제 1편, 제 90장.

의 경우 결투에 진 사람은 목숨과 재산을 잃게 되므로 최대한의 벌을 받았다. 그리고 결투재판의 다른 경우에는 정해진 벌금이나 때로는 영주의 의지에 따라 달라지는 벌금이 있었는데, 이는 소송의 결과를 두려워하게 만들기에 충분한 금액이었다. 결투로만 결정되는 사건에서도 마찬가지였다. 주된 이익을 얻는 사람은 영주였기 때문에 중신들을 소집하거나 그들이 재판을 진행할 수 있도록 주된 비용을 지불하는 사람도 영주였다. 게다가 훗날 볼 수 있는 수많은 문서 없이, 사건은 바로 그 자리에서 거의 언제나 즉시 종결되었으므로 당사자에게 소송비용을 줄 필요가 없었다.

소송비를 주는 관행이 자연스럽게 생기게 된 것은 상소의 관행 때문이었다. 그래서 드 퐁텐은 다음과 같이 말한다. [268]

"성문법에 의해 상소했을 때, 다시 말해 성왕 루이의 새로운 법을 따랐을 때는 소송비를 주었다. 그러나 오판 상소가 아니면 상소하는 것을 허가하지 않았던 일상적 관행에서는 소송비가 없었다. 사건이 영주에게 회송되는 경우, 단지 벌금과 계쟁물(係爭物)에 대한 1년 1일 동안의 점유권을 얻었을 뿐이다."

그러나 상소하기가 쉬워져서 상소가 늘어났을 때, [269] 한 재판소에서 다른 재판소로 상소하는 것이 빈번히 행해지는 탓에 당사자가 거주지 밖으로 끊임없이 이동하게 되었을 때, 소송 절차의 새로운 기술

---

268 제22장, 제8항.
269 "사람들이 너무도 쉽게 소송하는 지금은"이라고 부틸리에는 말한다. 《시골 전서》, 제1편, 제3조, 16쪽.

이 소송 과정을 복잡하게 만들고 오래 끌게 되었을 때, 가장 정당한 청구도 교묘하게 피하는 수단이 정교해졌을 때, 단지 쫓아오게 만들기 위해서 소송인이 도망가는 법을 알게 되었을 때, 청구에 비용이 너무 많이 들고 변호하기 편안해졌을 때, 말과 글의 엄청난 부피 속에 이성이 사라져 버렸을 때, 재판해서는 안 되는 법원 앞잡이들로 온통 들끓게 되었을 때, 부정행위가 지지를 얻지 못하던 곳에서 조언자를 구하게 되었을 때, 그때는 소송비용에 대한 두려움으로 소송인들을 멈추게 할 필요가 있었다.

그들은 판결에 대해서, 그리고 판결을 피하기 위해 사용한 수단에 대해서 비용을 지불해야 했다. 미남왕 샤를(34)은 이 점에 관해서 전체적인 명령을 내렸다. 270

제 36장 : 검찰관

살리카법, 리푸아리아법, 그리고 야만족의 다른 여러 법에 따르면 범죄에 대한 처벌은 금전적이었으므로, 당시에는 오늘날 우리처럼 범죄에 대한 소추를 담당하는 검찰관이 없었다. 사실 모든 것은 손해배상으로 귀착되었다. 모든 소추는 말하자면 민사적이었고, 각 개인이 소추할 수 있었다. 다른 한편, 로마법은 범죄의 소추를 위한 대중적인 형식을 가지고 있었으나 그것은 검찰관의 임무와 조화를 이루지 못했다.

270 1324년.

결투재판의 관행 역시 이런 생각에는 잘 맞지 않았다. 과연 누가 검찰관이 되어 모든 사람의 대리 결투자로서 모든 사람과 맞서고자 하겠는가?

무라토리가 롬바르드족의 법에 삽입시킨 서식집에서, 나는 제2왕조에 공공의 '소송대리인271'이 있었다는 것을 발견했다. 그러나 그 서식집 전체를 읽어보면, 그 관리는 오늘날 우리가 검찰관이라고 부르는 직책, 즉 우리의 검사장 혹은 왕이나 영주들의 검사와는 완전히 다르다는 것을 알 수 있다. 전자는 시민적 사무보다 정치적이고 가정적인 사무를 관리하기 위한 공적 대리인이었다. 사실 그 서식집에서 그들이 범죄 및 미성년자나 교회나 사람의 신분에 관한 사건의 소추를 담당했다는 것은 찾아볼 수 없다.

나는 검찰관 제도가 결투재판의 관행과 맞지 않았다고 말했다. 그러나 그 서식들 중 하나에서는 결투하는 자유를 가진 공공의 소송대리인을 볼 수 있다. 무라토리는 이 서식을 앙리 1세의 법령 바로 뒤에 두었다.272 그 서식은 앙리 1세의 법령을 위해 만들어진 것이었다. 이 법령에는 "자신의 아버지, 형제, 조카, 또는 다른 친족을 죽인 자는 그들의 유산에 대한 상속권을 잃고 그 유산은 다른 친족에게로 이전될 것이다. 그리고 그 사람 고유의 재산은 국고에 속하게 될 것이다"라고 쓰여 있다. 그런데 국고에 귀속된 이 상속 재산에 대한 소추를 위해서 공공의 소송대리인이 그 권리를 주장하며 결투할 자유를

---

271 Advocatus de parte publica.
272 《이탈리아의 역사가들》 제2권 175쪽에서 이 법률과 규정을 참조할 것.

가진 것이다. 이 경우는 일반적 규칙으로 되돌아간 셈이었다.

그 서식들을 보면, 공공의 소송대리인은 다음과 같은 자를 고소한다. 도둑을 잡아서 백작에게 끌고 가지 않은 자,[273] 백작에 대한 반란 또는 집회를 한 자,[274] 백작이 죽이라고 내어준 사람의 목숨을 살려준 자,[275] 도둑을 내놓으라는 백작의 명령에 복종하지 않은 교회의 소송대리인,[276] 왕의 비밀을 외부인에게 발설한 자,[277] 손에 무기를 들고 황제의 사절을 추격한 자,[278] 황제의 편지를 무시한 자(이런 자는 황제의 소송대리인 혹은 황제 자신에 의해 소추되었다),[279] 군주의 돈을 받지 않으려고 한 자[280]가 바로 그들이다.

요컨대 소송대리인은 법에 의해 국고의 소유로 정해진 것을 청구한 것이다.[281] 그러나 범죄에 대한 소추에서는 결투가 사용되었을 때도,[282] 화재가 관련되었을 때도,[283] 재판관이 재판소에서 살해되었을 때도,[284] 사람의 신분[285] 혹은 자유나 예속에 관련되었을 때도[286]

---

273 무라토리의 《모음집》, 104쪽, 카롤루스 마그누스의 법률 88에 대하여, 제1편, 제26조, 제78항.
274 다른 서식, 위의 책, 87쪽.
275 위의 책, 104쪽.
276 위의 책, 95쪽.
277 위의 책, 88쪽.
278 위의 책, 98쪽.
279 위의 책, 132쪽.
280 위의 책.
281 위의 책, 137쪽.
282 위의 책, 147쪽.
283 위의 책.
284 위의 책, 168쪽.

공공의 소송대리인을 볼 수 없다.

이 서식들은 롬바르드족의 법만이 아니라 덧붙여진 프랑크족 왕의 여러 칙령을 위해서 만들어진 것이다. 그러므로 그 문제에 관해서 그 서식들이 제2왕조의 관행을 보여준다는 것은 의심할 여지가 없다.

공공의 소송대리인은 여러 주에 파견되던 왕의 사절과 마찬가지로 제2왕조와 더불어 사라진 것이 분명하다. 더 이상 일반적인 법도, 일반적인 국고도 없었기 때문이다. 또한 여러 주에는 더 이상 법정을 열 백작도 없었고, 따라서 백작의 권위 유지를 주된 임무로 하는 그런 종류의 관리도 없어졌기 때문이다.

제3왕조에서 더 빈번히 행해진 결투의 관행은 검찰관의 설치를 허용하지 않았다. 그러므로 부틸리에는 《시골 전서》에서 사법 기관의 관리에 대해 말하면서 대법관, 봉신, 집달리(執達吏)만 언급한다. 당시의 소추 방법에 대해서는 《율령집》287과 보마누아르288를 참조하라.

나는 마요르카의 왕 하우메 2세(35)의 법289에서 오늘날 우리의 검사장과 같은 직무를 지닌 왕의 검사직이 창설된 것을 보았다. 290 그

---

285 위의 책, 134쪽.
286 위의 책, 107쪽.
287 제1편, 제1장. 제2편, 제11장과 제13장.
288 제1장과 제61장.
289 6월의 《성인들의 생애》에서 이 법들을 참조할 것, 제3권, 26쪽.
290 Qui continue nostram sacram curiam sequi teneatur, instituatur qui facta et causas in ipsa curia promoveat atque prosequatur(그는 우리의 신성한 법정에 계속해서 참석해야 하고, 법정에 제기된 소송과 사건을 담당하도록 임명되어야

직책은 분명 우리의 재판 형식이 바뀐 후에야 생긴 것이다.

제 37장 : 성왕 루이의 《율령집》은 어떻게 잊혔나

아주 짧은 기간에 태어나고 쇠퇴하여 죽은 것이 《율령집》의 운명이었다. 나는 이에 대해 몇 가지 고찰을 하고자 한다.

우리가 성왕 루이의 《율령집》이라는 이름으로 가지고 있는 법전은 왕국 전체에서 법으로 사용하기 위해 만들어진 것이 결코 아니었다. 비록 그 법전의 서문에서는 그렇게 말하고 있더라도 말이다. 이 편찬물은 모든 시민적 사건, 유언에 의하거나 생전 증여에 의한 재산의 처분, 여자의 지참금과 이점, 봉토의 이익과 특권, 치안 사건 등에 대해 규정한 일반적인 법전이다. 그런데 각 도시나 마을이 저마다의 관습법을 가지고 있던 시기에 시민법의 일반적인 법전을 제시하는 것은 왕국의 각 지방 생활을 지배하는 모든 개별적인 법을 한순간에 뒤엎고자 하는 것이었다.

모든 개별적인 관습법을 가지고 하나의 일반적인 관습법을 만드는 것은 어디서나 군주에게 복종만 하는 이 시대에서조차 무분별한 일이다. 불편함과 이점이 같을 때는 바꾸지 않아야 하는 것이 사실이라면, 이익은 작고 불편함이 커질 때는 더더욱 바꾸지 않아야 하기 때문이다. 그런데 당시 왕국의 상황, 각자 자신의 주권과 권력에 대한 생각에 취했던 상황에 주의를 기울인다면, 기존의 관행과 법을 온 사방

한다).

에서 바꾸려는 시도가 통치자들의 머리에 떠오를 수 없는 일이었다는 것을 잘 알 수 있다.

방금 내가 한 말은 뒤 캉주가 인용한 아미앵 시청의 한 필사본에 쓰여 있는 것처럼291 이 《율령집》이라는 법전이 고등법원에서 남작이나 왕국의 법조인에 의해 비준되지 않았다는 것도 증명해 준다. 다른 필사본을 보면, 성왕 루이가 1270년에 튀니스로 떠나기 전에 이 법전을 주었다고 쓰여 있다. 이것은 더 정확하지 않다. 뒤 캉주가 지적했듯이 성왕 루이는 1269년에 출발했기 때문이다. 그래서 그는 이 법전이 성왕 루이의 부재중에 발표되었을 것이라고 결론을 내렸다. 그러나 나는 그런 일은 있을 수 없다고 생각한다. 혼란의 씨앗이 될 수도 있고 변화가 아니라 혁명을 초래할 수도 있는 일을 하기 위해 성왕 루이가 왜 자신이 자리를 비운 시기를 택했겠는가?

그런 시도는 다른 어떤 것보다도 더 가까이서 지켜볼 필요가 있었다. 그것은 나약한 섭정(攝政), 심지어 그 일이 성공하지 않아야 이익을 보는 영주들로 구성된 섭정이 감당할 일이 아니었다. 그들은 바로 생드니의 수도원장 마티외와 넬의 백작 시몽 드 클레르몽이었고, 그들의 사후에는 에브뢰의 주교 필리프와 퐁티외의 백작 장 같은 사람들이었다. 퐁티외의 백작이 자기 영지에서 새로운 재판 절차가 실행되는 것에 반대한 것을 우리는 이미 앞에서 보았다. 292

세 번째로 내가 말하려 하는 것은 우리가 가지고 있는 법전이 재판

---

291 《율령집》에 대한 서문.
292 제 29장.

절차에 관한 성왕 루이의 《율령집》과 다른 것일 가능성이 크다는 것이다. 이 법전은 《율령집》을 인용했다. 따라서 그것은 《율령집》에 대한 저작물이지, 《율령집》이 아니다. 게다가 성왕 루이의 《율령집》에 대해 자주 이야기하는 보마누아르는 성왕 루이의 개별적 율령들에 대해 말할 뿐 《율령집》이라는 편찬물을 인용하지는 않는다.

성왕 루이 치하의 저술가였던 드 퐁텐은 재판 절차에 대한 그의 율령을 실행한 최초의 두 가지 예를 이야기하면서 마치 오래된 일처럼 이야기한다.293 따라서 성왕 루이의 율령들은 여기서 말하는 편찬물 이전의 것이었다. 엄밀히 말해 이 편찬물이 몇몇 무지한 사람들이 권두에 붙인 잘못된 서문을 달고 나타난 것은 성왕 루이의 생애 마지막 해나 아니면 그가 죽은 다음이었을 것이다.

제 38장 : 같은 주제 계속

그러면 성왕 루이의 《율령집》이라는 이름으로 우리가 가지고 있는 이 편찬물은 무엇인가? 모호하고 혼란스럽고 뜻이 불분명한 이 법전은 무엇인가? 이 법전에서는 끊임없이 프랑스의 법률과 로마법이 뒤섞이고, 입법자처럼 이야기하는데 우리 눈에는 법률가가 보이고, 모든 경우, 즉 시민법의 모든 사항에 관한 법률 전체가 보인다. 그것을 알려면 그 시대로 옮겨 가야 한다.

성왕 루이는 그 시대 법률의 폐해를 보고 사람들에게 그것에 대한

---

293 앞의 29장 참조.

혐오감을 느끼게 하려고 애썼다. 그는 자기 소유지의 재판소와 남작들의 재판소를 위해 여러 규칙을 만들었다. 그리하여 커다란 성공을 거두었으므로, 그가 죽은 지 얼마 안 되어 책을 쓴 보마누아르는 성왕 루이가 수립한 재판 방법이 수많은 영주들의 법정에서 실행되었다고 말한다. 294

그러므로 성왕 루이는 목적을 이룬 것이다. 비록 영주들의 재판소를 위한 그의 규칙이 왕국의 일반법으로 만들어진 것이 아니라 각자 따를 수 있고 심지어 그렇게 함으로써 이익을 얻을 수 있는 하나의 예로 만들어진 것이라도 말이다. 그는 최선을 깨닫게 하여 악습을 없앴다. 그의 재판소에서, 그리고 영주들의 재판소에서 더 자연스럽고 더 이성적이고 도덕과 종교와 공공의 안녕 및 개인과 재산의 안전에 더 적합한 소송 방법을 보게 되자, 그 방법이 선택됐고 다른 것은 버려졌다.

강요해서 안 될 때는 권유하고, 명령해서 안 될 때는 인도하는 것이 최고의 수단이다. 이성(理性)에는 타고난 지배력, 심지어 저항할 수 없는 지배력이 있다. 이성에 저항해도 그 저항은 곧 이성의 승리가 된다. 조금만 시간이 지나면 결국 이성으로 돌아올 수밖에 없기 때문이다.

성왕 루이는 프랑스 법률에 대한 혐오감을 주기 위해 그 시대 법률가들에게 알려질 수 있도록 로마법에 관한 책을 번역시켰다. 우리가 가지고 있는 첫 실무서295의 저자인 드 퐁텐은 이 로마법을 많이 이용

---

294 제 61장, 309쪽.

했다. 말하자면 그의 저서는 프랑스의 옛 법률, 성왕 루이의 법 혹은 율령, 그리고 로마법의 결과이다. 보마누아르는 로마법은 별로 이용하지 않았지만, 프랑스의 옛 법률을 성왕 루이의 규정과 조화시켰다.

나는 이 두 저서의 정신, 특히 드 퐁텐의 저서에 나타난 정신으로 어떤 대법관이 우리가 《율령집》이라고 부르는 법률서를 만들었다고 생각한다. 이 책의 표제에는 그것이 파리와 오를레앙과 남작의 법정의 관행에 따라 만들어졌다고 쓰여 있다. 그리고 서문에는 왕국 전체와 앙주 및 남작의 법정의 관행을 다루었다고 쓰여 있다. 보마누아르와 드 퐁텐의 저서가 클레르몽과 베르망두아의 백작령을 위해서 만들어졌듯이, 이 책이 파리와 오를레앙과 앙주를 위해서 만들어진 것은 분명하다. 보마누아르에 의하면 성왕 루이의 여러 법이 남작의 법정에 침투한 것으로 보이므로, 편찬자가 자신의 저서가 남작의 법정에도 관계가 있다고 말한 것에도 일리는 있다. 296

이 책을 만든 사람은 성왕 루이의 법 및 율령과 함께 그 지역의 관습을 편찬한 것이 분명하다. 이 책은 매우 귀중하다. 앙주의 옛 관습, 당시 시행되던 성왕 루이의 율령, 그리고 프랑스의 옛 법률에 따라 실행되던 것들이 포함되어 있기 때문이다.

---

295 그는 직접 서문에서 "내가 본을 보인 이 일을 나 이전에는 결코 아무도 시도한 적이 없었다"라고 말한다.

296 이 표제와 서문만큼 모호한 것은 없다. 우선 그것은 파리와 오를레앙 및 남작의 법정의 관행이라고 한다. 그다음에는 왕국의 모든 세속 법정과 프랑스 재판소의 관행이라고 한다. 그리고 또 그다음에는 왕국 전체, 앙주, 남작의 법정의 관행이라고 한다.

이 책에서는 입법자처럼 명령적인 어조로 말하고 있다는 것이 드 퐁텐 및 보마누아르 저서와의 차이점이다. 그것은 그럴 수 있었다. 이 책은 성문 관습과 법의 편찬물이었기 때문이다.

이 편찬물에는 내적 결함이 있었다. 프랑스 법률과 로마법을 섞어 놓는 바람에 이중적인 법전을 형성하여, 전혀 관계가 없고 때로는 모순되는 것들을 결부시킨 것이다.

가신이나 중신의 프랑스 재판소, 다른 재판소에 상소하지 못하는 판결, '나는 유죄를 선고한다' 또는 '나는 무죄를 선고한다'[297]라고 말하는 선고 방법은 로마인의 인민재판과 일치했다는 것을 나는 잘 알고 있다. 그러나 사람들은 그 옛 법률을 거의 사용하지 않았고, 오히려 그 이후에 황제들이 도입한 법률을 사용했다. 이 편찬물에서 프랑스 법률을 규정하고 제한하고 수정하고 확장하기 위해 곳곳에서 사용한 것도 바로 그 법률이었다.

제39장 : 같은 주제 계속

성왕 루이에 의해 도입된 재판 형식은 사용되지 않게 되었다. 이 군주는 그 자체보다는, 다시 말해 최선의 재판 방법보다는 옛 재판 절차를 보충하기에 가장 좋은 방법을 염두에 두었다. 첫 번째 목적은 옛 법률에 대한 혐오감을 주는 것이었고, 두 번째 목적은 새로운 법률을 만드는 것이었다. 그러나 새로운 법률의 단점이 나타나자, 곧 다른 법률

---

297 《율령집》, 제2편, 제15장.

이 그 뒤를 잇게 되었다.

그러므로 성왕 루이의 법은 프랑스 법률을 변화시켰다기보다는 그것을 변화시키기 위한 수단을 제공했다. 그의 법은 새로운 재판소를 열었다. 아니, 거기에 이르기 위한 길을 열었다. 그리하여 사람들이 일반적인 권위를 지닌 재판소에 쉽게 접근할 수 있게 되었을 때, 예전에는 개별적인 한 영지의 관행을 이루는 것에 불과했던 판결이 보편적인 법률을 형성하였다. 사람들은《율령집》덕분에, 왕국에 전혀 없었던 일반적인 판정을 얻게 되었다. 그리고 건물이 다 지어지자, 필요 없어진 발판은 버려진 것이다.

따라서 성왕 루이가 만든 법은 입법의 걸작이라는 기대하지 못했던 결과를 낳았다. 변화를 준비하기 위해서는 때때로 여러 세기가 필요하다. 결과가 무르익어야 비로소 혁명이 나타나는 법이다.

고등법원은 왕국의 거의 모든 사건을 최종심으로 재판했다. 옛날에는 공작, 백작, 남작, 주교, 수도원장들 사이의 사건298 또는 왕과 봉신들 사이의 사건만 재판했다. 299 사건이 시민적 질서와 갖는 관계보다 정치적 질서와 갖는 관계에서 재판된 것이다. 그 후에 고등법원

---

298 중신들의 법정에 대하여 뒤 티예(Jean du Tillet, 16세기 프랑스의 법학자이자 역사가로 대혁명에 이르기까지 그의 저서는 여러 번 재출판되고 인용되었다, 여기서 말하는 책은《프랑스의 왕들(Recueil des rois de France)》을 가리킨다_옮긴이 주)를 참조할 것. 라 로슈플라방, 제1편 제3장, 뷔데, 파올로 에밀리오(Paolo Emilio, 1455~1529, 1480년부터 프랑스에 정착한 이탈리아의 사료 편찬관으로 프랑스의 역사를 라틴어로 집필했다. 프랑스어로는 Paul-Emile로 표기한다_옮긴이 주)도 참조.
299 다른 사건들은 보통 재판소에 의해 판결되었다.

은 상설화되어 언제나 열리게 되었다. 그리고 마침내 여러 고등법원이 만들어져서 모든 사건을 담당하기에 충분해졌다.

고등법원이 고정된 기관이 되자, 그 판결이 편찬되기 시작했다. 미남왕 필리프(36)의 치하에서 장 드 몽뤽은 오늘날 《오림(Olim)》이라 불리는 파리 고등법원 판례집을 만들었다. 300

제 40장 : 어떻게 교황령(敎皇令)의 재판 형식이 채택되었나

그런데 기존 재판 형식이 포기되면서 어째서 로마법의 재판 형식이 아니라 교회법의 재판 형식이 채택됐을까? 그것은 교회법의 형식을 따르는 성직자 재판소는 늘 사람들 눈앞에 있었지만, 로마법의 형식을 따르는 재판소는 사람들이 전혀 알지 못했기 때문이다. 게다가 당시에는 교회 재판소와 세속 재판소의 경계가 거의 알려지지 않았다. 두 법정에 구별 없이 소송을 제기하는 사람들도 있었고, 301 마찬가지로 아무런 구별 없이 소송이 제기되는 사건도 있었다. 302 세속의 재판권은 봉건적인 사건 혹은 종교와 충돌하지 않는 경우에 세속인이

---

300 에노 의장(Charles-Jean-François Hénault, 몽테스키외와 동시대의 역사가이자 문필가로 파리 고등법원의 제 1심리법정 의장이 된 후로 '에노 의장'으로 불렀다. 여기서 말하는 그의 저서는 《루이 14세의 죽음에 이르기까지 프랑스 역사에 대한 연대순 개론(*Abrégé chronologique de l'histoire de France jusqu'à la mort de Louis XIV*)》이다_옮긴이 주)의 뛰어난 저서에서 1313년에 대한 것을 참조할 것.

301 과부, 십자군 병사, 교회 재산 때문에 그 재산에서 떠나지 못하는 사람들. 보마누아르.

302 위의 책, 제 11장, 58쪽.

저지른 범죄의 재판만 독점적으로 가지고 있었던 것 같다. 303 합의나 계약 때문에 세속 법정에 가야 하는 경우에도 당사자는 마음대로 성직자 재판소로 갈 수 있었기 때문이다. 304 성직자 재판소는 세속의 법원에 판결을 실행하라고 강요할 권리는 없었지만 파문을 통해 복종하지 않을 수 없게 억압할 수 있었다. 305

이런 상황에서, 세속 재판소가 실행 방법을 바꾸고자 했을 때 성직자 재판소의 방법을 채택하게 된 것이다. 그 방법을 잘 알고 있었기 때문이다. 그리고 로마법을 몰랐기 때문에 로마법의 실행 방법을 채택하지 않은 것이다. 실행 방법에 관해서는 실행되는 것밖에 모르는 법이니까.

제41장 : 교회 재판권과 세속 재판권의 성쇠

시민적 권력은 수많은 영주들의 수중에 있었으므로, 교회 재판권이 날마다 그 영역을 넓혀가기는 쉬운 일이었다. 그러나 교회 재판권이 영주들의 재판권을 약화시키고 그로 인해 왕의 재판권에 힘을 주는 데 일조하자, 왕의 재판권은 조금씩 교회 재판권을 제한했고 교회 재판권은 왕의 재판권에 밀려나게 되었다. 고등법원은 성직자 재판소

---

303 위의 책, 제11장 전체 참조.
304 성직자 재판소는 선서를 핑계로 이런 문제까지 심의했다. 필리프 오귀스트와 성직자들과 남작들 사이에 맺어진 유명한 협약을 보면 그것을 알 수 있는데, 그 협약은 로리에르의 칙령집에 들어있다.
305 보마누아르, 제11장, 60쪽.

의 소송 형식에서 바람직하고 유익한 것을 모두 채택했으므로 곧 성직자 재판소의 악습밖에 보이지 않게 되었다. 그리고 왕의 재판권은 날마다 강해졌으므로 항상 그런 악습을 더 잘 교정할 수 있었다.

사실 그 악습은 견디기 힘든 것이었다. 나는 그것을 일일이 열거하지 않고, 보마누아르나 부틸리에나 프랑스 왕의 명령들을 참조하라고 권한다. 306 다만 더 직접적으로 공공의 재산과 관련된 악습에 관해서만 이야기하고자 한다. 그 악습은 그것을 개혁하는 판결을 통해 우리에게 알려져 있다. 그런 악습은 지독한 무지로 인해 생겼는데, 일종의 빛이 나타나자 없어졌다. 성직자의 침묵으로 미루어 볼 때 그들 자신도 개혁을 지향했다고 판단할 수 있다. 그것은 인간 정신의 본질에 비추어 보면 칭찬할 만한 일이다.

재산 일부를 교회에 주지 않고 죽는 사람(이른바 '참회하지 않고' 죽는다고 일컬어진다)은 누구나 성체 배령(拜領)과 매장이 거부됐다. 만일 어떤 사람이 유언하지 않고 죽으면, 그의 친족들은 고인이 유언했을 경우 교회에 주었을 금액을 정하기 위해 그들과의 공동 중재인을 지명해 달라고 주교에게 요청해야 했다. 주교의 허락 없이는 신혼 첫날밤에도, 그 후의 두 밤에도 동침할 수 없었다. 다른 밤을 위해서는 많은 돈을 기부하지 않았을 테니, 이 사흘 밤을 택했을 것이다. 고등법원은 이 모두를 교정했다. 라고(37)의 프랑스법 용어사전307에서는 고등법

---

306 부틸리에, 《시골 전서》, 제 9조, "어떤 사람이 세속 법정에 청원할 수 없나". 보마누아르, 제 11장, 56쪽. 이 문제에 대한 필리프 오귀스트의 규정 및 성직자와 왕과 남작들 사이에 이루어진 필리프 오귀스트의 율령.
307 '유언 집행자' 항목에서.

원이 아미앵의 주교에게 불리한 판결을 내린 것이 발견된다. 308

장(章)의 처음으로 돌아가 보자. 어떤 세기나 어떤 정체에서 나라의 여러 집단이 자신들의 권력을 키우고 서로 다른 집단보다 우위를 차지하려고 애쓰는 것을 보게 될 때, 그들의 시도를 타락의 확실한 표시로 여긴다면 종종 잘못 생각하는 것이다. 불행하게도 절제 있는 위인은 드문 것이 인간의 조건이다. 그리고 자신의 힘을 억제하기보다 따르기가 항상 더 쉬우므로, 상류 계급에서는 매우 사려 깊은 사람보다 차라리 매우 덕이 높은 사람을 발견하는 편이 아마 더 쉬울 것이다.

인간은 다른 사람을 지배하는 데에서 큰 기쁨을 느끼게 마련이다. 선(善)을 사랑하는 사람조차 자기 자신을 몹시 사랑하므로, 자신의 선의를 의심할 필요가 없을 만큼 행복한 사람은 아무도 없다. 그리고 사실 우리의 행동은 많은 것과 관련되어 있으므로, 선을 행하기보다 선을 제대로 잘 행하기가 훨씬 더 어렵다.

제 42장 : 로마법의 부흥과 그 결과. 재판소 안에서의 변화

1137년경 유스티니아누스의 《학설휘찬》이 다시 발견되자, 로마법은 재탄생하는 듯했다. 그것을 가르치는 학교가 이탈리아에 세워졌는데, 유스티니아누스 법전과 《신칙법》은 이미 그 전부터 있었다. 내가 이미 말했듯, 이 법은 이탈리아에서 매우 인기 있어서 롬바르드족의 법을 사라지게 했다.

---

308 1409년 3월 19일의 판결.

이탈리아 학자들은 유스티니아누스 법전을 프랑스에 가져왔다. 프랑스에는 테오도시우스 법전밖에 알려지지 않았는데,309 그 이유는 야만족이 갈리아에 정착한 후에야 유스티니아누스 법전이 만들어졌기 때문이다.310 이 법전은 다소 반대를 받았으나, 카논법을 보호하려는 교황들의 파문에도 불구하고 유지되었다.311 성왕 루이는 유스티니아누스의 저서들을 번역하게 하여 이 법이 신임을 얻게 하려고 애썼다. 그 번역 원고는 우리의 도서관에 지금도 남아 있다. 그리고 이미 말했듯이, 《율령집》에서 그 저서들이 많이 이용되었다. 미남왕 필리프는 관습법에 의해 통치되는 프랑스 지역에서 유스티니아누스법을 단지 글로 쓰인 이성(理性)으로만 가르치게 했다.312 그것은 로마법이 법이었던 지역에서는 법으로 채택되었다.

앞에서 말했듯이, 결투재판에 의한 소송 방법은 재판하는 사람들에게 그다지 많은 능력을 요구하지 않았다. 사건은 각 장소에서 전통에 의해 받아들여진 몇 가지 간단한 관습에 따라 결정되었다. 보마누아르의 시대에는 재판하는 방식이 두 가지 있었다.313 어떤 곳에서는 중신들이 재판했고,314 또 어떤 곳에서는 대법관이 재판했다. 전자의

---

309 이탈리아에서는 유스티니아누스 법전을 따르고 있었다. 그 때문에 교황 요한 8세는 트루아 공의회 후에 반포한 교서에서 그 법전에 대해 말하고 있다. 그 법전이 프랑스에 알려졌기 때문이 아니라 그 자신이 그것을 알고 있었기 때문이다. 그리고 그의 교서는 일반적인 것이었다.
310 이 황제의 법전은 530년경 공포되었다.
311 《교황령집(Décrétales)》, 제5편, De privilegiis, capite super specula.
312 뒤 티예가 덧붙인, 오를레앙 대학을 위한 1312년의 문서에 의해.
313 《보부아지 지방의 관습》, 제1장, "대법관의 직무에 대하여".

형식을 따를 때는 중신들이 그들의 법원 관할 지역의 관행에 따라 재판했고,315 두 번째 형식에서는 권위자나 노인들이 대법관에게 관할 지역의 관행을 알려주었다. 이 모든 것은 아무런 학식도, 능력도, 연구도 요구하지 않았다.

그러나 《율령집》이라는 난해한 법전과 그 밖의 법률학 저서들이 나왔을 때, 로마법이 번역되었을 때, 로마법을 학교에서 가르치기 시작했을 때, 일정한 소송 기술과 법 해석 기술이 형성되기 시작했을 때, 실무자와 법률가의 등장을 보게 되었을 때, 중신과 심판관은 더이상 재판할 수가 없었다. 중신들은 영주의 재판소에서 물러나기 시작했고, 영주들도 그들을 소집하는 것을 별로 좋아하지 않았다. 더구나 귀족에게는 유쾌하고 호전적인 사람들에게는 흥미로운 것으로 눈부신 행위였던 재판이 이제는 그들이 알지도 못하고 알고 싶지도 않은 하나의 실무에 불과하게 된 만큼 더욱더 그러했다. 중신에 의한 재판 방법은 점점 이용되지 않았고,316 대법관에 의한 재판 방법이 확

---

314 자유도시에서 평민은 다른 평민에 의해 재판되었다. 그것은 봉신들이 자기들끼리 재판한 것과 마찬가지였다. 라 토마시에르, 제 19장 참조.

315 그래서 모든 청원은 "재판관 각하, 관행에 따르면 당신의 관할 지역에서는 …"이라는 말로 시작되었다. 부틸리에, 《시골 전서》, 제 1편, 제 21조에 인용된 형식에 의하면 그렇게 나타나 있다.

316 이 변화는 잘 느껴지지 않을 만큼 서서히 진행되었다. 유언 작성 날짜인 1402년에 살았던 부틸리에의 시대에도 여전히 중신들이 고용된 것을 볼 수 있다. 그는 제 1편, 제 21조에서 "재판관 각하, 저의 상급, 중급, 하급 재판소에서, 어떤 장소의 법정이나 소송을 위해 제게는 대법관, 봉신, 집달리가 있습니다"란 형식을 인용한다. 그러나 중신들이 재판하는 것은 봉건적인 사건들밖에 없었다. 위의 책, 제 1편, 제 1조, 16쪽.

대되었다. 원래 대법관은 재판하지 않았었다. 317 그들은 지시하고 심판자들의 판결을 선고했다. 그러나 심판자들이 더 이상 재판할 수 없게 되자, 대법관이 직접 재판했다.

교회 재판관의 소송 실무가 눈앞에 있는 만큼 그것은 더욱 쉽게 이루어졌다. 교회법과 새로운 시민법은 증신들을 없애는 데 똑같이 협력한 것이다.

그리하여 군주정체에서 줄곧 지켜진 관행, 즉 살리카법과 여러 왕령 및 제3왕조의 소송 실무에 대한 초기 저자들을 통해 알 수 있는 바와 같이318 재판관이 절대로 혼자 재판하지 않는다는 관행이 사라졌다. 그로 인한 해로운 악습은 지방의 법원에서만 발생했는데, 재판관에게 자문해 주고 옛 심판자의 역할을 대신하는 재판 보좌관을 여러 곳에서 도입함으로써, 그리고 체형을 받을 수 있는 경우에는 두 명의 전문가를 배석시키는 것을 재판관의 의무로 정함으로써 완화되었다. 말하자면 교정되었다. 그리고 결국 상소가 매우 쉬워졌으므로 그 악습은 아무 의미가 없게 되었다.

---

317 부틸리에가 《시골 전서》 제1편 제14조에서 인용한 것으로, 영주가 대법관에게 준 공문의 서식에 의하면 그렇게 나타나 있다. 이것은 보마누아르, 《보부아지 지방의 관습》, 제1장, "대법관의 직무에 대하여"에 의해서도 증명된다. 대법관은 소송 절차만 지휘했다. "대법관은 가신들 앞에서 소송을 제기하는 사람들의 말을 접수하고, 그들이 말한 이유에 따라 재판을 받고자 하는지 당사자들에게 물어야 한다. 그리고 그들이 '네, 각하'라고 대답하면, 대법관은 가신들에게 재판하게 해야 한다." 성왕 루이의 《율령집》, 제1편 제105장과 제2편 제15장도 참조할 것, "법관은 재판해서는 안 된다."
318 보마누아르, 제67장 336쪽 그리고 제61장 315쪽과 316쪽. 《율령집》, 제2편, 제15장.

제 43장 : 같은 주제 계속

이와 같이 영주들에게 법정을 열지 못하게 한 것은 법이 아니었다. 법정에서 중신들이 담당했던 임무를 폐지한 것은 법이 아니었고, 대법관을 창설하라고 명령한 법도 없었다. 대법관이 재판권을 갖게 된 것은 법에 의해서가 아니었다. 이 모든 것은 조금씩, 어쩔 수 없는 상황에 따라 이루어진 것이다. 로마법, 법정의 판결, 새롭게 글로 써 놓은 관습 전체에 대한 지식은 학식 없는 귀족과 서민이 감당할 수 없는 연구를 필요로 했다.

이 문제에 대해 우리가 가지고 있는 유일한 명령319은 영주들에게 그들의 대법관을 세속인 중에서 선출하라는 것이었다. 이 명령을 대법관 창설에 관한 법으로 여기는 것은 적절하지 않다. 그 명령은 액면 그대로 받아들여져야 한다. 게다가 그 명령에서 제시된 이유를 보면, 무엇을 명령하고 있는지 정확히 드러난다. 그 명령에는 "대법관이 세속인 중에서 채택되어야 하는 것은 그들이 배임으로 처벌받을 수 있도록 하기 위해서이다"320라고 쓰여 있다. 알다시피 그 시대 성직자에게는 특권이 있었기 때문이다.

영주들이 옛날에는 누렸지만 이제는 더 이상 누리지 못하는 권리를 찬탈하듯이 그들에게서 빼앗았다고 생각해서는 안 된다. 그중 여러

---

319 1287년의 명령.
320 Ut, si ibi delinquant, superiores sui possint animadvertere in eosdem (그리하여 그 직책에서 그들이 죄를 저지르면, 상급자들이 그들을 처벌할 수 있다).

가지 권리는 무관심 때문에 없어졌고, 그 밖의 다른 권리들은 포기된 것이다. 여러 세기에 걸쳐 다양한 변화가 일어났는데, 그 권리들은 이런 변화와 양립될 수 없었기 때문이다.

제 44장 : 증인에 의한 증거

관행 이외에 다른 규칙을 가지고 있지 않았던 재판관들은 문제가 대두될 때마다 보통 증인을 통해 조사했다.

결투재판의 시행이 줄어들자, 문서에 의한 조사가 행해졌다. 그러나 글로 기록된 구두 증거는 오직 구두 증거일 뿐인데, 소송비용만 증가시켰다. 그래서 이런 조사를 대부분 쓸모없는 것으로 만드는 규정이 정해졌다.[321] 공공의 장부를 작성해서, 그 안에서 귀족의 신분, 나이, 정통성, 혼인 등 대부분의 사실이 증명되었다. 문서는 매수되기 어려운 증인이다. 관습법이 문서로 작성되었다. 이 모든 것은 매우 합리적이었다. 피에르가 폴의 아들인지 아닌지는 긴 조사를 통해 사실을 증명하는 것보다 세례 장부에서 찾아보는 편이 더 쉽다. 어떤 지방에 수많은 관행이 있을 때, 개인에게 각 관행을 증명하라고 강제하는 것보다 그것을 모두 하나의 법전에 기록해 두는 것이 더 쉽다. 그리고 100리브르가 넘는 채무에 대해서는, 문서에 의한 증거로 시작되지 않는 한 증인에 의한 증거를 받아들이는 것을 금지하는 유명한

---

321 나이와 친척 관계를 어떻게 증명했는지 보라. 《율령집》, 제 1편, 제 71장 그리고 제 72장.

칙령이 만들어졌다.

제 45장 : 프랑스의 관습법

이미 말했듯이, 프랑스는 성문화되지 않은 관습법에 의해 통제되었고 각 영지의 특수한 관행이 시민법을 형성하고 있었다. 보마누아르가 말하듯이, 각 영지에는 저마다의 시민법이 있었다.[322] 그 시대의 석학, 위대한 석학으로 간주되는 저자가 왕국 전체를 통틀어 모든 점에서 완전히 똑같은 법에 의해 통치되는 영지가 두 군데 있다고 생각하지 않는다고 말할 정도로 그것은 개별적인 법이었다.

이 놀라운 다양성에는 두 가지 기원이 있다. 첫 번째 기원에 대해서는 앞에서 지방의 관습법에 대한 장에서 말한 것을 떠올려 주기 바란다.[323] 두 번째 기원은 결투재판의 다양한 사건에서 발견할 수 있다. 계속해서 뜻밖의 경우들이 발생하기에 자연스레 새로운 관행을 도입하게 되기 때문이다.

이러한 관습법은 노인들의 기억 속에 간직되어 있었다. 그러나 차츰 법 혹은 성문화된 관습법이 형성되었다.

① 제 3왕조 초기에는 왕이 개별적 증서 또는 일반적 증서까지도 주었다.[324] 그 방법에 대해서는 앞에서 설명했다. 필리프 오귀스트

---

322 《보부아지 지방의 관습》 서문.
323 제 12장.
324 로리에르의 《칙령집》 참조.

의 율령과 성왕 루이가 만든 율령들이 바로 그것이다. 마찬가지로 대봉신들은 자기 수하의 영주들과 협력하여 그들의 백작령이나 공작령의 재판소에서 상황에 따라 일정한 증서나 율령을 주었다. 귀족의 재산 분할에 대한 브르타뉴 백작 조프루아의 법령, 라울 공작이 부여한 노르망디 관습법, 티보 왕이 준 샹파뉴 관습법, 몽포르 백작 시몽의 법 등이 그것이다. 이것은 몇 가지 성문법, 심지어 기존의 것보다 더 일반적인 성문법을 만들어냈다.

② 제3왕조 초기에는 거의 모든 하층민이 농노였다. 여러 가지 이유로 인해 왕과 영주들은 그들을 해방하지 않을 수 없었다. 영주들은 농노를 해방하면서 그들에게 재산을 주었다. 그래서 그 재산의 처분을 규정하기 위해 그들에게 시민법을 만들어 주어야 했다. 또 영주들은 농노를 해방하면서 재산을 포기한 것이므로 재산의 대체물로 자신에게 남겨둔 권리들을 규정할 필요가 있었다. 이 두 가지는 '해방 증서'에 의해 규정되었다. 이 증서는 우리의 관습법 일부를 구성했고, 이 부분은 글로 작성되었다.

③ 성왕 루이와 그 후계자들의 치하에서, 드 퐁텐이나 보마누아르 등과 같은 노련한 실무가들은 그들의 대법관 관할구의 관습법을 글로 작성했다. 그들의 목적은 재산의 처분에 대한 당시의 관행보다 오히려 재판 절차를 제시하려는 것이었다. 그러나 거기에는 모든 것이 들어 있다. 저자 개인으로서는 진실과 널리 알려진 사실을 말해야만 권위를 갖게 되지만, 어쨌든 그들이 말한 것이 프랑스법의 부흥에 크게 도움이 된 것은 의심의 여지가 없다. 그것이 바로 그 시대 우리의 성문 관습법이었다.

이제 중요한 시대를 맞게 된다. 샤를 7세와 그 후계자들은 왕국 전체에서 다양한 지방 관습법을 글로 편찬하게 하고, 그 편찬에서 지켜야 할 형식을 규정했다. 그런데 이 편찬은 주(州)를 통해 이루어졌고, 각지의 성문화되거나 성문화되지 않은 관행들이 각 영지로부터 주 총회에 제출되었다. 사람들은 미리 부여된 개인의 이익을 해치지 않는 한 관습법을 최대한 더 일반적인 것으로 만들고자 했다. 325 그리하여 우리의 관습법은 세 가지 특징을 갖게 되었다. 문자화되었고, 보다 일반적인 것이 되었으며, 왕의 권위로 보장되었다.

그중 여러 관습법이 다시 편찬되었을 때, 현행 법률과 양립할 수 없는 것을 모두 삭제하거나 혹은 법률에서 끌어낸 여러 가지를 덧붙이거나 하여 많은 변화가 행해졌다.

우리는 관습법이 로마법에 대해 일종의 대립을 이루는 것으로 여기고, 따라서 이 두 법이 관할구역을 나누고 있다고 생각한다. 그러나 사실 로마법의 여러 규정이 우리의 관습법에 들어 왔다. 특히 우리 시대와 그리 멀지 않은 시대에 관습법이 새로 편찬되었을 때 말이다. 그 시대에는 문관이 되기를 지망하는 모든 사람에게 로마법이 지식의 대상이었다. 그 시대 사람들에게는 알아야 할 것을 모르거나 몰라야 할 것을 아는 것이 자랑이 아니었고, 정신적 능력은 일하는 데보다 오히려 직업을 익히는 데에 더 사용되었다. 심지어 여자들도 계속해서 놀

---

325 베리(Berry, 프랑스 중부에 위치한 지역으로 중심도시는 부르주이다_옮긴이
주)와 파리의 관습법을 편찬할 때도 이런 식으로 이루어졌다. 라 토마시에르, 제
3장 참조.

기만 하는 속성을 갖고 있지 않았다.

　이 편의 마지막에서 더 길게 상술할 필요가 있었을지도 모르겠다. 더 자세한 세부 사항으로 들어가서, 상소가 시작된 이래 우리 프랑스 법률의 커다란 골격을 형성한 점진적인 모든 변화를 추적해야 했을지도 모르겠다. 그러나 그것은 커다란 저서 속에 또 하나의 커다란 저서를 집어넣는 형국이 되었을 것이다. 나는 고국을 출발하여 이집트에 도착해서 피라미드를 흘낏 보고 돌아온 고고학자나 다름없다. 326

---

326 영국의 〈구경꾼(*The Spectator*)〉(1711년 Joseph Addison과 Richard Steele이 발간한 일간 신문으로, 나중에 여러 권의 책으로 출판되었다_**옮긴이 주**)에서.

제 29 편

법 제정의 방식

제 1장 : 입법자의 정신

내가 이 책을 쓴 것은 오로지 다음과 같은 것을 증명하기 위해서라고 말할 수 있다. 즉, 중용(中庸)의 정신이 입법자의 정신이 되어야 한다는 것이다. 정치적 선(善)은 도덕적 선과 마찬가지로 언제나 두 극단 사이에 있다. 그 예를 한 가지 들어 보자.

재판 절차는 자유를 위해 필요하다. 그러나 그 수가 너무 많아지면 그것을 설정한 법 자체의 목적에 어긋날 수도 있다. 사건은 끝이 나지 않을 테고, 재산의 소유권은 불확실한 채로 남게 될 것이다. 심리하지 않은 채 한쪽 당사자의 재산을 상대방에게 주거나 심리한 결과 두 당사자 모두 파멸시킬 수도 있을 것이다.

시민은 자유와 안전을 잃을 것이다. 고소인은 더 이상 입증할 방법이 없고, 피고인도 자신의 무죄를 증명할 방법이 없을 것이다.

제 2장 : 같은 주제 계속

아울루스 겔리우스[1]에서 카이킬리우스[(1)]는 갚을 능력이 없는 채무자를 토막 내는 것을 채권자에게 허락한 12표법을 이야기하면서 자기 능력 이상으로 돈을 빌리는 것을 막아주는 그 잔혹성 자체에 의해 이 법을 정당화한다.[2] 그렇다면 가장 잔인한 법이 가장 좋은 법이란 말인가? 선(善)은 극단적이고, 사물의 모든 관계는 파괴되어야 하는가?

제 3장 : 입법자의 의도에서 멀어진 듯 보이는 법이 종종 그것에 부합한다

반란이 일어났을 때 어떤 편에도 가담하지 않는 모든 사람을 비열하다고 선언한 솔론의 법은 매우 이상하게 보였다. 그러나 당시 그리스가 처했던 상황에 주목해야 한다. 그리스는 아주 작은 나라들로 나뉘어 있었다. 내부 대립으로 혼란스러운 공화국에서는 가장 신중한 사람들이 안전한 곳으로 피신하는 바람에 사태가 극단으로 치닫는 것을 두려워해야 했다.

이 작은 나라들에서 일어난 반란에는 시민 대다수가 투쟁에 가담하

---

1 제20편, 제1장.
2 카이킬리우스는 그런 형벌이 가해진 것을 본 적도 읽은 적도 없다고 말한다. 그러나 그런 형벌은 결코 설정된 적이 없었던 것으로 보인다. 12표법은 단지 채무자가 팔렸을 때 그 대금의 분할에 대해 말한 것일 뿐이라는 몇몇 법학자의 의견이 훨씬 타당해 보인다.

거나 투쟁했다. 우리의 대 군주국에서는 소수의 사람으로 당파가 구성되고 인민은 아무 행동도 하지 않은 채 살고 싶어 한다. 이런 경우, 대다수 시민을 반란자로 만들 것이 아니라 반란자를 대다수 시민으로 복귀시키는 것이 자연스럽다. 그러나 전자의 경우에는 현명하고 침착한 소수의 사람을 반란자들 속으로 들어가게 해야 한다. 그렇게 해서 단 한 방울의 다른 술로 술의 발효가 저지될 수도 있다.

제 4장 : 입법자의 의도에 어긋나는 법

입법자가 제대로 이해하지 못해서 스스로 정한 목적 자체에 상반되는 법들이 있다. 프랑스에서 녹봉(祿俸)이 주어지는 성직을 지망하는 두 사람 중 한 사람이 죽으면 그 성직은 살아남은 사람의 것이 된다고 결정한 사람들은 물론 사건을 종식시키고자 그리했을 것이다. 그러나 거기에서 상반된 결과가 생겼다. 성직자들이 마치 불도그처럼 죽을 때까지 서로 싸우고 공격한 것이다.

제 5장 : 같은 주제 계속

이제 내가 말하려는 법은 아이스키네스에 의해 우리에게 전해진 다음과 같은 서약에서 발견된다. 3

"나는 선서한다. 암피크티온 동맹에 가담한 도시를 절대로 파괴하

---

3 "거짓 사절(使節)"

지 않을 것이고, 그 도시의 강물의 흐름을 바꾸지 않을 것이다. 만약 어떤 민족이 감히 그와 같은 짓을 한다면, 나는 그 민족에게 선전포고하고 그 도시들을 파괴할 것이다."

이 법의 마지막 항은 첫 항을 확인하는 듯이 보이지만 실제로는 그 반대이다. 암피크티온(2)은 그리스 도시들이 절대 파괴되지 않기를 바랐지만, 그의 법은 도시의 파괴에 문을 열어 놓고 있다. 그리스인에게 훌륭한 만민법을 확립하려면, 그리스 도시를 파괴하는 것이 끔찍한 짓이라는 생각에 그들이 익숙해지게 만들어야 했다. 따라서 그는 파괴자들조차 파괴해서는 안 되었다.

암피크티온의 법은 정당했지만, 신중하지 못했다. 그것은 이 법의 악용으로 증명된다. 필리포스는 그리스인의 법을 어겼다는 구실 아래 도시를 파괴하는 권리를 스스로 부여하지 않았던가? 암피크티온은 다른 형벌을 가할 수도 있었을 것이다. 예를 들어 파괴하는 도시의 집정자나 침범하는 군대의 수장을 여러 명 사형에 처한다거나, 파괴자인 민족은 한동안 그리스인의 특권을 누리지 못하게 하거나 도시가 복구될 때까지 벌금을 내게 하는 식으로 말이다. 법은 특히 손해배상에 관해 규정했어야 했다.

제 6장 : 같은 것처럼 보이는 법이 항상 같은 결과를 가져오지는 않는다

카이사르는 60세스테르티우스 이상을 집에 간직하는 것을 금지했다.4 이 법은 로마에서 채무자와 채권자를 화해시키는 데 매우 적합한 것처럼 보였다. 부자들은 가난한 자에게 돈을 빌려줄 수밖에 없고 가난한 자는 부자들을 만족시키게 만들었기 때문이다. 로 시스템의 시대에 프랑스에서 만들어진 똑같은 법은 매우 많은 폐해를 낳았다. 그 법이 제정된 상황이 고약했기 때문이다. 돈을 투자하는 모든 수단을 빼앗은 뒤 자기 집에 돈을 보관하는 방법마저 빼앗은 것이다. 그것은 폭력에 의한 탈취와 다름없었다.

카이사르는 돈이 사람들 사이에서 유통되게 하려고 법을 만든 것이고, 프랑스 대신은 돈이 단 한 사람의 손에 들어가게 하려고 법을 만든 것이다. 전자는 돈 대신 토지나 개인에 대한 저당권을 주었다. 그리고 후자는 돈 대신 아무 가치가 없는 유가증권을 제공했다. 유가증권은 법이 그것을 받도록 강요한 것이기 때문에 그 본질에 의해서는 가치를 가질 수 없는 것이다.

제 7장 : 같은 주제 계속, 법을 잘 만들 필요성

도편(陶片) 추방법은 아테네, 아르고스, 시라쿠사에서 확립되었다. 5 시라쿠사에서는 그것이 수많은 폐해를 가져왔다. 그 법이 신중하지 못하게 제정되었기 때문이다. 유력한 시민들은 무화과 잎을 손에 들고 서로 추방했다. 6 그래서 다소 재능을 가지고 있던 사람들은 나랏일에서 떠났다. 아테네에서는 입법자가 그 법에 주어야 할 확장과 제

---

4 디오, 제41편.
5 아리스토텔레스, 《정치학》, 제5편, 제8장.
6 플루타르코스, "디오니시오스의 생애".

한을 알고 있었으므로 도편추방은 훌륭한 것이 되었다. 거기서는 결코 한 사람 이상 회부하지 않았다. 그리고 매우 많은 찬성표가 필요했으므로 꼭 쫓아낼 필요가 없는 사람을 추방하기란 어려운 일이었다.

사람들은 5년에 한 번씩만 추방할 수 있었다. 사실 도편추방은 시민들에게 두려움을 줄 수 있는 거물에 대해서만 실시되어야 했으므로, 일상의 사건이 되어서는 안 되었다.

제8장 : 같은 것처럼 보이는 법이 항상 같은 동기를 갖지는 않는다

프랑스에서는 대체상속인 지정에 관해 로마법의 대부분을 받아들였다. 그러나 프랑스의 대체상속인 지정의 동기는 로마인의 경우와 완전히 다르다. 로마인의 경우, 유산은 상속인이 해야 할 일정한 희생과 결부되어 있었고 그 희생은 신관(神官)들의 법에 의해 규정되었다.7 그로 인해 그들은 상속인 없이 죽는 것을 불명예로 여겼고, 노예를 상속인으로 정하여 대체상속인 지정이라는 것을 만들어 냈다. 지정상속인이 유산을 받지 않은 경우에 한해서 처음으로 생각해 낸 것이 하찮은 대체상속인을 지정하는 것이었다는 점이 바로 그에 대한 커다란 증거이다. 즉, 그것은 같은 이름의 가문에 상속 재산을 영속시키는 것이 목적이 아니라, 유산을 받을 누군가를 찾는 것이 목적이었다.

---

7   유산이 지나치게 부담스러울 때는 일정 부분을 매각함으로써 신관들의 법을 피했다. 거기서 sine sacris hæreditas (신성한 유산 없이) 라는 말이 나왔다.

제 9장 : 그리스법과 로마법은 자살을 벌했으나, 그 동기는 달랐다

집정자의 명령에 의해서나 치욕을 피하기 위해서가 아니라 나약함으로 인해 자신과 밀접하게 연결된 자, 다시 말해 자기 자신을 죽인 사람은 처벌된다고 플라톤은 말한다. 8 로마법은 이 행위가 정신의 나약함이나 삶의 권태 때문에 또는 고통을 참을 수 없어서 행해진 것이 아니라, 어떤 범죄에 대한 절망 때문에 행해졌을 때 처벌했다. 로마법은 그리스법이 유죄로 본 경우를 무죄로 했고, 무죄로 본 경우를 유죄로 한 것이다.

플라톤의 법은 스파르타의 제도를 토대로 만들어졌다. 스파르타의 제도에서는 집정자의 명령은 완전히 절대적이었고, 치욕은 가장 큰 불행이었으며 나약함은 가장 큰 범죄였다. 로마법은 이 모든 훌륭한 관념을 포기했다. 그것은 단지 재정상의 법일 뿐이었다.

공화정 시대에 로마에는 자살하는 사람을 처벌하는 법이 없었다. 이 행위는 언제나 역사가들에 의해 좋게 해석되고, 그런 행동을 한 사람에 대한 처벌은 결코 찾아볼 수 없다.

제정 시대 초기에는 로마의 권세 있는 가문들이 끊임없이 재판에 의해 제거되었다. 그러자 자발적인 죽음으로 유죄판결을 예방하는 관습이 생겼다. 거기에는 커다란 이점이 있었다. 즉, 장례의 명예를 얻을 수 있었고, 유언이 집행되었다. 9 그것은 자살하는 사람을 처벌

---

8 《법률》, 제9편.

9 Eorum qui de se statuebant, humabantur corpora, manebant testamenta,

하는 법이 로마에 없었기 때문에 생긴 결과였다. 그러나 황제들이 잔인한 것 못지않게 탐욕스러워지자, 그들은 없애 버리고자 하는 사람에게 재산을 보존하는 수단을 더 이상 남겨두지 않았다. 그래서 그들은 범죄에 대한 후회로 자살하는 것도 또 다른 범죄라고 선언했다.

황제들의 동기에 대해 내가 한 말은 진실이다. 자살의 원인이 된 범죄가 몰수에 해당하지 않을 때는 자살한 사람의 재산이 몰수되지 않는다는 것에 황제들이 동의했을 정도이다. 10

제 10장 : 반대되는 것처럼 보이는 법이 때로는 같은 정신에서 유래한다

오늘날에는 어떤 사람을 재판에 소환하려면 그의 집으로 간다. 그러나 이것은 로마에서는 시행될 수 없었다. 11

재판에 소환한다는 것은 폭력적 행위였고, 12 일종의 신체 구속과 같은 것이었다. 13 그래서 오늘날 오직 민사상의 부채 때문에 유죄 선고를 받은 사람의 신병을 구속하러 그의 집으로 갈 수 없는 것과 마찬

---

pretium festinandi(자기 스스로 결심한 사람들은 시신이 매장될 수 있었고 유언이 존중되었다. 이것은 일을 서둘러 처리한 것에 대한 보상이었다). 타키투스.

10 안토니누스 피우스 황제의 답서. 제 3법, 제 1항과 제 2항, ff. De bonis eorum qui ante sententiam mortem sibi consciverunt.

11 Leg. 18, ff. De in jus vocando.

12 12표법 참조.

13 Rapit in jus(법정으로 붙잡아 갔다), 호라티우스, 풍자시 9. 그 때문에 경의를 표해야 하는 사람들은 재판에 소환할 수 없었다.

가지로, 재판에 소환하기 위해 그 사람의 집으로 갈 수 없었다.

로마법14과 우리의 법은 모든 시민에게 집은 피난처이며 그곳에서는 어떤 폭력 행위도 당해선 안 된다는 원리를 똑같이 인정한 것이다.

제 11장 : 어떤 방법으로 두 가지 다른 법이 비교될 수 있나

프랑스에서는 위증(僞證)에 대한 벌이 사형이지만, 영국에서는 그렇지 않다. 이 두 법 중에 어떤 것이 좋은지를 판단하려면, 프랑스에서는 범죄자에 대한 고문이 행해지지만 영국에서는 그렇지 않다는 것을 덧붙여 말해야 한다. 또 프랑스에서는 피고는 증인을 세우지 않고 이른바 위법성 조각(阻却) 사유(3)라는 것이 인정되는 일도 매우 드물지만, 영국에서는 양쪽의 증언이 받아들여진다. 프랑스의 이 세 가지 법은 매우 관계가 밀접하고 연속적인 체계를 이루고 있다. 영국의 세 가지 법도 그에 못지않게 관계가 밀접하고 연속적인 체계를 이룬다. 범죄자에 대한 고문을 허용하지 않는 영국의 법은 피고로부터 범죄의 자백을 끌어낼 희망이 조금밖에 없다. 따라서 모든 방면에서 외부자의 증언을 요청하고, 사형에 대한 두려움으로 증인의 용기를 꺾는 일을 하지 않는다. 프랑스법은 고문이라는 수단을 하나 더 가지고 있으므로 증인을 겁먹게 하는 것을 그다지 두려워하지 않는다. 오히려 그들을 겁먹게 하는 것이 이성적으로 요청된다. 프랑스의 법은 한쪽 증인의 말만 듣는데,15 그들은 검찰관이 제시하는 증인으로서 그들의

---

14 제 18법, ff. De in jus vocando 참조.

유일한 증언에 피고의 운명이 달려있기 때문이다. 그러나 영국에서는 양쪽의 증인을 받아들인다. 말하자면 사건이 증인들 사이에서 토론되는 것이다. 따라서 거기서는 위증이 덜 위험하다. 피고는 위증에 대한 방책을 가지고 있다. 반면 프랑스의 법은 그런 방책을 제공하지 않는다. 그러므로 이 법들 중 어떤 것이 이성에 더 부합하는가를 판단하려면, 그 법들을 각각 비교해서는 안 되고 모두 한꺼번에 취급하여 비교해야 한다.

제12장 : 같은 것으로 보이는 법이 실제로는 때때로 다르다

그리스법과 로마법은 장물아비를 도둑과 마찬가지로 처벌했다. 16 프랑스법도 마찬가지이다. 그런데 전자의 법들은 합리적이지만, 후자는 그렇지 않다. 그리스와 로마에서는 도둑이 벌금형에 처해졌으므로 장물아비도 같은 형벌로 처벌해야 했다. 어떤 식으로든 손해를 끼치는데 가담한 모든 사람이 손해를 보상해야 하기 때문이다. 그러나 프랑스에서는 절도의 형벌이 사형이므로, 장물아비를 도둑과 똑같이 처벌하는 것은 사태를 지나치게 과장하는 것이었다. 절도품을 받는 사람은 악의 없이 받는 경우가 수없이 많을 수 있지만, 훔치는 사람은 언제나 유죄이다. 전자는 이미 저지른 범죄의 입증을 방해하는 것이

---

15 프랑스의 옛 법률에 의하면, 양쪽 증인의 말을 들었다. 그래서 성왕 루이의 《율령집》 제1편 제7장을 보면, 법정에서 위증한 것에 대한 형벌이 벌금형이었다.

16 Leg. 1, ff. De receptatoribus.

고, 후자는 그 범죄를 저지르는 것이다. 한쪽은 모든 것이 수동적이지만, 다른 한쪽에는 능동적인 행동이 존재한다. 도둑은 더 많은 장애물을 극복해야 하고, 그의 정신은 더 오랫동안 법에 저항해야 한다.

법학자들은 한술 더 떠서 장물아비를 도둑보다 더 추악하다고 여겼다.17 장물아비가 없으면 절도는 오랫동안 숨길 수 없기 때문이라는 것이다. 이것 또한 형벌이 벌금형일 때는 좋을 수 있었다. 손해가 관건인데, 보통 장물아비가 손해를 배상할 능력이 더 많았기 때문이다. 그러나 형벌이 사형일 때는 별개의 원리를 근거로 규정되어야 했다.

제13장 : 법을 그 제정 목적에서 분리해서는 안 된다.
절도에 관한 로마법

도둑이 훔친 물건을 숨기려는 장소로 옮기기 전에 훔친 물건과 함께 붙잡혔을 때, 로마인들은 그것을 현행 절도라고 불렀다. 도둑이 그 후에 붙잡혔을 때는 비현행 절도였다. 12표법은 현행 절도범이 성년이면 태형을 가하여 노예로 전락시키고, 미성년이면 태형만 가한다고 정했다. 그리고 비현행 절도범은 훔친 물건의 두 배를 지불하는 형벌로만 그쳤다.

포르키아 법은 시민에게 태형을 가하여 노예로 전락시키는 관행을 없애고, 현행 절도범은 네 배의 벌금형에 처하고18 비현행 절도범은

---

17 위의 책.
18 아울루스 겔리우스, 제 20편, 제 1장에서 파보리누스가 말한 것을 참조할 것.

두 배의 벌금형을 유지했다.

이 법들이 두 범죄의 성질과 거기에 가해지는 형벌에 그런 차이를 둔 것은 기이하게 보인다. 사실 도둑이 절도품을 목적지로 운반하기 전에 붙잡혔든 후에 붙잡혔든, 범죄의 성질이 바뀌는 상황은 아니다. 나는 절도에 관한 로마법의 모든 이론이 스파르타의 제도에서 유래했다고 확신한다. 리쿠르코스는 시민들에게 재주와 계략과 활력을 기르게 하려는 목적에서 아이들에게 도둑질을 훈련시키고 현장에서 붙잡히면 회초리로 세게 때리라고 했다. 이것이 그리스에 이어 로마에서 현행 절도와 비현행 절도 사이에 커다란 차이를 확립한 것이다. 19

로마에서는 도둑질한 노예를 타르페이아 바위에서 떨어뜨렸다. 그 경우에는 스파르타의 제도와 관계가 없었다. 절도에 관한 리쿠르코스 법은 노예를 위해 만들어진 것이 아니었다. 그런 점에서, 그 법에서 벗어나는 것이 곧 그 법을 따르는 것이었다.

로마에서는 미성년자가 절도 중에 붙잡히면, 법무관이 스파르타에서처럼 회초리로 실컷 때리게 했다. 이것은 모두 더 먼 옛날로부터 유래한 것이다. 스파르타인은 이 관행을 크레타인에게서 얻었다. 플라톤은 크레타인의 제도가 전쟁을 위해 만들어진 것임을 증명하고자 "개별적인 투쟁과 숨겨야만 하는 절도에서 고통을 참는 능력"을 언급한다. 20

---

19 플루타르코스가 "리쿠르고스의 생애"에서 말한 것과 《학설휘찬》의 De furtis라는
    제목의 법 및 《법학제요》 제4편 제1조 제1항, 제2항, 제3항을 대조해 볼 것.
20 《법률》, 제1편.

시민법과 정치법은 언제나 하나의 사회를 위해 만들어졌기 때문에 시민법은 정치법에 의존한다. 그러므로 한 나라의 시민법을 다른 나라로 옮겨 가고자 할 때는 두 나라가 같은 제도와 같은 정치법을 가졌는지 사전에 검토하는 것이 좋다.

절도에 관한 법이 크레타인으로부터 스파르타인에게 옮겨졌을 때, 정체나 체제도 함께 옮겨졌으므로 그 법은 두 민족 모두에게 똑같이 적합했다. 그러나 그 법이 스파르타에서 로마로 옮겨졌을 때는 똑같은 체제가 아니었으므로, 로마에서는 그 법이 늘 생소했고 로마의 다른 시민법과 아무런 관련을 갖지 못했다.

제14장 : 법을 그 법이 제정된 상황에서 분리해서는 안 된다

아테네의 법은 도시가 포위되었을 때 쓸모가 없는 사람을 모두 죽이라고 정했다. 21 이것은 끔찍한 정치법으로, 끔찍한 만민법의 결과였다. 그리스인의 경우, 점령된 도시의 주민은 시민적 자유를 잃고 노예로 팔렸다. 한 도시의 점령은 그 도시의 완전한 파괴를 가져왔다. 바로 그 때문에 그런 완강한 방어와 비인간적 행위뿐만 아니라 때때로 끔찍한 법을 만들게 된 것이다.

로마법은 부주의나 미숙함에 대해 의사를 처벌할 수 있다고 정했

---

21 Inutilis ætas occidatur(나이 때문에 쓸모없는 사람들은 죽임을 당했다), 시리아노스(Syrianos, 5세기의 그리스 철학자_옮긴이 주), 《헤르모게네스 주해(In Hermogenem commentaria)》.

다. 22 그런 경우, 법은 지위가 다소 높은 의사는 유배형에 처하고 지위가 더 낮은 의사는 사형에 처했다. 우리의 법은 이와 다르다. 로마법은 우리의 법과 같은 상황에서 제정된 것이 아니었다. 로마에서는 누구든 원하는 사람은 의사 노릇을 할 수 있었다. 그러나 우리의 경우, 의사는 연구하고 일정한 학위를 취득해야 한다. 따라서 그들은 의술을 알고 있는 것으로 여겨진다.

제 15장 : 때로는 법이 스스로 교정되는 것이 좋다

12표법은 낮도둑이든 밤도둑이든 추적당할 때 저항하면 죽여도 좋다고 허용했다. 23 그러나 이 법에 따르면, 도둑을 죽이는 사람은 고함을 지르고 시민을 불러야 했다. 24 그것은 직접 복수하는 것을 허용하는 법이 항상 요구해야 하는 일로, 행위의 순간에 증인과 재판관을 부르는 결백의 외침이다. 사람들이 그 행위를 알아야 한다. 그 행위가 이루어지는 순간에, 분위기와 얼굴과 흥분과 침묵과 같은 모든 것이 있는 그대로 말해주는 순간에, 모든 말이 유죄 또는 무죄를 증명하는 순간에 그 행위를 알아야 한다. 시민의 안전과 자유에 몹시 어긋날 수

---

22 코르넬리아 법, De sicariis. 《법학제요》, 제 4편, 제 3조 De lege Aquiliâ, 제 7항 참고.

23 제 4법 참조, ff. Ad leg. Aquil.

24 위의 책. 바바리족의 법에 첨부된 타실로[Tassilo, 바이에른 공작으로 타실로 1세 (560~610), 타실로 2세(?~719), 타실로 3세(741~796)가 있다. 여기서는 그 중 가장 유명하고 카롤루스 마그누스와 맞섰던 타실로 3세를 말하는 것으로 보인다_옮긴이 주]의 법령 De copularibus legibus, 제 4항 참조.

있는 법은 시민들이 보는 앞에서 집행되어야 한다.

제16장 : 법 제정 시 준수해야 할 사항

자기 국민이나 다른 국민에게 법을 부여할 수 있을 만큼 폭넓은 재능을 가진 사람들은 법을 만드는 방법에 대해 상당한 주의를 기울여야 한다.

법의 문체는 간결해야 한다. 12표법은 간명함을 보여주는 모범이어서, 아이들도 그것을 외우고 있었다. 25 유스티니아누스의 《신칙법》은 매우 산만해서 요약해야 했다. 26

법의 문체는 단순해야 한다. 심사숙고한 표현보다 직접적인 표현이 항상 더 잘 이해된다. 후기 로마 제국의 법에는 위엄이 없다. 거기서는 군주의 말이 연설자의 말 같다. 법의 문체가 거만하면, 사람들은 그 법을 과시의 저작물로밖에 여기지 않는다.

법의 언어는 반드시 모든 사람에게 똑같은 관념을 불러일으켜야 한다. 리슐리외 추기경은 왕에게 대신을 고발할 수 있다고 인정했지만, 증명된 사실이 중대한 것이 아니면 고발자가 처벌된다고 정했다. 27 그것은 틀림없이 누구도 그에게 불리한 어떤 진실을 말하지 못하게 했을 것이다. 중대한 사실이란 완전히 상대적이어서 어떤 사람에게

---

25 Ut carmen necessarium(필수적인 노래처럼). 키케로, 《법률론》, 제2편.
26 그것이 이르네리우스(Irnerius, 1050~1125, 이탈리아에서 로마법 연구를 부흥시킨 학자 중 한 사람__옮긴이 주)의 저서이다.
27 《정치적 유언》.

중대한 것이 다른 사람에게는 중대하지 않기 때문이다.

호노리우스 황제의 법은 해방된 자를 농노(農奴)로 사거나 괴롭히려고 한 사람을 사형에 처했다.28 그토록 모호한 표현을 사용해서는 안 되었다. 어떤 사람이 당하는 괴로움은 완전히 그의 감수성의 정도에 달려있기 때문이다.

법이 뭔가 고정해 놓아야 할 때는 될 수 있는 한 금액으로 고정해 놓는 것을 피해야 한다. 수많은 원인으로 화폐 가치가 변하므로, 화폐의 명칭은 같아도 더 이상 같은 것이 아니기 때문이다. 우리는 만나는 사람마다 따귀를 때리고 12표법에 정해진 25수를 제시한 로마의 무례한 자의 이야기를 알고 있지 않은가?29

하나의 법에서 사물에 대한 관념이 잘 고정되었을 때 모호한 표현으로 다시 돌아가서는 안 된다. 루이 14세의 형사 사건에 관한 칙령에는,30 왕이 직접 관여하는 사건을 정확하게 열거한 후 "그리고 모든 시기에 왕의 재판관이 재판한 사건"이라는 말을 덧붙인다. 이것은 방금 빠져나온 자의성(恣意性)으로 다시 들어가게 한다.

샤를 7세는 관습법의 지방에서 왕국의 관습에 반하는 판결이 내려진 후 3, 4, 6개월이 지나 당사자들이 상소하는 것을 알게 되었다.31

---

28 Aut qualibet manumissione donatum inquietare voluerit (또는 해방이 인정된 사람을 괴롭히려고 하는 사람). 테오도시우스 법전의 부록, 시르몽 사제의 작품집 제1권, 737쪽.

29 아울루스 겔리우스, 제20편, 제1장.

30 이 칙령의 조서에서 그에 대한 동기를 발견할 수 있다.

31 1453년의 몽텔레투르 칙령에서.

그는 즉시 상소하라고 명령했다. 다만 검사의 사기나 기만,[32] 혹은 상소자를 면책해야 할 명백하고 커다란 이유가 있을 때는 예외로 했다. 이 법의 마지막 부분은 첫 부분을 파괴한다. 그래서 심지어 그 뒤에 30년 동안 상소가 제기되었다.[33]

롬바르드족의 법에 의하면, 수녀복을 입었던 여성은 설령 수녀가 되지 않더라도 혼인할 수 없었다.[34] 이 법은 그 이유를 "단지 반지로 어떤 여자와 정혼한 남편이 다른 여자와 결혼하는 것이 죄가 된다면, 하물며 신이나 성모 마리아의 배우자는 …"이라고 말한다. 나는 법에서 이치를 따질 때는 현실에서 비유, 혹은 비유에서 현실로 옮겨 가지 말고 현실에서 현실로 옮겨 가야 한다고 생각한다.

콘스탄티누스 황제의 어떤 법은 다른 증인의 말을 들을 필요 없이 주교의 증언만으로 충분하다고 정한다.[35] 이 군주는 매우 간단한 방법을 택했다. 그는 사람에 의해 사건을 판단하고, 고위직에 의해 사람을 판단한 것이다.

법은 미묘해서는 안 된다. 그것은 보통의 이해력을 가진 사람들을 위해 제정되는 것이다. 법은 기교를 부리는 논리가 아니라 가장(家長)의 단순한 이성이다. 어떤 법에서 예외, 제한, 수정이 필요하지 않을 때는 그런 것을 설정하지 않는 것이 훨씬 더 낫다. 그런 세부 사항은 새로운 세부 사항을 찾게 만든다.

---

32 공적인 질서를 깨뜨릴 필요 없이 검사를 처벌할 수 있었다.
33 그에 관해 1667년의 칙령이 규정을 만들었다.
34 제2편, 제37조.
35 테오도시우스 법전의 부록, 시르몽 사제의 작품집 제1권.

충분한 이유 없이 법을 바꾸어서는 안 된다. 유스티니아누스는 남편이 2년 동안 부부관계를 못하면 아내는 지참금을 잃지 않고도 남편과 이혼할 수 있다고 정했다.[36] 그는 법을 바꾸어 불쌍한 남편에게 3년의 기간을 주었다.[37] 그러나 이런 경우, 2년이나 3년이나 마찬가지이고 3년이 2년보다 더 나을 것이 없다.

굳이 법의 이유를 설명하고자 할 때는 그 이유가 법에 어울리는 것이어야 한다. 어떤 로마법은 장님은 사법관의 표지를 볼 수 없기 때문에 소송할 수 없다고 결정했다.[38] 다른 좋은 이유도 많이 있는데 그런 나쁜 이유를 든 것을 보면, 일부러 그런 것이 틀림없다.

법학자 파울루스는 아이가 7개월째에 완전히 태어난다고 하면서 피타고라스의 정리가 그것을 증명해 주는 것 같다고 말한다.[39] 그런 것을 피타고라스 정리에 근거해 판단한다는 것이 기이하다.

몇몇 프랑스 법학자는 왕이 어떤 지역을 획득했을 때 그곳의 교회는 왕의 고유 권한에 종속된다고 말하면서, 그 이유가 왕의 왕관이 둥글기 때문이라고 했다. 나는 여기서 왕의 권리에 대해 왈가왈부하거나 그 경우 시민법이나 교회법의 논거가 정치법의 논거에 양보해야 하는지 아닌지를 논할 생각은 없다. 그러나 그토록 존엄한 권리는 엄숙한 원칙에 의해 주장되어야 한다. 어떤 고위직의 실제 권리가 그 고위직을 표시하는 형상에 근거를 둔 것을 일찍이 누가 본 적이 있단 말

---

36 Leg. 1, cod. De repudiis.
37 De repudiis 법전에서 Autnentica, sed hodie 참조.
38 Leg. 1, ff. De postulando.
39 《판결문》, 제4편, 제9조.

인가?

다빌라(4)에 의하면, **40** 샤를 9세는 14살이 시작될 때 루앙 고등법원에서 성년으로 선포되었다. 법은 피후견인의 재산 관리와 복권에서는 순간순간 시간을 계산하도록 정한 반면, 영예를 얻는 것에서는 나이가 시작되는 때를 만 나이로 간주했기 때문이다. 나는 지금까지 아무 불편이 없었던 것으로 보이는 규정을 비판하고 싶지 않다. 다만 드 로피탈(5) 대법관이 주장한 이유는 사실이 아니라는 것을 말하고자 한다. 사람들을 통치하는 것이 고작 영예에 지나지 않는다니, 어림도 없는 말이다.

추정(推定)에 관해 말하자면, 법의 추정은 인간의 추정보다 더 낫다. 프랑스법은 상인이 파산하기 전 10일 이내에 한 행위는 모두 사기로 본다. 이것은 법의 추정이다. **41** 로마법은 아내가 간통을 저지른 후 그 아내를 계속 데리고 있는 남편에게 형벌을 적용했다. 다만 남편이 소송의 결과에 대한 두려움 때문에 혹은 자신의 수치에 신경을 쓰지 않아서 그렇게 결심했을 경우는 예외였다. 이것은 인간의 추정이다. 따라서 재판관은 남편 행동의 동기를 추정해야 했고, 매우 모호한 방식으로 생각한 것을 토대로 판결해야 했다. 재판관이 추정할 때 판결은 자의적인 것이 되고, 법이 추정할 때 법은 재판관에게 일정한 규칙을 준다.

앞에서 말했듯이, 플라톤의 법은 수치를 피하기 위해서가 아니라

---

40 《프랑스 내전사》, 96쪽.
41 1702년 11월 18일의 법이다.

나약함 때문에 자살하는 사람을 처벌한다고 정했다. **42** 그 경우는 죄인으로부터 자살 동기에 대한 자백을 받아낼 수 없는 유일한 경우인데, 재판관이 그 동기에 대해 판결하도록 정했다는 점에서 그 법에는 결함이 있었다.

무용한 법이 필요한 법을 약화시키는 것처럼, 회피할 수 있는 법은 법제를 약화시킨다. 법은 효력이 있어야 한다. 개별적 합의에 의해 법을 위반하는 것을 허용해서는 안 된다.

팔키디아 법은 상속인이 반드시 유산의 4분의 1을 가져야 한다고 로마인에게 명령했다. 그런데 다른 법은 상속인이 이 4분의 1을 갖지 못하게 금하는 것을 유언자에게 허락했다. **43** 이것은 법을 무시하는 것이다. 결국 팔키디아 법은 무용한 것이 되었다. 유언자가 상속인에게 혜택을 주고 싶다면 상속인에게는 팔키디아 법이 굳이 필요하지 않고, 유언자가 혜택을 주고 싶지 않다면 상속인에게 팔키디아 법의 이용을 금지했기 때문이다.

사리에 어긋나지 않는 방식으로 법을 만들도록 주의해야 한다. 오랑주 공을 추방할 때, 펠리페 2세는 그를 죽이는 사람이나 그 후손에게 2만 5천 에퀴와 귀족의 신분을 주겠다고 약속했다. 그것이 왕의 말이었고, 신의 종으로서 말한 것이었다. 그런 행위에 대해 귀족 신분을 약속하다니! 신의 종이라는 자격으로 그런 행위를 명령하다니! 이 모든 것은 명예의 관념, 도덕의 관념, 종교의 관념을 똑같이 뒤엎

---

42 《법률》, 제9편.
43 Authentica, Sed cum testator.

는 것이다.

어떤 완벽함을 상상하여 그것을 핑계로 나쁘지도 않은 것을 금지해야 하는 경우는 드물다.

법에는 순수함이 필요하다. 법은 인간의 사악함을 벌주기 위해 만들어졌으므로, 법 스스로 최대한 결백해야 한다. 서고트족의 법에서는 우스꽝스러운 청원을 볼 수 있다. 44 유대인이 돼지고기를 먹지 않으니까 돼지로 요리한 온갖 음식을 그들에게 먹도록 강제하자는 청원이었다. 그것은 매우 잔인한 일이었다. 유대인을 그들의 법에 어긋나는 법에 복종시키고, 그들의 법 중에서 그들을 알아보는 표식이 될 수 있는 것만 간직하게 했기 때문이다.

제 17장 : 법을 제정하는 나쁜 방법

로마 황제는 우리의 군주와 마찬가지로 그들의 의사를 법령과 칙령으로 나타냈다. 그러나 로마 황제는 재판관이나 개인이 그들의 소송에서 서면으로 황제에게 질문하는 것을 허가했다. 그것은 우리의 군주는 행하지 않는 것이다. 황제의 대답은 칙서(勅書)라고 불렸다. 교황령은 엄밀히 말하자면 칙서이다. 이것은 나쁜 종류의 입법이라는 것을 느낄 수 있다. 이런 식으로 법을 요청하는 사람들은 입법자에게는 나쁜 안내인이다. 언제나 사실이 제대로 설명되지 않기 때문이다.

트라야누스는 종종 그런 종류의 칙서를 주기를 거부했다고 율리우

---

44 제 12편, 제 2조, 제 16항.

스 카피톨리누스는 말한다. 45 종종 개별적 특혜가 되는 어떤 결정이 모든 경우로 확장되지 않도록 하기 위해서였다고 한다. 마크리누스(6)는 이러한 모든 칙서를 폐지하기로 결정했다. 46 그는 콤모두스, 카라칼라, 그 밖의 몹시 무능한 모든 군주의 대답이 법으로 간주되는 것을 참을 수 없었던 것이다. 유스티니아누스는 이와 다르게 생각하여, 그의 편찬물을 그런 칙서로 가득 채웠다.

로마법을 읽는 사람들은 이런 종류의 임시 명령과 원로원 의결, 평민회의 의결, 황제들의 일반 법령, 여성의 나약함이나 미성년자의 무력함과 공공의 이익 및 사물의 이치에 토대를 둔 모든 법을 구별하기 바란다.

제 18장 : 획일성의 관념

획일성에 대한 어떤 관념들은 때로는 위대한 사람의 마음을 사로잡기도 하지만(카롤루스 마그누스의 마음을 움직였으니까), 평범한 사람들에게 어김없이 강한 인상을 준다. 그들은 거기에서 자신들이 인정하는 일종의 완전함을 발견한다. 경찰에서의 중압감도 똑같고, 거래에서의 계량 단위도 똑같고, 나라 안에서 법도 똑같고, 모든 지방에서 종교도 똑같으니 완전함을 발견하지 않을 수 없기 때문이다.

그런데 그것은 예외 없이 언제나 적절한 것일까? 변화시킬 때의 폐

---

45 율리우스 카피톨리누스, "마크리누스" 참조.
46 위의 책.

해가 그대로 감수하는 폐해보다 언제나 더 적을까? 그보다 천재의 위대함은 어떤 경우에 획일성이 필요하고 어떤 경우에 다양성이 필요한지를 아는 데 있지 않을까? 중국에서 중국인은 중국의 예법에 의해 통치되고 타타르족은 타타르 예법에 의해 통치된다. 그러나 그들은 세계에서 가장 평온을 목적으로 삼는 국민이다. 시민이 법을 따를 때, 똑같은 법을 따른다는 것이 그리 중요한 일일까?

제 19장 : 입법자

아리스토텔레스는 때로는 플라톤에 대한 질투를, 때로는 알렉산드로스에 대한 열정을 만족시키고자 했다. 플라톤은 아테네 인민의 폭정에 분개했다. 마키아벨리는 그의 우상인 발랑티누아 공작(7)으로 머리가 가득 차 있었다. 자신이 생각한 것보다 읽은 것에 대해 이야기한 토머스 모어(8)는 그리스 도시의 단순성으로 모든 나라를 통치하기를 바랐다.**47** 수많은 저자가 왕관이 보이지 않는 곳이면 어디서나 무질서를 발견하는 동안, 해링턴은 영국 공화제밖에 보지 않았다. 법은 항상 입법자의 정념과 편견에 부딪히게 된다. 법은 때로는 그것을 헤치고 나가면서 거기에 물들기도 하고, 때로는 거기에 머물러 그것과 혼합된다.

---

47 《유토피아》에서.

제 30 편

프랑크족의 봉건법 이론과 군주정체 확립의 관계

제1장 : 봉건법

이 세상에 한 번 일어났으나 어쩌면 두 번 다시 일어나지 않을 사건에 대해 만일 내가 침묵한다면, 내 저서는 불완전한 것이 되리라고 생각한다. 그때까지 알려져 있던 법과 관계없이 전 유럽에 순식간에 나타난 법, 좋은 일과 나쁜 일을 수없이 행한 법, 소유지가 양도될 때 권리를 그대로 남겨준 법, 같은 사물이나 같은 사람들에 대한 다양한 종류의 영주권을 여러 사람에게 줌으로써 영주권 전체의 무게를 경감시킨 법, 지나치게 확장된 제국 안에 여러 가지 경계를 설정한 법, 무정부 상태의 성향을 지닌 규율 및 질서와 조화의 경향을 지닌 무정부 상태를 만들어 낸 법에 대해 말하지 않는다면 말이다.

이것은 별도의 저서를 요구하는 일이다. 그러나 이 책의 성격에 맞춰, 나는 여기서 그 법에 관한 연구보다는 전반적인 개관을 제시하고

자 한다.

봉건법은 훌륭한 전망을 보여준다. 아주 오래된 떡갈나무 한 그루가 서 있다.[1] 멀리서는 잎이 보이고, 가까이 가면 줄기가 보인다. 그러나 뿌리는 보이지 않는다. 뿌리를 보려면 땅을 파야 한다.

제 2장 : 봉건법의 근원

로마 제국을 정복한 민족은 게르마니아 출신이었다. 그들의 풍속을 묘사한 고대의 저자는 별로 없지만, 그래도 우리에게는 매우 권위 있는 두 명의 저자가 있다. 게르만족과 전쟁을 치른 카이사르는 게르만족의 풍속을 묘사했다.[2] 그는 바로 이 풍속을 근거로 자신의 계획 몇 가지를 결정했다.[3] 이 문제에 관한 카이사르 저서의 몇 페이지는 여러 권의 책과 맞먹는다.

타키투스는 게르만족의 풍속에 관해 별도의 저서를 썼다. 이 저서는 짧지만, 모든 것을 요약한 것은 바로 타키투스의 저서이다. 그는 모든 것을 다루었기 때문이다.

이 두 저자의 저서는 우리가 가지고 있는 야만족의 법전과 매우 일

---

1   ⋯ Quantum vertice ad auras

    Æthereas, tantum radice ad Tartara tendit.

    (꼭대기가 하늘 위로 멀리 닿을수록 뿌리는 지하세계 깊숙이 뻗어 있다)

    ― 베르길리우스.

2   제4편.

3   예를 들어 독일에서의 그의 후퇴. 위의 책.

치해서 카이사르와 타키투스를 읽으면서 사방에서 야만족의 법전을 발견하게 되고, 야만족의 법전을 읽으면서 사방에서 카이사르와 타키투스를 발견하게 된다.

봉건법을 탐구하다가 길과 굴곡이 수없이 많은 어두운 미궁에 빠지더라도, 나는 실 끝을 단단히 쥐고 있으므로 앞으로 걸어갈 수 있으리라고 믿는다.

제 3장 : 봉신제의 기원

"게르만족은 농업에 전념하지 않고 대부분 우유와 치즈와 고기를 먹고 살았다. 아무도 자기 고유의 토지나 경계를 갖지 않았다. 각 민족의 군주와 집정자들은 개인에게 원하는 토지의 몫을 원하는 장소에 주었고, 다음 해에는 다른 곳으로 옮겨 가게 했다"라고 카이사르는 말한다. 4 타키투스는 "모든 군주는 그에게 종속되어 그를 따르는 사람들의 무리를 거느리고 있었다"라고 말한다. 5

저자는 자신의 언어, 즉 라틴어로 그들의 신분과 관련된 명칭을 그들에게 부여하고 그들을 동반자6라고 불렀다. 동반자들 사이에는 군

---

4 《갈리아 전기(戰記)》, 제 6편. 타키투스는 《게르만족의 풍속》에서 다음과 같이 덧붙인다. Nulli domus, aut ager, aut aliqua cura ; prout ad quem venere aluntur(그들에게는 집도 땅도 직업도 없었다. 그들은 우연히 만나게 되는 사람들로부터 지원을 받았기 때문이다).

5 《게르만족의 풍속》.

6 Comites.

주로부터 특전을 얻으려는 기이한 경쟁이 있었고,[7] 군주들 사이에도 동반자의 숫자와 용기에 대해 똑같은 경쟁이 있었다. 타키투스는 다음과 같이 덧붙인다.

"선발된 청년의 무리에게 언제나 둘러싸여 있다는 것은 위엄이요 권력이다. 그것은 평화 시에는 장식이 되고, 전쟁에서는 성벽이 된다. 동반자의 숫자와 용기에서 다른 사람을 능가하면, 자기 민족과 이웃 민족 사이에서 유명해진다. 그리하여 선물을 받고 사방에서 사절이 찾아온다. 종종 명성이 전쟁을 결정한다. 전투에서 용기가 뒤떨어지는 것은 군주에게 치욕스러운 일이고, 군주의 능력을 따라가지 못하는 것은 군대에 치욕스러운 일이다. 따라서 군주가 죽은 뒤에도 살아남는 것은 영원한 치욕이다.

군주를 지키는 것은 가장 신성한 약속이다. 어떤 도시국가가 평화를 누리면, 군주는 전쟁하고 있는 도시국가로 간다. 그렇게 함으로써 그들은 수많은 동지를 유지한다. 그 동지들은 그들로부터 군마와 무서운 투창을 받는다. 그들에게는 맛은 없지만 푸짐한 식사가 일종의 보수이다. 군주는 전쟁과 약탈에 의해서만 도량을 베풀 수 있다. 그들에게 토지를 경작하고 수확을 기다리라고 설득하는 것보다 적을 불러들여 상처를 입으라고 설득하는 편이 더 쉬울 것이다. 그들은 피로 얻을 수 있는 것을 땀으로 얻지 않을 것이다."

이처럼 게르만족에게 봉신(封臣)은 있었지만 봉토(封土)는 없었다. 나누어 줄 토지가 군주에게 없었기 때문에 봉토가 없었다. 아니,

---

7 《게르만족의 풍속》.

군마와 무기와 식사가 바로 봉토였다. 약속으로 묶여 있고 전쟁을 위해 고용되고 나중에 봉토에 대해 한 것과 거의 똑같은 의무를 이행하는 충직한 사람들이 있었으니까, 봉신은 존재했다.

제 4장 : 같은 주제 계속

카이사르는 다음과 같이 말한다. [8]

"회의에서 군주들 중 한 사람이 원정 계획을 세웠다고 선언하고 자신을 따르라고 요청할 때, 그를 지도자로 인정하고 그 계획을 승인하는 사람들은 일어나서 원조를 제안한다. 그러면 그들은 군중의 칭송을 받는다. 그러나 그들이 약속을 지키지 않으면, 그들은 대중의 신뢰를 잃고 도망자와 배신자로 간주된다."

여기서 카이사르가 말한 것과 앞 장에서 타키투스가 한 말은 제 1 왕조 역사의 씨앗이 된다.

왕들이 원정 때마다 항상 새로운 군대를 다시 만들고 다른 군대를 설득하고 새로운 사람들을 모집했다는 것, 많은 것을 얻기 위해 많이 베풀어야 했다는 것, 토지와 전리품의 분배를 통해 끊임없이 획득했다는 것, 그 토지와 전리품을 끊임없이 주었다는 것, 그들의 소유지가 계속 팽창하고 또 끊임없이 줄었다는 것, 한 아들에게 왕국을 주는 아버지는 항상 재물을 덧붙여 주었다는 것, [9] 왕의 재물은 군주정체에

---

8 《갈리아 전기》, 제 6편.
9 다고베르투스(Dagobertus I, 603~639. 메로빙 왕조 출신의 프랑크 왕국 군주로

필요한 것으로 간주되었다는 것, 왕은 심지어 자기 딸의 지참금으로라도 다른 왕들의 동의 없이는 외국인에게 재물을 나누어 줄 수 없었다는 것10은 놀랄 일이 아니다. 군주정체는 계속 다시 감아야 하는 태엽에 의해 진행된 것이다.

제 5장 : 프랑크족의 정복

프랑크족이 갈리아에 들어가서 그 지역의 모든 토지를 점령하고 봉토로 삼았다는 것은 사실이 아니다. 제 2왕조 말에 거의 모든 토지가 봉토, 하위 봉토 또는 그 둘 중 하나의 부속물이 된 것을 보았기 때문에 어떤 사람들은 그렇게 생각했다. 그러나 거기에는 특수한 원인이 있었는데, 그것은 나중에 설명할 것이다.

거기서 끌어내고자 한 결론, 즉 야만족은 온 사방에 농노제(農奴制)를 확립하기 위해 일반적인 규칙을 만들었다는 것은 원리와 마찬가지로 잘못된 것이다. 봉토가 회수될 수 있던 시기에 왕국의 모든 토지가 봉토나 봉토의 부속물이었고 왕국의 모든 사람이 봉신이거나 봉신에게 종속된 농노들이었다면, 재산을 가진 사람이 언제나 권력도 가지게 되므로 봉토, 즉 당시의 유일한 재산을 계속 소유하게 되는 왕

영어, 프랑스어, 독일어로는 Dagobert로 표기한다__옮긴이 주)의 전기를 참조할 것.

10 투르의 그레고리우스, 제6편, 킬페리쿠스의 딸의 혼인을 참조할 것. 킬데베르투스는 그에게 사절을 보내, 아버지 왕국의 도시들, 그 재물, 농노, 말, 기병, 소 한 쌍 등 어떤 것도 그의 딸에게 주어서는 안 된다고 말했다.

은 터키 술탄의 권력처럼 자의적인 권력을 가졌을 것이다. 그러나 그
것은 역사와 완전히 반대이다.

제 6장 : 고트족, 부르군트족, 프랑크족

갈리아는 여러 게르만족에게 침략당했다. 서고트족은 나르보넨시스
와 거의 모든 남부 지방을 점령했고, 부르군트족은 동쪽을 바라보는
지역에 정착했다. 그리고 프랑크족은 나머지 부분을 거의 다 정복했
다.

　이들 야만족이 자신의 지역에서 가지고 있던 풍속과 성향과 관행을
정복지에서도 유지했던 것은 의심할 여지가 없다. 어떤 민족의 사고
방식과 행동 방식이 한순간에 바뀌는 것은 아니기 때문이다. 이 민족
들은 게르마니아에서 땅을 거의 경작하지 않았다. 타키투스와 카이
사르에 의하면, 그들은 목축 생활에 전념했던 것으로 보인다. 그래서
야만족 법전의 규정은 거의 모두가 가축에 관한 것이다. 프랑크족의
역사를 쓴 로리콘(Roricon)도 목자였다.

제 7장 : 토지를 분배하는 여러 방법

고트족과 부르군트족이 여러 가지 구실로 제국 안으로 침입하자, 로
마인은 그들의 유린을 막기 위해 어쩔 수 없이 그들의 생필품을 마련
해야 했다. 처음에는 그들에게 밀을 주었고, 11 나중에는 오히려 토지
를 주는 것을 더 선호했다. 황제나 황제를 대신한 로마의 집정자들은

그들과 영토 분배에 대한 협정을 맺었다. 12 그것은 서고트족의 법전13
과 부르군트족의 법전14 및 연대기에서 볼 수 있다.

프랑크족은 그런 계획을 따르지 않았다. 살리카법과 리푸아리아법
에서는 그와 같은 토지 분할의 흔적이 전혀 보이지 않는다. 그들은 정
복했고, 원하는 것을 차지했고, 자기들끼리만 규칙을 만들었다.

그러므로 갈리아에서 부르군트족과 서고트족이 사용한 방법, 스페
인에서 같은 서고트족이 사용한 방법, 아우구스툴루스(1)와 오도아케
르(2) 휘하의 외래 원군들이 이탈리아에서 사용한 방법15을 갈리아에
서 사용한 프랑크족의 방법이나 아프리카에서 사용한 반달족의 방
법16과 구별하자. 전자의 경우는 옛 주민과 협정을 맺었고, 따라서 그
들과 함께 토지 분배를 했다. 후자의 경우는 그런 것을 아무것도 하지
않았다.

---

11 조시모스, 제5편, 알라리쿠스가 요구한 밀의 배급에 대해 참조할 것.
12 Burgundiones partem Galliæ occupaverunt, terrasque cum Gallicis
    senatoribus diviserunt(부르군트족은 갈리아의 한 부분을 점령했고, 갈리아의
    원로들과 땅을 나누었다). 마리우스(Marius Aventicensis, 6세기 아벤티쿰
    (Aventicum)의 주교로 그의 연대기가 유명하다. 아벤티쿰은 오늘날 스위스 아방
    슈(Avenches)에 해당하는 지역이다_옮긴이 주) 연대기, 456년에 관한 것.
13 제10편 제1조 제8항, 제9항, 제16항.
14 제54장, 제1항과 제2항. 이 분배는 829년의 법령에서 나타나는 것처럼 유순왕
    루도비쿠스의 시대에도 존속했다. 이 법령은 부르군트족의 법 제79조 제1항에
    삽입되었다.
15 프로코피우스, 《고트족의 전쟁》 참조.
16 프로코피우스, 《반달족의 전쟁》 참조.

제 8장 : 같은 주제 계속

야만족이 로마인의 땅을 대대적으로 빼앗았다고 생각하게 된 것은 서고트족과 부르군트족의 법에서 토지의 3분의 2를 이 두 민족이 가졌다는 것이 발견되기 때문이다. 그렇지만 이 3분의 2는 그들에게 할당된 일정한 지역에서만 차지한 것일 뿐이었다.

부르군트족의 법에서 군도바두스는 그의 민족이 정착할 때 토지의 3분의 2를 받았다고 말한다. 17 그리고 이 법의 두 번째 보충 항목에서는 앞으로 그 지역에 오는 사람들에게는 그 절반만 준다고 쓰여 있다. 18 따라서 모든 토지가 즉시 로마인과 부르군트족 사이에 분배된 것은 아니었다.

이 두 규정의 문구에는 똑같은 표현이 들어 있어서, 서로를 설명해 준다. 두 번째 규정을 토지의 전체적 분배에 관한 것으로 이해할 수 없듯이, 첫 번째 규정에도 그런 의미를 부여할 수 없다.

프랑크족은 부르군트족과 똑같이 절제 있게 행동했다. 그들은 정복한 모든 지역에서 로마인을 약탈한 것이 아니었다. 그들이 그 많은 토지를 가지고 뭘 했겠는가? 그들은 그들에게 적당한 토지를 취했고,

---

17 Licet eo tempore quo populus noster mancipiorum tertiam et duas tarrarum partes accepit, etc. (당시 우리 민족은 노예의 3분의 1, 토지의 3분의 2를 받기로 했다). 부르군트족의 법, 제54조, 제1항.

18 Ut non amplius a Burgundionibus qui infra venerunt, requiratur quam ad præsens necessitas fuerit, medietas terræ (이후에 오는 부르군트족은 토지 절반에 대한 현재의 요구사항 이외에 다른 것은 아무것도 요구할 수 없다) (제2항).

나머지는 그대로 두었다.

제 9장 : 토지 분배에 관한 부르군트족의 법과 서고트족의 법의
올바른 적용

이 분배는 포악한 정신에 의해서가 아니라 같은 지역에 살아야 하는 두 민족이 서로의 필요에 부응한다는 관념에서 이루어졌다는 것을 고려해야 한다.

부르군트족의 법은 모든 부르군트인이 로마인의 집에서 손님 자격으로 대우받아야 한다고 정하고 있다. 이것은 게르만족의 풍속에 일치한다. 타키투스의 이야기에 따르면,[19] 게르만족은 환대하는 것을 세상에서 가장 좋아하는 민족이었다.

법이 정한 바에 의하면, 부르군트족은 토지의 3분의 2를, 농노의 3분의 1을 가졌다. 그것은 두 민족의 특성을 따른 것으로, 그들이 생계를 마련하는 방법에 부합했다. 가축을 방목하는 부르군트족에게는 많은 토지가 필요했지만, 농노는 별로 필요하지 않았다. 그리고 토지를 경작하는 힘든 노동 때문에 로마인은 더 작은 경작지와 많은 수의 농노를 가져야 했다. 숲은 절반씩 분배되었다. 이 점에 대해서는 필요가 같았기 때문이다.

부르군트족의 법전에서는[20] 야만인이 각각 로마인의 집에 배치된

---

19 《게르만족의 풍습》.
20 서고트족의 법전에도.

것을 볼 수 있다. 따라서 분배는 전반적인 것이 아니었다. 그러나 분배해준 로마인의 숫자는 분배를 받은 부르군트인의 숫자와 같았다. 로마인은 가능한 최소한의 피해를 입었다. 전사(戰士)에 사냥꾼에 목자(牧子)인 부르군트족은 황무지를 받는 것을 거절하지 않았다. 로마인은 경작에 가장 적절한 토지를 가졌다. 부르군트족의 가축은 로마인의 밭을 기름지게 만들었다.

제10장 : 노예제

부르군트족의 법에는 이 민족이 갈리아에 정착할 때 토지의 3분의 2와 농노의 3분의 1을 받았다고 쓰여 있다. 21 따라서 농노제는 부르군트족이 침입하기 전 갈리아의 이 지방에 이미 확립되어 있었다. 22

부르군트족의 법은 두 민족에 대해 규정하면서 양쪽 민족에서 귀족, 자유인, 농노를 명백하게 구별한다. 23 따라서 노예 상태가 로마인 특유의 것이 아니었고, 자유와 귀족 신분이 야만족 특유의 것이 아니었다.

이 법은 부르군트족의 해방된 노예가 주인에게 일정한 금액을 주지

---

21 제54조.

22 이것은 De agricolis et censitis et colonis란 제목의 법전 전체를 통해 확인된다.

23 Si dentem optimati Burgundioni vel Romano nobili excusserit(부르군트족의 귀족이나 로마 귀족의 이빨을 부러뜨렸다면), 제26조, 제1항. Si mediocribus personis ingenuis, tam Burgundionibus quam Romanis(부르군트족이든 로마인이든 태생부터 자유인인 평민이라면), 위의 책, 제2항.

않았고 로마인에게 3분의 1의 몫도 받지 않았다면 그는 계속해서 주인의 노예로 여겨진다고 말한다.[24] 따라서 토지를 소유한 로마인은 다른 사람의 집안에 속하지 않았으므로 자유인이었고, 3분의 1 몫이 자유의 표시였으므로 자유인이었다.

로마인이 갈리아의 다른 정복자들보다 프랑크족 밑에서 더 예속적인 상태로 살지 않았다는 것을 알기 위해서는 살리카법과 리푸아리아법을 펼쳐 보기만 하면 된다.

불랭빌리에 백작의 학설에는 핵심이 빠졌다. 그는 프랑크족이 로마인을 일종의 노예 상태로 만드는 일반적 규칙을 제정했다는 것을 증명하지 않았다. 그의 저서는 아무 기교 없이 쓰였다. 그는 그 책에서 옛 귀족 출신답게 특유의 단순성과 솔직함과 순진함을 가지고 말하고 있으므로, 모든 사람이 그의 훌륭한 말과 그가 범한 오류를 판단할 수 있다. 그러므로 나는 그의 저서를 검토하지 않을 것이다. 그는 지적 능력보다 재치가 더 많았고 지식보다 지적 능력이 더 많았다는 말만 해 두겠다. 그래도 그 지식은 무시할 만한 것은 아니었다. 그는 우리 역사와 법에 대해 중요한 것을 잘 알고 있었기 때문이다.

불랭빌리에 백작과 뒤보 사제는 각각 하나의 학설을 세웠다. 하나는 제3신분에 대한 음모이고, 다른 하나는 귀족 계급에 대한 음모였던 것 같다. 태양신은 아들 파에톤에게 마차를 주어 몰게 하면서 이렇게 말했다.

"너무 높이 올라가면, 천국을 불태우게 될 것이다. 너무 낮게 내려

---

24 제57조.

가면 지상을 재로 만들게 될 것이다. 너무 오른쪽으로 가지 마라. 그러면 뱀자리에 빠지게 될 것이다. 너무 왼쪽으로 가지 마라. 그러면 제단자리로 가게 될 것이다. 그 중간을 유지해라."[25]

제 11장 : 같은 주제 계속

정복의 시대에 일반적 규칙이 만들어졌다고 사람들이 생각하게 된 이유는 프랑스에서 제 3왕조 초기에 수많은 노예 신분이 있었기 때문이다. 이 노예제에 계속해서 진화가 이루어진 것을 깨닫지 못했기 때문에 사람들은 암흑의 시대에 결코 존재한 적이 없었던 일반적인 법을 상상한 것이다.

제 1왕조 초기에는 프랑크족에게나 로마인에게나 수많은 자유인이

---

25 Nec preme, nec summum molire per æthera currum.
Altius egressus, cœlestia tecta cremabis ;
Inferius, terras : medio tutissimus ibis.
Neu te dexterior tortum declinet ad Anguem ;
Neve sinisterior pressam rota ducat ad Aram,
Inter utrumque tene…
(천상의 공간을 너무 낮거나 너무 높게 통과하지 말라.
너무 높이 올라가면 하늘의 지붕을 불태우게 될 것이고,
너무 아래로 내려가면 땅을 불태우게 될 것이다. 중간으로 가는 것이 가장 안전하다.
꼬불꼬불한 뱀자리로 향하지 않도록 오른쪽으로 너무 멀리 가지도 말고,
제단이 놓여 있는 왼쪽으로도 바퀴를 돌리지 말라.
둘 사이의 중간을 유지하라)
— 오비디우스, 《변신》, 제 2편.

있었다. 그러나 농노의 수가 어찌나 증가했는지 제3왕조 초기에는 모든 경작자와 도시의 거의 모든 주민이 농노일 정도였다. 26 제1왕조 초기에는 로마인에게서 볼 수 있었던 것과 거의 같은 행정, 시민 계급 단체, 원로원, 재판소가 도시에 있었던 반면, 제3왕조 초기에는 한 사람의 영주와 농노들밖에 보이지 않는다.

프랑크족과 부르군트족과 고트족은 침입했을 때, 금, 은, 가구, 의복, 남자, 여자, 사내아이 등 군대가 운반할 수 있는 모든 것을 약탈했다. 모든 것을 공동으로 가져가서, 군대가 나누어 가졌다. 27 모든 역사가 증명하는 바에 의하면, 첫 정착 뒤에, 즉 첫 약탈 뒤에 그들은 주민과 타협하고 주민에게 모든 정치법과 시민법을 그대로 남겨주었다. 그것이 그 시대의 만민법이었다. 전시에는 모든 것을 빼앗았고, 평화 시에는 모든 것을 허용한 것이다. 만약 그렇지 않았다면, 어떻게 살리카법과 부르군트족의 법에서 인간의 일반적 노예 상태와 모순되는 규정이 그토록 많이 발견될 수 있겠는가?

그러나 정복 시에 하지 않은 일을 정복 후에 존속한 만민법이 했다. 28 저항, 반란, 도시 점령은 주민들의 노예 상태를 가져왔다. 그리고 여러 정복 민족이 자기들끼리 벌인 전쟁 이외에도 프랑크족에게

---

26 갈리아가 로마인의 지배를 받는 동안, 로마인은 특별한 집단을 형성했다. 그들은 대개 해방된 노예 혹은 해방된 노예의 후손이었다.

27 투르의 그레고리우스, 제2편, 제27장 및 에무엥(Aimoin de Fleury, 960~1010, 프랑스 베네딕투스 수도회의 수사로 그가 쓴 《프랑크족 역사》는 중세 유럽에서 높은 평가를 받았다_옮긴이 주), 제1편, 제12장 참조.

28 다음에 나오는 각주 34에서 인용한 《성인전》 참조.

는 특수한 전쟁이 있었다. 왕국의 여러 분할로 인해 형제들이나 조카들 사이에 끊임없이 내전이 벌어졌고, 그 내전 속에서 만민법이 계속 실행된 것이다. 그래서 프랑스에서는 다른 나라에서보다 노예제가 더 일반적인 것이 되었다. 그리고 그것이 영주의 권리에 관한 프랑스법이 이탈리아법이나 스페인법과 차이를 보이는 원인 중의 하나라고 생각한다.

정복은 어느 한순간의 사건에 불과했고, 그때 사용된 만민법이 어느 정도 노예 상태를 초래했다. 그리고 여러 세기 동안 같은 만민법이 사용되면서 노예제가 크게 확대된 것이다.

오베르뉴 사람들이 자신에게 충실하지 않다고 생각한 테우데리쿠스는 프랑크족에게 분배에 관해 이야기한다. 29

"나를 따르라. 나는 금과 은과 포로와 옷과 가축을 풍족하게 가질 수 있는 곳으로 그대들을 데려가겠다. 거기서 모든 사람을 그대들의 고장으로 끌고 가라."

곤트라누스과 킬페리쿠스 사이에 평화가 성립된 후, 30 부르주를 포위 공격하던 사람들이 복귀 명령을 받자 어찌나 많은 전리품을 가져갔는지 사람이든 가축이든 그 지역에 남은 것이 거의 없었다.

다른 야만족 왕들보다 항상 뛰어난 정신과 정책을 가지고 있던 이탈리아의 왕 테오도리쿠스는 갈리아에 군대를 보내면서 장군에게 이렇게 편지를 썼다. 31

---

29 투르의 그레고리우스, 제3편.
30 위의 책, 제6편, 제31장.

"로마법에 따라 도망친 노예들을 그 주인에게 돌려줄 것을 명령한다. 자유의 수호자는 노예의 도주를 조장해서는 안 된다. 다른 왕들은 점령한 도시의 약탈과 파괴를 즐기라고 하라. 우리의 정복은 우리의 피지배자가 너무 늦게 예속된 것을 불평하도록 이루어져야 한다."

그가 프랑크족과 부르군트족의 왕들을 혐오스러운 존재로 만들고 싶어 했고, 그들의 만민법을 빗대어 말했다는 것은 분명하다.

이 법은 제2왕조에도 존속했다. 아키텐에 들어갔던 피피누스의 군대는 수많은 노획물과 농노를 싣고 프랑스로 돌아왔다고 《메츠의 연대기》가 전하고 있다. 32

나는 권위 있는 자료를 얼마든지 인용할 수 있다. 33 그런 불행 속에서 자비심이 움직였으므로, 성스러운 여러 주교가 둘씩 묶여 있는 포로들을 보고 그들을 최대한 석방시키려고 교회의 돈을 쓰고 심지어 제기(祭器)까지 팔았으므로, 성스러운 수도사들도 그 일에 전념했으므로, 이 문제에 대해 가장 많은 설명을 볼 수 있는 곳은 바로 성인전이다. 34 이 전기의 저자들은 신의 섭리 안에 있었다면 신이 행한 것이

---

31 카시오도루스, 제3편, 편지 43.

32 763년. Innumerabilibus spoliis et captivis totus ille exercitus ditatus, in Franciam reversus est(전 군대가 수많은 전리품과 노예들을 잔뜩 데리고 프랑스로 돌아왔다).

33 풀다[독일 중부의 도시. 풀다의 연대기는 9세기 이 도시의 수도사, 역사가였던 루돌프(Rudolf)가 작성한 것을 말한다_옮긴이 주]의 《연대기》, 739년. 파울루스 디아코누스(Paulus Diaconus, 프랑스어 Paul Diacre, 이탈리아어 Paolo Diacono, 영어 Paul the Deacon으로 표기한다. 8세기 롬바르드 왕국의 역사가, 시인이다_옮긴이 주), 《롬바르드족의 역사(Historia gentis Langobardorum)》, 제3편 제30장과 제4편 제1장. 각주 34에서 인용된 《성인전》.

분명한 일에 대해 때때로 지나치게 쉽게 믿었다는 비난을 받을 수도 있지만, 그래도 그 전기들은 그 시대의 풍속과 관행에 대해 많은 지식을 제공한다.

우리 역사와 법의 옛 자료들을 보면, 모든 것이 망망한 바다 같고 심지어 그 바다에는 기슭조차 없는 것 같다.[35] 그 차갑고 메마르고 무미건조하고 딱딱한 글들을 모두 읽어야 한다. 마치 신화 속 사투르누스가 돌을 집어삼켰듯이, 그 글들을 집어삼켜야 한다.

자유인이 경작하던 수많은 토지는 상속 못 하는 재산으로 바뀌었다.[36] 한 나라에 거주하는 자유인이 사라지게 되었을 때, 많은 농노를 가진 사람들이 큰 영토를 차지하거나 양도받아서 거기에 마을을 세웠다. 그것은 다양한 증서에서 볼 수 있다. 한편, 수공업에 종사하던 자유인은 그 수공업에 종사해야 하는 노예가 되었다. 결국 노예제는 수공업과 농업으로부터 빼앗았던 것을 되돌려 준 셈이었다.

토지 소유자가 노예 신분을 통해 교회의 신성함에 참여한다는 생각으로 자기 토지를 교회에 주고 소작료를 내는 것은 흔한 일이었다.

---

34 성 에피파니오, 성 에프타디우스, 성 체사리오, 성 피돌로, 성 파치아노, 성 트레베리우스, 성 에우티키오, 성 레오데가리오의 전기와 성 율리아노의 기적을 참조할 것.

35 Deerant quoque littora ponto(바다에는 기슭이 없었다). 오비디우스, 제1편.

36 소작인이라 하더라도 모두 농노는 아니었다. 법전 de agricolis et censitis et colonis에서 제18법과 제23법 참조. 같은 항목의 제20법 참조.

제 12장 : 야만족에게 분배된 토지는 조세를 내지 않았다

아무 산업도 없이 살면서, 골풀로 엮은 오두막에 의해서만 토지와 결부되었고, 단순하고 가난하고 자유로우며 호전적인 목축 민족이 수장을 따라나선 것은 노략질하기 위해서였지 세금을 납부하거나 징수하기 위해서가 아니었다. 37 과다한 징세의 기술은 언제나 나중에, 사람들이 다른 기술의 기쁨을 누리기 시작했을 때 고안된다.

1아르팡(3)에 포도주 한 단지라는 임시 과세는 킬페리쿠스와 프레데군디스(4)의 폭정 중의 하나였는데, 로마인에게만 관련되었다. 38 사실 이 조세의 장부를 찢은 것은 프랑크족이 아니라 성직자였고, 당시 성직자는 모두 로마인이었다. 39 이 세금은 주로 도시 주민을 괴롭혔는데, 40 도시에는 거의 모두 로마인이 살고 있었던 것이다.

어떤 재판관은 킬데베르투스 시대에 자유인이던 프랑크인들에게 킬페리쿠스 치하에서 세금을 부과했기에 킬페리쿠스가 죽은 후 교회로 피신하지 않을 수 없었다고 투르의 그레고리우스는 말한다. 41

---

37 투르의 그레고리우스, 제2편.

38 위의 책, 제5편.

39 투르의 그레고리우스의 《프랑크족의 역사》에 의하면 그런 것 같다. 그레고리우스는 롬바르드족 출신인 발필리아쿠스라는 사람에게 어떻게 성직자의 신분에 이를 수 있었냐고 묻는다. 투르의 그레고리우스, 제8편. 제36장.

40 Quæ conditio universis urbibus per Galliam constitutis summopere est adhibita(이 조항은 갈리아의 모든 도시 어디에나 도입되었다). 성 아리디우스의 생애.

41 제7편.

"Multos de Francis, qui, tempore Childeberti regis, ingenui fuerant, publico tributo subebit(킬데베르투스 시대에 자유인이던 많은 프랑크인에게 공과금이 부과되었다)." 따라서 농노가 아닌 프랑크인은 세금을 내지 않았다.

이 문구가 뒤보 사제42에 의해 어떻게 해석되었는지를 보고 놀라지 않는 문법학자는 없다. 그는 그 시대에는 해방된 노예가 자유인이라고도 불렸다는 사실에 주목한다. 이를 토대로, 그는 라틴어 단어 'ingenui'(자유인)을 'affranchis de tributs'(세금에서 해방된 자)라는 단어로 해석한다. 그것은 'affranchis de soins'(근심에서 해방된 자), 'affranchis de peines'(고통에서 해방된 자)라 말하듯 프랑스어에서는 사용될 수 있는 표현이지만, 라틴어에서 'ingenui a tributis, libertini a tributis, manumissi tributorum'(세금으로부터의 자유인, 세금으로부터 자유의 몸이 된 자, 세금에서 풀려난 자)이라는 표현은 괴상한 것이다.

"파르테니우스는 프랑크인들에게 세금을 부과한 것 때문에 그들에게 살해될 것으로 생각했다"라고 투르의 그레고리우스는 말한다. 43 이 문구에 고심하던 뒤보 사제는 문제의 사항을 대수롭지 않게 추측하여 그것은 과중한 과세였다고 말한다. 44

서고트족의 법에서는 야만인이 로마인의 토지를 차지했을 때 그 토지에 계속 세금이 부과되도록 재판관이 그에게 토지를 팔라고 강요한

---

42 《갈리아에서의 프랑스 군주제 성립》, 제3권, 제14장, 515쪽.
43 제3편, 제36장.
44 제3권, 514쪽.

것을 볼 수 있다. 45 그러므로 야만족은 토지세를 내지 않았다. 46

서고트족이 세금을 냈다는 것이 필요했던47 뒤보 사제는 법의 문구대로의 의미나 내적인 의미를 버리고 오직 상상에 의해서 고트족이 정착한 후 이 법이 제시되기까지 그 사이에 로마인에게만 관련된 증세가 있었다고 가정한다. 48 그러나 사실에 대해 그와 같이 자의적 권력을 행사하는 것은 아르두앵 신부(5)에게만 허락된 일이다.

뒤보 사제는 로마 시대에 군대의 녹봉지(祿俸地)에 세금이 부과되었다는 것을 증명하기 위한 법을 유스티니아누스 법전49에서 찾고자 한다. 50 거기서 그는 프랑크족의 봉토나 녹봉지도 마찬가지였다는 결론을 내린다. 그러나 우리의 봉토가 로마인의 제도에서 유래되었

---

45 Judices atque præpositi tertias Romanorum, ab illis qui occupatas tenent, auferant, et Romanis sua exactione sine aliqua dilatione restituant, ut nihil fisco debeat deperire(재판관과 백작의 부하들은 로마인의 토지를 강탈해 차지한 사람들에게서 그 토지를 빼앗았다. 그리하여 그들은 로마인들로부터 받아야 할 징수금을 곧바로 복구했고 국고에는 조금도 손해가 없었다). 제10편, 제1조, 제14장.

46 아프리카에서는 반달족이 토지세를 내지 않았다. 프로코피우스, 《반달족의 전쟁》, 제1편과 제2편 및 《여러 역사(Historia miscella)》, 제16편, 106쪽. 아프리카의 정복자들은 반달족, 알란족(흑해 연안 북동쪽의 초원지대를 점령했던 고대 유목민족으로 알라니족이라고도 한다_옮긴이 주), 프랑크족이 혼합되어 있었다는 것을 주목할 것. 《여러 역사》, 제14편, 94쪽.

47 그는 서고트족의 다른 법, 즉 제10편 제1조 제2항을 근거로 하는데, 그것은 결코 아무것도 증명하지 못한다. 그 법은 단지 군주로부터 땅을 받은 사람은 사용료의 조건으로 땅에 대한 돈을 내야 한다는 것을 말해줄 뿐이다.

48 《갈리아에서의 프랑스 군주제 성립》, 제3권, 제14장, 510쪽.

49 제3법, 제74조, 제11편.

50 제3권, 511쪽.

다는 의견은 오늘날 받아들여지지 않는다. 그 의견은 로마의 역사는 알려졌지만 우리의 역사는 거의 알려지지 않았던 시대, 우리의 옛 자료들이 먼지 속에 파묻혀 있던 시대에만 신뢰를 얻었다.

프랑크족의 관행을 우리에게 알려주기 위해 뒤보 사제는 카시오도루스를 인용하기도 하고 이탈리아와 테오도리쿠스에게 정복된 갈리아 지역에서 실행된 것을 사용하기도 했는데, 그것은 잘못이다. 그것은 혼동해서는 안 되는 것이다. 나는 언젠가 개별 저서를 통해 군주국에 대한 동고트족의 계획은 그 시대의 다른 야만족이 세운 모든 군주국의 계획과 완전히 다르다는 것을 보여줄 것이다. 그리고 어떤 것이 동고트족에게 통용되므로 프랑크족에게도 통용되었다고 말할 수 있기는커녕 오히려 동고트족에게서 실행되는 것은 프랑크족에게서 실행되지 않았다고 생각할 만한 정당한 이유가 있다는 것을 보여줄 것이다.

방대한 지식 속에서 헤매는 사람들에게 가장 괴로운 일은 주제와 관계없는 곳에서 증거를 찾는 것, 천문학자에 빗대어 말하자면 태양의 위치를 발견하려는 일이다.

뒤보 사제는 프랑크족 왕의 법령 및 역사와 야만족의 법을 남용했다. 그는 프랑크족이 세금을 냈다고 말하고 싶을 때는 농노에게만 인정될 수 있는 것을 자유인에게 적용했고, [51] 그들의 군대에 대해 말하고 싶을 때는 자유인에게만 관련되는 것을 농노에게 적용했다. [52]

---

51 《갈리아에서의 프랑스 군주제 성립》, 제3권, 제14장, 513쪽. 여기서 그는 피스트 칙령 제28항을 인용한다. 그다음의 제18장도 참조할 것.

제 13장 : 프랑크족의 군주제에서 로마인과 갈리아인은 무엇을 부담했나

정복된 갈리아인과 로마인이 로마 황제 치하에서 부담했던 세금을 계속 냈는지 아닌지 검토해 볼 수는 있다. 그러나 좀 더 빨리 전개하기 위해, 그들이 처음에는 세금을 냈더라도 곧 면제되었고 그 조세는 병역으로 바뀌었다는 것을 말하는 것으로 그치고자 한다. 솔직히 프랑크족이 처음에 그토록 과다 징세를 좋아했다면 어째서 갑자기 그렇게 그것을 멀리하게 되었는지 납득되지 않는다.

유순왕 루도비쿠스의 한 법령53은 프랑크 왕국에서 자유인이 어떤 상태였는지 매우 잘 설명해 준다. 무어인의 압박을 피해 도망친 고트족이나 이베리아족의 여러 무리가 루도비쿠스의 영토에 받아들여졌다. 54 그들과 맺은 협정에는 다음과 같은 내용이 들어 있다.

다른 자유인과 마찬가지로 그들도 그들의 백작과 함께 군대에 갈 것, 행군 중에는 백작의 명령에 따라 보초를 서고 정찰을 할 것, 55 왕의 사자나 궁정에 왕래하는 사절에게 말과 마차를 제공할 것, 56 그 밖

---

52 위의 책, 제 3권, 제 4장, 298쪽.

53 815년의 법령 제 1장. 대머리왕 카롤루스의 844년 법령 제 1항 및 제 2항과 일치하는 것.

54 Pro Hispanis in partibus Aquitaniæ, Septimaniæ et Provinciæ consistentibus (아키텐, 셉티마니아, 프로방스 지역에 거주하던 스페인 사람들을 위하여). 위의 책.

55 Excubias et explorationes quas wactas dicunt(보초 근무라고 불리는 망보기와 정찰). 위의 책.

56 그들은 백작에게 제공할 의무는 없었다. 위의 책, 제 5항.

에 그들은 다른 부담금을 내라고 강요받을 수 없으며 다른 자유인처럼 대우받는다는 것이었다.

그것이 제 2왕조 초기에 도입된 새로운 관행이었다고 말할 수는 없다. 그것은 적어도 제 1왕조 중기나 말기에 속하는 것이 틀림없다. 864년의 한 법령은 그것이 예전의 관습이었다고 명백하게 밝히고 있다.57 자유인이 군대에 가고 앞에서 말한 말과 마차에 대한 비용을 더 내는 것 말이다. 이 부담금은 그들 고유의 것이었고, 봉토를 소유한 사람들은 면제되었다. 이에 대해서는 나중에 증명할 것이다.

그뿐이 아니다. 이 자유인들에게 과세를 허용하지 않는 규칙도 있었다.58 4개의 장원(莊園)59을 가진 사람은 반드시 전쟁에 나가야 했다. 장원을 세 개만 가진 사람은 장원이 하나밖에 없는 자유인과 결합하여, 후자는 4분의 1의 비용을 전자에게 지불하고 자기 집에 남았다. 마찬가지로 각자 두 개의 장원을 가진 두 명의 자유인도 결합하여, 전쟁에 나가는 사람은 집에 남는 사람에게 절반의 비용을 지불받았다.

---

57 Ut pagenses Franci, qui caballos habent, cum suis comitibus in hostem pergant(말을 가진 마을의 프랑크인은 그들 자신의 백작과 함께 군대에 간다). 백작이 그들에게서 말을 빼앗는 것은 금지되어 있었다. ut hostem facere, et debitos paraveredos secundum antiquam consuetudinem exsolvere possint (그들이 군대에 합류하거나 옛 관습에 따라 징발된 역마를 제공할 수 없게 되기 때문이다). 피스트 칙령, 발뤼즈 간행본, 186쪽.
58 812년의 카롤루스 마그누스의 법령, 제 1장. 864년의 피스트 칙령, 제 27항.
59 Quatuor mansos. 노예가 있는 소작지에 붙어 있는 일정 부분의 토지를 'mansus'라고 불렀던 것 같다. 'mansus'(장원)에서 노예를 쫓아낸 사람들에 대한 처벌을 규정한 853년의 법령 제 14조 apud Sylvacum이 그 증거이다.

거기에 더해, 자유인이 소유한 토지나 구역에 대해 봉토의 특권을 부여하는 수많은 증서도 있다. 이에 대해서는 나중에 상세히 설명하겠다.[60] 이 토지에 대해서는 백작과 왕의 다른 관리들이 요구하는 모든 부담금이 면제되었다. 그 모든 부담금이 특별히 열거되어 있는데도 세금 문제는 언급되지 않은 것을 보면, 세금이 징수되지 않은 것이 분명하다.

로마의 과다 징세가 프랑크 왕국에서 저절로 사라지는 것은 쉬운 일이었다. 그것은 매우 복잡한 기술이어서, 단순한 민족의 관념이나 계획에는 들어갈 수 없었다. 만약 타타르족이 오늘날 유럽에 쏟아져 들어온다면, 우리의 징세 청부인이 무엇인지를 그들에게 이해시키기가 매우 힘들 것이다.

《유순왕 루도비쿠스의 생애》[61]를 쓴 미상의 저자는 카롤루스 마그누스가 아키텐에 임명한 프랑크족 백작과 그 밖의 관리에 대해 말하면서 카롤루스 마그누스가 그들에게 국경의 경비, 왕에게 속한 소유지의 감독권과 군사권을 주었다고 말한다. 그것은 제 2왕조에서 군주의 수입 상태를 보여준다. 군주는 소유지를 가지고 있었고, 노예에게 그것을 경작시켰다. 그러나 부역, 인두세, 그 밖에 제정 로마 시대에 자유인의 신체나 재산에 부과된 세금은 국경을 경비하거나 전쟁에 나가는 의무로 바뀌었다.

똑같은 전기에 의하면,[62] 유순왕 루도비쿠스가 독일에서 부친 카

---

60 이 편의 제 20장 참조.
61 뒤셴의 모음집, 제 2권, 287쪽.

롤루스 마그누스를 만났을 때 부친은 어떻게 왕인 그가 그토록 가난할 수 있느냐고 물었다고 한다. 그러자 루도비쿠스는 자신은 이름만 왕일 뿐 영주들이 거의 모든 영토를 차지하고 있다고 대답했다. 카롤루스 마그누스는 자신이 경솔하게 주었던 것을 젊은 군주가 직접 다시 빼앗는다면 영주들의 애정을 잃을 것을 걱정하여 감찰관을 보내 상황을 복원시켰다.

주교들은 대머리왕 카롤루스의 형제 루도비쿠스63에게 편지를 보내, "성직자들의 집을 끊임없이 찾아다니지 않도록, 그리고 노예들이 운반하느라 지치지 않도록 토지를 잘 돌보십시오"라고 말했다. 또 "생활하고 사절을 맞을 수 있을 만큼의 돈을 갖도록 하십시오"라는 말도 했다. 당시 왕의 수입은 그들의 소유지에서 나온 것이 분명하다. 64

제14장 : '켄수스'(census)라는 것

야만족은 그들의 고장에서 나왔을 때 자신들의 관행을 글로 작성하고자 했다. 그러나 게르만어를 로마 글자로 쓰기는 어려웠으므로 라틴어로 법을 제정했다.

정복과 전진의 혼돈 속에서, 많은 것의 성질이 바뀌었다. 그것을 표현하기 위해서는 새로운 관행과 가장 관계가 많은 라틴어의 옛 단어를

---

62 위의 책, 89쪽.
63 858년의 법령, 제14항 참조.
64 다리나 통로가 있을 때는 강에 대해 몇 가지 세금을 징수하기도 했다.

사용하지 않을 수 없었다. 그리하여 로마인의 옛 호구조사의 관념을 상기시킬 수 있는 것을 '켄수스, 트리부툼'(census, tributum)(6)이라고 불렀다.65 그리고 그것과 아무 관련이 없는 것에 대해서는 가능한 한 로마 문자로 게르만 단어를 표현했다. 이렇게 해서 '프레둠'(fredum)이라는 단어가 만들어졌는데, 이에 대해서는 다음 장에서 상세하게 설명하겠다.

'켄수스'와 '트리부툼'이라는 단어가 이처럼 자의적으로 사용되었으므로, 제1왕조와 제2왕조에서 이 말이 갖고 있던 의미를 다소 모호하게 만들었다. 특이한 학설을 가지고 있던 최신 저자들은66 그 시대의 문서에서 이 단어를 발견했을 때 '켄수스'라고 불린 것이 정확히 로마인의 호구조사에 의한 세금이라고 판단했다. 그래서 그들은 첫 두 왕조의 우리 왕들이 로마 황제의 지위를 차지하고 그들의 행정을 아무것도 바꾸지 않았다는 결론을 끌어냈다.67 그리고 제2왕조에서 징수된 어떤 세금들이 몇 가지 우연과 수정에 의해68 다른 세금으로 변

---

65 '켄수스'는 매우 총칭적인 단어라서 다리나 나룻배가 있을 때는 강의 통행세를 표현하기 위해서도 사용되었다. 803년의 법령 3, 발뤼즈 간행본, 395쪽 제1항 및 819년의 법령 5, 616쪽 참조. 그리고 대머리왕 카롤루스의 865년의 법령 제8항에서 볼 수 있는 것처럼, 자유인이 왕이나 왕의 사자에게 제공한 마차도 이 이름으로 불렸다.

66 뒤보 사제와 그의 추종자들.

67 《갈리아에서의 프랑스 군주제 성립》, 제3권 제6편 제14장에서 뒤보 사제가 제시한 이유가 얼마나 무력한지 보라. 특히 그가 카리베르투스 왕(Charibertus I, 521?~567. 프랑스어 Caribert, 영어 Charibert로 표기한다. 프랑크 왕국 파리 분국의 왕(재위 561~567)이었다_옮긴이 주)과 교회의 다툼에 대해 투르의 그레고리우스의 문장에서 끌어낸 추론을 보라.

환되자, 그들은 그 세금들이 로마인의 호구조사에 의한 세금이었다고 결론 내렸다. 또 근대의 여러 규정 이후로 왕의 소유지가 절대로 양도될 수 없었다는 것을 알게 되자, 그들은 로마인의 호구조사에 의한 세금을 나타내면서 왕의 소유지 일부를 형성하지 않은 그 세금들은 순전히 횡령이었다고 말했다. 그 밖의 결론은 생략한다.

현재의 모든 관념을 과거 시대로 옮겨 가는 것은 가장 많은 오류를 낳는 원천이다. 과거의 모든 세기를 현대화하고자 하는 그 사람들에게 나는 이집트의 사제들이 솔론에게 했다는 말을 해주고 싶다.

"오 아테네인이여, 그대들은 어린아이에 지나지 않는다!"

제 15장 : '켄수스'라고 불린 것은 농노에게만 부과되고 자유인에게는 부과되지 않았다

왕, 성직자, 영주는 저마다 자기 소유지의 농노에게 정해진 세금을 징수했다. 왕에 대해서는 '빌리스'(de Villis)라는 법령에 의해, 성직자에 대해서는 야만족의 법전에 의해,[69] 영주들에 대해서는 카롤루스 마그누스가 그 문제에 관해 정한 규칙에 의해 그것을 증명할 수 있다.[70]

그런 세금이 '켄수스'라고 불렸다. 그것은 국고의 조세가 아니라 경

---

68 예를 들어 노예 해방에 의해.
69 알라만니족의 법 제 22장. 바바리족의 법 제 1조 제 14장. 여기서는 성직자들이 그들의 신분에 관해 정한 규칙을 볼 수 있다.
70 법령집 제 5편, 제 303장.

제상의 조세였고, 공적 부담금이 아니라 단지 사적 납부금이었다.

'켄수스'라고 불린 것이 농노에게 징수된 세금이었다고 나는 말했다. 나는 그것을 마르쿨푸스의 서식을 통해 증명할 수 있다. 그 서식은 자유인이고 켄수스(7) 목록에 기재되어 있지만 않다면 성직자가 되는 것을 왕이 허락하는 내용이다. 71

나는 카롤루스 마그누스가 작센 지방에 보낸 한 백작에게 준 명령서72를 통해서도 증명할 수 있다. 그 명령서는 작센족이 기독교를 신봉함으로써 해방된다는 내용을 포함하고 있는데, 그야말로 자유 증서였던 셈이다. 73 이 군주는 그들에게 본래의 시민적 자유를 복권해 주고 켄수스를 내지 않게 면제해 준다. 74 따라서 농노라는 것과 켄수스를 내는 것, 자유인이라는 것과 켄수스를 내지 않는 것은 같은 것이었다.

카롤루스 마그누스는 왕국 안에 받아들인 스페인 사람들을 위한 일종의 특허장75을 통해 백작이 그들에게 켄수스를 요구하거나 그들의 땅을 빼앗지 못하게 금했다. 프랑스에 도착한 외국인은 농노로 취급

---

71 Si ille de capite suo bene ingenuus sit, et in puletico publico censitus non est(그 사람이 정말 자유인으로 태어났고 공적인 켄수스에 등록되어 있지 않다면). 제1편, 서식 19.

72 789년의 명령서. 발뤼즈 간행 명령집, 제1권, 250쪽.

73 Et ut ista ingenuitatis pagina firma stabilisque consistat(확실하게 증명된 이 문서는 그들의 개인적 신분을 자유인으로 확립한다). 위의 책.

74 Pristinæque libertati donatos, et omni nobis debito censu solutos(그들이 이전에 가지고 있던 자유를 전부 그들에게 주고, 모두에게 켄수스가 면제되었다). 위의 책.

75 812년의 Præceptum pro Hispanis, 발뤼즈 간행본, 제1권, 500쪽.

받았다는 것을 우리는 알고 있다. 카롤루스 마그누스는 그들이 자기 땅의 소유권을 갖기를 바랐으므로, 그들이 자유인으로 간주되기를 바라면서 그들에게 켄수스를 요구하는 것을 금지한 것이다.

똑같은 스페인 사람들을 위해 주어진 대머리왕 카롤루스의 한 법령76은 다른 프랑크인을 대하듯 그들을 대하라고 명령하고, 그들에게 켄수스를 요구하는 것을 금지한다. 따라서 자유인은 켄수스를 내지 않았다.

피스트 칙령 제30항은 왕이나 교회에 속한 소작인들이 그들의 장원에 달린 땅을 성직자나 그와 같은 신분의 사람에게 매각하고 작은 집 한 채만 남겨 놓음으로써 더 이상 켄수스를 내지 않는 폐습을 개혁한다. 그리고 상황을 처음 상태로 복구할 것을 명령한다. 따라서 켄수스는 노예들의 세금이었다.

또한 거기서 군주국에는 일반적인 켄수스가 없었다는 결론이 나온다. 그것은 많은 문헌을 통해 분명히 드러난다. 그렇지 않다면 "우리는 옛날에 왕의 켄수스를 합법적으로 징수했던77 모든 장소에서 그것이 징수되기를 바란다"라는 법령78은 뭘 의미하겠는가? 카롤루스 마그누스가 주에 파견하는 사절에게 옛날 왕의 소유지에 속했던 모든 켄수스를 정확하게 조사하라79고 명령하는 법령80은 무엇을 뜻하겠

---

76 844년의 법령. 발뤼즈 간행본, 제2권, 제1항과 제2항, 27쪽.

77 Undecumque legitime exigebatur(합법적으로 징수되었던 모든 곳에서). 위의 책.

78 안제기즈의 모음집, 제3편, 제15항에 삽입된 805년의 법령 3, 제20항과 제22항. 이는 대머리왕 카롤루스의 854년 법령 apud Attiniacum 제6항과 일치한다.

는가? 켄수스를 요구받은 사람들이 지불한 켄수스81의 사용처에 대한 법령82은 무엇을 뜻하겠는가? "우리가 켄수스를 징수하던 세금 부과 토지를 어떤 사람이 취득했다면?"83이라는 문구를 읽을 수 있는 법 령84에는, 그리고 끝으로 대머리왕 카롤루스가 아주 오랜 옛날부터 켄수스가 왕에게 속했던 토지85에 대해 말하는 법령86에는 어떤 의미 를 부여해야 하는가?

처음에는 내가 말한 것과 상반되는 것처럼 보이는 몇몇 문서들이 있지만 사실 그 문서들은 내 말을 확인해 준다는 것을 주목하자. 군주 국에서 자유인에게는 일정한 마차를 제공하는 의무만 있었다는 것을 앞에서 보았다. 내가 방금 인용한 법령은 이것을 '켄수스'라고 부르고 농노가 지불하는 켄수스와 대립시킨다. 87

---

79 Undecumque antiquitus ad partem regis venire solebant (옛날에 왕의 몫으로 배정되었던 모든 장소). 812년의 법령, 제10항과 제11항.

80 812년의 법령, 제10항과 제11항, 발뤼즈 간행본, 제1권, 498쪽.

81 De illis unde censa exigunt (켄수스가 요구된 장소에 대해). 813년의 법령, 제6항.

82 813년의 법령, 제6항, 발뤼즈 간행본, 제1권, 508쪽.

83 Si quis terram tributariam, unde census ad partem nostram exire solebat, susceperit (우리 몫의 켄수스를 징수하는 것이 관습이었던 세금 부과 토지를 어떤 사람이 취득한다면). 《법령집》 제4편, 제37항.

84 《법령집》 제4편, 제37항. 롬바르드족의 법에 삽입된 것.

85 Unde census ad partem regis exivit antiquitus (오랜 옛날부터 켄수스가 왕의 몫 으로 징수되었던 곳). 805년의 법령, 제8항.

86 805년의 법령, 제8항.

87 Censibus vel paraveredis quos Franci homines ad regiam potestatem exsolvere debent (프랑크인이 왕권에 내야 하는 켄수스 또는 징발된 역마).

게다가 피스트 칙령88은 자신의 머리와 집에 대해 왕에게 켄수스를 내야 하는데 기근 동안 몸을 판 프랑크인들에 대해 이야기한다. 89 왕은 그들이 몸값을 내고 다시 매수하기를 명한다. 90 왕의 증서에 의해 해방된 사람들은 보통 완전하고 충분한 자유를 획득하지 못하고91 인두세(*censum in capite*)를 냈기 때문이다. 여기서 말하는 것은 바로 그런 종류의 켄수스이다.

그러므로 로마인의 조직에서 유래한 일반적이고 보편적인 켄수스의 관념을 버려야 한다. 그 관념에 입각하면 영주의 특권도 마찬가지로 횡령에서 유래했다고 추측할 수 있다. 프랑스 군주국에서 '켄수스'라고 불린 것은 그 말의 남용과는 별개로 주인이 농노에게 징수한 개별적인 세금이었다.

수많은 인용으로 틀림없이 독자들이 몹시 따분했을 것에 대해 용서를 구한다. 만일 뒤보 사제의 《갈리아에서의 프랑스 군주제 성립》이라는 책이 언제나 내 눈앞에 보이지 않았다면 나는 더 짧게 설명했을 것이다. 유명한 저자의 나쁜 저서만큼 지식의 진보를 후퇴시키는 것은 없다. 가르치기 전에 먼저 잘못을 깨닫게 해야 하기 때문이다.

---

88 864년의 칙령, 제34항. 발뤼즈 간행본, 192쪽.
89 De illis Francis hominibus qui censum regium de suo capite et de suis recellis debeant(그들의 머리와 재산에 대해 왕에게 켄수스를 내야 하는 프랑크인에 대하여). 위의 책.
90 같은 칙령의 제28항은 이 모든 것을 잘 설명해 준다. 심지어 해방된 로마인과 해방된 프랑크인 사이의 구별도 제공한다. 거기에서도 켄수스가 일반적인 것이 아니었다는 것을 볼 수 있다. 그것을 읽어 보기 바란다.
91 이미 언급한 813년의 카롤루스 마그누스의 법령에 의하면 그렇게 보인다.

제16장 : 근위무사 또는 봉신

게르만족 중에서 군주를 따라 모험에 참여하는 지원자들에 대해서는 이미 이야기했다. 정복 뒤에도 똑같은 관행이 유지되었다. 타키투스는 그들을 '동반자'[92]란 명칭으로 지칭하고, 살리카법은 왕의 신임을 받는 사람으로,[93] 마르쿨푸스의 서식[94]은 왕의 측근 신하로,[95] 우리의 초기 역사가들은 근위무사나 충복(忠僕)으로,[96] 그 이후의 역사가들은 봉신이나 영주[97]라고 지칭한다.

살리카법과 리푸아리아법에는 프랑크족을 위한 수많은 규정이 발견되는데, 왕의 측근 신하에 관한 규정은 몇 개밖에 없다. 이 측근 신하에 관한 규정은 다른 프랑크인에 대해 만들어진 규정과 다르다. 이 법에서는 프랑크족의 재산에 대한 규제를 많이 볼 수 있는데, 측근 신하의 재산에 관해서는 아무 언급도 없다. 그것은 측근 신하의 재산이 시민법보다는 정치법에 의해 규제되고, 또 그것은 한 집안의 세습재산이 아니라 군대에 분배된 몫이었기 때문이다.

근위무사를 위해 마련된 재산은 여러 저자와 여러 시대에 따라 국고 재산,[98] 녹봉지, 명예로운 것, 봉토로 불렸다.

---

92 Comites. 《게르만족의 풍속》, 제13장.
93 Qui sunt in truste regis, 제44조, 제4항.
94 제1편, 서식 18.
95 알라만니족에게는 '충실한'을 뜻하고 앵글족에게는 '진정한, 진실한'을 뜻하는 trew라는 단어로부터.
96 Leudes, fideles.
97 Vassali, seniores.

처음에는 봉토가 회수될 수 있었다는 사실에는 의심의 여지가 없다. 99 투르의 그레고리우스에 의하면, 100 수네기실루스와 갈로마누스는 왕실 재산에서 받은 것을 모두 빼앗기고 원래 그들 소유였던 것만 그들에게 남겨졌다고 한다. 곤트라누스는 조카 킬데베르투스를 왕좌에 앉혔을 때, 그와 비밀 협의를 하여 봉토를 주어야 할 사람과 빼앗아야 할 사람을101 그에게 알려주었다.

마르쿨푸스의 한 서식을 보면, 102 왕은 왕실 재산에 속한 녹봉지뿐만 아니라 다른 사람에게 속한 녹봉지도 대가로 주었다. 롬바르드족의 법은 녹봉지와 소유지를 대립시킨다. 103 이 점에 대해서는 역사가, 서식, 여러 야만족의 법전, 우리에게 남아 있는 모든 사료가 일치한다. 끝으로 《봉토》104를 쓴 사람들은 처음에는 영주들이 마음대로 봉토를 빼앗을 수 있었다가 이어서 1년 동안 보장했고105 나중에

---

98 Fiscalia. 마르쿨푸스 제 1편 서식 14 참조. 성 마우로의 전기에서는 dedit fiscum unum(그는 국고 재산을 주었다)이라고 말하고, 《메츠의 연대기》 747년에서는 dedit illi comitatus et fiscos plurimos(그는 수행원들과 많은 국고 재산을 주었다)라고 말한다. 왕실 유지를 위한 용도로 마련된 재산은 regalia라고 불렀다.

99 《봉토》, 제 1편, 제 1조 참조. 이 책에 대한 퀴자스의 주석.

100 제 9편, 제 38장.

101 Quos honoraret muneribus, quos ab honore repelleret(선물을 주어 경의를 표해야 할 사람과 명예를 제거해야 할 사람). 위의 책, 제 7편.

102 Vel reliquis quibuscumque beneficiis, quodcumque ille, vel fiscus noster, in ipsis locis tenuisse noscitur(어떤 사람은 다른 사람으로부터 녹봉지 일부를 받고, 또 어떤 사람은 국고 재산의 일부를 받기로 했다). 제 1편, 서식 30.

103 제 3편, 제 8조, 제 3항.

104 Feudorum, 제 1편, 제 1조.

105 퀴자스가 지적한 것처럼, 일종의 임시 소유로서 다음 해에 영주가 갱신하거나 갱

는 평생 봉토를 주었다는 것을 우리에게 알려준다.

제17장 : 자유인의 군 복무

두 부류의 사람들에게 군 복무의 의무가 있었다. 봉신이나 하위 봉신인 근위무사들은 봉토를 받은 것 때문에 의무가 있었고, 프랑크족과 로마인과 갈리아인의 자유인은 백작 밑에서 복무하며 백작과 그 관리들의 지휘를 받았다.

한편으로는 녹봉지나 봉토도 없고 또 한편으로는 토지를 경작하는 노예 신분에도 속하지 않는 사람들을 '자유인'이라고 불렀다. 그들이 소유한 땅은 '자유지'라고 불렀다.

백작은 자유인을 소집해 전쟁에 데리고 나갔다. 106 백작의 수하에는 대리관(代理官, vicaire)이라 불리는 관리가 있었다. 107 그리고 모든 자유인은 백 명씩 나뉘어 '부르'(bourg)라 불리는 큰 마을을 형성했으므로, 백작 수하에는 백인대장이라 불리는 관리도 있었다. 이 백인대장이 마을의 자유인 또는 그의 백인부대를 전쟁에 데리고 갔다. 108

이렇게 백 명씩 나누는 것은 프랑크족이 갈리아에 정착한 이후의

신하지 않을 수 있었다.

106 812년의 카롤루스 마그누스의 법령, 제3항과 제4항, 발뤼즈 간행본, 제1권, 491쪽 및 864년의 피스트 칙령, 제26항, 제2권, 186쪽 참조.

107 Et habebat unusquisque comes vicarios et centenarios secum(모든 백작에게는 대리관과 백인대장이 있었다). 《법령집》, 제2편, 제28항.

108 그들은 compagenses라고 불렸다.

일이다. 그것은 각 구역에서 벌어지는 절도에 대해 각 구역이 대응하
게 하려는 목적에서 클로타리우스와 킬데베르투스가 실시한 것이다.
이 군주들의 명령에서 그것을 볼 수 있다. 109 이러한 치안 유지 방법
은 오늘날 영국에서도 관찰된다.

　백작이 자유인을 전쟁에 데리고 나간 것처럼, 근위무사도 자신의
봉신과 하위 봉신을 전쟁에 데려갔고, 주교와 사제나 그들의 대리
인110도 그들의 봉신을 전쟁에 데려갔다. 111

　주교들은 상당히 난처했다. 그들은 자신의 행동을 스스로 인정할
수 없었던 것이다. 112 그들은 카롤루스 마그누스에게 전쟁에 나갈 것
을 강요하지 말아 달라고 요청했다. 그리고 그 요청이 받아들여지자,
이번에는 대중의 존경을 잃게 되었다고 불평했다. 그래서 카롤루스
마그누스는 그 문제에 관한 자신의 의도를 해명해야 했다.

　어찌 되었든, 주교들이 더 이상 전쟁에 나가지 않게 된 시대에 그
들의 봉신을 백작이 전쟁에 데려갔다는 것은 찾아볼 수 없었다. 반면
왕이나 주교가 충복 한 명을 선택해서 그 봉신들을 인솔하게 했다는
것은 볼 수 있다. 113

　유순왕 루도비쿠스의 한 법령에서114 왕은 세 종류의 봉신을 구별

---

109 595년경의 명령, 제1항. 《법령집》, 발뤼즈 간행본, 20쪽 참조. 이 규정은 분명
　　히 협의하여 만들어진 것이다.
110 Advocati.
111 812년의 카롤루스 마그누스의 법령, 제1항과 제5항, 발뤼즈 간행본, 제1권, 490쪽.
112 보름스에서 주어진 803년의 법령, 발뤼즈 간행본, 408쪽과 410쪽 참조.
113 803년의 보름스 법령, 발뤼즈 간행본, 409쪽. 대머리왕 카롤루스 치하의 845년
　　공의회, in Verno palatio, 발뤼즈 간행본, 제2권, 17쪽, 제8항.

한다. 즉, 왕의 봉신, 주교의 봉신, 백작의 봉신이다. 근위무사나 영
주의 봉신은 왕실의 어떤 임무 때문에 근위무사가 직접 그들을 전쟁
에 데려가지 못할 때만 백작의 인솔을 받았다.115

그런데 근위무사는 누가 전쟁에 데리고 갔을까? 의심할 여지없이
바로 왕이었다. 왕은 언제나 충복들의 선두에 섰다. 여러 법령에서
왕의 봉신과 주교의 봉신 사이에 언제나 대립이 보이는 것은 바로 그
때문이다.116 용감하고 자존심 강하고 고매한 우리의 왕들은 교회군
단의 선두에 서기 위해 군대에 있는 것이 아니었다. 그들이 함께 승리
하거나 함께 죽기로 선택한 자들은 그 사람들이 아니었다.

그런데 이 근위무사들도 마찬가지로 그들의 봉신과 하위 봉신을 데
리고 갔다. 그것은 자신의 소유이든 누군가의 녹봉지이든 4개의 장원
을 가진 모든 자유인은 적과 싸우러 가거나 영주를 따라가야 한다고

---

114 Capitulare quintum anni 819, 제27항, 발뤼즈 간행본, 618쪽.

115 De vassis dominicis qui adhuc intra casam serviunt, et tamen beneficia
habere noscuntur, statutum est ut quicumque ex eis cum domino imperatore
domi remanserint, vassallos suos casatos secum non retineant ; sed cum
comite, cujus pagenses sunt, ire permittant(영주의 집안에 봉사하면서 일정한
녹봉지를 가지고 있는 것으로 인정되는 봉신들에 관해서, 왕실에 남는 봉신들은
자신들의 봉신과 함께 남아서는 안 되는 것으로 결정되었다. 대신 이 봉신들은 자
기 마을의 백작과 함께 전쟁에 나가도록 허용되었다). 812년의 법령 11, 제7항,
발뤼즈 간행본, 제1권, 494쪽.

116 812년의 법령 1, 제5항. De hominibus nostris, et episcoporum et abbatum
qui vel beneficia, vel talia propria habent, etc. (우리의 부하들과 주교나 수도
원장의 부하들에 관해서는, 그들이 녹봉지를 가지고 있든 자신의 사유지를 가지
고 있든 …). 발뤼즈 간행본, 제1권, 490쪽.

카롤루스 마그누스가 명령하는 법령117에서 잘 드러난다. 카롤루스 마그누스는 자기 소유의 땅만 가지고 있는 사람은 백작의 군대에 들어가고 영주에게서 녹봉지를 받은 사람은 영주와 함께 출발해야 한다고 말하려 한 것이 분명하다.

그러나 뒤보 사제는 법령집에서 개개의 영주에게 속하는 사람들에 대해 말하는 것을 농노에 관한 것이라 주장한다.118 그리고 그는 서고트족의 법과 그 민족의 관행을 근거로 삼는다. 법령집 자체를 근거로 삼는 것이 더 나았을 텐데 말이다. 내가 방금 인용한 법령은 명백하게 반대의 것을 말한다. 대머리왕 카롤루스와 그의 형제들 사이의 조약도 마찬가지로 자유인에 대해 말하는데, 자유인은 스스로 영주나 왕을 선택해서 따를 수 있었다. 이 규정은 다른 많은 규정과 부합한다.

따라서 세 종류의 군대가 있었다고 말할 수 있다. 왕의 근위무사나 충복(그들에게도 그들 자신에게 속한 충복이 있었다)의 군대, 주교나 다른 성직자와 그들의 봉신의 군대, 마지막으로 자유인을 지휘하는 백작의 군대였다.

나는 봉신이 백작에게 종속될 수 없었다고 말하는 것이 아니다. 개별적인 지휘권을 가진 사람은 더 개괄적인 지휘권을 가진 사람에게

---

117 812년의 법령, 제1장, 발뤼즈 간행본, 490쪽. Ut omnis homo liber qui quatuor mansos vestitos de proprio suo, sive de alicujus beneficio, habet, ipse se præparet, et ipse in hostem pergat, sive cum seniore suo(자기 소유로 가지고 있든 아니면 다른 사람으로부터 받은 녹봉지로 가지고 있든 4개의 장원을 가지고 있는 모든 자유인은 스스로 군대에 가거나 영주와 함께 전장에 가야 한다)

118 《갈리아에서의 프랑스 군주제 성립》, 제3권, 제6편, 제4장, 299쪽.

속하기 때문이다.

봉신들이 봉토의 맹세를 지키지 않았을 때는 백작과 왕의 사절이 그들에게 벌금을 내게 할 수 있었다는 것도 발견된다.

마찬가지로 왕의 봉신이 약탈했을 경우, 119 그들이 굳이 왕에게 징계받기를 바라는 것이 아니라면 백작의 징계를 받았다.

제18장 : 이중의 업무

누군가의 군사적 권력 아래 있는 사람은 그의 시민적 재판권에도 복종하는 것이 군주정체의 기본 원리였다. 그래서 815년의 유순왕 루도비쿠스의 법령120은 자유인에 대한 백작의 군사적 권력과 시민적 재판권이 함께 행사되도록 정한다. 따라서 자유인을 전쟁에 데려가는 백작의 법정이나 재판회의는121 자유인의 법정이라고 불렸다. 122 자유에 대한 문제를 재판할 수 있는 곳은 백작의 관리의 법정이 아니라 오직 백작의 법정뿐이라는 격언은 아마도 거기에서 유래되었을 것이다. 백작은 주교나 사제의 봉신들은 전쟁에 데려가지 않았다. 123 그

---

119 882년의 법령, 제11항, apud Vernis palatium, 발뤼즈 간행본, 제2권, 17쪽.
120 제1항과 제2항 및 845년의 공의회 in Verno palatio, 제8항, 발뤼즈 간행본, 제 2권, 17쪽.
121 placites(몽테스키외는 본문에 이 라틴어를 사용하고 각주에 프랑스어를 제시했으 나 독자의 편의를 위해 라틴어를 각주로 제시한다__옮긴이 주).
122 《법령집》, 안제기즈의 모음집 제4편, 제57항. 819년의 유순왕 루도비쿠스의 법 령 5, 제14항, 발뤼즈 간행본, 제1권, 615쪽.
123 이에 관해서는 앞의 제17장의 각주 113과 각주 116을 참조할 것.

들은 백작의 시민적 재판권 밑에 있지 않았기 때문이다. 마찬가지로 백작은 근위무사의 하위 봉신들도 데려가지 않았다. 그리하여 영국 법의 용어사전124에 의하면, 작센족이 'coples'라고 부르던 사람들이 노르만족에게는 'comtes, compagnons'으로 불렸다고 한다. 125 그들은 재판에 따른 벌금을 왕과 함께 나누어 가졌기 때문이다. 그러므로 모든 시대에서 영주에 대한 봉신의 의무126는 무기를 드는 것과 영주의 법정에서 자기와 같은 신분의 사람들을 재판하는 일이었다는 것을 알 수 있다. 127

이처럼 재판권을 전쟁에 데려가는 권리와 결부시킨 이유 중의 하나는 전쟁에 데려간 사람이 동시에 왕실 국고의 세금도 내게 했기 때문이다. 그 세금은 자유인이 내야 하는 몇 가지 마차 비용과 대체로 재판상의 일정한 이윤으로 이루어졌는데, 재판상의 이윤에 대해서는 나중에 이야기할 것이다.

영주는 자신의 봉토에서 재판할 권리를 가지고 있었다. 그것은 백작이 백작령에서 재판할 권리를 가지고 있는 것과 같은 원리에 의해서였다. 그리고 정확히 말하자면, 여러 시대에 일어난 변화 속에서 백작령은 늘 봉토에 일어난 변화를 따랐다. 백작령과 봉토는 둘 다 같

---

124 윌리엄 램바드(William Lambarde, 1536~1601. 영국의 고고학자로, 앵글로색슨 법 모음집인 《아르카이오노미아 또는 영국의 옛 법(Archaionomia, siue de priscis anglorum legibus libri)》을 편찬했다__옮긴이 주)의 모음집에서 발견할 수 있다. 《영국의 옛 법》.
125 satrapia라는 단어에서.
126 《예루살렘 왕국 법전》제221장과 제222장은 이것을 잘 설명해 준다.
127 교회의 대리인들(advocati)도 똑같이 그들의 법정과 군대의 선두에 있었다.

은 계획과 같은 관념을 토대로 통치된 것이다. 한마디로 말해서, 백작은 자신의 백작령에서 근위무사였고, 근위무사는 자기 영지에서 백작인 셈이었다.

사람들이 백작을 재판관으로 여기고 공작을 무관으로 여긴 것은 정확한 관념을 갖고 있지 못했기 때문이다. 둘 다 똑같이 무관이자 문관이었다. 128 공작은 수하에 여러 명의 백작을 거느리고 있었지만 상관으로 섬기는 공작이 없는 백작도 있었다는 차이가 있었을 뿐이다. 우리는 그것을 프레데가리우스129를 통해 알 수 있다.

아마 사람들은 당시 프랑크족의 통치가 매우 가혹했다고 생각할 것이다. 같은 관리가 피지배자에 대해 군사적 권력과 시민적 권력, 심지어 재정적 권력까지 동시에 가지고 있었기 때문이다. 이것은 바로 내가 앞의 여러 편에서 전제정체의 특성 중의 하나라고 말한 것이다.

그러나 백작이 혼자서 재판하고 터키의 고관처럼 판결했다고 생각해서는 안 된다. 130 백작은 사건을 재판하기 위해 일종의 법정이나 재판 회의를 소집하여 거기에 명사들을 불렀다. 131

서식, 야만족의 법, 법령에서 재판과 관련된 것을 잘 이해하려면, 백작, 백작 구역의 총관(*gravion*), 백인대장의 임무가 같았다는 것을 알아야 한다. 132 그리고 juge(재판관), rathimburge, échevin(8)이

---

128 마르쿨푸스, 제1편, 서식 8 참조. 여기에는 공작, 귀족, 백작에게 시민적 재판권과 국고 관리권을 부여하는 것을 승인하는 문서가 포함되어 있다.
129 《연대기》, 제78장, 636년에 관한 것.
130 투르의 그레고리우스, 제5편, ad annum 580 참조.
131 Mallum.

같은 사람들을 가리키는 다른 이름이라는 것을 알아야 한다. 그들은 백작의 보조자였고, 보통 백작에게는 7명의 보조자가 있었다. 그리고 재판하기 위해서는 12명 이상의 사람이 있어야 했으므로, 133 백작은 명사들로 그 인원수를 채웠다. 134

그러나 재판권을 누가 가지고 있었든지 간에, 왕, 백작, 백작 구역 총관, 백인대장, 영주, 성직자는 결코 단독으로 재판하지 않았다. 이 관행은 게르마니아의 숲에 그 기원이 있었지만, 봉토가 새로운 형태를 취했을 때도 여전히 유지되었다.

재정권은 백작이 남용할 수 없었다. 자유인에 대한 군주의 권리는 매우 간단해서 이미 말했듯이 일정한 공적 기회에 요구되는 수송 마차에 불과했다. 135 그리고 재판권에 관해서는 독직(瀆職)을 예방하는 몇 가지 법이 있었다. 136

---

132 여기에 내가 제28편 제28장과 제31편 제8장에서 말하는 것을 첨부할 것.
133 이 모든 것에 관해서는 살리카법 제2항에 첨가된 유순왕 루도비쿠스의 법령들과 boni homines라는 단어에서 뒤 캉주가 제공하는 재판 절차를 참조할 것.
134 Per bonos homines(좋은 사람들로). 때로는 명사들만 있을 때도 있었다. 마르쿨푸스의 《서식집 부록》, 제51장 참조.
135 그리고 앞에서 말한, 강에 대한 몇 가지 권리가 있었다.
136 리푸아리아법 제89조, 롬바르드족의 법 제2편 제52조 제9항 참조.

제19장 : 야만족의 합의금

게르만족의 법과 풍속을 완전히 알지 못하면, 우리의 정치법을 제대로 이해할 수 없다. 그래서 나는 여기서 잠시 게르만족의 풍속과 법을 살펴보고자 한다.

타키투스에 의하면, 게르만족은 두 가지 사형죄밖에 몰랐던 것 같다. 그들은 배신자는 교수형에 처하고, 비겁한 자는 물에 빠뜨려 죽였다. 그들에게는 그것이 유일한 공적 범죄였다. 어떤 사람이 남에게 잘못을 저지르면, 모욕당하거나 피해를 본 사람의 친족이 싸움에 가담했다.[137] 그리고 증오는 배상으로 진정되었다. 이 배상은 모욕당한 사람이 받을 수 있으면 그에게 관련된 것이었고, 모욕이나 잘못이 친족에게 공통된 것이거나 모욕당하거나 피해를 본 사람이 죽어서 그 배상이 친족에게 귀속될 때는 친족에게 관련된 것이었다.

타키투스가 말하는 방법에 따르면, 배상은 당사자들의 상호 합의로 이루어졌다. 그래서 야만족의 법전에서는 이 배상을 '합의금'이라고 불렀다.

서로 원수인 집안이 어떤 정치법이나 시민법의 제약도 받지 않은

---

137 Suscipere tam inimicitias, seu patris, seu propinqui, quam amicitias, nesesse est; nec implacabiles durant; luitur enim etiam homicidium certo armentorum ac pecorum numero, recipitque satisfactionem universa domus (그들은 아버지나 친척의 우정과 마찬가지로 적의도 반드시 떠맡는다. 그러나 일단 일정한 수의 소나 양으로 살인에 대해 속죄하고 나면, 이 적의는 완강히 계속되지 않는다. 그리고 가족 전체가 그것을 배상으로 받는다). 타키투스, 《게르만족의 풍속》.

채 만족할 때까지 제멋대로 복수하는 상황, 말하자면 자연 상태인 상황에 사람들을 내버려둔 것은 프리슬란트족의 법138 이외에서는 발견되지 않는다. 그런데 이 법도 완화되었다. 목숨이 요구되는 자도 자기 집에서는 평화를 누리고 교회와 재판소를 오갈 때는 안전할 것이라고 규정된 것이다. 139

살리카법의 편찬자들은 약탈하기 위해 시체를 파낸 자는 그 친족이 사회로 돌아가게 하는 것에 동의할 때까지 사람들의 사회에서 추방되는 프랑크족의 옛 관행을 인용한다. 140 그리고 그때까지는 그에게 빵을 주거나 그를 집에 들이는 것이 모든 사람에게, 심지어 그의 아내에게도 금지되었다. 그러므로 그 사람은 다른 사람들에 대해, 다른 사람들은 그 사람에 대해 자연 상태에 있는 셈이었고, 그 상태는 합의가 되어야 끝이 났다.

이것을 제외하면, 여러 야만족의 현자들은 당사자의 합의를 기다리기에는 너무 오래 걸리고 위험한 일을 직접 결정하려고 생각했다는 것을 알 수 있다. 그들은 어떤 피해나 모욕을 받은 사람이 받아야 할 합의금에 정당한 가격을 매기려 신경을 썼다. 야만족의 모든 법은 그 점에 대해 놀랍도록 정확성을 보여준다. 세심하게 여러 경우가 구별되었고 여러 사정이 검토되었다. 141 법은 모욕당한 사람의 입장에 서서,

---

138 이 법 제2조의 살인에 대한 것 참조. 그리고 절도에 대해 불레마르(Wulemar)가 추가한 것 참조.
139 Additio sapientum, 제1조, 제1항.
140 살리카법, 제58조 제1항, 제17조 제3항.
141 특히 가축 절도에 관련된 살리카법 제3조~제7조를 참조할 것.

그가 냉정을 되찾았을 때 요구했을 배상을 그를 대신해서 청구한다.

이런 법의 제정을 통해, 타키투스의 시대에는 여전히 자연 상태에 있던 것으로 보이는 게르만족이 드디어 자연 상태에서 벗어났다.

롬바르드족의 법에서, 로타리는 상처 입은 사람이 만족하여 원한을 끝낼 수 있도록 상처에 대한 옛 관습의 합의금을 올린다고 선언했다.142 사실 가난한 민족이던 롬바르드족은 이탈리아 정복으로 부유해지자 예전의 합의금이 하찮게 느껴졌으므로 화해가 이루어지지 않았던 것이다. 이런 이유로 정복 민족의 다른 수장들도 오늘날 우리가 가지고 있는 다양한 법전을 만들 수밖에 없었다는 것을 나는 의심하지 않는다.

가장 중요한 합의금은 살인자가 죽은 사람의 친족에게 내야 하는 합의금이었다. 신분의 차이가 합의금에도 차이를 만들었다. 그리하여 앵글족의 법에서는 귀족의 죽음에 대한 합의금은 600수, 자유인의 죽음에 대한 합의금은 200수, 농노의 죽음에 대한 합의금은 30수였다.143 따라서 어떤 사람의 목숨에 대해 큰 합의금이 설정되었다는 것은 그의 커다란 특권 중의 하나였다. 그것은 그의 일신에 대한 특별 대우라는 것 이외에도 폭력적인 민족들 속에서 그에게 더 큰 안전을 수립해 주기 때문이다.

바바리족의 법은 우리에게 그것을 잘 느끼게 해준다.144 그 법에는

---

142 제1편, 제7조, 제15항.
143 앵글족의 법 제1조 제1항, 제2항, 제4항 및 제5조 제6항 참조. 바바리족의 법
　　제1조 제8장과 제9장, 프리슬란트족의 법 제15조 참조.
144 제2조, 제20장.

아길롤핑거(9) 가문에 다음가는 명문이기 때문에 두 배의 합의금을 받는 바바리족 가문 이름이 제시되어 있다. 145 아길롤핑거 가문은 공작 가문으로, 그 가문 사람들 중에서 공작이 선출되었다. 그들은 네 배의 합의금을 받았다. 공작에 대한 합의금은 아길롤핑거 가문에게 설정된 합의금보다 3분의 1이 더 많았다. "공작이기 때문에 그의 친족보다 더 큰 명예가 주어진다"라고 법은 말한다.

모든 합의금은 화폐 가치로 정해졌다. 그러나 이 민족들이 특히 게르마니아에 있었을 때는 그들에게 화폐가 거의 없었기 때문에, 가축, 밀, 가구, 무기, 개, 사냥 새, 토지 등을 줄 수 있었다. 146 법은 종종 이런 물건들의 가치를 정해 놓기도 했다. 147 그것은 화폐가 거의 없었는데도 어떻게 그들에게 그토록 많은 벌금형이 있었는지를 설명해 준다.

따라서 이런 법들은 피해, 모욕, 범죄의 차이를 정확하게 표시하는 데 전념했다. 각자 어느 정도로 피해나 모욕을 받았는가를 정확히 알고, 받아야 할 보상을 정확히 알고, 특히 더 많은 보상을 받아서는 안 된다는 것을 알기 위해서였다.

---

145 Hozidra, Ozza, Sagana, Habilingua, Anniena. 위의 책.

146 그리하여 이나(Ina) 법은 일정한 금액이나 일정한 면적의 토지로 목숨값을 책정 했다. Leges Inæ regis, tit. de villico regio. 《영국의 옛 법》, Cambridge, 1644.

147 심지어 여러 민족에 대해서까지 정한 작센족의 법, 제18장 참조. 리푸아리아법 제36조 제11항, 바바리족의 법 제1조 제10항과 제11항도 참조할 것. Si aurum non habet, donet aliam pecuniam, mancipia, terram, etc. (금이 없으면, 가축, 노예, 토지 등을 준다)

이런 관점에서 보면, 배상받은 후에 복수하는 것은 큰 범죄라는 것을 이해할 수 있다. 이 범죄는 개인적 침해 못지않게 공적 침해도 포함하는 것이었다. 법 자체를 모독한 것이기 때문이다. 그것은 입법자들이 반드시 처벌하는 범죄였다. 148

이 민족들이 시민적 통치에서 독립정신을 상당히 잃게 되었을 때, 그리고 왕이 국가에 더 나은 치안을 확립하려고 전념했을 때, 특히 위험한 것으로 여겨진 범죄가 또 있었다. 149 그 범죄는 배상하려고 하지 않거나 배상받으려고 하지 않는 것이었다. 우리는 야만족의 여러 법전에서 입법자들이 그렇게 하도록 강제하는 것을 볼 수 있다. 150 사실 배상받기를 거부한 자는 복수할 권리를 간직하기를 바라는 것이었고, 배상하기를 거부한 자는 피해자에게 복수할 권리를 남겨준 것이었다. 합의를 권유했지만 강제하지는 않았던 게르만족의 제도에서 현자들이 개혁한 것은 바로 이런 점이다.

배상을 받고 안 받는 것을 입법자가 피해자의 자유에 맡긴 살리카법의 한 조문에 대해 나는 조금 전에 이야기한 바 있다. 시체를 약탈

---

148 롬바르드족의 법 제1편 제25조 제21항, 제1편 제9조 제8항과 제34항 및 제38항, 802년의 카롤루스 마그누스의 법령 제32장 참조. 카롤루스 마그누스의 이 법령에는 그가 주에 보낸 사람들에게 한 지시가 포함되어 있다.

149 투르의 그레고리우스, 제7편, 제47장에서 한 소송의 상세한 내용을 참조할 것. 그 소송에서 당사자는 법에 의해 자신에게 정해진 합의금의 절반을 잃었다. 나중에 어떤 폭력을 당하더라도 배상받는 대신 그가 직접 복수했기 때문이었다.

150 작센족의 법 제3장 제4항, 롬바르드족의 법 제1편 제37조 제1항과 제2항, 알라만니족의 법 제45조 제1항과 제2항 참조. 알라만니족의 법은 즉석에서 첫 움직임으로 직접 복수하는 것은 허용했다. 카롤루스 마그누스의 779년 법령 제22장, 802년 법령 제32장, 805년 법령 제5장도 참조할 것.

한 자에게 친족이 배상을 받아들이고 그가 사람들 속에서 살 수 있도록 요청할 때까지 사람들과의 교류를 금지했던 법 말이다. 151 살리카법을 작성한 사람들은 성스러운 것을 존중하는 마음에서 옛 관행에 손대지 않은 것이다.

절도 행위 중에 살해된 도둑의 친족에게, 또는 간통죄 때문에 별거 뒤에 이혼당한 여자의 친족에게 합의금을 주는 것은 부당한 일이었을 것이다. 바바리족의 법은 그런 경우 합의금을 주지 않았고, 152 복수하고자 한 친족을 벌했다.

야만족의 법전에서 본의 아닌 행동에 대한 합의금을 발견하기란 어렵지 않은 일이다. 롬바르드족의 법은 거의 언제나 합리적이었다. 그런 경우, 롬바르드족의 법은 너그러운 마음에 따라 합의하고 친족은 더 이상 복수하려고 할 수 없다고 정했다. 153

클로타리우스 2세는 매우 현명한 명령을 내렸다. 그는 도둑맞은 사람에게 재판관의 명령 없이 몰래 합의금을 받는 것을 금지했다. 154 이 법의 동기에 대해서는 조금 후에 살펴볼 것이다.

---

151 리푸아리아법의 편찬자들은 이것을 변경시킨 것으로 보인다. 이 법 제85조 참조.
152 타실로의 명령, de popularibus legibus, 제3항, 제4항, 제10항, 제16항, 제19항 참조. 앵글족의 법, 제7조, 제4항 참조.
153 제1편, 제9조, 제4항.
154 Pactus pro tenore pacis inter Childebertum et Clotarium, anno 593 (593년의 킬데베르투스와 클로타리우스 사이의 평화 유지 협정). decretio Clotarii II regis, circa annum 593, ch. xi. (593년 클로타리우스 2세의 칙령, 제11장)

제 20장 : 그 후에 영주의 재판권이라고 불린 것

살인, 피해, 모욕에 대해 친족에게 지불해야 하는 합의금 이외에도 야만족의 법전에서 '프레둠'(fredum)이라고 부르는 일정한 세금도 내야 했다. 155 나는 이에 대해 많은 설명을 하겠지만, 우선 개괄적 이해를 위해 그것은 복수의 권리에 대비하여 주어지는 보호에 대한 보수라고 말해두고자 한다. 오늘날에도 스웨덴어에서 '프레드'(fred)는 평화를 뜻한다.

폭력적인 민족에게, 재판을 한다는 것은 모욕을 가한 자를 모욕을 받은 자의 복수로부터 보호하고 모욕을 받은 자에게 마땅히 받아야할 배상을 받도록 강제하는 것과 다름없다. 그래서 게르만족의 경우에는 다른 모든 민족과 달리 모욕받은 사람으로부터 죄인을 보호하기위해 재판이 실시되었다.

야만족의 법전에는 이 '프레다'(freda)가 청구되어야 하는 경우가 제시되어 있다. 친족이 복수할 수 없는 경우에 법은 '프레둠'을 부여하지 않았다. 사실 복수가 없다면, 복수에 대비하는 보호에 대한 세금도 있을 수 없었다. 그리하여 롬바르드족의 법에서는156 누군가 우연히 자유인을 죽였을 때, 그는 죽은 사람의 값을 지불했지만 '프레둠'은 없었다. 본의 아니게 사람을 죽였을 때는 친족에게 복수의 권리

---

155 법에 이것이 정해져 있지 않을 때는 보통 합의금으로 주는 금액의 3분의 1이었다. 그것은 리푸아리아법 제89장에서 볼 수 있는데, 813년의 세 번째 법령에 의해 설명되었다. 발뤼즈 간행본, 제1권, 512쪽.
156 제1편, 제9조, 제17항, 린덴브로크 간행본.

가 없었기 때문이다.

또 리푸아리아법에서는157 어떤 사람이 나무 조각이나 사람이 만든 수공품에 의해 죽었을 때 수공품이나 나무가 유죄로 간주되었고, 친족은 그것을 자기가 사용하기 위해 가져갔지만 '프레둠'을 요구할 수는 없었다. 마찬가지로 가축이 사람을 죽였을 때도 같은 법158은 '프레둠' 없는 합의금을 정했다. 죽은 자의 친족이 모욕받은 것은 아니기 때문이다.

끝으로 살리카법에 의하면, 159 12세 미만의 아이가 뭔가 잘못을 저질렀을 때는 '프레둠' 없는 합의금을 지불했다. 아이가 아직 무기를 휴대할 수 없었으므로, 피해 당사자나 그의 친족이 복수를 요구할 수 있는 경우가 아니었기 때문이다.

'프레둠'을 내는 사람은 죄인이고, 자신이 저지른 폭행으로 인해 평화와 안전을 잃어버렸지만 보호를 통해 평화와 안전을 되찾기 위해 내는 것이었다. 그러나 아이는 안전을 잃어버리지 않았다. 아이는 성인이 아니었으므로 사람들의 사회로부터 추방될 수 없었다.

이 '프레둠'은 관할구역에서 재판하는 사람을 위한 지방세였다. 160 하지만 리푸아리아법161은 재판하는 사람이 직접 그것을 요구하는 것

---

157 제70조.
158 제46조. 롬바르드족의 법 제1편 제21장 제3항, 린덴브로크 간행본, Si caballus cum pede 등도 참조.
159 제28조, 제6항.
160 클로타리우스 2세의 595년 명령에 의하면 그렇게 보인다. Fredus tamen judicis, in cujus pago est, reservetur(프레둠은 그 마을의 재판관들을 위해서 따로 남겨진다).

을 금지했다. 재판에 이긴 당사자가 그것을 받아서 국고로 가져가도록 정했다. 그것은 리푸아리족 사람들 사이의 영원한 평화를 위해서라고 법은 말한다.

'프레둠'의 액수는 보호의 규모에 비례했다.162 그리하여 왕의 보호를 받기 위한 '프레둠'은 백작이나 다른 재판관의 보호를 받기 위해 부여된 것보다 더 컸다.

내 눈에는 이미 영주의 재판권이 발생하는 것이 보인다. 수많은 사료를 통해 알 수 있듯이, 봉토는 큰 영토들을 포함했다. 프랑크족에게 분배된 토지에 대해서 왕은 아무것도 징수할 수 없었다는 것을 나는 이미 증명했다. 왕은 봉토에 대해서는 더욱더 아무 권리도 갖지 못했다. 그런 점에서 봉토를 얻은 사람들은 가장 폭넓은 소유권을 누렸다. 그들은 봉토에서 나오는 모든 산물과 재산을 가졌다. 그중 가장 중요한 것 중의 하나는 프랑크족의 관행에 따라 받는 재판상의 수익(프레다)이었으므로,163 봉토를 소유한 사람이 재판권도 소유하게 되었다. 그 재판권은 친족에게 주는 합의금과 영주에게 주는 수익금을 통해서만 행사되었다. 재판권은 법이 정한 합의금을 지불하게 하고

---

161 제89조.

162 Capitulare incerti anni, 제57장, 발뤼즈 간행본, 제1권, 515쪽. 제1왕조의 사료에서 'fredum' 또는 'faida'라고 불리는 것이 789년의 법령 de partibus Saxoniæ에 의해 나타나는 것처럼 제2왕조의 사료에서는 'bannum'이라고 불린다는 사실을 유념해야 한다.

163 카롤루스 마그누스의 법령 de Villis를 참조할 것. 그 법령에서 카롤루스 마그누스는 이 '프레다'를 villæ라 불리는 것, 즉 왕의 소유지의 커다란 수입 속에 포함시킨다.

법이 정한 벌금을 요구하는 권리와 다름없었다.

근위무사나 충복을 위한 봉토의 확인이나 영구적 이전, 164 또는 교회를 위한 봉토의 특권165이 기재된 여러 서식에 의하면, 봉토에 그런 권리가 있었다는 것을 알 수 있다. 그것은 또한 수많은 증서에 의해서도 드러난다. 166 그 증서에는 왕의 재판관이나 관리에게 영지에 들어가서 어떤 재판행위도 해서는 안 되고 어떤 재판상의 이익도 요구해서는 안 된다고 명시되어 있다. 왕의 재판관이 재판의 관할구에서 아무것도 요구할 수 없게 되자, 그들은 더 이상 관할구에 들어가지 않게 되었다. 그리고 그 지역 소유자들이 재판관들이 하던 역할을 담당했다.

왕의 재판관에게는 당사자들에게 재판관 앞에 출두할 것을 보장하라고 강요하는 것이 금지되었다. 따라서 그것을 요구하는 것은 영지를 받은 사람이 할 일이었다. 왕의 사절들은 더 이상 숙소를 요구할 수 없다고 정해졌다. 사실 그들에게는 이제 아무런 직무도 없었다.

따라서 옛 봉토와 새 봉토에서, 재판권은 봉토 자체에 내재하는 권리였고 봉토의 일부를 이루는 것으로 돈벌이가 되는 권리였다. 그 때문에 모든 시대에 재판권은 그런 식으로 간주되었고, 프랑스에서 재판권이 세습재산이라는 원리는 바로 거기에서 나온 것이다.

어떤 사람들은 재판권의 기원이 왕과 영주가 그들의 농노를 해방한

---

164 마르쿨푸스, 제1편, 서식 3, 4, 17 참조.

165 위의 책, 서식 2, 3, 4.

166 증서 모음집, 특히 베네딕트파 수도사들의 《프랑스의 역사가들》 제5권 끝에 수집되어 있는 증서들을 참조할 것.

것에 있다고 믿었다. 그러나 게르만족과 그 후예인 여러 민족은 노예를 해방한 유일한 민족이 아니다. 그들은 세습재산으로서의 재판권을 확립한 유일한 민족이다. 게다가 마르쿨푸스의 서식들은 초기에 이 재판권에 종속된 자유인들을 우리에게 보여준다. 167 따라서 농노는 관할구역 안에 있었으니 법적으로 그 관할에 속한 것이고, 봉토 안에 포함되어 있었으니 봉토의 기원이 된 것은 아니었다.

또 어떤 사람들은 더 간단한 방법을 택해서, 영주가 재판권을 찬탈했다고 말했다. 그들의 주장은 그것이 전부였다. 그러나 군주의 권리를 찬탈한 것이 이 지구상에 게르마니아에서 내려온 민족들밖에 없었던가? 다른 민족들도 그들의 군주를 침해한 것을 역사는 우리에게 충분히 가르쳐 준다. 그러나 거기서 이른바 영주의 재판권이라는 것이 생기지는 않았다. 따라서 그것의 기원은 게르만족의 관행과 관습의 근저에서 찾아야 했다.

루아조(10)의 저서168에서 영주들이 여러 재판권을 형성하고 찬탈하기 위해 어떤 방법을 취했다고 가정하는지 살펴보기 바란다. 그들은 틀림없이 세계에서 가장 세련된 사람들이었을 것이다. 전사가 약

---

167 제1편 서식 3, 4, 14 참조. 771년의 카롤루스 마그누스의 증서, 마르텐(Edmond Martène, 1654~1739, 프랑스의 역사가이자 전례학자_옮긴이 주)의 《일화집》, 제1권, 11 참조. Præcipientes jubemus ut ullus judex publicus … homines ipsius ecclesiæ et monasterii ipsius Morbacensis, tam ingenuos quam et servos, et qui super eorum terras manere, etc. (특히 어떤 공적 재판도 … 그들이 자유인이든 노예이든 교회와 수도원 사람들과 자신의 땅에 남아 있는 사람들을 …)

168 《마을의 재판권에 대한 개론(Traités des justices de village)》.

탈하듯이 훔친 것이 아니라 마을의 재판관과 검사가 서로 자기들끼리 훔치듯이 훔쳤어야 할 테니 말이다. 이 전사들은 왕국의 모든 개별 주에서, 그리고 많은 왕국에서 일반적인 정치 체제를 만들었다고 말해야 할 것이다. 루아조는 마치 자신이 자기 서재에서 추론하듯이 그들을 추론하게 만들고 있다.

한 가지만 더 이야기하겠다. 만일 재판권이 봉토의 부속물이 아니라면, 어째서 봉토의 임무가 궁정에서든 전쟁터에서든 어디서나 왕이나 영주를 섬기는 일이었겠는가?169

제21장 : 교회의 영지 재판권

교회는 매우 많은 재산을 취득했다. 알다시피, 왕들은 교회에 큰 국고, 즉 큰 봉토를 주었다. 그리하여 우리는 교회의 소유지에 재판권이 먼저 확립된 것을 발견하게 된다. 그토록 특이한 특권은 어디에 기원을 둔 것일까? 그 특권은 주어진 것의 본질에 있었다. 교회의 재산이 그런 특권을 가지고 있었던 것은 그 재산에서 그런 특권을 빼앗지 않았기 때문이다. 교회에 국가 재산을 주었는데, 만약 근위무사에게 재산을 주었더라면 근위무사가 가졌을 특권이 교회에 맡겨진 것이다. 그래서 만약 세속인에게 재산을 주었다면, 우리가 이미 보았듯이 국가가 그에게 부과했을 임무에 교회가 복종한 것이다.

따라서 교회는 자신의 영토 안에서 합의금을 내게 하고 '프레듐'을

---

169 뒤 강주, hominium이란 단어 참조.

요구할 권리를 가졌다. 그리고 이 권리에는 왕의 관리가 영지에 들어가서 '프레다'를 요구하고 재판행위를 하는 것을 막는 권리도 필수적으로 내포되어 있었으므로, 자기 영지 안에서 재판하는 성직자들의 권리는 서식170이나 증서나 법령의 표현에서는 '면제특권'이라고 불렸다.

리푸아리아법171은 교회의 해방된 노예172에게 해당 교회가 아닌 다른 곳에서 재판하기 위한 회의를 여는 것173을 금지한다. 따라서 교회는 자유인에 대해서까지도 재판권을 가지고 있었고, 군주정체 초기부터 법정을 열었다.

《성인전》174에는 클로도베쿠스가 어떤 성자에게 6리외(11)의 영지에 대한 권력을 주고 그가 어떤 재판권에도 속하지 않는다고 정했다는 이야기가 나온다. 나는 그것이 거짓말이라고 생각한다. 그러나 아주 오래된 거짓말이다. 생활의 배경과 거짓말은 그 시대의 풍속이나 법과 관련이 있다. 여기서 탐구하는 것은 바로 그 풍속과 법이다. 175

클로타리우스 2세는 멀리 떨어진 지역에 영지를 소유한 주교나 귀

---

170 마르쿨푸스, 제1편, 서식 3과 4 참조.

171 Ne aliubi nisi ad ecclesiam, ubi relaxati sunt, mallum teneant〔자신이 해방된 교회 이외의 어떤 곳에도 재판을 청할 수 없다〕, 제58조, 제1항. 린덴브로크 간행본, 제19항도 참조할 것.

172 Tabulariis.

173 Mallum.

174 Vita sancti Germeri, episcopi Tolosani, apud Bollandianos〔볼란드파(벨기에 예수회에 소속된 소규모 집단으로, 성인들의 전기와 전설에 대한 방대한 모음집을 편찬했다_옮긴이 주)의 전기 중 톨로사의 주교 성 제레마로의 생애〕, 5월 16일.

175 "성 멜라니오의 생애"와 "성 데이콜라의 생애"도 참조할 것.

족에게 재판하거나 재판의 수익을 받을 사람을 현지에서 선택하라고 명령한다.176

이 군주는 교회의 재판관과 왕의 관리 사이의 권한도 규정한다.177 802년의 카롤루스 마그누스 법령은 주교와 수도원장에게 그들의 사법관이 지녀야 할 자질을 규정한다. 같은 군주의 다른 법령178은 왕의 관리에게 교회의 토지를 경작하는 사람들에 대해 어떠한 재판권도 행사하지 못하도록 금한다.179 단, 그들이 공적 세금을 피하려고 부정으로 그 신분을 취득한 경우는 예외였다. 랭스에 모인 주교들은 교회의 봉신들이 그들의 면제특권 안에 있다고 선언했다.180 806년의 카롤루스 마그누스 법령181은 교회가 그 영지 안에 거주하는 모든 사

---

176 615년의 파리 공의회에서. Episcopi vel potentes, qui in aliis possident regionibus, judices vel missos discussores de aliis provinciis non instituant, nisi de loco, qui justitiam percipiant et aliis reddant(다른 지역에 토지를 소유하고 있는 주교나 세력가는 그 지방 출신이 아닌 사람을 재판관이나 위원으로 임명하여 법을 실행하고 재판에 참석하게 해서는 안 된다), 제19항. 제12항도 참조할 것.

177 615년의 파리 공의회에서. 제5항.

178 롬바르드족의 법, 제2편, 제44조, 제2장, 린덴브로크 간행본.

179 Servi aldiones, libellarii antiqui, vel alii noviter facti(하인들, 반만 자유로운 사람들, 오랜 옛날부터 혹은 최근에 맺은 계약으로 해방된 사람들). 위의 책.

180 858년의 공문, 제7항, 법령집 108쪽. Sicut illæ res et facultates in quibus vivunt clerici, ita et illæ sub consecratione immunitatis sunt de quibus debent militare vassalli(성직자들이 살고 있는 토지와 재산 및 거기에 속한 사람들은 축성된 면제특권 안에 있다. 군사적인 봉신들에게 의무가 있는 것과는 다르다).

181 이것은 바바리족의 법 제7항에 첨부되어 있다. 제3항, 린덴브로크 간행본, 444쪽도 참조할 것. Imprimis omnium jubendum est ut habeant ecclesiæ earum justitias, et in vita illorum qui habitant in ipsis ecclesiis et post, tam in

람에 대해 형사 및 민사 재판권을 갖는다고 정한다. 끝으로 대머리왕 카롤루스의 법령은 왕의 재판권, 영주의 재판권, 교회의 재판권을 구분한다.182 이에 대해서는 이제 더 말하지 않을 것이다.

제 22장 : 재판권은 제 2왕조가 끝나기 전에 확립되었다

봉신들이 자기 영지에서의 재판권을 제 것으로 한 것은 제 2왕조의 무질서 속에서였다고 사람들은 말했다. 사람들은 일반적 명제를 검토하기보다 확립하기를 더 좋아한 것이다. 봉신들이 어떻게 갖고 있었는지를 발견하기보다 갖고 있지 않았다고 말하는 편이 더 쉬웠기 때문이다. 그러나 재판권의 기원은 결코 찬탈에 있지 않다. 그것은 최초의 수립에서 유래하는 것이지 그 부패에서 유래하는 것이 아니다.

바바리족의 법에는183 "자유인을 죽인 자는 피해자의 친족이 있으면 친족에게 합의금을 지불하고, 친족이 없으면 공작 또는 그가 살아생전 의탁했던 사람에게 지불한다"라고 되어 있다. 녹봉지를 위해 자신을 의탁한다는 것(12)이 무엇을 뜻하는지 우리는 다 안다.

"노예를 빼앗긴 사람은 합의금을 받기 위해서 그 유괴범이 종속된 군주를 찾아갈 수 있다"라고 알라만니족의 법184은 말한다.

---

pecuniis quam et in substantiis earum(무엇보다 교회는 교회 안이나 옆, 혹은 그 영향권 안에 살고 있는 사람들에 대해 돈과 재산뿐만 아니라 생명에 관해서도 재판권을 갖도록 명한다).

182 857년의 법령, in synodo apud Carisiacum, 제 4항, 발뤼즈 간행본, 96쪽.

183 제 3조, 제 13장, 린덴브로크 간행본.

킬데베르투스의 명령에는 "백인대장이 자신의 백인대가 아닌 다른 백인대에서 혹은 우리 충복의 경계 안에서 도둑을 발견했는데 쫓아내지 않았다면, 그는 도둑을 출두시키거나 서약을 통해 무죄를 입증해야 한다"185라고 쓰여 있다. 따라서 백인대장의 관할지와 충복의 관할지 사이에는 구별이 있었다.

킬데베르투스의 이 명령은 같은 해에 나온 클로타리우스의 법령186을 설명해 준다. 그 법령은 똑같은 경우에 똑같은 사실에 대해 주어진 것으로 표현만 다를 뿐이다. 킬데베르투스의 명령에서 '우리 충복의 경계 안에'(in terminis fidelium nostrorum) 이라고 부른 것을 클로타리우스의 법령에서는 '신임을 받는 사람의 땅에서'(in truste) 라고 부르

---

184 제 85조.

185 595년의 명령, 제 11항과 제 12항, 발뤼즈 간행본의 법령집, 19쪽. Pari conditione convenit ut si una centena in alia centena vestigium secuta fuerit et invenerit, vel in quibuscumque fidelium nostrorum terminis vestigium miserit, et ipsum in aliam centenam minime expellere potuerit, aut convictus reddat latronem, etc. (백인대장이 도둑의 흔적을 따라가다가 다른 사람의 백인대 안에서 또는 우리 충복의 경계 안에서 흔적을 발견했는데 거기에서 도둑을 쫓아내지 않았다면, 그는 도둑과 똑같은 조건으로 유죄가 된다. 혹은 그를 도둑과 공범으로 간주한다).

186 Si vestigius comprobatur latronis, tamen præsentia nihil longe mulctando ; aut si persequens latronem suum comprehenderit, integram sibi compositionem accipiat. Quod si in truste invenitur, medietatem compositionis trustis adquirat, et capitale exigat a latrone(도둑의 흔적이 확인되면, 그가 현장에 있든 멀리 있든 그는 처벌받아야 한다. 그리고 도둑을 추격하는 사람이 도둑을 잡으면, 그는 합의금 전부를 혼자 받는다. 그러나 만약 도둑이 (왕의) 신임을 받는 사람의 땅에서 발견된다면, 그는 합의금의 절반만 받고 도둑에게 사형을 요구해야 한다), 제 2항과 제 3항.

고 있다. 'in truste'가 다른 왕의 소유지를 뜻하는 것으로 생각한 비뇽과 뒤 캉주187의 견해는 빗나간 것이었다.

프랑크족과 롬바르드족을 위해 만들어진 이탈리아 왕 피피누스의 법령에서,188 이 군주는 재판권의 행사에서 부정을 저지르거나 판결을 지체하는 백작과 왕의 관리에게 형벌을 부과한다. 그리고 만약 봉토를 가진 프랑크인이나 롬바르드인이 재판하기를 원하지 않는 경우가 생기면, 그가 속하는 관할구의 재판관이 그 봉토에 대한 권리 행사를 정지시키고 그 사이에 그가 직접 재판하거나 사절을 보내 재판하게 해야 한다고 명령한다. 189

카롤루스 마그누스의 한 법령190은 왕들이 어디서나 '프레다'를 징수한 것은 아니라는 것을 증명한다. 그의 또 다른 법령191은 이미 성립되어 있던 봉건적 규칙과 봉건적 법정을 우리에게 보여준다. 유순왕 루도비쿠스의 다른 법령은 봉토를 가진 자가 재판하지 않거나 재

---

187 뒤 캉주의 용어 사전, trustis라는 단어를 참조할 것.
188 롬바르드족의 법, 제2편 제52조 제14항에 삽입되어 있음. 이것은 발뤼즈 간행본, 544쪽, 제10항에 있는 793년의 법령이다.
189 Et si forsitan Francus aut Langobardus habens beneficium justitiam facere noluerit, ille judex in cujus ministerio fuerit, contradicat illi beneficium suum, interim dum ipse aut missus ejus justitiam faciat (만약 녹봉지를 가지고 있는 프랑크인이나 롬바르드인이 재판하기를 원하지 않는다면, 그동안 그에게 고용된 재판관은 그 녹봉지를 인정하지 않아도 된다. 그러면 그 재판관이나 그의 사절이 재판할 수 있다). 롬바르드족의 똑같은 법, 제2편, 제52조, 제2항도 참조할 것. 이것은 779년의 카롤루스 마그누스 법령 제21항과 관련이 있다.
190 812년의 세 번째 법령, 제10항.
191 813년의 두 번째 법령, 제14항과 제20항, 509쪽.

판을 방해할 때는 사람들에게 재판이 열릴 때까지 마음껏 그의 집에
서 지내라고 정하고 있다. 192 대머리왕 카롤루스의 법령 두 개를 더
인용해 보겠다. 하나는 861년의 법령으로, 193 개별적인 재판권의 확
립과 재판관 및 그 수하의 관리들을 볼 수 있다. 그리고 다른 하나는
864년의 것으로, 194 여기서 왕은 자기 고유의 영지와 개인들의 영지
를 구별한다.

봉토는 원래 양도된 것이 아니었다. 알다시피 봉토는 정복자들 사
이의 분배를 통해 확립된 것이기 때문이다. 따라서 최초의 계약에 의
해 처음부터 재판권이 봉토에 결부되어 있었다고 증명할 수는 없다.
그러나 봉토를 확인하거나 영구적으로 이전하는 여러 서식에서 이미

---

192 Capitulare quintum, anni 819, 제23항, 발뤼즈 간행본, 617쪽. Ut ubicumque
missi, aut episcopum, aut abbatem, aut alium quemlibet honore præditum
invenerint, qui justitiam facere noluit vel prohibuit, de ipsius rebus vivant
quandiu in eo loco justitias facere debent(사절이나 주교나 수도원장, 또는 누
구든 명예와 재산을 제공받은 사람이 재판을 금지하거나 재판하기를 원하지 않는
다면, 재판을 청하는 사람들은 그가 거기서 재판할 때까지 그의 재산으로 먹고 살
아야 한다).

193 Edictum in Carisiaco, 발뤼즈 간행본, 제2권, 152쪽. Unusquisque advocatus
pro omnibus de sua advocatione … in convenientia ut cum ministerialibus de
sua advocatione quos invenerit contra hunc bannum nostrum fecisse …
castiget(모든 변호인은 자신의 법적인 일에 관해 … 법적인 일의 집행자들과 함께
또는 협의하여 우리의 금지법에 위반되는 어떤 행동을 한다면 … 그는 처벌되어야
한다.).

194 Edictum Pistense, 제18항, 발뤼즈 간행본, 제2권, 181쪽. Si in fiscum
nostrum, vel in quamcumque immunitatem, aut alicujus potentis potestatem
vel proprietatem confugerit, etc. (우리의 국고 재산 혹은 다른 어떤 면제특권,
혹은 어떤 권위자나 소유주의 권력에서 이탈한다면 …)

말한 것처럼 거기에 재판권이 확립되어 있었던 것을 발견하게 되므로, 이 재판권이 봉토의 본질에 속하는 것으로 주된 특권 중의 하나였다는 것은 틀림없다.

근위무사나 충복의 녹봉지 또는 봉토의 재판권을 증명해 주는 사료보다 교회의 세습 재판권이 그 영지에 확립된 것을 보여주는 사료가 우리에게 훨씬 더 많은 데에는 두 가지 이유가 있다. 첫째, 우리에게 남아 있는 대부분의 사료가 수도사들이 자기네 수도원의 이익을 위해 보존하거나 수집한 것이기 때문이다. 둘째, 교회의 세습재산은 특별한 양도와 기존 질서에 대한 일종의 예외에 의해서 형성되었으므로 그것을 위한 증서가 필요했기 때문이다. 반면 근위무사에게 해준 양도는 정치적 질서의 결과였으므로 특별 증서가 필요 없었고 보존할 필요는 더더욱 없었다. 성 마우로의 전기를 통해 알 수 있듯이, 심지어 왕들은 종종 왕홀(王笏)에 의해 간단히 인도하는 것으로 그쳤다.

그러나 마르쿨푸스의 세 번째 서식195은 면제특권과 그에 따른 재판의 특권이 성직자와 세속인에게 공통된 것이었다는 것을 충분히 증명해 준다. 그 서식은 성직자와 세속인 모두를 위해 만들어진 것이기 때문이다. 클로타리우스 2세의 법령196도 마찬가지이다.

---

195 제1편. Maximum regni nostri augere credimus monimentum, si beneficia opportuna locis ecclesiarum, aut cui volueris dicere, benevola deliberatione concedimus(우리는 우리의 왕국에서 커다란 기념물이 증가할 것이라 믿는다. 그래서 교회 시설, 혹은 여기서 언급하는 모든 시설에 호의를 베풀어 적절한 혜택을 제공할 것이다).
196 나는 이 법령을 앞 장에서 인용했다. Episcopi vel potentes, 등.

제 23장 : 뒤보 사제의 《갈리아에서의 프랑스 군주제 성립》의 개요

이 편을 끝내기 전에 뒤보 사제의 저서를 조금 검토하는 것이 좋겠다. 내 생각은 그의 생각과 언제나 반대이고, 그가 진리를 발견했다면 나는 진리를 발견하지 않은 것이기 때문이다.

그의 저서는 많은 사람을 현혹시켰다. 그의 글에는 기교가 많고, 문제가 되는 것이 끝없이 추측되고, 증거가 없을수록 그럴 듯한 가능성을 증가시키고, 수많은 가설이 원리로 제시되고 거기에서 다른 가설을 결과로 끌어내기 때문이다. 독자는 자기가 의심했다는 사실을 잊어버리고 믿기 시작한다. 그리고 끝없는 박식함이 체계 안이 아니라 체계 옆에 놓여 있어서 부속물에 정신이 팔려 정작 요점에는 집중하지 못한다. 게다가 그 많은 탐구 때문에 아무것도 발견한 것이 없다고 생각하지 못한다. 긴 여행을 했으니 드디어 도착했다고 믿게 되는 것이다.

그러나 잘 검토하면, 진흙 발이 달린 거대한 동상을 발견하게 된다. 동상이 거대한 것은 발이 진흙이기 때문이다. 만약 뒤보 사제의 학설이 좋은 토대를 가졌더라면, 그것을 증명하기 위해 지루하기 짝이 없는 책을 3권이나 쓸 필요가 없었을 것이다. 그 주제 안에서 모든 것이 발견되었을 것이다. 주제와 아무 관계도 없는 것을 온 사방으로 찾아다니지 않더라도, 이성 자체가 책임지고 그 진리를 일련의 다른 진리들 안에 자리 잡게 했을 것이다. 역사와 우리의 법은 "그렇게 고생하지 마시오. 우리가 그대에 관해 증언하리다"라고 그에게 말했을 것이다.

제 24장 : 같은 주제 계속, 체계의 내용에 관한 고찰

뒤보 사제는 프랑크족이 정복자로서 갈리아에 들어왔다는 모든 종류의 생각을 없애고 싶어 한다. 그에 의하면, 우리의 왕들은 여러 민족의 부름을 받아 로마 황제의 자리를 대신하고 그 권리를 계승했을 뿐이다.

이런 주장은 클로도베쿠스가 갈리아에 들어가서 도시를 약탈하고 점령했던 시대에는 적용될 수 없다. 클로도베쿠스가 로마의 장교 시아그리우스(13)를 무찌르고 그가 장악하고 있던 지역을 정복한 시대에도 역시 적용될 수 없다. 따라서 그 주장은 폭력에 의해 갈리아 대부분의 지역의 지배자가 된 클로도베쿠스가 여러 민족의 선택과 애정에 의해 나머지 지역도 통치해 달라는 요청을 받았던 시대에만 관련될 수 있다. 그리고 클로도베쿠스가 받아들여진 것만으로는 충분하지 않고, 초청받았어야 한다. 뒤보 사제는 여러 민족이 로마인의 지배하에 혹은 그들 고유의 법 밑에서 사는 것보다 클로도베쿠스의 지배하에 사는 것을 더 좋아했다는 사실을 증명해야 한다.

그런데 뒤보 사제에 따르면, 야만족에게 아직 침략당하지 않은 갈리아 지역의 로마인은 두 부류였다. 한 부류는 아르모리카(14) 연맹에 속하는 사람들로 야만족에 대해 스스로 방어하고 그들 고유의 법에 의해 스스로 통치하기 위해 황제의 관리들을 쫓아냈다. 다른 부류는 로마의 관리들에게 복종하고 있었다. 그런데 뒤보 사제는 여전히 제국에 복종하던 로마인들이 클로도베쿠스를 초청했다는 것을 증명하고 있는가? 전혀 그렇지 않다. 아르모리카 공화국이 클로도베쿠스를

초청하여 그와 어떤 조약이라도 맺었다는 것을 증명하고 있는가? 이
역시 전혀 그렇지 않다. 그는 그 공화국의 운명이 어떻게 되었는가를
우리에게 말해주기는커녕 그 존재조차 보여줄 수 없을 것이다. 그가
호노리우스 시대부터 클로도베쿠스의 정복에 이르기까지 그 공화국
의 흔적을 추적했고 그 시대의 모든 사건을 놀라운 솜씨로 그 공화국
에 연관시켰음에도 불구하고, 그 어떤 저자들의 책에도 그 나라의 모
습은 여전히 눈에 보이지 않는다.

조시모스[197]의 문구를 통해 호노리우스 황제 치하에서 아르모리카
지방과 갈리아의 다른 주들이 반란을 일으켜 일종의 공화국을 형성했
다는 것을 증명하는 것, [198] 그리고 갈리아가 여러 차례 평화를 회복
했는데도 아르모리카가 계속 개별적인 공화국을 형성하여 그 공화국
이 클로도베쿠스의 정복 때까지 존속했다는 것을 보여주는 것, 이 둘
사이에는 많은 차이가 있기 때문이다. 그러나 그의 체계를 확립하기
위해서는 매우 강력하고 정확한 증거가 필요할 것이다. 어떤 정복자
가 한 나라에 들어가서 힘과 폭력으로 그 나라의 대부분을 굴복시키
는 것을 보았을 때, 그리고 얼마 후 어떻게 그렇게 되었는지는 역사가
말해주지 않지만 국가 전체가 굴복한 것을 보았을 때, 사건이 처음 시
작되었을 때와 같은 식으로 끝났다고 믿는 것이 매우 타당하다.

이 점을 일단 지적하면, 뒤보 신부의 모든 체계가 밑에서부터 꼭대

---

[197] 《새로운 역사》, 제6편.

[198] Totusque tractus armoricus, aliæque Galliarum provinciæ(아르모리카 전체와
갈리아의 다른 주들). 조시모스, 《새로운 역사》, 제6편.

기까지 무너져 내리는 것을 쉽게 볼 수 있다. 그리고 그가 갈리아는 프랑크족에 의해 정복된 것이 아니라 프랑크족이 로마인의 초청을 받은 것이라는 원리에서 뭔가 결론을 끌어낼 때마다 언제나 그것을 부인할 수 있을 것이다.

뒤보 사제는 클로도베쿠스에게 로마의 고위직이 부여된 것에 의해 자신의 원리를 증명하고, 클로도베쿠스가 군대의 수장이라는 직위를 아버지인 킬데리쿠스에게 물려받은 것이라고 주장한다. 그러나 이 두 직위는 순전히 그가 창설한 것이다. 뒤보 사제가 근거로 삼고 있는 클로도베쿠스에게 보낸 성 레미지오(15)의 편지199는 클로도베쿠스가 왕위에 오른 것에 대한 축하일 뿐이다. 문서의 목적이 알려져 있는데 왜 거기에 알려지지 않은 목적을 부여하는가?

클로도베쿠스는 그의 치세 말기에 아나스타시우스 황제에 의해 집정관에 임명되었다. 그러나 단지 1년간 유효한 권력이 그에게 어떤 권리를 줄 수 있었겠는가? 뒤보 사제는 같은 공문서에서 아나스타시우스 황제가 클로도베쿠스를 지방 총독으로 임명한 것 같다고 말한다. 나는 그렇게 보지 않는다. 아무 근거도 없는 사실에 대해서는 그것을 부정하는 자의 권위도 그것을 주장하는 자의 권위와 똑같다. 심지어 내게는 그것을 부정하는 이유가 있다. 투르의 그레고리우스는 집정관직에 대해서는 이야기하지만 지방 총독이라는 직책에 대해서는 아무 말도 하지 않는다. 이 지방 총독도 약 6개월에 불과했을 것이다. 클로도베쿠스가 집정관에 임명된 지 1년 반 후에 죽었기 때문이

---

199 제2권, 제3편, 제18장, 270쪽.

다. 지방 총독의 직책이 세습이라고 주장하는 것은 불가능하다. 그리고 집정관의 직책과 원한다면 지방 총독의 직책도 그에게 주어졌다 치더라도, 그때 그는 이미 군주국의 지배자였고 그의 모든 권리는 확립되어 있었다.

뒤보 사제가 주장하는 두 번째 증거는 유스티니아누스 황제가 클로도베쿠스의 자식과 손자들에게 갈리아에 대한 제국의 모든 권리를 양도했다는 것이다. 이 양도에 대해서 나는 할 말이 많다. 프랑크족의 왕들이 양도의 조건을 실행한 방식을 보면, 그들이 거기에 부여한 중요성을 가늠할 수 있다. 게다가 프랑크족의 왕들은 갈리아의 지배자였고, 평화를 애호하는 주권자였다. 유스티니아누스는 그곳에 한 치의 땅도 가지고 있지 않았다. 서로마 제국은 오래전에 멸망했고, 동로마 제국의 황제에게는 갈리아에 대해 단지 서로마 황제 대리자로서의 권리밖에 없었다. 그것은 권리에 대한 권리였다. 프랑크족의 군주국은 이미 건립되었고, 그들 체제의 규칙도 만들어졌다. 군주국 안에 사는 여러 민족과 개인들의 상호 권리가 합의되었고, 각 민족의 법이 주어졌으며 심지어 글로 작성되었다. 이미 성립된 체제에 대한 외부인의 양도가 무슨 소용이란 말인가?

국가의 무질서, 혼란, 완전한 붕괴 및 정복의 약탈 속에서 정복자의 비위를 맞추려고 애쓰는 모든 주교의 과장된 말을 가지고 뒤보 사제는 대체 무엇을 말하려는 것인가? 아첨이란 아첨할 수밖에 없는 자의 나약함을 전제로 하는 것이 아닌가? 수사적 표현과 시적 정취는 그런 재주를 사용했다는 것 말고 대체 무엇을 증명하는가? 클로도베쿠스가 저지른 여러 암살 행위를 이야기한 후 그래도 그가 신의 길을 걷기 때문에 신은 날마다 그의 적들을 굴복시켰다고 말하는 투르의 그레고리우스를 보고 누가 놀라지 않겠는가? 성직자가 클로도베쿠스의 개종에 매우 만족했고 거기서 많은 이익까지 끌어냈다는 것을 누가 의심할 수 있겠는가? 그러나 그와 동시에, 여러 민족이 정복의 모든 불행을 겪었고 로마의 통치가 게르만의 통치에 굴복했다는 것 역시 누가 의심할 수 있겠는가? 프랑크족은 모든 것을 바꾸기를 원하지 않았고, 바꿀 수도 없었다. 그런 광기를 가졌던 정복자는 거의 없었다. 그러나 뒤보 사제의 결론이 모두 진실이 되려면, 그들은 로마인에게서 아무것도 바꾸지 않았을 뿐만 아니라 그들 자신이 바뀌었어야 했다.

나는 뒤보 사제의 방법을 따라서 그리스인이 페르시아를 정복하지 않았다고 똑같이 증명해 보겠다. 먼저 나는 그리스의 몇몇 도시가 페르시아인과 맺은 조약에 대해 말할 것이다. 그리고 프랑크족이 로마인에게 고용되었던 것처럼 페르시아인에게 고용된 그리스인에 대해 설명할 것이다. 알렉산드로스가 페르시아인의 지역에 들어가서 티레시(市)를 공격하고 점령하고 파괴했더라도, 그것은 시아그리우스 사건과 마찬가지로 하나의 특수한 사건이었다.

그러나 유대인의 대사제가 그를 어떻게 맞이했는지 보라. (16) 유피테르 아몬의 신탁을 들어 보라. (17) 고르디움에서 그가 어떻게 예언되어 있었는지를 기억해 보라. (18) 모든 도시가 어떻게 그를 맞으러 달려갔는지 보라. 페르시아의 태수와 귀족들이 어떻게 떼를 지어 도착하는지 보라. 그는 페르시아인처럼 옷을 입는다. 그것은 클로도베쿠스의 집정관 복장이나 마찬가지이다. 다리우스는 그에게 자기 왕국의 절반을 바치지 않았던가? 다리우스는 폭군이라서 살해당하지 않았던가? 다리우스의 어머니와 아내는 알렉산드로스의 죽음에 눈물을 흘리지 않았던가? 퀸투스 쿠르티우스, (19) 아리아노스, 플루타르코스가 알렉산드로스와 동시대인이었던가? 인쇄술은 그 저자들에게 부족했던 지혜의 빛을 우리에게 주지 않았는가?**200** 바로 이런 식이 《갈리아에서의 프랑스 군주제 성립》의 이야기이다.

제 25장 : 프랑스 귀족

뒤보 사제는 우리의 군주정체 초기에는 프랑크족에게 시민의 계급이 오직 하나밖에 없었다고 주장한다. 우리의 최초 가문의 혈통을 모욕하는 이런 주장은 우리를 연달아 지배한 3대 왕가에 대해서도 마찬가지로 모욕적이다. 그렇게 되면 위대한 왕가의 기원이 망각과 어둠과 시간 속에 사라져 버리지 않을까? 역사는 그들 왕가가 평범한 가정이었던 세기를 밝혀줄지도 모른다. 그러면 킬페리쿠스, 피피누스, 위그 카페(20)가 귀족이 되기 위해서는 그들의 기원을 로마인이나 작센족, 즉 정복된 민족에게서 찾아야 한단 말인가?

뒤보 사제는 살리카법을 토대로 그의 의견을 주장한다. **201** 이 법에 의하면 프랑크족에게 두 종류의 시민 계급이 없었던 것은 분명하다고 그는 말한다. 살리카법은 어떤 프랑크인의 죽음에 대해서나 200수의 합의금을 주도록 정했다. **202** 그러나 로마인에 대해서는 왕의 초대를

---

200 뒤보 사제의 "서문"을 참조할 것.
201 《갈리아에서의 프랑스 군주제 성립》, 제 3권, 제 6편, 제 4장, 304쪽 참조.

받는 사람의 죽음에 대해서는 300수, 토지 소유자인 로마인의 죽음에 대해서는 100수, 조세를 바치는 로마인의 죽음에 대해서는 45수만 합의금으로 주는 식으로 구별했다. 그리고 합의금의 차이가 주요한 신분의 구별을 이루었으므로, 프랑크족에게는 하나의 시민 계급밖에 없고 로마인에게는 세 계급이 있었다고 그는 결론을 내렸다.

그가 자신의 오류 자체에서 오류를 발견하지 못했다는 것은 참으로 놀랍다. 사실 프랑크족의 지배 아래 살아가는 로마 귀족이 프랑크족의 가장 유명한 인물이나 가장 위대한 대장들보다 더 많은 합의금을 받고 더 중요한 인물이었다면, 몹시 이상한 일이었을 것이다. 정복 민족이 자기 자신을 그토록 존중하지 않으면서 피정복 민족에 대해서는 많은 존중을 표했다는 것이 가능한 일일까? 게다가 뒤보 사제는 야만족들에게 여러 계급의 시민이 있었다는 것을 증명하는 다른 야만족의 법을 인용한다. 그런 일반적 규칙이 프랑크족에게는 없었다는 것이 정말 이상하지 않은가? 그렇다면 그는 자신이 살리카법을 잘못 이해했거나 잘못 적용한 것이 아닐까 하는 생각을 했어야 했다.

실제로 그에게 그런 일이 일어났다. 이 법을 펼쳐보면, 왕의 측근 신하, 즉 충복이나 봉신의 죽음에 대한 합의금은 600수였는데[203] 왕의 초대를 받는 로마인의 죽음에 대한 합의금은 300수에 불과했다[204]

---

202 그는 살리카법 제 44조, 리푸아리아법 제 7조와 제 36조를 인용한다.

203 Qui in truste dominica est(군주의 신임을 받는 사람), 제 44조, 제 4항. 이것은 마르쿨푸스의 서식 13, de regis antrustione과 유사하다. 살리카법 제 66조 제 3항과 제 4항 및 제 74조도 참조할 것. 리푸아리아법 제 11조, 877년의 대머리왕 카롤루스의 법령 apud Carisiacum 제 20장 참조.

는 것을 알 수 있다. 거기서는205 또 프랑크족 서민의 죽음에 대한 합의금은 200수인데206 보통 신분의 로마인의 죽음에 대한 속죄금은 100수밖에 안 되었다207는 것도 볼 수 있다. 또 조세를 바치는 로마인, 즉 농노나 해방된 노예인 로마인의 죽음에 대해서는 45수의 합의금을 지불했다.208 그러나 나는 프랑크족 농노나 프랑크족의 해방된 노예의 죽음에 대한 합의금과 마찬가지로 이에 대해서는 말하지 않을 것이다. 여기서는 이 세 번째 계급의 사람들에 관해서 말하는 것이 아니기 때문이다.

뒤보 사제는 어떻게 했는가? 그는 프랑크족의 제1계급 사람들, 즉 왕의 측근 신하와 관련된 항목에 대해서는 침묵하고 지나간다. 그리고 죽음에 대해 200수의 합의금을 지불하는 프랑크족 평민과 서로 다른 합의금을 지불하는 로마인의 세 계급의 사람들을 비교하면서, 프랑크족에게는 오직 한 계급의 시민밖에 없었고 로마인에게는 세 계급의 시민이 있었다고 생각하는 것이다.

그의 말대로 프랑크족에게 오직 한 계급의 사람들만 있었다고 한다면, 부르군트족에게도 하나의 등급만 있었더라면 좋았을 것이다. 부르군트족의 왕국은 우리 군주국의 주요 부분 중 하나를 이루고 있었기 때문이다. 그러나 그들의 법전에는 세 종류의 합의금이 있다.209

---

204 살리카법, 제44조, 제6항.
205 위의 책, 제4항.
206 위의 책, 제1항.
207 위의 책, 제15항.
208 위의 책, 제7항.

하나는 부르군트족 귀족이나 로마 귀족에 대한 합의금이고, 다른 하나는 보통 신분의 부르군트족이나 로마인에 대한 합의금, 그리고 세 번째는 두 민족에서 신분이 낮은 사람들에 대한 합의금이다. 그런데 뒤보 사제는 이 법을 인용하지 않았다.

사방에서 공격해 오는 문구들을 그가 어떻게 피하는지를 보면 참으로 기이하다. 210 고위층, 영주, 귀족에 대해 이야기하면, "그것은 단순한 영예이지, 계급의 구별이 아니다. 그것은 의례에 관한 사항이지, 법률상의 특권이 아니다"라고 그는 말한다. 또는 "거론되는 사람들은 왕의 고문이었고, 로마인일 수도 있었다. 그러나 프랑크족에는 단 한 계급의 시민밖에 없었다"라고 말한다. 다른 한편 더 낮은 지위의 어떤 프랑크인에 대한 이야기가 나오면, 211 그것은 노예라고 말한다. 그는 그런 식으로 킬데베르투스의 명령을 해석한다.

그 명령에 주의를 기울일 필요가 있다. 뒤보 사제는 그것을 유명하게 만들었다. 두 가지를 증명하기 위해 그 명령을 사용했기 때문이다. 하나는 야만족의 법에서 발견되는 모든 합의금은 체형에 첨부된

---

209 Si quis, quolibet casu, dentem optimati Burgundioni vel Romano nobili excusserit, solidos viginti quinque cogatur exsolvere ; de mediocribus personis ingenius, tam Burgundionibus quam Romanis, si dens excussus duerit, decem solidis componatur ; de inferioribus personis, quinque solifos (우연히 벌어진 일이라 하더라도, 만일 누군가가 부르군트족 귀족이나 로마인 귀족의 이를 부러뜨리면 25수를 내야 한다. 부르군트족이든 로마인이든 평범한 자유인에 대해서는 이를 부러뜨리면 10수를 내야 하고, 더 낮은 계층에 대해서는 5수를 내야 한다). 부르군트족의 법 제 26조, 제 1항과 제 2항과 제 3항.
210 《갈리아에서의 프랑스 군주제 성립》, 제 3권, 제 6편, 제 4장과 제 5장.
211 위의 책, 제 5장, 319쪽과 320쪽.

시민적 배상일 뿐이었다는 것으로,212 그것은 모든 옛 사료를 완전히 뒤집는 것이다. 그리고 다른 하나는 모든 자유인에 대해서는 왕이 즉 각적으로 직접 재판했다는 것인데,213 이는 당시의 사법 절차를 우리 에게 알려주는 수많은 문구와 권위서에 의해 반박된다.214

국민집회에서 만들어진 이 법령에는 만일 재판관이 잘 알려진 도둑 을 발견했을 때 그 도둑이 프랑크인(*Francus*)이면 그를 결박하여 왕 에게 보내고 더 약한 인물(*debilior personna*)이면 그 자리에서 교수형 에 처하라고 쓰여 있다.215 뒤보 사제에 따르면, 'Francus'는 자유인 이고 'debilior personna'는 농노이다. 여기서 'Francus'라는 단어가 무엇을 의미할 수 있는지는 잠시 제쳐 두자. 그리고 '더 약한 인물'이 라는 말이 어떻게 이해될 수 있는지 먼저 검토해 보기로 하자. 어떤 언어에서든지 모든 비교는 반드시 3개의 항, 즉 최대와 중간과 최소 를 전제로 한다. 만약 여기서 자유인과 농노만 관련되어 있다면, 그 냥 '농노'라고 말하지 '더 권력이 적은 사람'이라고 말하지 않을 것이 다. 그러므로 'debilior personna'는 농노를 의미하는 것이 아니라 농

---

212 위의 책, 제6편, 제4장, 307쪽과 308쪽.
213 위의 책, 제3권, 제4장, 309쪽 및 제5장, 319쪽과 320쪽.
214 이 책 제28편 제28장과 제31편 제8장 참조.
215 Itaque Colonia convenit et ita bannivimus, ut unusquisque judex criminosum latronem ut audierit, ad casam suam ambulet, et ipsum ligare faciat : ita ut, si Francus fuerit, ad nostram præsentiam dirigatur ; et, si debilior persona fuerit, in loco pendatur(쾰른에서 합의되었다. 우리는 어떤 재판관이든 절도범 에게 주의를 기울여서 그의 집에 들어가 그를 결박하라고 명령한다. 만약 그가 프 랑크인이면 우리에게 보내고, 그가 더 약한 사람이면 그 자리에서 교수형에 처하 라). 발뤼즈 간행본 법령집, 제1권, 19쪽.

노보다 상위의 사람을 뜻한다. 이렇게 가정하면, 'Francus'는 자유인이 아니라 권력 있는 사람을 의미할 것이다. 여기서 'Francus'는 이런 뜻으로 쓰였다. 프랑크족 중에는 나라 안에서 커다란 권력을 가지고 있어서 재판관이나 백작이 징계하기 어려운 사람들이 언제나 있었기 때문이다. 이런 설명은 범죄인을 왕에게 보낼 수 있는 경우와 그렇게 할 수 없는 경우를 제시하는 수많은 법령216과 부합된다.

테간베르투스(21)가 쓴 《유순왕 루도비쿠스의 생애》를 보면, 217 주교들이 이 황제에게 굴욕을 준 주범이었다는 것을 알 수 있다. 특히 농노였던 주교들과 야만족 태생의 주교가 그랬다. 테간베르투스는 이 군주가 노예 신분에서 끌어내어 랭스의 대주교로 만들어 준 에봉(22)에 대해 다음과 같이 심한 말을 한다.

"황제는 그토록 은혜를 베풀어 주고 어떤 보상을 받았던가! 황제는 너를 자유인으로 만들어 주었으나 귀족으로 만든 것은 아니었다. 너에게 자유를 준 후에는 너를 고귀하게 만들 수 없었기 때문이다."218

두 가지 계급의 시민을 분명하게 증명하는 이 문구에도 뒤보 사제는 당황하지 않았다. 그는 이렇게 대답한다. 219

"이 구절은 유순왕 루도비쿠스가 에봉을 귀족 계급에 넣을 수 없었

---

216 이 책 제28편 제28장, 제31편 제8장 참조.
217 제43장과 제44장.
218 O qualem remunerationem reddidisti ei! Fecit te liberum, non nobilem, quod impossibile est post libertatem (너는 어떤 보상을 했던가! 그는 너를 자유인으로 만들어 주었지만, 귀족으로 만든 것은 아니었다. 너를 자유롭게 한 후에 귀족으로 만들기가 불가능했기 때문이다). 위의 책.
219 《갈리아에서의 프랑스 군주제 성립》, 제3권, 제6편, 제4장, 316쪽.

다는 것을 의미하지 않는다. 에봉은 랭스의 대주교로서 제1계급에, 귀족보다 더 높은 계급에 속했다."

이 구절이 그런 뜻인지 아닌지를 결정하는 것은 독자에게 맡기겠다. 여기서 문제가 되는 것이 귀족에 대한 성직자의 우선권인지를 판단하는 것도 독자에게 맡기겠다. 뒤보 사제는 다음과 같이 계속 말한다.[220]

"이 구절은 단지 자유인으로 태어난 시민은 고귀한 사람으로 규정되었다는 것을 증명할 뿐이다. 세상의 관행에서, 고귀한 사람과 자유인으로 태어난 사람은 오랫동안 같은 것을 의미했다."

세상에! 최근에 몇몇 평민이 고귀한 사람의 자격을 얻은 것을 근거로, 《유순왕 루도비쿠스의 생애》의 구절을 그런 부류의 사람들에게 적용하다니! 그는 또 "어쩌면 에봉은 프랑크족의 노예가 아니라 시민이 여러 계급으로 나뉘어 있던 작센족이나 그 밖의 다른 게르만족의 노예였을 것이다"라고 덧붙인다.[221] 따라서 뒤보 사제의 '어쩌면' 때문에 프랑크족에는 귀족이 없어야 했다. 그러나 그가 '어쩌면'을 이보다 더 잘못 적용한 적은 없었다.

우리가 방금 보았듯이, 테간베르투스는 유순왕 루도비쿠스와 대립한 주교들을 구분했다.[222] 즉, 어떤 주교는 농노였고, 어떤 주교는

---

220 위의 책.

221 위의 책.

222 Omnes episcopi molesti fuerunt Ludovico, et maxime ii quos e servili conditione honoratos habebat, cum bis qui ex barbaris nationibus ad hoc fastigium perducti sunt(모든 주교들이 루도비쿠스에게 화가 났다. 특히 그가 명

야만족 출신이었다. 에봉은 후자가 아니라 전자에 속했다. 그런데 어떻게 에봉과 같은 농노가 작센족이나 게르만족이었을 거라고 말할 수 있는지 모르겠다. 농노에게는 혈통이 없고, 따라서 민족도 없다. 에봉을 해방시킨 사람은 유순왕 루도비쿠스였다. 해방된 농노는 그 주인의 법을 취했기 때문에 에봉은 작센족이나 게르만족이 아니라 프랑크족이 된 것이다.

공격했으니, 이제 방어를 해야겠다. "왕의 측근 신하 집단은 나라 안에서 자유인 계급과 구별되는 한 계급을 이루고 있었다. 그러나 처음에는 봉토가 회수될 수 있는 것이었다가 나중에 종신제가 되었으므로, 그 집단은 태생적인 귀족을 만들어 낼 수 없었다. 특권이 세습적 봉토에 결부된 것이 아니었기 때문이다"라고 사람들은 내게 말할 것이다. 아마도 이 반론 때문에 사료편찬관 발루아는 프랑크족에게 한 계급의 시민밖에 없었다고 생각했을 것이다. 뒤보 사제는 이런 생각을 그에게서 가져온 것인데 잘못된 증거들을 늘어놓는 바람에 완전히 망쳐 버렸다.

그것은 어찌 되었든, 뒤보 사제는 그런 반론을 제기할 수 없었을 것이다. 그는 로마인의 신분을 세 계급으로 상정하고 왕의 초대객 자격을 제1계급으로 하였는데, 이 지위가 측근 신하의 지위보다 태생적 귀족을 더 잘 나타낸다고 말할 수 없었을 것이기 때문이다. 그러나 직접적인 답변이 필요하다. 측근 신하나 충복은 봉토를 가지고 있었

예를 베풀어 준 노예 태생의 주교들과 야만족의 주교들이 그를 극단으로 몰고 갔다).《경건왕 루도비쿠스의 업적》, 제43장과 제44장.

기 때문에 그런 신분이 된 것이 아니다. 그들이 측근 신하나 충복이었기 때문에 봉토가 주어진 것이다. 내가 이 편의 처음 몇 장에서 말한 것을 상기하기 바란다. 그들은 나중에는 똑같은 봉토를 갖게 되지만, 당시에는 똑같은 봉토를 갖지 않았다. 그러나 그들에게는 어느 한 가지 봉토가 없으면 대신 다른 봉토가 있었다. 봉토는 출생 때 주어졌고, 종종 국민집회에서 주어졌고, 또 봉토를 갖는 것이 귀족에게 이익이었던 것처럼 귀족에게 봉토를 주는 것이 왕에게도 이익이었기 때문이다. 이런 가문들은 충복이라는 품위에 의해서, 그리고 봉토에 대해 충성을 맹세할 수 있는 특권에 의해서 구별되었다. 나는 다음 편에서223 당시의 사정에 따라 어떻게 자유인이 이 커다란 특권을 누리고 결과적으로 귀족 계급에 들어가도록 허용되었는지를 보여줄 것이다.

곤트라누스과 그의 조카 킬데베르투스의 시대에는 그렇지 않았는데, 카롤루스 마그누스의 시대에는 그랬다. 그러나 카롤루스 마그누스의 시대부터는 자유인이 봉토를 소유하는 것이 불가능하지 않았더라도, 위에서 언급한 테간베르투스의 구절에 의하면 해방된 농노는 거기서 완전히 배제되어 있었던 것으로 보인다. 뒤보 사제는 옛날의 프랑스 귀족이 어떤 것이었는지를 우리에게 알려주기 위해 터키까지 가는데, 224 유순왕 루도비쿠스와 대머리왕 카롤루스의 치하에서 그랬던 것처럼 터키에서도 일찍이 천한 태생의 사람들을 명예로운 지위나 고위직으로 끌어올린 것에 대해 불평했다고 말할 것인가? 카롤루

---

223 제 23장.
224 《갈리아에서의 프랑스 군주제 성립》, 제 3권, 제 6편, 제 4장, 302쪽.

스 마그누스 시대에는 그런 불평이 없었다. 이 군주는 항상 옛 가문과 새로운 가문을 구별했기 때문이다. 유순왕 루도비쿠스와 대머리왕 카롤루스는 그렇게 하지 않았다.

뒤보 사제 덕분에 뛰어난 저서를 여러 권 얻었다는 사실을 잊어서는 안 된다. 그 훌륭한 저서들을 가지고 그를 판단해야지, 여기서 말하는 저서로 판단해서는 안 된다. 여기서 말하는 저서에서 뒤보 사제는 커다란 오류에 빠졌다. 자신의 주제보다 불랑빌리에 백작의 저서에 더 주의를 기울였기 때문이다. 나의 모든 비판으로부터 나는 다음과 같은 성찰을 끌어낼 뿐이다. 이런 위인도 오류를 범한다면, 대체 나는 얼마나 조심해야 하는가?

제 31 편

프랑크족의 봉건법 이론과
군주정체 변천의 관계

제 1장 : 관직과 봉토의 변화

처음에 백작은 단지 1년 임기로 관할지에 파견되었다. 곧 그들은 관
직 연장을 매수했다. 클로도베쿠스의 손자들 치세에서부터 그런 예
가 발견된다. 페오니우스라는 사람은 오세르(1)시의 백작이었는데,
자신의 지위를 계속 이어가기 위해 곤트라누스에게 돈을 갖다주도록
아들 뭄몰루스를 보냈다.[1] 아들은 자기 자신을 위해 돈을 주었고, 아
버지 자리를 차지했다. 왕들은 이미 자신들의 은총을 부패시키기 시
작한 것이다.

왕국의 법에 의해 봉토가 회수될 수 있는 것이었더라도, 기분에 따
라 자의적으로 주어지거나 몰수되지는 않았다. 그것은 보통 국민집

---

1   투르의 그레고리우스, 제 4편, 제 42장.

회에서 다루어진 주요 사항 중 하나였다. 다른 일에도 부패가 스며들었듯이 이 일에도 부패가 스며든 것, 즉 백작령의 소유를 연장했을 때처럼 돈으로 봉토의 소유를 연장했다는 것은 충분히 생각할 수 있는 일이다.

이 편의 다음 장2에서는 군주가 일정 기간만 한 증여와 별도로 영구적으로 한 증여도 있었다는 것을 보여줄 것이다. 그런데 이미 행해진 증여를 궁정이 철회하고자 하는 일이 발생했다. 이것은 국민에게 전반적인 불만을 불러일으켰고, 곧 프랑스 역사상 유명한 혁명이 일어났다. 그 첫 사건은 브루니킬디스(2) 처형의 놀라운 광경이었다.

많은 왕의 딸이자 누이이자 어머니인 그 왕비, 로마의 조영관이나 지방 총독에 맞먹는 업적으로 오늘날까지도 유명하고, 정무에 놀라운 재능을 가지고 태어났으며, 그토록 오랫동안 존경받은 자질을 지닌 그녀가 국민에게 아직 그 권위가 충분히 확고해지지도 않은 한 왕3에 의해 그 긴 시간 동안 그토록 치욕적이고 잔인한 형벌을 갑자기 당하게 된 것4은 처음에는 기이한 일로 보인다. 그녀가 어떤 특별한 이유로 국민의 신망을 잃어버리는 일이 없었다면 말이다. 클로타리우스는 그녀가 10명의 왕을 죽였다고 비난했다. 5 그러나 그중 두 명의 왕은 클로타리우스 자신이 죽게 한 것이었고, 다른 몇몇 왕들의 죽음은 운명의 죄이거나 다른 왕비의 사악함이 저지른 죄였다. 프레데군

---

2   제7장.
3   킬페리쿠스의 아들이며 다고베르투스의 아버지인 클로타리우스 2세.
4   《프레데가리우스 연대기》, 제42장.
5   《프레데가리우스 연대기》, 제42장.

디스는 자기 침대에서 죽게 내버려 두고 심지어 그녀의 무시무시한 범죄를 처벌하는 것에 대해 반대했던6 국민이 브루니킬디스의 범죄에 대해서는 매우 냉담했다.

그녀는 낙타에 태워져서 온 군대 안에서 끌려 다녔다. 이것은 그녀가 군대의 신임을 잃고 있었다는 확실한 표시였다. 프레데가리우스는 다음과 같이 말한다.

"브루니킬디스의 총애를 받던 프로타디우스(3)는 영주들의 재산을 빼앗아 그것으로 국고를 가득 채웠고, 귀족을 모욕해서 아무도 자신의 직책을 유지할 수 있을지 확신할 수 없었다."7

군대는 그에 대해 음모를 꾸몄고, 그는 천막 안에서 칼에 찔렸다. 그리고 브루니킬디스는 그 죽음에 대한 복수를 했기 때문이든, 8 아니면 똑같은 계획을 계속 수행했기 때문이든 국민에게 날마다 더 미움을 사게 되었다. 9

---

6   투르의 그레고리우스, 제 8편, 제 31장 참조.
7   Sæva illi fuit contra personas iniquitas, fisco nimium tribuens, de rebus personarum ingeniose fiscum vellens implere … ut nullus reperiretur qui gradum quem arripuerat potuisset adsumere(그는 어떤 사람들에게 포악하고 불합리했으며, 매우 많은 것을 국고로 끌어들였고, 국고를 채우기 위해 사람들의 소유물을 빼앗았다 … 그리하여 아무도 그가 차지한 고위직을 얻거나 빼앗을 수 없었다). 《프레데가리우스 연대기》, 제 27장, 605년에 관한 것.
8   《프레데가리우스 연대기》, 제 28장, 607년에 관한 것.
9   위의 책, 제 41장, 613년에 관한 것. Burgundiæ farones, tam episcopi quam cæteri leudes, timentes Brunichildem, et odium in eam habentes, consilium inientes, etc. (부르군트족의 귀족과 주교와 다른 군주들은 브루니킬디스를 두려워하고 미워하여 논의했다)

단독으로 통치하고 싶은 야망을 품고 있던 클로타리우스는 가장 무서운 복수심에 사로잡혀 브루니킬디스의 자식들이 우위를 차지하면 자신은 망할 거라고 확신하고 음모에 가담했다. 그리고 서툴러서였는지 아니면 상황에 의해 어쩔 수 없어서였는지 그는 브루니킬디스의 고발자가 되어 그 왕비를 끔찍한 본보기로 만들었다.

바르나카리우스(4)는 브루니킬디스에 대한 음모의 주역이었다. 그는 부르고뉴의 궁재(5)로 임명되자, 클로타리우스에게 종신직으로 있게 해 달라고 요구했다. 10 이로써 궁재는 프랑스의 영주들이 처한 상황에 더 이상 놓이지 않을 수 있었다. 그리고 이 권력은 왕권으로부터 독립하기 시작했다.

특히 국민을 질겁하게 만든 것은 브루니킬디스의 해로운 섭정이었다. 법의 효력이 존속되는 동안에는 봉토를 몰수당하는 것에 대해 아무도 불평할 수가 없었다. 법은 봉토를 영구적으로 준 것이 아니었기 때문이다. 그러나 탐욕, 악습, 부패로 인해 봉토가 주어졌을 때, 종종 부정한 방법으로 취득한 것을 똑같이 부정한 방법으로 빼앗기는 것에 대해 사람들은 불평했다. 아마 공공의 복지가 증여 취소의 동기였다면, 사람들은 아무 말도 하지 않았을 것이다. 그러나 부패를 감추면서 질서를 내세웠고, 국고의 재산을 제멋대로 낭비하기 위해 국고의 권리를 요구했다. 증여는 더 이상 봉사에 대한 보상이나 기대가

---

10 위의 책, 제42장, 613년에 관한 것. Sacramento a Clotario accepto ne unquam vitæ suæ teomporibus degradaretur(클로타리우스는 평생 그의 지위를 박탈하지 않을 거라고 맹세했다).

아니었다. 브루니킬디스는 부패한 정신으로 옛 부패의 악습을 고치려고 했다. 그녀의 변덕은 나약한 정신에서 나오는 변덕이 아니었다. 근위무사와 고위 관리들은 자신들이 파멸하게 될까 봐 그녀를 파멸시킨 것이다.

우리에게는 그 시대에 일어났던 모든 일에 대한 기록이 거의 없다. 연대기 작가들은 그 시대의 역사에 대해서 오늘날 마을 사람들이 우리 시대의 역사에 대해 아는 정도밖에 알지 못하므로 별로 도움이 되지 못한다. 그러나 우리에게는 악습의 개혁을 위해 파리 공의회에서 주어진 클로타리우스의 법령11이 있는데, 이것은 이 군주가 혁명을 낳았던 불평을 끝냈다는 것을 보여준다. 12 그는 그 법령에서 한편으로는 선대의 왕들에 의해 실행되었거나 확인된 모든 증여를 확인하고, 13 다른 한편으로는 근위무사나 충복에게서 빼앗았던 모든 것을 그들에게 돌려주라고 명령한다. 14

그 공의회에서 왕이 양보한 것은 그것만이 아니었다. 그는 성직자의 특권에 반대하여 행해진 것을 교정했고, 15 주교 선거에서 궁정의

---

11 브루니킬디스가 처형된 지 얼마 지나지 않은 615년. 발뤼즈 간행본 《법령집》, 21
    쪽 참조.
12 Quæ contra rationis ordinem acta vel ordinata sunt, ne in antea, quod avertat
    divinitas, contingant, disposuerimus, Christo præsule, per hujus edicti
    tenorem generaliter emendare(합당한 질서에 어긋나게 주어지거나 정리된 것
    들을 신이 완력으로 흩뜨리는 일이 일어나기 전에, 우리는 이 칙령에 의해 일의 진
    행을 일반적인 방식으로 수정하라고 명한다). In procemio(서론에서), 위의 책,
    제16항.
13 위의 책, 제16항.
14 위의 책, 제17항.

영향력을 약화시켰다. 16 왕은 동시에 세무도 개혁했다. 그는 모든 새로운 켄수스를 폐지하게 했고, 17 곤트라누스, 시기베르투스, 킬페리쿠스가 죽은 후부터 설정된 그 어떤 통행세도 징수하지 말라고 명령했다. 18 다시 말해 그는 프레데군디스와 브루니킬디스의 섭정 시대 동안 이루어진 모든 것을 폐지한 것이다. 그리고 그는 자기 가축 떼를 개인의 숲으로 데려가는 것을 금지했다. 19 우리는 개혁이 훨씬 더 전반적이었고 민간의 문제로 확장되었다는 것을 곧 살펴볼 것이다.

---

15 Et quod per tempora ex hoc prætermissum est, vel dehinc perpetualiter observetur(한동안 간과되었던 이것은 이후로는 계속해서 준수될 것이다).

16 Ita ut, episcopo decedente, in loco qui a metropolitano ordinari debet cum provincialibus, a clero et populo eligatur; et si persona condigna fuerit, per ordinationem principis ordinetur; vel certe si de palatio eligatur, per meritum personæ et doctrinæ ordinetur(주교가 퇴임하면, 그 자리에 선택되는 사람은 주의 주민들의 동의에 따라 대주교가 지명한다. 그는 성직자들과 인민에 의해 선택되어야 한다. 그리고 만약 그가 훌륭한 사람이라면, 군주가 그를 임명할 것이다. 그가 정말로 궁정으로부터 선택된다면, 그는 개인적인 학식과 장점 때문에 임명된 것이다). 위의 책, 제1항.

17 Ut ubicumque census novus impie additus est, emendetur(어디든 새로운 켄수스가 부당한 방법으로 첨가되었다면, 그것은 수정될 것이다), 제8항.

18 위의 책, 제9항.

19 위의 책, 제21항.

제 2장 : 시민 통치는 어떻게 개혁되었나

지금까지 우리는 지배자들의 선택이나 행동에 대해 국민이 성급함과 경솔함의 표시를 드러내는 것을 보았다. 또 국민은 지배자들끼리의 분쟁을 규제하고 그들에게 평화의 필요성을 강요했다. 그러면서 국민은 그때까지 보지 못한 것을 실행하게 되었다. 국민은 자신의 상황에 눈을 돌려 법을 냉철하게 검토했고, 부족한 것을 보완했으며, 폭력을 막고 권력을 규제한 것이다.

프레데군디스와 브루니킬디스의 남성적이고 대담하고 오만한 섭정은 국민을 놀라게 했다기보다 각성시켰다. 프레데군디스는 자신의 악행을 악행 자체를 통해 옹호했고, 독약과 암살을 독약과 암살을 통해 정당화했다. 그녀의 행동 방식을 보면, 그녀의 폭력행위는 공적이라기보다 사적이었다. 프레데군디스는 더 많은 악행을 저질렀고, 브루니킬디스는 악행을 더 많이 두려워하게 만들었다. 이런 위기 속에서, 국민은 봉건 체제에 질서를 부여하는 것으로 그치지 않고 시민 통치도 안전하게 확보하고자 했다. 시민 통치는 봉건 체제보다 훨씬 더 부패해 있었기 때문이다. 그 부패는 더 오래되었고, 어떻게 보면 법의 악습보다 풍속의 악습에서 기인하는 것인 만큼 더욱더 위험했다.

투르의 그레고리우스가 전하는 역사와 그 밖의 다른 사료들은 한편으로는 잔인하고 야만적인 국민을, 그리고 다른 한편으로는 그에 못지않게 잔인하고 야만적인 왕들을 보여준다. 그 군주들은 살인과 불의를 저지르고 잔인했는데, 그것은 국민 전체가 그러했기 때문이다. 때때로 기독교가 그들을 온화하게 만드는 것처럼 보였지만, 그것은 기독교가 죄인에게 주는 공포 때문이었을 뿐이다. 교회는 성자들의 기적이나 놀라운 행동을 통해 군주들로부터 자신을 방어했다. 왕들은 신성모독에 대한 형벌을 두려워했기 때문에 신성모독의 죄를 저지르지는 않았다. 그러나 그 이외의 경우에는 화가 나서 혹은 냉정하게 온갖 종류의 범죄와 불의를 저질렀다. 그런 범죄와 불의에는 신의 처벌이 별로 존재하지 않는 것으로 보였기 때문이다.

앞에서 말한 것처럼, 프랑크족은 살인을 저지르는 왕들을 용인했다. 왜냐하면 그들 자신이 살인을 저질렀기 때문이다. 그들은 왕의 불의와 약탈에 놀라지 않았다. 그들도 마찬가지로 불의와 약탈을 저질렀기 때문이다. 많은 법이 제정되어 있었지만, 수칙(préception) 20 이라 불리는 몇몇 공문을 통해 왕들은 그 법을 뒤엎고 쓸모없게 만들었다. 왕들이 로마 황제로부터 그런 관행을 차용(借用)했든 혹은 그들 자신의 본성에서 끌어냈든, 그것은 로마 황제의 칙서와 거의 같은 것이었다. 투르의 그레고리우스에 의하면, 왕들은 태연하게 살인을 저질렀고, 피고의 진술도 듣지 않은 채 피고를 죽였다. 그들은 불법 혼인을 하기 위해, 상속 재산을 이전하기 위해, 친족의 권리를 빼앗기 위해, 수녀와 혼인하기 위해 수칙을 제시했다. 21 그들은 사실 단독으로 법을 만들지는 않았지만, 이미 만들어진 법의 집행을 중지시

---

20 그것은 법에 어긋나는 것을 하게 하거나 묵인하게 하려고 왕이 재판관에게 보내는 명령이었다.

21 투르의 그레고리우스, 제4편, 227쪽 참조. 역사와 특허장에는 이런 것이 가득하다. 그런 악습의 폐해는 그것을 개혁하기 위해 주어진 615년 클로타리우스 2세의 칙령에 특히 잘 나타나 있다. 《법령집》, 발뤼즈 간행본, 제1권 22쪽 참조.

킨 것이다.

클로타리우스의 칙령은 모든 폐해를 바로잡았다. 더 이상 진술도 듣지 않은 채 누구에게도 유죄가 선고될 수 없었고, [22] 친족은 언제나 법에 정해진 순서에 따라 상속해야 했다. [23] 딸이나 과부나 수녀와 혼인하기 위한 모든 수칙은 무효가 되었고, 그런 수칙을 얻어내어 사용한 자는 엄벌에 처해졌다. [24] 만약 이 칙령의 제13항과 그 이하의 두 개의 항이 시간의 흐름 속에서 사라져 버리지 않았다면, 우리는 그런 수칙에 대해 그가 규정한 내용을 더 정확하게 알 수 있었을 것이다. 하지만 우리에게는 제13항의 첫 부분밖에 남아 있지 않은데, 이것은 수칙이 지켜져야 한다고 명령하는 내용으로 그가 같은 법에 의해 여러 수칙을 폐지한 것과 잘 부합되지 않는다. 우리에게는 같은 군주의 또 다른 법령이 있는데, [25] 그것은 그의 칙령과 관계된 것으로서 마찬가지로 수칙의 모든 악습을 하나하나 교정하고 있다.

사실 발뤼즈는 공표된 날짜도 지명도 없는 그 법령을 발견하고 그것을 클로타리우스 1세의 것으로 보았다. 그러나 그것은 클로타리우스 2세의 것이다. 그 이유는 세 가지이다.

첫째, 그 법령에는 왕이 그의 아버지와 조부가 교회에 부여한 면제특권을 유지한다고 쓰여 있다. [26] 클로타리우스 1세의 조부인 킬데리

---

22 제22항.
23 위의 책, 제6항.
24 위의 책, 제18항.
25 《법령집》, 발뤼즈 간행본, 제1권, 7쪽.
26 이 면제특권에 대해서는 전 편의 제21장에서 이야기한 바 있다. 그것은 재판권의

쿠스는 기독교인도 아니고 왕국이 건설되기 이전에 살았던 사람인데 무슨 면제특권을 교회에 줄 수 있었겠는가? 그러나 그 칙령을 클로타리우스 2세의 것으로 본다면, 그의 조부는 클로타리우스 1세이다. 그는 자기 아들 크람누스(6)를 처자와 함께 불태워 죽인 것에 대해 속죄하기 위해 교회에 막대한 기부를 한 사람이다.

둘째, 그 법령이 교정하는 악습은 클로타리우스 1세의 사후에도 존속했고, 심지어 곤트라누스의 나약한 치세와 킬페리쿠스의 잔인한 치세 및 프레데군디스와 브루니킬디스의 고약한 섭정 시대에는 절정에 이르기까지 했다. 그런데 어떻게 국민이 그렇게 정식으로 금지되었던 폐해가 계속 되살아나는 것에 대해 조금도 항의하지 않고 그 폐해를 그대로 참았겠는가? 킬페리쿠스 2세27가 예전의 폭력을 다시 행사했을 때 옛날에 하던 것처럼 재판에서 법과 관습을 따르라는 명령을 내리도록 그를 압박했던28 국민이 어째서 그때는 그렇게 하지 않았겠는가?

마지막으로, 폐해를 바로잡기 위해 만들어진 그 법령은 클로타리우스 1세와 관련된 것일 수 없다. 그의 치세에서는 그 점에 관해 왕국에 불평이 없었고, 그 법령이 만들어진 것으로 추정하는 시기에는 특히 그의 권위가 매우 굳건했기 때문이다. 반면 그 법령은 클로타리우스 2세 치하에서 일어나서 왕국의 정치적 상황에 혁명을 야기한 여러

양도로서 왕의 재판관이 교회의 관할구에서 어떤 역할도 하지 못하게 금하는 것을 포함하고 있었고, 봉토의 개설과 양도에 해당하는 것이었다.

27 그는 670년경에 통치를 시작했다.

28 "성 레오데가리오의 생애" 참조.

사건과는 매우 잘 부합된다. 법에 의해 역사를, 역사에 의해 법을 밝혀야 한다.

제 3장 : 궁재의 권위

앞에서 말했듯이, 클로타리우스 2세는 바르나카리우스에게서 궁재의 자리를 평생 빼앗지 않겠다고 약속했다. 이러한 변혁은 뜻밖의 결과를 가져왔다. 이전에는 궁재가 왕의 궁재였는데 이제는 왕국의 궁재가 된 것이다. 왕이 선택하던 궁재를 이제 국민이 선택했다. 변혁이 이루어지기 전에 프로타디우스는 테우데리쿠스(7)에 의해 궁재가 되었고29 란데리쿠스(8)는 프레데군디스에 의해 궁재가 되었지만, 30 그 후로는 국민이 궁재의 선출권을 가졌다. 31

그러므로 몇몇 저자들이 그랬듯이, 국민이 선출한 궁재와 브루니킬디스가 죽기 이전에 그 지위를 가졌던 자, 즉 왕의 궁재와 왕국의 궁재를 혼동해서는 안 된다. 부르군트족의 법에 의하면, 그들에게는

---

29 Instigante Brunichilde, Theoderico jubente, etc. (브루니킬디스가 권하여 테오도리쿠스가 명령했다) 프레데가리우스, 제27장, 605년에 관한 것.

30 《프랑크족 왕들의 행적(*Gesta regum Francorum*)》, 제36장.

31 《프레데가리우스 연대기》 제54장의 626년에 관한 것, 익명의 후계자가 쓴 제101장의 695년에 관한 것, 제105장의 715년에 관한 것 참조. 에무엥, 제4편, 제15장. 에인하르두스(Einhardus, 770~840, 프랑스어로는 Éginhard, 독일어로는 Einhard, 영어로는 Eginhard 또는 Einhard로 표기한다. 프랑크 왕국의 역사가이자 궁정학자로 카롤루스 마그누스의 생애와 카롤링 왕조에 관한 매우 소중한 정보를 담은 저서를 남겼다_옮긴이 주), 《카롤루스 마그누스의 생애》, 제48장. 《프랑크족 왕들의 행적》, 제45장.

궁재의 직위가 국가 요직의 하나가 아니었다. 32 또한 프랑크족의 초기 왕들에게도 그것은 최고위직의 하나는 아니었다. 33

클로타리우스는 직위와 봉토를 가진 사람들을 안심시켰다. 바르나카리우스가 죽은 후, 이 군주가 트루아에 소집된 영주들에게 누구를 그 자리에 앉히길 원하느냐고 묻자 영주들은 아무도 선출하지 않을 거라고 이구동성으로 외쳤다. 34 그리고 그들은 그에게 호의를 청하며 그의 수중에 자신을 맡겼다.

다고베르투스는 그의 아버지처럼 전 왕국을 재통일했다. 국민은 그에게 일임하고 궁재를 선임하지 않았다. 이 군주는 무엇에도 구애받지 않는다고 느꼈고, 게다가 자신의 승리에 자신감을 얻어 브루니킬디스의 계획을 다시 실행했다. 그러나 그 계획은 크게 실패해 아우스트라시아의 근위무사들은 슬라보니아인에게 패하고 돌아왔다. 35

---

32 부르군트족의 법 "서문"과 이 법의 두 번째 부록 제 13조 참조.

33 투르의 그레고리우스, 제9편, 제36장.

34 Eo anno, Clotarius cum proceribus et leudibus Burgundiæ Trecas sinis conjungitur, cum eorum esset sollicitus, si vellent jam, Warnachario discesso, alium in ejus honoris gradum sublimare; sed omnes unanimiter denegantes se nequaquam velle Majorem domus eligere, regis gratiam obnixe petentes, cum rege transegere (그 해에 클로타리우스는 부르군트족의 군주와 영주들을 트루아에 소집하여, 바르나카리우스가 죽은 지금 그 자리에 누구를 올리고 싶은지 물었다. 그러나 그들은 만장일치로 궁정의 궁재를 선출하기를 거부했고, 왕과 합의를 이루기 위해 왕의 은총을 간절히 구했다). 《프레데가리우스 연대기》, 제54장, 626년에 관한 것.

35 Istam victoriam quam Vinidi cortra Francos meruerunt, non tantum Sclavinorum fortitudo obtinuit, quantum dementatio Austrosiorum, dum se cernebant cum Dagoberto odium incurrisse, et assidue expoliarentur (프랑크

그래서 아우스트라시아의 변방은 야만족의 먹이가 되고 말았다.

그는 아들 시기베르투스에게 재물과 함께 아우스트라시아를 물려주고, 쾰른의 주교 쿠니베르투스(9)와 아달기셀루스(10) 공작의 수중에 왕국과 궁정의 관리를 맡기겠다는 제안을 아우스트라시아인에게 하기로 결심했다. 프레데가리우스는 당시 이루어진 협정에 관해 상세하게 이야기하지 않는다. 그러나 왕은 증서에 의해 모든 협정을 확인했고, 즉시 아우스트라시아는 위험에서 벗어났다. 36

다고베르투스는 죽음이 임박한 것을 느끼고 아내 난테킬디스(11)와 아들 클로도베쿠스(12)를 아이가(13)에게 부탁했다. 네우스트리아(14)와 부르고뉴의 근위무사들은 그 어린 군주를 그들의 왕으로 선택했고, 37 아이가와 난테킬디스가 궁정을 다스렸다. 38 그들은 다고베르투스가 빼앗았던 모든 재산을 돌려주었다. 39 그러자 아우스트라시아에서 그랬던 것처럼 네우스트리아와 부르고뉴에서도 불평이 그쳤다.

아이가가 죽은 후 왕비 난테킬디스는 부르고뉴의 영주들에게 플로

족에게 거둔 슬라브족의 승리는 값진 것이었다. 그러나 그것은 슬라브족의 대담함보다는 아우스트라시아인의 지각없는 행동 때문에 얻은 승리였다. 그들은 다고베르투스에게 끊임없이 약탈당하여 그를 미워하고 있었던 것이다). 《프레데가리우스의 연대기》, 제68장, 630년에 관한 것.

36 Deinceps Austrasii eorum studio limitem et regnum Francorum contra Vinidos utiliter defensasse noscuntur(그 후 아우스트라시아인은 슬라브족에게 맞서 프랑크 왕국의 국경 수비에 도움이 되었다고 알려졌다). 《프레데가리우스 연대기》, 제75장, 632년에 관한 것.

37 《프레데가리우스 연대기》, 제79장, 638년에 관한 것.

38 위의 책.

39 위의 책, 제80장, 639년에 관한 것.

아카투스[15]를 궁재로 선출하라고 권했다. 40 이 궁재는 부르고뉴 왕국의 주교와 주요 영주들에게 그들의 관직과 직위를 영원히, 다시 말해 평생 간직하게 하겠다고 약속하는 편지를 보냈다. 41 그는 그 약속을 선서로 확인했다. 《궁재에 관한 책》의 저자는 바로 여기서 궁재의 왕국 통치가 시작된 것으로 보았다. 42

부르고뉴 사람이었던 프레데가리우스는 우리가 말하고 있는 대변혁 시대의 부르고뉴 궁재에 대해서는 아우스트라시아와 네우스트리아의 궁재에 대해서보다 훨씬 더 상세하게 설명한다. 그러나 부르고뉴에서 이루어진 협정은 같은 이유로 네우스트리아와 아우스트라시아에서도 이루어졌다.

국민은 권력이 세습되는 왕보다 자신들이 선출하고 조건을 부과할 수 있는 궁재의 수중에 권력을 맡기는 것이 더 안전하다고 믿었다.

---

40 위의 책, 제89장, 641년에 관한 것.

41 위의 책. Floachatus cunctis ducibus a regno Burgundiæ, seu et pontificibus, per epistolam etiam et sacramentis firmavit unicuique gradum honoris et dignitatem, seu et amicitiam, perpetuo conservare(플로아카투스는 부르고뉴 왕국의 모든 영주와 성직자들에게 그들의 명예와 고위직을 영원히 보호하겠다고 편지를 통해 맹세했다).

42 Deinceps a temporibus Clodovei, qui fuit filius Dagoberti inclyti regis, pater vero Theoderici, regnum Francorum decidens per majores domus cœpit ordinari(간단히 말해, 유명한 왕 다고베르투스의 아들이며 테우데리쿠스의 친아버지인 클로도베쿠스 시대에 무너져가는 프랑크 왕국은 궁재에 의해 지배되기 시작했다). 《궁재에 대하여(De major. domus regiæ)》.

제 4장 : 궁재에 대한 국민의 생각은 어땠나

왕을 가진 국민이 왕권을 행사할 사람을 선출하는 정체는 참으로 이상하게 보인다. 그러나 사람들이 처했던 상황과 상관없이, 나는 그 점에 관한 프랑크족의 개념이 매우 멀리서 비롯되었다고 생각한다.

그들은 게르만족의 후예였다. 타키투스에 의하면, 게르만족은 왕을 선택할 때는 고귀한 신분에 의해 결정하고 지도자를 선택할 때는 능력에 의해 선택했다.[43] 그것이 바로 제 1왕조의 왕과 궁재였다. 전자는 세습되었고, 후자는 선거로 임명되었다.

국민집회에서 자리에서 일어나 자신을 따르는 모든 사람에게 어떤 계획의 지도자로 자청하는 군주들은 대부분 그들의 일신에 왕의 권위와 궁재의 권력을 동시에 갖추고 있었다는 것은 의심할 여지가 없다. 그들의 고귀한 신분은 그들에게 왕위를 주었고, 여러 지원자를 거느리며 지도자로 섬김을 받는 그들의 능력은 궁재의 권력을 준 것이다. 우리의 초기 왕들이 재판소와 집회에서 수위를 차지하고 그 집회의 동의를 얻어 법을 제정한 것은 왕의 권위에 의해서였다. 그리고 그들이 원정하고 군대를 지휘한 것은 공작이나 지도자의 권위에 의해서였다.

그 점에 관해 초기 프랑크족의 생각을 알기 위해서는 발렌티니아누스에게서 군대의 지휘권을 받은 프랑크인 아르보가스테스[16]가 취한

---

43 Reges ex noblilitate, duces ex virtute sumunt (그들은 왕은 고귀한 출생 신분으로, 지도자는 능력으로 선택했다). 《게르만족의 풍속》.

행동에 눈길을 던지기만 하면 된다. 44 그는 황제를 궁에 가두고, 그 누구도 민간의 사건이든 군사적 사건이든 아무것도 황제에게 말하지 못하게 했다. 나중에 피피누스 가문이 한 일을 아르보가스테스는 그 당시에 한 것이다.

제5장 : 궁재는 어떻게 군대의 지휘권을 얻었나

왕이 군대를 지휘하는 동안에는, 국민은 지도자를 선임할 생각을 하지 않았다. 클로도베쿠스와 그의 네 아들은 프랑크족의 선두에서 그들을 승리에서 승리로 이끌었다. 테우데베르투스(17)의 아들로 허약하고 병든 젊은 군주 테우데발두스(18)가 궁정에 남은 최초의 왕이었다. 45 그는 나르세스와 맞서 싸우러 가는 이탈리아 원정을 거부하고, 프랑크족이 자신들을 이끌 두 사람의 지도자를 선택하는 것을 보아야 하는 슬픔을 겪었다. 46 클로타리우스 1세의 네 아들 중에서는 곤트라누스가 군대 지휘를 가장 게을리했다. 47 그리고 다른 왕들도 그 예를

---

44 투르의 그레고리우스, 제2편, 술피키우스 알렉산데르(Sulpicius Alexander, 4세기 말~5세기 초에 살았던 로마 역사가로 그가 쓴 역사서는 소실되었고 몇몇 단편이 그레고리우스의 저서에 보존되었다_옮긴이 주) 참조.

45 552년.

46 Leutheris vero et Butilinus, tametsi id regi ipsorum minime placebat belli cum eis societatem inierunt(왕의 마음에 전혀 들지 않는 일이었음에도 불구하고, 그들은 레우테리스와 부틸리누스와 연합하여 전장에 나갔다). 아가티아스, 제1편. 투르의 그레고리우스, 제4편, 제9장.

47 곤트라누스는 클로타리우스의 아들이라고 자처하면서 왕국의 자기 몫을 요구하는 군도발두스에 대해서조차 원정을 가지 않았다.

따르게 되었다. 그들은 다른 사람의 손에 지휘권을 넘겨주어도 위험하지 않도록 여러 명의 지도자나 공작에게 지휘권을 주었다. **48**

거기서 수많은 폐단이 생겼다. 더 이상 규율이 존재하지 않게 되었고, 사람들은 복종할 줄 모르게 되었다. 군대는 자기 나라에만 해를 끼치는 존재가 되어, 적진에 가기도 전에 노획물이 잔뜩 쌓였다. 투르의 그레고리우스 저서에는 이 모든 해악이 생생하게 묘사되어 있다. **49** "어떻게 우리가 승리할 수 있겠는가? 우리 조상이 얻은 것을 지키지 못하는 우리가 말이다. 우리 국민은 이제 예전의 국민이 아니다 …"라고 곤트라누스는 말했다. **50** 이상한 일이다! 이 국민은 클로도베쿠스의 손자 시절부터 벌써 쇠퇴기에 들어갔던 것이다.

따라서 한 사람의 공작을 내세우게 된 것은 당연한 일이었다. 자신의 의무를 잊어버린 수없이 많은 영주와 근위무사에 대해 권위를 가진 공작, 군대의 규율을 회복하고 자기 국민에 대해서밖에 전쟁할 줄 모르는 국민을 적과 맞서도록 이끄는 공작 말이다. 궁재에게 이런 권력이 주어졌다.

궁재의 처음 직무는 왕실의 재무 관리였다. 그들은 다른 관리들과 협력하여 봉토에 대한 정치적 관리를 하게 되었고, 나중에는 그것을

---

48 때때로 20명에 이르기도 했다. 투르의 그레고리우스, 제5편 제27장, 제8편 제18장과 제30장, 제10편 제3장 참조. 부르고뉴에 궁재를 가지고 있지 않던 다고베르투스는 똑같은 정책을 취했다. 그래서 가스코뉴인에게 대항해 10명의 공작과 상관으로 섬기는 공작이 없는 여러 명의 백작을 보냈다. 《프레데가리우스 연대기》, 제78장, 636년에 관한 것.

49 투르의 그레고리우스, 제8편 제30장, 제10편 제3장.

50 위의 책.

단독으로 처리했다. 51 그들은 또 전쟁에 관한 문제의 행정과 군대 지휘도 맡게 되었다. 이 두 가지 직무는 필연적으로 다른 두 가지 직무와 결부되었다. 그 시대에는 군대를 소집하는 것이 군대를 지휘하는 것보다 더 어려웠다. 은혜를 베풀어 주는 사람이 아니면 누가 그런 권위를 가질 수 있었겠는가? 독립적이고 호전적인 이 민족에게는 강제하기보다 권유해야 했다. 소유주의 죽음으로 비어 있는 봉토를 주거나 그에 대한 희망을 품게 해야 했고, 끊임없이 보상해야 했고, 편애를 두려워하게 만들어야 했다. 따라서 궁정의 총감독권을 가진 자가 군대의 총사령관이 될 수밖에 없었다.

제6장 : 제1왕조 국왕 쇠퇴의 제2기

브루니킬디스의 처형 이후, 궁재는 왕 아래에 있는 왕국의 관리자였다. 그들이 비록 전쟁의 지휘권을 가지고 있었더라도, 왕이 군대의 선두에 있었고 궁재와 국민은 왕 밑에서 싸웠다. 그러나 테우데리쿠스(19)와 그의 궁재에 대한 피피누스 공작의 승리52는 왕의 쇠퇴를 마무리 지었다. 53 카롤루스 마르텔루스가 킬페리쿠스와 그의 궁재 라

---

51 부르군트족의 법에 첨부된 두 번째 부록 제13조, 투르의 그레고리우스 제9편 제36장 참조.
52 메츠의 《연대기》, 687년과 688년에 관한 것 참조.
53 Iliis quidem nomina regum imponens, ipse totius regni habens privilegium, etc. (한 사람은 왕이라는 명칭을 부여받았지만, 다른 한 사람은 왕국 전체에 대한 특권을 갖게 된다). 위의 책, 695년에 관한 것.

겐프리두스(20)에게 거둔 승리54는 이 쇠퇴를 확인했다. 아우스트라시아는 네우스트리아와 부르고뉴를 두 번 이겼다. 그리고 아우스트라시아의 궁재직은 피피누스 가문에 속했으므로, 이 궁재직이 다른 모든 궁재직보다 위상이 높아졌고 피피누스 가문도 다른 모든 가문보다 높아졌다. 승리자들은 신용을 얻은 어떤 사람이 왕을 사로잡고 혼란을 부추길까 봐 두려웠다. 그래서 그들은 왕을 일종의 감옥과도 같은 궁정에 가두어 놓고, 55 매년 한 번씩 국민에게 보여주었다. 거기서 왕은 명령을 내렸지만, 그것은 궁재의 명령이었다. 56 왕은 사절에게 회답을 주었지만, 그것은 궁재의 회답이었다. 이것이 바로 역사가들이 말하는, 궁재가 왕을 예속시키고 왕을 지배하던 시대이다. 57

피피누스 가문에 대한 국민의 열광은 매우 대단해서 아직 유년기에 있는 손자까지 궁재로 선출할 정도였다. 58 국민은 그를 다고베르투

---

54 위의 책, 719년에 관한 것.

55 Sedemque illi regalem sub sua ditione concessit (그는 왕의 자리를 내주었지만, 왕족은 그가 지배하고 있었다). 메츠의 《연대기》, 719년에 관한 것.

56 《생리키에 수도원의 연대기 (Chronicon centulense)》(12세기의 수도사이자 연대기 작가인 Hariulf가 쓴 것으로 생리키에 수도원의 옛 이름이 centula이다_옮긴이 주), 제2편. Ut responsa quæ erat edoctus, vel potius jussus, ex sua velut potestate redderet (마치 자기 자신의 권한으로 대답하는 것처럼, 그는 가르쳐준 대로, 아니 명령받은 대로 대답했다).

57 메츠의 《연대기》, 691년에 관한 것. Anno principatus Pippini super Theodericum …(피피누스가 테우데리쿠스를 지배한 해 …) 풀다 또는 로르슈 (독일 중서부의 도시_옮긴이 주)의 《연대기》. Pippinus dux Francorum obtinuit regnum Francorum per annos 27, cum regibus sibi subjectis (프랑크족의 수장 피피누스는 프랑크 왕국을 27년 동안 장악했고 왕들을 신하처럼 다루었다).

58 Posthæc Theudoaldus, filius ejus (Grimoaldi) parvulus, in loco ipsius, cum

스[21]라는 왕 위에 세워, 허수아비 위에 허수아비를 앉힌 꼴이었다.

제 7장 : 궁재 밑의 주요 관직과 봉토

궁재는 관직과 직위를 회수할 수 있는 제도를 복원하려고 하지 않았다. 사실 그들은 그 점에 대해 귀족 계급을 보호한 덕분에 지배할 수 있었다. 그리하여 주요 관직은 계속 종신직으로 주어졌고, 이런 관행은 점점 더 확고해졌다.

그러나 나는 봉토에 관해 특별한 고찰을 하고자 한다. 이 시기부터 대부분의 봉토가 세습되었다는 것은 의심할 여지가 없다.

앙들로 조약[22]에서, 59 곤트라누스와 그의 조카 킬데베르투스는 그들의 여러 선왕이 교회와 근위무사에게 한 증여를 유지하기로 약속했다. 그리고 왕비, 공주, 왕의 미망인에게 왕실 재산에서 받은 것을 유언을 통해 영구히 처분하는 것이 허락되었다. 60

마르쿨푸스는 궁재 시대에 서식집을 썼다. 61 거기에는 왕이 당사자

---

prædicto rege Dagoberto, majordomus palatii effectus est〔그(그리모알두스)의 어린 아들 테우도알두스는 다고베르투스 왕의 명령에 의해 궁재가 되었다〕. 프레데가리우스의 익명의 후계자, 714년에 관한 것, 제 104장.

59 투르의 그레고리우스가 제 9편에서 이야기한다. 615년 클로타리우스 2세의 칙령 제 16항도 참조.

60 Ut si quid de agris fiscalibus vel speciebus atque presidio, pro arbitrii sui voluntate, facere, aut cuiquam conferre voluerint, fixa stabilitate perpetuo conservetur (그들 자신의 의지로 그들이 토지든, 수입이든, 돈이든 재산에 대해 뭔가를 한다면, 또는 재산을 다른 사람에게 준다면, 그것은 영원히 보호되고 유지될 것이다).

와 그의 상속자들에게 증여하는 여러 서식이 들어 있다. 62 서식은 일상생활의 행위를 반영하는 것이므로, 제1왕조 말에 봉토의 일부가 이미 상속자에게 넘어갔다는 것을 증명해 준다. 그 시대에는 양도할 수 없는 영지에 대한 관념을 가지고 있었을 리가 없다. 그것은 매우 근대적인 것으로, 당시에는 이론적으로나 실질적으로나 알지 못했던 것이다.

이에 대해서는 곧 사실적 증거를 보게 될 것이다. 그리고 더 이상 군대를 위한 녹봉지도, 군대를 유지하기 위한 토지도 전혀 없는 시대를 보여준다면, 예전의 녹봉지들이 양도되었다는 것을 인정할 수밖에 없을 것이다. 그 시대는 바로 카롤루스 마르텔루스의 시대이다. 그는 새로운 봉토를 설정했는데, 그것은 처음의 봉토와 구별되어야 한다.

정체에 스며든 부패 때문이든 아니면 왕이 끊임없이 보상할 수밖에 없게 만드는 구조 자체에 의해서든 왕이 영구 증여를 하기 시작했을 때, 백작령보다 오히려 봉토를 영구 증여하기 시작한 것은 당연한 일이었다. 얼마간의 토지를 포기하는 것은 대단한 일이 아니었지만, 주요 관직을 내놓는 것은 권력 자체를 잃는 것이었다.

---

61 제1편의 서식 24와 34 참조.
62 제1편, 서식 14 참조. 이 서식은 곧바로 영구 증여되는 국고 재산, 또는 처음에는 녹봉지로 주었다가 나중에 영구적으로 주는 재산에 똑같이 적용된다. Sicut ab illo, aut a fisco nostro, fuit possessa(그리하여 예전에는 당사자 또는 우리 국고가 그것을 차지했다). 위의 책, 서식 17도 참조할 것.

제8장 : 자유 소유지가 어떻게 봉토로 바뀌었나

자유 소유지를 봉토로 바꾸는 방법은 마르쿨푸스의 한 서식에서 발견된다. 63 소유주가 토지를 왕에게 바치면, 왕은 그 토지를 기부자에게 용익권이나 녹봉지로 되돌려 주었다. 그리고 기부자는 왕에게 자신의 상속인을 지명했다.

이렇게 자유 소유지의 성격이 변경된 이유를 알아내기 위해서, 나는 지난 11세기 동안 먼지와 피와 땀으로 뒤덮인 귀족 계급의 옛 특권을 심연 속에서 뒤지듯 찾아야 했다.

봉토를 가진 사람은 매우 큰 이익을 가졌다. 사람들이 그에게 잘못을 저지르면, 그 합의금은 자유인의 합의금보다 훨씬 많았다. 마르쿨푸스의 서식에 의하면, 왕의 봉신을 죽인 자는 합의금으로 600수를 내야 한다는 것이 봉신의 한 특권이었던 것 같다. 이 특권은 살리카법64과 리푸아리아법65에 의해 확립되었다. 이 두 법은 왕의 봉신의 죽음에 대해서는 600수를 부과한 반면, 프랑크족이나 야만족의 자유인 혹은 살리카법 아래 살아가는 사람의 죽음에 대해서는 200수, 그리고 로마인의 죽음에 대해서는 100수밖에 부과하지 않았다. 66

왕의 봉신이 가진 특권은 그것뿐이 아니었다. 다음과 같은 사실을 알아야 한다. 재판에 소환된 사람이 출두하지 않거나 재판관의 명령

---

63 제1편, 서식 13.
64 제44조. 제46조 제3항과 제4항 및 제74조도 참조할 것.
65 제11조.
66 리푸아리아법 제7조, 살리카법 제44조 제1항과 제4항 참조.

에 복종하지 않았을 때, 그는 왕 앞에 불려갔다. 67 그래도 그가 계속 소환에 불응한다면, 그는 왕의 보호를 받을 수 없었다. 68 그리고 아무도 그를 집에 들일 수도, 그에게 빵조차 줄 수도 없었다. 그런데 만약 그가 보통 신분이라면 그의 재산이 몰수되었지만, 69 왕의 봉신이라면 그렇지 않았다. 70 전자는 소환 불응에 의해 범죄가 입증된 것으로 여겨졌지만, 후자는 그렇지 않았다. 또 전자는 아주 작은 범죄에서도 끓는 물로 심판을 받았지만, 71 후자는 살인의 경우에만 그런 심판을 받았다. 72 마지막으로 왕의 봉신은 재판에서 다른 봉신에게 불리한 증언을 하도록 강요받을 수 없었다. 73 이런 특권들은 계속 늘어났다. 카를로만(23)의 법령은 왕의 봉신은 직접 선서하게 할 수 없고 단지 그들에게 속한 봉신의 입을 통해서만 선서하게 할 수 있다는 명예를 부여했다. 74 또한 명예를 가진 자가 군대에 가지 않았을 때, 그의 형벌은 군복무를 하지 않은 기간만큼 술과 고기를 금하는 것이었다. 그러나 백작을 따라 전쟁터에 가지 않은 자유인은 60수의 합의금을 냈고, 75 그 돈을 지불할 때까지 노예의 신분이 되었다. 76

---

67 살리카법, 제59조와 제76조.
68 Extra sermonem regis(왕의 공동체 밖에). 위의 책, 제59조와 제76조.
69 위의 책, 제59조, 제1항.
70 위의 책, 제76조, 제1항.
71 위의 책, 제56조와 제59조.
72 위의 책, 제76조, 제1항.
73 위의 책, 제76조, 제2항.
74 883년의 Apud Vernis palatium, 제4항과 제11항.
75 Heribannum(원래는 메로빙 왕조 시대에 군대로 소환하는 것을 의미하는 라틴어였으나, 나중에는 군복무를 하지 않은 것에 대한 벌금을 의미했다_옮긴이 주).

그러므로 왕의 봉신이 아닌 프랑크인은 왕의 봉신이 되려고 애썼고 로마인은 더더욱 그러했다는 것은 쉽게 생각할 수 있는 일이다. 그들은 자기 토지를 빼앗기지 않기 위해, 자유 소유지를 왕에게 준 후 왕으로부터 봉토로 다시 받고 상속인을 지명하는 관행을 생각해 냈다. 이 관행은 줄곧 계속되었고, 특히 제2왕조의 혼란기에 실행되었다. 그 시기에는 모든 사람이 보호자를 필요로 했고, 다른 영주들과 한 덩어리가 되고자 했다. 77 말하자면 '봉건적 군주제'로 들어가고자 한 것이다. 이제 '정치적 군주제'는 존재하지 않았기 때문이다.

여러 증서를 통해 알 수 있듯이, 78 그것은 제3왕조에서도 계속되었다. 사람들은 자유 소유지를 증여했다가 같은 행위로 그것을 되찾기도 했고, 자유 소유지라고 선언했다가 봉토로 인정하기도 했다. 이런 봉토는 '반환된 봉토'라고 불렸다.

그것은 봉토를 가진 사람들이 선량한 가장(家長)으로서 봉토를 관리했다는 것을 의미하지 않는다. 자유인은 봉토를 갖기 위해 많은 노력을 했지만, 이런 종류의 재산을 마치 오늘날 용익권을 관리하듯 취급했다. 그로 인해 우리가 아는 한 가장 세심하고 가장 주의 깊은 군주인 카롤루스 마그누스는 사람들이 자기 소유지의 이익을 위해 봉토

<hr>

76 812년 카롤루스 마그누스의 두 번째 법령, 제1항과 제3항.
77 뒤 캉주 용어사전의 alodis라는 단어에서, 랑베르 다르드르(Lambert d'Ardres, 12세기 프랑스 연대기 작가_옮긴이 주)는 "Non infirmis reliquit hæredibus(약한 상속인에게 맡겨지지 않는다)"라고 말한다.
78 뒤 캉주가 alodis라는 단어에서 인용한 증서들과 갈랑이 《프랑크족의 자유 소유지에 관한 개론》 14쪽 이하에서 이야기한 증서들을 참조할 것.

를 타락시키는 것을 막기 위한 많은 규칙을 만들었다. **79** 그것은 그의 시대에는 대부분의 녹봉지가 여전히 종신제였다는 것, 따라서 사람들이 녹봉지보다 자유 소유지를 더 많이 돌보았다는 것을 증명할 뿐이다. 그렇다고 해서 사람들이 자유인보다 왕의 봉신이 되기를 훨씬 더 좋아했다는 것을 부정하는 것은 아니다. 사람들은 봉토의 특정 부분을 처분하고 싶은 이유를 가질 수는 있었지만, 그 지위 자체를 잃고 싶어 하지는 않았다.

어떤 법령을 보면, **80** 몇몇 지역에서 자신의 봉토를 소유지로 증여했다가 나중에 다시 소유지로 사들이는 사람들이 있다는 사실에 카롤루스 마그누스가 한탄했다는 것도 잘 알 수 있다. 그러나 나는 사람들이 소유권보다 용익권을 더 좋아했다고 말하는 것은 아니다. 다만 앞에서 말한 서식의 경우가 그렇듯이, 자유 소유지를 상속자에게 물려주는 봉토로 만들 수 있을 때 사람들은 그렇게 하는 데서 커다란 이익을 얻었다고 말하는 것뿐이다.

---

79 802년의 법령 2, 제 10항. 803년의 법령 7, 제 3항. 연도 미상의 법령 1, 제 49항. 806년의 법령, 제 7항.
80 806년의 다섯 번째 법령, 제 8항.

제 9장 : 교회의 재산이 어떻게 봉토로 바뀌었나

국가의 재산은 프랑크족을 새로운 원정으로 유인하기 위한 왕의 증여에 사용되는 이외의 다른 목적이 있을 수 없었을 것이다. 다른 한편으로는 그 원정이 국가 재산을 증가시켜 주었다. 내가 말했듯이, 이것이 바로 민족의 정신이었다. 그러나 증여는 다른 방향으로 진행되었다. 우리에게는 클로도베쿠스의 손자 킬페리쿠스의 연설이 있는데, 거기서 그는 자신의 재산이 거의 모두 교회로 넘어갔다고 벌써 한탄하고 있다.[81]

"우리의 국고는 가난해졌고, 우리의 재산은 교회로 이전되었다.[82] 이제 군림하는 자는 주교들뿐이다. 그들은 권세를 누리고 있고, 우리는 더 이상 그렇지 못하다."

감히 영주들을 공격하지 못했던 궁재가 교회를 약탈한 것은 바로 그 때문이었다. 피피누스가 네우스트리아에 들어가기 위해 내세운 이유 중의 하나는 교회의 모든 재산을 빼앗는 왕, 다시 말해 궁재의 침해를 막기 위해 성직자들이 초청했다는 것이었다.[83]

---

81 투르의 그레고리우스, 제6편, 제46장.
82 그가 교회에 유리했던 유언과 심지어 부친이 한 증여까지 취소했던 것은 바로 그 때문이었다. 곤트라누스는 그것을 다시 복원했고, 새로운 증여를 하기까지 했다. 투르의 그레고리우스, 제7편, 제7장.
83 메츠의 《연대기》, 687년에 관한 것 참조. Excitor imprimis querelis sacerdotum et servorum Dei, qui me sœpius adierunt ut pro sublatis injuste patrimoniis, etc. (부당하게 빼앗기는 재산 때문에 종종 나를 찾아오던 성직자들과 하느님의 종들이 특히 나를 불렀다).

아우스트라시아의 궁재들, 즉 피피누스 가문은 네우스트리아와 부르고뉴의 궁재들보다 더 온화하게 교회를 다루었다. 그것은 우리의 연대기에 매우 명확하게 나와 있다. 연대기를 보면, 수도사들이 피피누스 가문의 신앙심과 기부를 찬탄해 마지않는다.[84] 그들은 직접 교회의 주요 지위를 차지하고 있었으므로, 킬페리쿠스가 주교들에게 말한 것처럼 "까마귀가 까마귀의 눈을 파먹지 않은 것이다".[85]

피피누스는 네우스트리아와 부르고뉴를 굴복시켰다. 그런데 궁재와 왕을 멸망시키기 위해 교회에 대한 억압을 구실로 삼았으므로, 그는 이제 교회를 약탈할 수 없었다. 그렇게 되면, 자신의 명분에 어긋났고 국민을 희롱하는 것을 보여주는 일이었다. 그러나 커다란 두 왕국을 정복하고 반대당을 파괴한 것을 통해, 그는 자기 대장들을 충분히 만족시켜 줄 수 있었다.

피피누스는 성직자 계급을 보호함으로써 군주국의 주인이 되었고, 그의 아들 카롤루스 마르텔루스는 성직자 계급을 억압함으로써만 권력을 유지할 수 있었다. 이 군주는 왕실 재산과 국고의 일부가 귀족에게 종신으로 혹은 소유지로 주어졌고 성직자 계급은 부자와 가난한 사람들한테 받아서 대부분의 자유 소유지를 획득한 것을 보자, 교회의 재산을 몰수했다. 그리고 처음에 분배된 봉토는 이제 존재하지 않았으므로, 그는 새로이 봉토를 만들었다.[86] 그는 자신과 자신의 대장

---

84 메츠의 《연대기》 참조.
85 투르의 그레고리우스.
86 Karolus, plurima juri ecclesiastico detrahens prædia fisco sociavit ac deinde militibus dispertivit(카롤루스는 성직자들로부터 관할구역을 빼앗아 이 재산을

들을 위해 교회 재산과 교회 자체를 차지했다. 그리고 평범한 질병과 달리 극단적이었던 만큼 더 치료하기 쉬웠던 악습을 중단시켰다.

제10장 : 성직자의 부(富)

성직자는 세 왕조에서 왕국의 전 재산을 여러 번 주었다고 할 만큼 많이 받았다. 그런데 왕과 귀족 계급과 서민은 성직자에게 모든 재산을 기부하는 방법을 발견했지만, 그에 못지않게 빼앗는 방법도 발견했다. 제1왕조에서 신앙심으로 인해 많은 교회가 건설되었지만, 군인 정신은 교회 재산을 군인에게 주게 했고, 군인은 이를 자식들에게 나누어 주었다. 얼마나 많은 토지가 성직자의 손아귀에서 빠져나왔던가! 제2왕조의 왕들은 꽉 쥐었던 손을 펴서 다시 막대한 기부를 했다. 그러자 노르만족이 들어와서 약탈하고 유린했다. 그들은 특히 사제와 수도사를 박해했고, 수도원을 찾아다녔으며, 어디든 종교적인 장소라고 여겨지는 곳을 주목했다. 그들은 자신들을 차례차례 북쪽으로 피난할 수밖에 없게 만든 카롤루스 마그누스의 모든 폭력행위와 자신들의 우상이 파괴된 것이 성직자들 탓이라고 여겼기 때문이다. 그것은 40년 혹은 50년이 지나도 잊을 수 없는 원한이었다. 그런 상황에서, 성직자는 얼마나 많은 재산을 잃었던가! 그래도 그 재산의 반환을 요구하는 성직자는 거의 없었다. 따라서 제3왕조의 신앙심으

국고로 책정한 후 그것을 병사들에게 나누어 주었다). 《생리키에 수도원의 연대기》, 제2편.

로 충분한 기부를 하고 토지를 주어야 했다.

세속인들이 정직한 사람들이었다면, 당시에 널리 퍼졌던 믿음으로 인해 그들은 모든 재산을 잃었을 것이다. 그러나 성직자에게 욕망이 있다면, 세속인에게도 마찬가지로 욕망이 있었다. 죽어 가는 사람이 기부해도, 상속인은 되찾고 싶어 했다. 그리하여 영주와 주교 사이, 귀족과 신부 사이에는 오로지 싸움밖에 보이지 않았다. 성직자들은 몹시 압박받은 것이 틀림없었다. 그들이 몇몇 영주의 보호 아래 들어갈 수밖에 없었으니 말이다. 그런데 이 영주들도 한동안 성직자를 보호하다가 나중에는 억압했다.

그래도 제3왕조가 존립하는 동안 확립된 더 좋은 정책 덕분에 성직자는 재산을 증가시킬 수 있었다. 그런데 칼뱅파가 나타나 교회 안에 있는 모든 금은으로 화폐를 주조하게 했다. 성직자가 그 존재도 보장받지 못한 마당에, 어떻게 재산을 보장받을 수 있었겠는가? 성직자는 쟁점이 된 문제에 대해 논쟁을 벌였는데, 그 기록은 불태워 없어졌다. 완전히 몰락해 버린 귀족에게 이제는 그들이 갖고 있지도 않은 것, 또는 수많은 방법으로 저당 잡혀 버린 것을 반환하라고 요구해 봐야 무슨 소용이 있었겠는가? 성직자는 줄곧 손에 넣었고, 줄곧 토해냈다. 그리고 지금도 여전히 손에 넣고 있다.

제 11장 : 카롤루스 마르텔루스 시대 유럽의 상황

성직자의 재산을 몰수할 계획을 세운 카롤루스 마르텔루스는 매우 유리한 상황에 있었다. 그는 전사들의 두려움과 사랑을 동시에 받았고, 그들을 위해 일했으며, 사라센 사람들과의 전쟁이라는 구실도 가지고 있었다. 87 성직자가 아무리 그를 미워해도, 그에게는 성직자의 도움이 전혀 필요 없었다. 교황에게는 그가 필요했으므로, 교황은 그에게 팔을 내밀었다. 우리는 그레고리오 3세(24)가 그에게 보낸 유명한 사절을 잘 알고 있다. 88 이 두 권력은 긴밀하게 결합되어 있었다. 서로 상대편이 없으면 안 되었기 때문이다. 교황에게는 롬바르드족과 그리스인에게 대항해 그를 지원해 줄 프랑크족이 필요했다. 카롤루스 마르텔루스는 그리스인을 굴복시키고 롬바르드족을 괴롭히기 위해, 그의 나라에서 더 존경받기 위해, 그가 이미 가지고 있는 칭호나 그와 그의 자식들이 앞으로 가질 수도 있는 칭호에 신뢰를 더하기 위해 교황을 필요로 했다. 89 따라서 그의 계획은 실패할 리가 없었다.

---

87 메츠의 《연대기》 참조.

88 Epistolam quoque, decreto romanorum principum, sibi prædictus, præsul Gregorius miserat, quod sese populus Romanus, relicta imperatoris dominatione, ad suam defensionem et invictam clementiam convertere voluisset(그레고리오는 로마 민족이 황제의 지배를 떠나 그의 보호와 무한한 관대함에 의지하기를 진실로 바란다는 로마 군주의 결단을 포함하는 편지를 그에게 보냈다). 메츠의 《연대기》, 741년에 관한 것. Eo pacto patrato, ut a partibus imperatoris recederet(그는 황제 편에서 탈퇴하겠다는 협정을 제안했다). 프레데가리우스.

89 그 시대 여러 저자들의 저서를 보면, 많은 교황의 권위가 프랑크족의 정신에 끼친

오를레앙의 주교 성 에우케리오(25)가 본 환영은 군주들을 놀라게 했다. 이 일에 관해서, 랭스에 모인 주교들이 대머리왕 카롤루스의 영토에 침입한 독일인 루도비쿠스(26)에게 보낸 편지90를 이야기하고자 한다. 그 편지는 당시의 상황과 사람들의 정신적 상태를 우리에게 보여주기에 매우 적합하기 때문이다. 편지에서 주교들은 다음과 같이 말했다.91

"성 에우케리오는 천국에 인도되어 갔을 때, 예수 그리스도와 함께 최후의 심판에 참석하기로 되어 있는 성자들의 명령에 따라 지옥 밑바닥에서 카롤루스 마르텔루스가 고통받는 것을 보았습니다. 카롤루스 마르텔루스는 교회의 재산을 박탈했고, 그로 인해 그 재산을 기부한 모든 사람의 죄를 뒤집어썼기 때문에 예정된 시간보다 일찍 형벌에 처해진 것이었습니다.

피피누스 왕은 이 문제로 공의회를 열고, 교회 재산에서 회수할 수 있는 모든 것을 교회에 돌려주도록 했습니다. 그는 아키텐 공작 바이파리우스와의 불화 때문에 일부만 되찾을 수 있었으므로, 나머지에 대해서는 교회를 위해 가점유(假占有) 증서를 만들게 했습니다.92 그

영향력을 알 수 있다. 피피누스 왕은 이미 마인츠 대주교에 의해 대관식을 했는데도 불구하고, 교황 스테파노로부터 받은 도유식을 자신의 모든 권리를 확정해 주는 것으로 여겼다.

90 Anno 858, apud Carisiacum, 발뤼즈 간행본, 제2권, 101쪽.
91 위의 책, 제2권, 제7항, 109쪽.
92 "Precaria, quod precibus utendum conceditur"(기도를 통해 사용해도 좋다고 인정되었다는 임시 거주권)라고 퀴자스는 봉토에 관한 책 제1편의 각주에서 말한다. 나는 피피누스 왕 치세 3년째의 것인 한 공문서에서 이 군주가 가점유 증서를

리고 세속인은 교회로부터 차용한 재산에 대해 십일조를 내고 집 한 채마다 12드니에를 지불하라고 규정했습니다. 카롤루스 마그누스는 교회의 재산을 사람들에게 주지 않았고, 자신과 자신의 후계자들은 교회 재산을 절대 사람들에게 주지 않겠다고 약속하는 법령도 만들었습니다. 우리가 주장하는 모든 것은 문서로 기록되어 있고, 심지어 우리 중 몇 사람은 두 분 왕의 부친인 유순왕 루도비쿠스로부터 그런 말을 듣기도 했습니다."(27)

주교들이 말하는 피피누스 왕의 규칙은 렙틴(28)에서 열린 공의회에서 만들어졌다. 93 거기에서 교회는 교회 재산을 받은 사람은 그것을 임시로만 보유하는 것이라는 이점을 얻었다. 게다가 교회는 십일조와 교회 소유의 가옥 한 채에 대해 12드니에도 받게 되었다. 그러나 이것은 임시방편의 해결책이었고, 폐해는 여전히 남아 있었다.

그마저도 반대에 부딪혀 피피누스는 또 다른 법령을 만들어야 했다. 94 그 법령에서 그는 녹봉지를 점유하고 있는 사람들에게 십일조와 부과금을 지불하고 주교관이나 수도원 건물도 관리하라고 명령했다. 이를 어길 시에는 주어진 재산을 몰수했다. 카롤루스 마그누스는 피피누스의 규칙들을 갱신했다. 95

최초로 만든 것이 아님을 발견했다. 그는 궁재 에브로인(Ébroïn, 658~673년과 676~681년에 네우스트리아의 궁재__옮긴이 주)이 만들어서 그 이후 계속 연장된 가점유 증서를 인용하고 있다. 베네딕트파 수도사들의 《프랑스 역사가들》 제5권 제6항에서 이 왕의 공문서를 참조할 것.

93 743년. 《법령집》, 발뤼즈 간행본, 제5편, 제3항, 825쪽 참조.
94 756년 메츠의 법령, 제4항.
95 보름스에서 주어진 803년의 법령, 발뤼즈 간행본, 411쪽 참조. 거기에서 그는 임

같은 편지에서 카롤루스 마그누스가 약속했다고 주교들이 말하는 것, 즉 그와 그의 후계자들은 더 이상 교회 재산을 전사들에게 나누어 주지 않겠다고 한 약속은 엑스라샤펠에서 803년에 주어진 카롤루스 마그누스의 법령에 해당하는 것이다. 그것은 그 점에 대한 성직자들의 불안을 가라앉히기 위해 만들어진 것이었다. 그러나 이미 이루어진 증여는 여전히 유지되었다.[96] 주교들이 유순왕 루도비쿠스는 카롤루스 마그누스의 행동을 본받아 교회 재산을 병사들에게 주지 않았다고 덧붙인 것은 맞는 말이었다.

그렇지만 옛 악습은 극단에 이르러, 유순왕 루도비쿠스의 자식들 치하에서는 세속인들이 주교의 동의 없이도 그들의 교회에서 사제를 임명하거나 쫓아낼 정도였다.[97] 교회는 상속인들 사이에 분배되었다.[98] 그리고 교회가 무례하게 점령당해도 주교에게는 거기서 성유물을 꺼내 오는 것 말고는 다른 수단이 없었다.[99]

콩피에뉴 법령[100]은 왕의 특사가 주교와 함께 수도원 소유자의 동의를 얻고 그의 입회하에 모든 수도원을 방문할 수 있다고 정했다.[101]

시 계약을 규정한다. 가옥의 수리에 관한 794년의 프랑크푸르트 법령 제24항 267쪽 및 800년의 법령 330쪽 참조.

96 앞의 각주와 이탈리아 왕 피피누스의 법령에 의하면 그렇게 보인다. 그 법령에는 봉토를 위해 자신을 의탁하는 사람에게 수도원을 봉토로 준다고 되어 있다. 그것은 롬바르드족의 법 제3편 제1조 제30항과 살리카법(에크하르트, 195쪽, 피피누스 법 모음, 제26조 제4항)에 첨부되어 있다.

97 롬바르드족의 법 제3편 제1법 제43항에서 로타리우스 1세의 법령 참조.

98 위의 책, 제44항.

99 위의 책.

100 대머리왕 카롤루스 치세 28년인 868년에 주어진 법령, 발뤼즈 간행본, 203쪽.

이 일반적 규정은 폐해가 일반적이었다는 것을 증명한다.

교회 재산의 반환을 위한 법이 없었던 것은 아니다. 교황이 수도원 복원에 대한 주교들의 게으름을 비난하자, 주교들은 대머리왕 카롤루스에게 자신들은 죄가 없으므로 그런 비난에 전혀 개의치 않는다고 편지를 보냈다. 102 그리고 그들은 많은 국민집회에서 약속되고 결정되고 제정된 것을 그에게 상기시켰다. 실제로 그들은 아홉 가지나 예로 들었다.

사람들은 줄곧 논쟁을 벌였다. 마침내 노르만족이 도착해서 모든 사람의 의견을 일치시켜 버렸다.

제 12장 : 십일조의 설정

피피누스 왕 밑에서 만들어진 여러 규칙은 교회에 실질적 구제보다는 구제에 대한 희망을 주었다. 그리고 카롤루스 마르텔루스가 모든 공적 재산이 성직자의 수중에 있는 것을 발견했듯이, 카롤루스 마그누스는 성직자의 재산이 전사들의 수중에 있는 것을 발견했다. 그러나 그들에게 이미 준 것을 반환하게 할 수는 없었다. 그것은 본질적으로 어려운 일이었지만 당시의 상황에서는 더욱더 실행 불가능한 일이었다. 다른 한편, 사제와 사원과 교육의 부족으로 기독교가 멸망해서는

---

101 Cum consilio et consensu ipsius qui locum retinet(그 장소를 차지하고 있는 사람의 조언과 동의하에).

102 Concilium apud Bonoilum, 대머리왕 카롤루스 16년, 856년, 발뤼즈 간행본, 78쪽.

안 되었다. 103

그 때문에 카롤루스 마그누스는 십일조를 설정했다. 이것은 새로운 종류의 재산으로 교회에 특별히 주어진 것이었으므로, 성직자로서는 나중에라도 그것의 찬탈을 알아보기가 더 쉽다는 이점이 있었다. 104

훨씬 더 오래전에 십일조가 설정되었다고 주장한 사람들도 있다. 그러나 그들이 인용하는 권위서는 그것을 주장하는 사람들에게 반대되는 증거로 보인다. 클로타리우스의 법령105은 단지 교회 재산에 대해 몇 가지 십일조를 징수하지 않는다106는 것을 말해줄 뿐이다. 따라서 그 시대에는 교회가 십일조를 징수하기는커녕 십일조를 면제받

---

103 카롤루스 마르텔루스 시대에 일어난 여러 내란에서 랭스 교회의 재산은 세속인들에게 주어졌다. 성직자는 '자기 힘으로 생계를 이어가도록' 방치되었다고 성 레미지오의 전기에 쓰여 있다. 수리우스(Laurentius Surius, 1522~1578, 독일의 수도사로서 종교 역사가이자 성인 전기 작가이다_옮긴이 주), 제1권, 279쪽.

104 롬바르드족의 법, 제3편, 제1항과 제2항.

105 이 법령에 대해서는 앞의 제4장에서 많이 이야기했다. 《법령집》, 발뤼즈 간행본, 제1권, 제11항, 9쪽에서 볼 수 있다.

106 Agraria et pascuaria, vel decimas porcorum, Ecclesiæ concedimus; ita ut actor aut decimator in rebus Ecclesiæ nullus accedat(우리는 농지와 풀밭과 돼지에 대한 십일조를 교회에 넘겨준다. 어떤 세금 징수자 혹은 어떤 십일조 징집인도 교회 재산에 징수하지 않을 것이다). 발뤼즈 간행본 336쪽, 800년의 카롤루스 마그누스 법령은 그것이 의미하는 것이 클로타리우스가 교회에 면제해 주는 종류의 십일조였다는 것을 매우 잘 설명하고 있다. 즉, 그것은 살찌우려고 왕의 숲에 방목한 돼지의 10분의 1을 말하는 것이었다. 그리고 카롤루스 마그누스는 본보기를 보여주기 위해서 그의 재판관들도 다른 사람들처럼 십일조를 내라고 명령한다. 그것은 영주의 세금 혹은 경제활동에 대한 세금이었다는 것을 알 수 있다.

는 것이 교회의 요구였다. 585년에 마콩에서 열린 두 번째 공의회[107]는 십일조의 납부를 명령하고 있으므로, 옛 시대에 십일조가 납부되었다는 것을 확실히 알려준다. 그러나 또한 그 시대에는 더 이상 십일조를 내지 않고 있었다는 것도 말해준다.

카롤루스 마그누스 이전에도 성서를 펼치고 〈레위기〉의 기부와 봉헌을 설교했으리라는 것을 누가 의심하겠는가? 그러나 내 말은 카롤루스 마그누스 전에는 십일조를 설교했을 수는 있어도 설정하지는 않았다는 것이다.

앞에서 말했듯이, 피피누스 왕 밑에서 만들어진 여러 규칙은 성직자의 재산을 봉토로 소유하고 있는 사람들에게 십일조 납부와 교회수리를 명령했다. 그 공정함에 대해 왈가왈부할 수 없는 법을 통해 국가의 주요 인물들에게 본을 보이도록 강제한 것은 대단한 일이었다.

카롤루스 마그누스는 그 이상을 했다. '빌리스'(de Villis)라는 법령[108]을 보면, 그는 자신의 토지에 대해서도 십일조를 납부하게 했다는 것을 알 수 있는데, 이것 또한 대단한 본보기였다.

그러나 하층민은 본보기를 보여주어도 자신의 이익을 포기할 수 없었다. 프랑크푸르트 종교회의[109]는 십일조를 내야 하는 더 긴급한 이유를 하층민에게 제시했다. 그 종교회의에서 만든 법령은 다음과 같이 말한다.

---

107 《고대 갈리아의 공의회(*Concilia antiquae Galliae*)》, 교회법 5, 시르몽 사제의 작품집 제1권.
108 제6항, 발뤼즈 간행본, 332쪽. 800년에 제시된 것이다.
109 794년 카롤루스 마그누스 치하에서 열렸다.

"얼마 전 기근 때 밀 이삭이 비어 있는 것이 발견되었는데, 그것은 악마들이 먹어 버렸기 때문이다. 그리고 십일조를 내지 않은 것을 비난하는 악마의 목소리가 들렸다."[110]

결과적으로 교회의 재산을 가진 모든 사람에게 십일조를 내라고 명령했고, 더 나아가 모든 사람에게 십일조 납부를 명령한 것이다.

카롤루스 마그누스의 계획은 처음에는 성공하지 못했다. 너무 과중한 부담으로 보였던 것이다.[111] 유대인의 십일조 납부는 그들의 국가 건설 계획에 들어 있었지만, 여기서는 십일조 납부가 군주국 성립을 위한 부담금과 관계없는 것이었다. 롬바르드족의 법에 첨부된 규정[112]은 시민법에 의해 십일조를 받게 하기가 어렵다는 것을 잘 보여준다. 공의회의 여러 법령을 보면, 교회법에 의해 십일조를 받게 하는 것도 어려웠다는 것을 가늠할 수 있다.

마침내 사람들은 십일조를 되찾을 수 있다는 조건으로 그것을 납부하는 데 동의했다. 유순왕 루도비쿠스의 법령[113]과 그의 아들 로타리

---

110 Experimento enim didicimus in anno quo illa valida fames irrepsit, ebullire vacuas annonas a dæmonibus devoratas, et voces exprobationis auditas, etc. (우리는 심한 기근이 만연했던 그해에 악마가 많은 농작물을 먹어 치워 쓸모없게 만들었고 비난의 목소리가 들렸다는 것을 알게 되었다). 발뤼즈 간행본, 267쪽, 제23항.

111 특히 발뤼즈 간행본 663쪽의 유순왕 루도비쿠스의 829년 법령을 참조할 것. 이 법령은 십일조를 내지 않을 목적으로 땅을 경작하지 않은 사람들에 대한 것이다. 그리고 제5항도 참조할 것. Nonis quidem et decimis, unde et genitor noster et nos frequenter in diversis placitis admonitionem fecimus(우리의 아버지와 우리들 자신은 9분의 1 혹은 10분의 1에 대해 다양한 이유로 자주 책망했다).

112 특히 로타리우스 법 제3편, 제3조, 제6장.

우스 황제의 법령114은 그것을 허락하지 않았다.

십일조 설정에 대한 카롤루스 마그누스의 법은 필요의 산물이었다. 거기에는 종교만 관여했고, 미신은 전혀 관여하지 않았다.

카롤루스 마그누스가 십일조를 네 부분, 즉 교회 재산을 위한 것, 빈민을 위한 것, 주교를 위한 것, 성직자를 위한 것으로 나눈 유명한 분류115는 교회가 잃어버린 고정적이고 영속적인 지위를 교회에 부여하고 싶어 했다는 것을 잘 나타낸다.

그의 유언116을 보면, 그가 조부인 카롤루스 마르텔루스가 행한 폐해를 완전히 보상하고 싶어 했다는 것을 알 수 있다. 그는 자신의 동산을 3등분하고, 자기 제국의 21개 대주교 주재 도시를 위해서 그중 두 부분을 21개로 나누도록 했다. 이 21개의 각 부분은 대주교 주재 도시와 거기에 속한 주교구들 사이에 세분되어야 했다. 그리고 남은 3분의 1은 네 부분으로 나누어서, 하나는 자식들과 손자들에게 주고 다른 하나는 이미 나누어 준 3분의 2에 첨부시켰다. 그리고 나머지 두 부분은 자선사업에 사용되었다. 그는 교회에 한 이 막대한 증여를 종교적 행위라기보다는 정치적 분배로 여겼던 것 같다.

---

113 829년의 법령, 제7항, 발뤼즈 간행본, 제1권, 663쪽.
114 롬바르드족의 법, 제3편, 제3조, 제8항.
115 위의 책, 제4항.
116 그것은 에인하르두스가 인용한 일종의 유언 변경 증서로서, 골다스트(Melchior Goldast, 1578~1635, 스위스의 문헌학자이자 역사가이며 법학자_옮긴이 주)와 발뤼즈의 저서에서 볼 수 있는 유언 자체와는 다르다.

제13장 : 주교직과 수도원장직 선출권

교회가 가난해지자, 왕은 주교직과 그 밖의 녹봉이 따르는 성직에 대한 선출권을 포기했다. 117 군주들은 성직자를 임명하는 것에 신경을 덜 쓰게 되었고, 지원자들도 그들의 권위에 간청하는 일이 적어졌다. 그러므로 교회는 빼앗긴 재산에 대한 일종의 보상을 받은 셈이다.

유순왕 루도비쿠스가 로마 민족에게 교황 선출권을 넘겨준 것은 그 시대의 일반적인 정신의 결과였다. 118 로마의 주교좌(主教座)에 대해서도 다른 주교좌들에 대한 것과 똑같이 처리한 것이기 때문이다.

제14장 : 카롤루스 마르텔루스의 봉토

카롤루스 마르텔루스가 교회 재산을 봉토로 줄 때 그것을 종신으로 주었는지 아니면 영구적으로 주었는지는 알 수 없다. 내가 아는 것은 단지 카롤루스 마그누스 시대119와 로타리우스 1세 시대120에는 그런 종류의 재산이 상속자들에게 넘어가서 그들 사이에 분배되었다는 것이다. 또 일부는 자유 소유지로 주어졌고121 일부는 봉토로 주어졌다

---

117 803년의 카롤루스 마그누스 법령 제2항, 발뤼즈 간행본, 379쪽 참조. 골다스트, 《제국의 법률(*Constitutions impériales*)》, 제1권, 834년의 유순왕 루도비쿠스 칙령 참조.

118 이것은 유명한 교회법령 Ego Ludovicus에 언급되어 있는데, 명백한 가정이다. 발뤼즈 간행본, 591쪽, 817년에 관한 것에서 볼 수 있다.

119 발뤼즈 간행본 제1권 360쪽의 801년 법령 제17항에 의하면 그렇게 나타난다.

120 롬바르드족의 법 제3편 제1조 제44항에 삽입된 그의 법령 참조.

는 것도 알고 있다.

앞에서 말했듯이, 자유 소유지의 소유주도 봉토의 소유자와 마찬가지로 군복무를 해야 했다. 카롤루스 마르텔루스가 봉토뿐만 아니라 자유 소유지로도 주었던 것은 아마도 어느 정도는 그 때문이었을 것이다.

제15장 : 같은 제목 계속

봉토가 교회 재산으로 바뀌고 교회 재산이 봉토로 바뀌었으므로, 봉토와 교회 재산은 서로 뭔가 상대편의 성질을 띠게 되었다는 것을 주목해야 한다. 그리하여 교회 재산은 봉토의 특권을 갖고 봉토는 교회 재산의 특권을 갖게 되었다. 이 시대에 생겨난, 교회에서의 '명예권'이 바로 그런 것이다.[122] 그리고 이 권리는 오늘날 봉토라고 불리는 것에 결부되기보다는 오히려 상급 재판권에 항상 결부되어 있었으므로, 세습적 재판권은 이 권리와 같은 시대에 확립되었다는 결론에 이르게 된다.

---

121 위의 법령과 대머리왕 카롤루스의 846년 법령 제20장 in villa Sparnaco, 발뤼즈 간행본 제2권 31쪽 참조. 수아송 종교회의의 853년 법령 제3장과 제5장, 발뤼즈 간행본, 제2권, 54쪽. 854년의 법령 apud Attiniacum, 제10장, 발뤼즈 간행본, 제2권, 70쪽. 연대 미상의 카롤루스 마그누스의 첫 법령, 제49항과 제56항, 발뤼즈 간행본, 제1권, 519쪽도 참조할 것.

122 《법령집》, 제5편, 제44항 참조. 866년의 피스트 칙령 제8항과 제9항 참조. 이 칙령에서는 오늘날과 같은 식으로 확립된 영주의 명예권을 볼 수 있다.

제16장 : 왕권과 궁재권의 혼합, 제2왕조

주제의 순서를 따르다 보니, 시간의 순서가 뒤죽박죽되었다. 그래서 피피누스 왕 치하에 왕관이 카롤링 왕조로 넘어간 그 유명한 시기에 대해 말하기 전에 카롤루스 마그누스에 대해 먼저 이야기했다. 그것은 평범한 사건과 달리, 그 사건이 일어난 당시보다 어쩌면 오늘날 더 주목받는 사건일 것이다.

왕에게는 권위는 없었지만, 가문의 이름은 있었다. 왕의 자격은 세습되었고, 궁재의 자격은 선출되었다. 말기에 이르러 궁재는 메로빙 가문에서 원하는 사람을 왕좌에 앉히긴 했어도, 다른 가문에서 왕을 택하지는 않았다. 일정한 가문에 왕관을 부여하는 옛 법이 프랑크족의 마음에서 지워지지 않았던 것이다. 군주국에서 왕의 일신은 거의 알려지지 않았지만, 왕권은 그렇지 않았다. 카롤루스 마르텔루스의 아들 피피누스는 그 두 자격을 혼합하는 것이 적합하다고 생각했다. 이 혼합은 새로운 왕권이 세습되느냐 아니냐 하는 문제를 여전히 불확실한 상태로 남겨두지만, 왕권에 커다란 권력을 결합한 사람에게는 그것만으로도 충분했다.

그리하여 그때 궁재의 권위는 왕의 권위와 결합되었다. 이 두 권위의 혼합에서 일종의 절충이 이루어졌다. 궁재는 선출되고 왕은 세습되는 것이었는데, 제2왕조 초기의 왕위는 인민이 뽑으므로 선출되는 것이었고, 또한 언제나 같은 집안에서 뽑으므로 세습되었다. 123

---

123 카롤루스 마그누스의 유언을 참조할 것. 키에르지(프랑스 북부에 위치한 지역_

모든 사료가 보증하고 있는데도, 124 르 쿠엥트 신부(29)는 교황이 이 커다란 변화를 허가했다는 사실을 부인한다. 125 그가 내세우는 이유 중의 하나는 교황이 부정한 일을 한 것이 되기 때문이라는 것이다. 사람이 한 일을 그가 마땅히 해야 할 일로 판단하는 역사가를 보게 되다니, 참으로 놀랍다! 그런 식으로 추론한다면, 더 이상 역사는 없을 것이다.

어찌 되었든, 피피누스 공작이 승리한 순간부터 그의 가문이 군림했고 메로빙 가문은 더 이상 군림하지 못했다는 것은 분명하다. 그의 손자 피피누스가 왕관을 썼을 때, 그것은 의식이 하나 더 늘어나고 허깨비가 하나 줄어든 것일 뿐이었다. 그것으로 그가 얻은 것은 왕의 장식품밖에 없었고, 국민에게 변화된 것은 아무것도 없었다.

나는 대변혁의 순간을 정확히 하고자 이 말을 한 것이다. 대변혁의 결과에 불과한 것을 대변혁이라고 여기면서 오류에 빠지지 않도록 말이다.

위그 카페가 제3왕조 초에 왕관을 썼을 때는 더 큰 변화가 있었다.

옮긴이 주) 에서 열린 국가 회의에서 유순왕 루도비쿠스가 자식들에게 해준 분배도 참조할 것, 이것은 골다스트가 인용해 놓았다. Quem populus eligere velit, ut patri suo succedat in regni hæreditate(왕족의 상속에서 아버지를 계승하도록 인민이 선택하고자 하는 사람).

124 익명의 연대기, 752년에 관한 것. 《생리키에 수도원의 연대기》, 754년에 관한 것.

125 Fabella quæ post Pippini mortem excogitata est, æquitati ac sanctitati Zachariæ papæ plurimum adversatur … (이 이야기는 피피누스 사후에 만들어진 것으로, 자카리아 교황의 공정함과 존엄함에 매우 상반되는 것이다). 《프랑크족의 교회 연대기》, 제2권, 319쪽.

국가가 무정부상태에서 어떤 정체로 이행되었기 때문이다. 그러나 피피누스가 왕관을 썼을 때는 한 정체에서 똑같은 정체로 옮겨 갔을 뿐이다.

피피누스가 왕위에 올랐을 때는 이름만 바뀌었을 뿐이다. 그러나 위그 카페가 왕위에 올랐을 때는 상황이 바뀌었다. 왕위와 결합한 커다란 봉토가 무질서를 종식시켰기 때문이다. 피피누스가 왕위에 올랐을 때는 왕의 칭호가 최고위 관직과 결합했고, 위그 카페가 왕위에 올랐을 때는 왕의 칭호가 가장 큰 봉토와 결합했다.

제 17장 : 제 2왕조 국왕 선출의 특수한 사정

피피누스의 대관식 서식을 보면, 126 카롤루스와 카를로마누스(30)도 성유를 바르고 축성을 받았다는 것, 프랑스 영주들이 다른 가문의 군주는 절대 선출하지 않겠다고 약속했다는 것, 127 이를 어기면 정직과 파문의 벌을 받는다는 것이 기록되어 있다.

카롤루스 마그누스와 유순왕 루도비쿠스의 유언에 의하면, 프랑크족은 왕의 자식들 중에서 선택을 한 것 같다. 이것은 위의 조항과 아주 잘 부합된다. 그리고 지배권이 카롤루스 마그누스 집안에서 다른 집안으로 옮겨졌을 때, 제한적이고 조건부였던 선택권이 단순하고

---

126 베네딕트파 수도사들의 《프랑스의 역사가들》, 제 5권, 9쪽.

127 Ut nunquam de alterius lumbis regem in ævo præsumant eligere, sed ex ipsorum(그들은 다른 가문에서는 절대로 왕을 선출하지 않는 것으로 상정한다). 위의 책, 10쪽.

간단해졌다. 그리하여 사람들은 옛 제도에서 멀어졌다.

피피누스는 죽을 때가 가까워진 것을 느끼자 종교적 영주들과 세속적 영주들을 생드니에 소집하여128 자신의 두 아들 카롤루스와 카를로마누스에게 왕국을 나누어 주었다. 우리에게는 그 회의의 기록이 없다. 그러나 카니시우스(31)가 출판한 옛 역사 전집129의 저자와 발뤼즈가 지적한 것처럼130 메츠의 《연대기》 저자를 통해서 그 회의에서 무슨 일이 일어났는지 알 수 있다. 거기에서는 어떻게 보면 서로 반대되는 두 가지가 발견된다. 즉, 피피누스는 귀족의 동의를 얻어 분배했고, 그런 다음 부권에 의해 분배한 것이다. 그것은 내가 말한 것, 즉 이 왕조에서 인민의 권리는 왕가에서 선출하는 것이었다는 사실을 증명한다. 정확히 말해서 그것은 선출하는 권리라기보다는 배제하는 권리였다.

이런 종류의 선출권은 제2왕조의 여러 사료에 의해 확인된다. 카롤루스 마그누스가 세 아들에게 제국을 나누어 준 법령이 바로 그런 것이다. 그 법령에서 그는 분배를 마친 후, "만약 세 형제 중 한 명에게 아들이 있고 그 아들이 아버지의 왕국을 계승하도록 인민에게 선출된다면, 삼촌들은 동의해야 한다"라고 말한다. 131

837년에 엑스라샤펠 회의에서 유순왕 루도비쿠스가 그의 세 아들, 피피누스, (32) 루도비쿠스, 카롤루스에게 해준 분배에서도 똑같은 규

---

128 768년.
129 《고대의 독서(*Antiquae Lectiones*)》, 제2권.
130 《법령집》, 제1권, 188쪽.
131 806년의 법령 1, 발뤼즈 간행본, 439쪽, 제5항.

정이 발견되고, 132 또 같은 황제가 20년 전에 로타리우스, 피피누스, 루도비쿠스 사이에 해준 또 다른 분배에서도 발견된다. 133 그리고 말더듬이왕 루이가 즉위했을 때, 콩피에뉴에서 한 서약도 볼 수 있다.

"신의 자비와 인민의 선출에 의해 왕으로 지정된 나 루이는 서약한다 … ."134

내가 하는 말은 보종의 아들 루이를 아를 왕국(33)의 왕으로 선출하기 위해 890년에 열린 발랑스 공의회의 기록에서도 확인된다. 135 거기서 루이가 선출되었다. 그가 황제의 가문에 속한다는 것, 136 비만왕 카롤루스(34)가 그에게 왕의 지위를 주었다는 것, 아르눌프 황제(35)가 왕홀과 사절들을 보내어 그에게 권한을 부여했다는 것이 그가 선출된 주된 이유로 제시되었다. 아를 왕국은 카롤루스 마그누스 제국에서 분할되거나 카롤루스 마그누스 제국에 종속된 다른 왕국들과 마찬가지로 선거제인 동시에 세습제였다.

---

132 골다스트, 《제국의 법률》, 제 2권, 19쪽.

133 발뤼즈 간행본, 574쪽, 제 14항. Si vero aliquis illorum decedens, legitimos filios reliquerit, non inter eos potestas ipsa dividatur ; sed potius populus, pariter conveniens, unum ex eis, quem Dominus voluerit, eligat ; et hunc senior frater in loco fratris et filii suscipiat(만약 그들 중 한 명이 죽을 때 합법적인 자식들이 있으면, 자식들에게 권력을 나누어 주어서는 안 된다. 그보다는 인민이 함께 모여서 군주가 바라는 사람을 선택해야 한다. 맏형은 형으로서, 또 아들로서 선택된 사람을 지지해야 한다).

134 877년의 법령, 발뤼즈 간행본, 272쪽.

135 뒤몽(Jean Dumont, 1667~1727, 프랑스 사료 편찬관_옮긴이 주), 《외교 문서집(Corps diplomatique)》, 제 1권, 제36항.

136 모계 쪽으로.

제 18장 : 카롤루스 마그누스

카롤루스 마그누스는 귀족의 권력을 그 한계 안에 묶어 두고, 성직자와 자유인을 억압하지 못하게 하고자 했다. 그는 국가의 여러 계급을 잘 조절하여 그 계급들이 균형을 이루었고, 그는 계속 지배자로 남았다. 그의 타고난 능력에 의해 모든 것이 결합되었다. 그는 귀족을 이 원정에서 저 원정으로 끌고 다녔다. 그래서 귀족에게 계획을 세울 틈을 주지 않았고, 모든 귀족이 그의 계획을 따르는 데만 전념하게 만들었다. 제국은 지도자의 위대함에 의해 유지되었다. 그는 군주로서 위대했고, 인간으로서는 더욱 위대했다. 그의 자식들인 여러 왕은 그의 제 1 신하로서, 그의 권력의 도구이자 복종의 모범이었다.

그는 감탄할 만한 여러 규칙을 만들었고, 더 나아가 그것을 집행시켰다. 그의 타고난 능력은 제국의 모든 부분으로 퍼져 나갔다. 이 군주의 법에서는 모든 것을 이해하는 선견지명의 정신과 모든 것을 이끄는 어떤 힘을 볼 수 있다. 의무를 피하려는 핑계는 제거되었고,[137] 게으름은 질책당했으며 악습은 개혁되거나 예방되었다. 그는 처벌할 줄 알았고, 그보다 더 많이 용서할 줄 알았다.

그의 계획은 방대했고, 실행은 단순했다. 가장 위대한 일을 쉽게, 어려운 일을 신속하게 처리하는 것에 있어서 그보다 더 고도의 기술을 가진 사람은 아무도 없었다. 그는 끊임없이 방대한 제국을 돌아다니

---

137 811년의 법령 3, 486쪽, 제 1항~제 8항. 812년의 법령 1, 490쪽, 제 1항. 같은 해의 법령, 494쪽, 제 9항과 제 11항. 그 밖의 여러 법령.

며 가는 곳마다 관여했다. 온 사방에서 사건이 다시 일어났고, 그는 온 사방에서 그 사건을 해결했다. 그보다 더 위험에 용감히 맞설 줄 아는 군주는 없었고, 그보다 더 위험을 잘 피할 줄 아는 군주도 없었다. 그는 모든 위험, 특히 위대한 정복자들이 거의 언제나 겪는 위험, 즉 음모를 대수롭지 않게 여겼다. 이 비범한 군주는 대단히 온건했다. 성격은 온화했고, 태도에는 꾸밈이 없었다. 그는 궁정 사람들과 함께 사는 것을 좋아했다. 어쩌면 여자에 대한 쾌락을 지나치게 탐닉했을지는 모르지만, 언제나 직접 통치하고 일에 파묻혀 평생을 보낸 군주에게는 더 많은 변명을 할 자격이 있으리라. 그는 지출에 대해 훌륭한 규칙을 세웠다. 즉, 자신의 소유지를 지혜롭게, 주의 깊게, 경제적으로 활용했다. 한 집안의 가장은 그의 법에서 집안을 다스리는 법을 배울 수 있을 것이다.138 그의 《법령집》에서는 그가 부를 끌어 낸 순수하고 신성한 원천을 볼 수 있다. 이제 한마디만 덧붙이겠다. 그는 자기 소유지의 가금(家禽) 사육장에서 나오는 알과 정원의 불필요한 풀을 팔라고 명령했다.139 롬바르드족의 모든 재산과 세계를 약탈한 훈족의 막대한 보물을 사람들에게 나누어 주었던 그가 말이다.

---

138 800년의 법령 'de Villis', 813년의 그의 법령 2 제 6항과 제 19항, 《법령집》 제 5 편 제 303항 참조.
139 법령 'de Villis', 제 39항. 신중함, 훌륭한 관리, 절약에 대해 완벽한 경지를 보여 주는 그 법령 전체를 참조할 것.

제 19장 : 같은 주제 계속

카롤루스 마그누스와 그의 초기 계승자들은 멀리 떨어진 장소에 임명되는 사람들이 모반을 일으킬까 봐 두려웠다. 그들은 성직자들이 더 고분고분하다고 생각했다. 그래서 그들은 독일에 많은 주교구를 설치하고140 거기에 큰 봉토를 결부시켰다. 몇몇 증서에 의하면, 이 봉토의 특권을 포함하고 있는 조항은 그런 양도 증서에 흔히 있는 조항과 다르지 않았던 것으로 보인다. 141 비록 오늘날 독일의 주요 성직자들에게 최고 권력이 부여된 것을 볼 수 있지만 말이다.

어찌 되었든, 그것은 작센족에 맞서 앞으로 내민 장기의 말과 같은 것이었다. 그들은 근위무사의 무관심이나 게으름에서 기대할 수 없는 것을 주교의 열성과 활동적인 주의력에서 기대해야 한다고 생각한 것이다. 그뿐만 아니라 그런 봉신은 군주에게 반역하기 위해 피정복 민족을 이용하기는커녕 피정복 민족으로부터 자신을 지키기 위해 군주를 필요로 할 것이다.

---

140 특히 789년의 법령, 발뤼즈 간행본, 245쪽에서 브레멘 대주교 교구 설립을 참조할 것.
141 예를 들어 왕의 재판관이 '프레다'(freda)와 그 밖의 다른 세금을 요구하기 위해 관할구에 들어가는 것을 금지한 것. 이에 대해서는 전편에서 많이 이야기했다.

제 20장 : 유순왕 루도비쿠스

이집트에 간 아우구스투스는 알렉산드로스의 무덤을 열게 했다. 사람들이 그에게 프톨레마이오스 왕조의 무덤을 열기를 원하는지 물었다. 그는 왕을 만나고 싶은 것이지 죽은 자들을 보고 싶은 것이 아니라고 말했다. 이와 마찬가지로 사람들은 제 2왕조의 역사에서 피피누스와 카롤루스 마그누스를 찾는다. 죽은 자들이 아니라 왕을 보고 싶은 것이다.

정념의 노리개가 되어 자신의 덕성에까지 속은 군주, 자신의 힘도 나약함도 결코 알지 못한 군주, 두려움도 사랑도 받지 못했던 군주, 마음속에는 아주 작은 악덕이 있고 머릿속에는 온갖 종류의 결점을 가지고 있던 군주, 그런 군주가 카롤루스 마그누스가 쥐고 있던 제국의 고삐를 잡게 되었다.

부친의 죽음에 대해 온 세계가 눈물에 젖어 있을 때, 모든 사람이 카롤루스 마그누스를 찾으면서 이제 다시 볼 수 없다는 사실에 경악하고 있던 그 순간에, 그가 부친의 자리에 오르기 위해 발걸음을 재촉하던 그때, 그는 누이들의 방탕한 행동에 일조한 사람들을 체포하기 위해 심복 부하들을 앞질러 보냈다. 그것은 피비린내 나는 비극을 초래했다. [142] 참으로 성급하고 경솔한 행동이었다. 그는 궁정에 도착하기도 전에 집안의 죄악을 복수하기 시작했고, 지배자가 되기도 전에 사람들의 마음에 반항심을 불러일으키기 시작한 것이다.

---

[142] 작자 미상의 《유순왕 루도비쿠스의 생애》, 뒤셴의 모음집, 제 2권, 295쪽.

그는 자비를 구하러 온 그의 조카이자 이탈리아 왕인 베르나르두스(36)의 두 눈을 도려내게 하여, 결국 베르나르두스는 며칠 후에 죽고 말았다. 이로 인해 적이 증가하자, 그는 이를 두려워하여 자기 형제들을 수도원으로 보내기로 결정했다. 이것은 더 많은 적을 만들어냈다. 이 두 가지 일로 인해 그는 많은 비난을 받았다. 143 그가 즉위식 날 아버지에게 한 엄숙한 선서와 약속을 어겼다는 비난이었다. 144

자식을 셋 낳은 에르멘가르드 황후(37)가 죽은 후, 그는 유디트(38)와 결혼하여 아들을 하나 얻었다. 그리고 곧 늙은 남편의 호의와 늙은 왕의 모든 나약함을 혼합하여 집안을 혼란에 빠뜨렸고, 이는 군주국의 몰락을 가져왔다.

그는 자식들에게 해준 분배를 끊임없이 바꾸었다. 그렇지만 그 분배는 그 자신의 서약, 자식들의 서약, 영주들의 서약에 의해 잇달아 확인된 것이었다. 그것은 마치 신하들의 충성심을 시험해 보려는 것 같았고, 복종을 혼란스럽고 불안하고 모호하게 만들려고 애쓰는 것이나 마찬가지였고, 군주들의 다양한 권리를 혼동하는 것이었다. 특히 성채(城砦)가 별로 없고 주고받은 서약이 권위의 첫 보루(堡壘)였던 그 시대에 말이다.

황제의 자식들은 자신이 분배받은 몫을 지키기 위해 성직자에게 간청하고 전대미문의 권력을 주었다. 그 권력은 허울 좋은 것이었으나,

---

143 뒤셴의 모음집 제 2권 333쪽의 그의 폐위 조서 참조.
144 그는 부친에게 형제자매와 조카들에게 무한한 관용(*indeficientem misericordiam*)을 베풀라는 명령을 받았다. 테간베르투스, 뒤셴의 모음집, 제2권, 276쪽.

원하는 것을 성직자가 허락하게 하는 담보가 되었다. 아고바르두스는 유순왕 루도비쿠스에게 로타리우스를 로마로 보낸 것은 그를 황제로 선언하게 하기 위해서였다는 것, 그리고 사흘간의 단식과 기도를 통해 하느님께 문의한 후 자식들에게 분배했다는 것을 지적했다. **145** 미신을 믿는 군주가 미신 자체로 공격받고 무엇을 할 수 있었겠는가? 이 군주의 투옥과 공개적인 회개를 통해 최고 권력이 두 번이나 어떤 타격을 입었는지 잘 알 수 있다. 사람들은 왕을 파면하려고 했는데, 왕권이 실추된 것이다.

여러 가지 장점이 있고 지혜도 없지 않았으며 천성적으로 선(善)을 사랑했던 군주, 무엇보다 카롤루스 마그누스의 아들인 한 군주가 어떻게 그토록 많은 적을, **146** 그토록 난폭하고 그토록 화해하기 어렵고 그토록 열심히 그를 상처 입히고 그토록 무례하게 그를 모욕하고 그토록 단호하게 그를 파괴하려는 적을 가질 수 있었는지 처음에는 잘 이해되지 않는다. 근본적으로 그의 적들보다 더 성실했던 그의 자식들이 계획대로 의견의 일치를 이룰 수 있었더라면, 그의 적들은 그를 두 번이나 완전히 멸망시켰을 것이다.

---

145 그의 편지들 참조.

146 뒤셴의 모음집 제2권 331쪽의 그의 폐위 조서 참조. 테간베르투스가 쓴 그의 전기도 참조할 것. 뒤셴의 모음집 제2권 307쪽에서 미상의 저자는 "Tanto enim odio laborabat, ut tæderet eos vita ipsius"(그는 너무도 많은 증오에 억눌려 그에게는 삶 자체가 비통스러웠다)라고 말한다.

제 21장 : 같은 주제 계속

카롤루스 마그누스가 국민에게 각인시킨 힘은 유순왕 루도비쿠스 치하에서도 존속하여 국가의 위대함이 유지되고 외국의 존경을 받기에 충분했다. 군주는 나약한 정신을 지니고 있었으나, 국민은 호전적이었다. 내부에서는 권위가 쇠퇴하고 있었지만, 외부에서는 권력이 감소한 것으로 보이지 않았다.

카롤루스 마르텔루스, 피피누스, 카롤루스 마그누스가 차례로 군주국을 통치했다. 카롤루스 마르텔루스는 전사의 탐욕에 비위를 맞추었고, 나머지 두 사람은 성직자의 탐욕에 비위를 맞추었다. 유순왕 루도비쿠스는 양쪽 모두에게 불만을 샀다.

프랑스의 국가 조직에서는 왕과 귀족과 성직자가 국가의 전권을 쥐고 있었다. 카롤루스 마르텔루스, 피피누스, 카롤루스 마그누스는 때때로 이 두 집단 중 어느 한쪽의 이해관계와 결합하여 다른 한쪽을 견제하기도 했지만, 거의 언제나 두 집단 모두와 사이좋게 지냈다. 그러나 유순왕 루도비쿠스는 두 집단 모두와 사이가 멀어졌다. 그는 주교들이 원하는 것보다 더 앞서가려고 했기 때문에 그들에게 엄격해 보이는 여러 규칙으로 인해 그들의 반감을 샀다. 아주 좋은 법이어도 시의에 적절하지 못하게 만들어지는 것이 있는 법이다. 사라센과 작센족에 대한 전쟁에 나가는 데 익숙했던 그 시대의 주교들은 수도원 정신과 거리가 멀었다. **147** 한편 귀족에 대해 모든 종류의 신뢰를 잃

---

147 "그때 주교와 성직자는 황금 허리띠와 어깨끈, 보석이 주렁주렁 매달린 칼, 세련

어버린 그는 비천한 사람들을 등용했다. 148 그는 귀족에게서 관직을 빼앗고149 그들을 궁정에서 내쫓았으며 외국인들을 불러들였다. 이렇게 그는 두 집단과 갈라섰고, 그들로부터 버림받았다.

제 22장 : 같은 주제 계속

그러나 군주국을 특히 약화시킨 것은 이 군주가 영토를 탕진했기 때문이다. 150 여기서 우리가 아는 가장 분별 있는 역사가 중 한 명인 니타르두스(39)의 말을 들어 봐야 한다. 카롤루스 마그누스의 손자로서 유순왕 루도비쿠스의 편을 들려고 애썼고 대머리왕 카롤루스의 명령에 따라 역사를 쓴 니타르두스 말이다.

그는 "아달라르(40)라는 사람이 한동안 황제의 마음에 강한 영향력을 미쳐서, 이 군주는 모든 일을 그의 뜻에 따랐다. 이 총신의 선동에

된 취향의 의복, 화려한 장식이 발뒤꿈치를 짓누르는 박차를 버리기 시작했다. 그러나 인류의 적이 그런 신앙심을 인정하지 않자, 모든 수도회의 성직자들이 봉기하여 직접 전쟁에 나갔다." 작자 미상의 《유순왕 루도비쿠스의 생애》, 뒤셴의 모음집, 제 2권, 298쪽.

148 이런 일은 카롤루스 마그누스 치하에서는 매우 드물었고 루도비쿠스 치하에서는 일반적이었다고 테간베르투스는 말한다.

149 그는 귀족 계급을 억제하기 위해 왕의 시종관(왕실 관리를 책무로 하는 고급 관리로, 지체 높은 귀족이나 사제가 임명되었다_옮긴이 주)으로 베나르(Bénard)라는 사람을 임명했는데, 이로 인해 귀족 계급의 절망은 극에 달했다.

150 Villas regias, quæ erant sui et avi et tritavi, fidelibus suis tradidit eas in possessiones sempiternas : fecit enim hoc diu tempore(그는 부친과 조부와 먼 선조들의 소유였던 왕실 토지를 충복들에게 영원한 소유재산으로 넘겨주었다. 그는 오랫동안 그렇게 했다). 테간베르투스, 《경건왕 루도비쿠스의 업적》.

그는 원하는 모든 사람에게 국고 재산을 주었고, 151 그로 인해 국가를 멸망시켰다"152라고 말한다. 이와 같이 황제는 아키텐에서 행했다고 내가 말한 바 있는 일153을 전 제국에 걸쳐 행한 것이다. 카롤루스 마그누스는 그것을 회복시켜 주었지만, 아무도 더 이상 회복시켜 주지 않았다.

국가는 카롤루스 마르텔루스가 궁재의 자리에 올랐을 때처럼 쇠약한 상태였다. 어떤 강권을 발동해도 이제 국가를 재건할 수 없어 보이는 상황이었다. 국가가 너무 가난해서 대머리왕 카롤루스 치하에서는 고위 관직이 유지되지 못했고, 154 돈을 내지 않으면 아무도 안전을 부여받지 못했다. 노르만족을 멸망시킬 수 있었을 때도, 사람들은 돈을 받고 그들을 놓아주었다. 155 힝크마루스(41)가 말더듬이왕 루이에게 한 첫 번째 충고는 국민집회에서 왕실 유지비를 요구하는 것이었다.

---

151 Hinc libertates, hinc publica in propriis usibus distribuere suasit(그는 자신의 추종자들 중 어떤 사람들에게는 자유를, 또 어떤 사람들에게는 공적 자금을 나누어 주도록 군주를 설득했다). 니타르두스, 제 4편, 끝부분.
152 Rempublicam penitus annullavit(그는 국가를 거의 파괴했다). 위의 책.
153 제 30편, 제 13장 참조.
154 힝크마루스, 말더듬이왕 루이에게 보낸 첫 번째 편지.
155 앙제의 생세르주 수도원 연대기 발췌본, 뒤셴 제 2권 401쪽 참조.

제 23장 : 같은 주제 계속

성직자들이 유순왕 루도비쿠스의 자식들을 보호해 준 것을 후회할 만한 문제가 생겼다. 앞에서 말했듯이, 유순왕 루도비쿠스는 수칙을 만들어 교회 재산을 세속인들에게 준 적이 결코 없었다.[156] 그러나 곧 이탈리아에서는 로타리우스가, 아키텐에서는 피피누스가 카롤루스 마그누스의 계획을 버리고 카롤루스 마르텔루스의 계획을 다시 취했다. 성직자들은 황제에게 그의 자식들 문제에 대해 도움을 청했다. 그러나 그들은 그들 자신이 약화시킨 권력에 호소한 것이다. 아키텐에서는 약간의 배려를 보였으나, 이탈리아에서는 복종하지 않았다.

유순왕 루도비쿠스의 삶을 괴롭힌 내란은 그가 죽은 뒤에도 이어지는 여러 내란의 씨앗이 되었다. 세 형제 로타리우스, 루도비쿠스, 카롤루스는 저마다 귀족을 자기편으로 끌어들여 신하로 삼으려고 애썼다. 그들은 수칙을 만들어 자신을 따르고자 하는 사람들에게 교회 재산을 주었다. 즉, 귀족을 얻기 위해, 성직자의 재산을 넘겨준 것이다.

《법령집》을 보면,[157] 이 군주들은 집요한 요구에 굴복할 수밖에 없었고 종종 주고 싶지 않은 것을 빼앗기기도 했다는 것을 알 수 있다.

---

156 845년 종교회의에서 주교들이 말한 것, apud Teudonis villam, 제 4항 참조.
157 845년 종교회의, apud Teudonis villam, 제 3항과 제 4항 참조. 이것은 당시의 상황을 아주 잘 묘사해 준다. 같은 해 베르네 궁전에서 열린 종교회의 제 12항, 역시 같은 해 보베 종교회의 제 3항과 제 4항과 제 6항, 846년의 법령 in villa Sparnaco 제 20항, 858년 랭스에 모인 주교들이 독일인 루도비쿠스에게 보낸 편지 제 8항도 참조할 것.

성직자들이 왕보다 귀족에게 더 억압당한다고 생각했다는 것도 알 수 있다. 그리고 대머리왕 카롤루스는 성직자들이 자신들의 이익을 위해 부친을 폐위시켰던 것 때문에 성직자에게 누구보다 화가 많이 나서였는지 아니면 가장 소심해서였는지 성직자의 재산을 가장 많이 공격한 것으로 나타난다.[158] 아무튼 《법령집》에서는 재산을 요구하는 성직자와 재산 반환을 거부하고 회피하고 미루는 귀족 계급 사이의 끊임없는 분쟁, 그리고 그 둘 사이에 낀 왕의 모습을 볼 수 있다.[159]

그 시대의 상황을 보면 참으로 딱한 광경이다. 유순왕 루도비쿠스가 자신의 소유지를 교회에 엄청나게 기부하는 동안, 그의 자식들은 성직자의 재산을 세속인에게 나누어 주고 있었다. 종종 새로운 수도원을 건설한 사람이 옛 수도원을 약탈하기도 했다. 성직자의 상태는 안정되지 못했다. 빼앗겼다가 되찾곤 했다. 그러나 왕권은 계속 몰락

---

158 846년의 법령 in villa Sparnaco 참조. 귀족 계급은 주교에 대한 왕의 반감을 자극했고, 그로 인해 왕은 주교들을 회의에서 쫓아냈다. 그리고 종교회의에서 제정된 몇 가지 교회법령을 선택하여 그것만 지킬 것이라고 주교들에게 선포했다. 주교들에게는 거부하는 것이 허락되지 않았다. 제20항, 제21항, 제22항 참조. 858년에 모인 주교들이 독일인 루도비쿠스에게 쓴 편지 제8항, 864년의 피스트 칙령 제5항도 참조.

159 846년의 똑같은 법령 in villa Sparnaco 참조. 847년에 열린 회의의 법령 apud Marsnam 제4항도 참조. 이 법령에서는 성직자가 유순왕 루도비쿠스 치하에서 누렸던 모든 것을 다시 소유하게 해 달라고 요구하는 것으로 그친다. 귀족과 성직자가 소유권을 유지하는 851년의 법령 apud Marsnam 제6항과 제7항, 그토록 많은 법이 만들어진 후에도 폐해가 고쳐지지 않은 것에 대해 주교들이 왕에게 건의하는 856년의 법령 apud Bonoilum 참조. 그리고 마지막으로 858년에 랭스에 모인 주교들이 독일인 루도비쿠스에게 쓴 편지 제8항 참조.

하고 있었다.

대머리왕 카롤루스의 치세 말기와 그 이후로는 교회 재산 복원에 대한 성직자와 세속인의 분쟁은 더 이상 문제가 되지 않았다. 주교들은 856년의 법령에서 볼 수 있듯이 대머리왕 카롤루스에게 건의했고, 858년에는 독일인 루도비쿠스에게 쓴 편지160에서 탄식을 쏟아 놓았다. 그러나 그들이 여러 제안을 하고 약속을 요구해도 너무 많이 회피당했으므로, 그들에게는 이제 원하는 것을 손에 넣으리라는 희망이 없어 보였다.

이제 문제는 교회와 국가 안에서 저질러진 잘못을 전체적으로 바로잡는 것뿐이었다. 161 왕은 근위무사에게서 그들의 자유인을 빼앗지 않겠다는 것과 앞으로 수칙을 통해 교회 재산을 주지 않겠다고 약속했다. 162 그리하여 성직자와 귀족의 이해관계가 일치하는 듯 보였다.

앞에서 말했듯이, 노르만족의 끔찍한 약탈은 이런 분쟁을 끝내는데 크게 기여했다.

이미 말한 이유와 앞으로 말할 이유로 인해 나날이 권위를 잃게 된왕은 성직자에게 의존하는 수밖에 다른 해결책이 없다고 생각했다. 그러나 이미 성직자는 왕을 약화시켰고, 왕은 성직자를 약화시킨 터였다.

---

160 제8항.
161 851년의 법령, 제6항과 제7항 참조.
162 수아송의 종교회의에서 대머리왕 카롤루스는 이제 교회 재산에 대한 수칙을 주지 않기로 주교에게 약속했다고 말한다. 853년의 법령 제11항, 발뤼즈 간행본, 제2권, 56쪽.

대머리왕 카롤루스와 그의 계승자들은 국가를 유지하고 국가의 몰락을 막기 위해 성직자에게 도움을 청했으나 헛일이었다. 163 그들은 자신들이 마땅히 받아야 할 존경을 유지하기 위해 사람들이 성직자 집단에 대해 가지고 있는 존경을 이용했으나 헛일이었다. 164 교회법령의 권위에 의해 그들의 법에 권위를 주려고 노력했으나 헛일이었다. 165 시민적 형벌에 교회의 형벌을 결부시켰으나 헛일이었다. 166 백작의 권위와 균형을 이루기 위해 각 주교에게 주(州)에 파견하는

---

163 니타르두스 제4편에서, 로타리우스가 도주한 후에 루도비쿠스 왕과 카롤루스 왕이 로타리우스가 버리고 간 왕국을 나누어 가질 수 있는지 알기 위해 주교들에게 어떻게 문의하는지 참조할 것. 사실 주교들은 근위무사들보다 더 결속력 있는 집단을 그들끼리 이루고 있었으므로, 주교들의 결정을 통해 군주들에게 권리를 보장하기가 적절하다고 여겨졌다. 그리고 주교들은 다른 모든 영주에게 그들을 따르라고 촉구할 수 있을 터였다.

164 859년의 대머리왕 카롤루스의 법령, apud Saponarias, 제3항 참조. "내가 상스의 대주교로 만들어준 베닐론이 나를 축성해주었다. 그러니 아무도 나를 왕국에서 쫓아내지 못하리라." "saltem sine audientia et judicio episcoporum, quorum ministerio in regem sum consecratus, et qui throni Dei sunt dicti, in quibus Deus sedet, et per quos sua decernit judicia ; quorum paternis correctionibus et castigatoriis judiciis me subdere fui paratus, et in præsenti sum subditus(적어도 나를 왕으로 축성한 임무를 수행한 주교들을 만나 그들로부터 해명을 듣는 기회 없이는 말이다. 그들은 하느님이 앉아 계시는 하느님의 권좌라 불리고, 하느님의 심판은 그들을 통해 드러나기 때문이다. 나는 예전에도 그랬고, 지금도 그들이 아버지 같은 마음으로 해주는 교정과 사법적인 징계에 복종할 준비가 되어 있다)."

165 857년 대머리왕 카롤루스의 법령, de Carisiaco, 발뤼즈 간행본, 제2권, 88쪽, 제1항~제4항과 제7항.

166 862년의 피스트 종교회의 제4항, 883년의 카를로만과 루이 2세의 법령 apud Vernis Palatium 제4항과 제5항 참조.

왕의 특사 자격을 주었지만 헛일이었다. 167 성직자가 행한 해악을 바로잡는 것은 성직자에게는 불가능한 일이었다. 그리고 이제 곧 내가 말하려는 불가사의한 불행으로 인해 왕권은 땅에 떨어지게 되었다.

제24장 : 자유인이 봉토를 소유할 수 있게 되었다

이미 말했듯이, 자유인은 자신의 백작 밑에서, 그리고 봉신은 자신의 영주 밑에서 전쟁에 나갔다. 그래서 국가의 여러 계급은 서로 균형을 이루었다. 근위무사들이 자기 밑에 봉신을 두고 있어도, 백작이 그들을 제어할 수 있었다. 백작은 군주국의 모든 자유인을 지휘하고 있었기 때문이다.

처음에 이들 자유인은 봉토를 위해 자신을 의탁할 수 없었지만, 168 나중에는 그렇게 할 수 있게 되었다. 이런 변화는 곤트라누스 치세에서 카롤루스 마그누스 치세에 이르는 동안 이루어졌다. 그것은 곤트라누스와 킬데베르투스와 브루니킬디스 왕비 사이에 맺어진 앙들로 조약, 169 카롤루스 마그누스가 자식들에게 해준 분배, 그리고 유순왕 루도비쿠스가 해준 분배170를 비교해 보면 증명된다. 이 세 가지 문서는 봉신에 대해 거의 같은 규정을 포함한다. 그리고 거의 같은 상황

---

167 대머리왕 카롤루스 치하의 876년 법령, in synodo Pontigonensi, 발뤼즈 간행본, 제12항.
168 제30편 마지막 장 끝에서 내가 말한 것 참조.
169 587년의 조약. 투르의 그레고리우스, 제9편.
170 이 분배에 대해 상세하게 설명하는 다음 장과 그것이 언급된 각주를 참조할 것.

에서 똑같은 점을 규정하고 있으므로, 이 세 조약의 글자 그대로의 뜻과 거기에 담긴 정신은 그 점에 관해서는 거의 같다.

그러나 자유인에 관해서는 중대한 차이가 발견된다. 앙들로 조약에는 자유인이 봉토를 위해 자신을 의탁할 수 있다는 언급이 전혀 없다. 반면 카롤루스 마그누스와 유순왕 루도비쿠스의 분배에서는 자유인이 봉토를 위해 자신을 의탁할 수 있다는 명시적 조항이 발견된다. 이것은 앙들로 조약 이후 새로운 관행이 도입되었고 그 관행을 통해 자유인이 커다란 특권을 누릴 수 있게 되었다는 것을 보여준다.

틀림없이 그런 일은 카롤루스 마르텔루스가 교회 재산을 병사들에게 나누어 주면서 일부는 봉토로 주고 일부는 자유 소유지로 주었으므로 봉건법에 일종의 대변혁이 이루어졌을 때 일어났을 것이다. 이미 봉토를 가지고 있던 귀족은 새로운 증여를 자유 소유지로 받는 것이 더 유리하다고 생각했고, 자유인은 봉토로 받는 것을 훨씬 더 좋아했을 것이다.

제 25장 : 제 2왕조 쇠퇴의 주요 원인, 자유 소유지의 변화

앞 장에서 말한 분배에서, 171 카롤루스 마그누스는 그가 죽은 후 각 왕의 신하는 그 왕의 왕국 안에서 녹봉지를 받아야 하고 다른 왕의 왕국에서는 받을 수 없는 반면, 172 자유 소유지는 어떤 왕국에 있든 보존

---

171 806년의 카롤루스, 피피누스, 루도비쿠스 사이의 분배. 골다스트, 발뤼즈 제 1권 439쪽에 언급되어 있다.

할 수 있다고 규정했다. 그러나 그는 모든 자유인은 자신의 영주가 죽은 후 세 왕국 어디서나 봉토를 위해 자신을 의탁할 수 있고 영주를 가진 적 없는 자유인도 마찬가지라고 덧붙인다. 173 유순왕 루도비쿠스가 817년에 자식들에게 해준 분배에서도 똑같은 규정이 발견된다. 174

그러나 자유인이 봉토를 위해 자신을 의탁하더라도, 그것 때문에 백작의 군대가 약해지지는 않았다. 자유인은 여전히 자신의 자유 소유지에 대해 납세해야 했고 4개의 장원에 대해 한 명의 비율로 군대에 복무할 사람들을 준비하거나 자신을 대신해 봉토의 의무를 이행할 사람을 준비해야 했다. 이 점에 대해 몇 가지 악습이 생겨났지만, 상호 설명해 주는 카롤루스 마그누스의 법령175과 이탈리아 왕 피피누스의 법령176에 의해 나타나듯이 그런 악습은 교정되었다.

---

172 제 9항, 443쪽. 이것은 앙들로 조약에 일치한다. 투르의 그레고리우스, 제 9편.

173 제 10항. 이것은 앙들로 조약에서 언급되지 않았다.

174 발뤼즈 간행본, 제 1권, 174쪽. Licentiam habeat unusquisque liber homo qui seniorem non habuerit, cuicumque ex his tribus fratribus voluerit, se commendandi (영주를 가지고 있지 않은 자유인은 세 형제 중 자기가 원하는 사람에게 자신을 의탁할 수 있다), 제 9항. 같은 황제가 837년에 한 분배도 참조할 것, 발뤼즈 간행본, 제 6항, 686쪽.

175 811년의 법령, 발뤼즈 간행본, 제 1권, 486쪽, 제 7항과 제 8항. 812년의 법령, 위의 책, 490쪽, 제 1항. Ut omnis homo liber qui quatuor mansos vestitos de proprio suo, sive de alicujus beneficio, habet, ipse se præparet, et ipse in hostem pergat, sive cum seniore suo, etc. (자기 소유로 가지고 있든 아니면 다른 사람으로부터 받은 녹봉지로 가지고 있든 4개의 장원을 가지고 있는 모든 자유인은 스스로 군대에 가거나 영주와 함께 전장에 가야 한다). 807년의 법령, 발뤼즈 간행본, 제 1권, 458쪽도 참조.

176 롬바르드족의 법 제 3편 제 9조 제 9장에 삽입된 793년의 법령.

역사가들이 한 말, 즉 퐁트네 전투(42)가 군주국의 멸망을 초래했다는 것은 사실이다. 그날의 불행한 결과를 잠시 살펴보는 것을 허락해 주기 바란다.

이 전투 얼마 후에 세 형제 로타리우스, 루도비쿠스, 카롤루스는 조약을 맺었는데, 거기에는 프랑스인의 정체를 완전히 바꾸어 놓는 조항이 들어 있다. 177

이 조약 중 인민과 관련된 부분에 대해 카롤루스가 인민에게 한 선언178에서, 그는 다음과 같이 말한다.

"첫째, 모든 자유인은 왕이나 다른 영주들 중에서 원하는 사람을 영주로 선택할 수 있다." 179

이 조약 이전에는 자유인이 봉토를 위해 자신을 의탁할 수 있었지만, 그의 자유 소유지는 여전히 왕의 직접적인 권력 아래, 즉 백작의 재판권 아래에 있었다. 그리고 그가 자신을 의탁한 영주에게는 그가 획득한 봉토에 비례해서만 종속되었다. 그러나 이 조약 이후로는 모든 자유인이 자신의 자유 소유지를 왕이든 다른 영주이든 자신이 원하는 사람의 지배하에 둘 수 있었다. 그것은 봉토를 위해 자신을 의탁

---

177 오베르 르 미르(Aubert le Mire, 1573~1640, 벨기에의 사료 편찬관이자 전기 작가_옮긴이 주)가 이야기한 847년의 조약. 발뤼즈, 제 2권, 42쪽. Conventus apud Marsnam.

178 Adnunciatio.

179 Ut unusquisque liber homo in nostro regno seniorem quem voluerit, in nobis et in nostris fidelibus, accipiat (왕국의 모든 자유인은 우리든 혹은 우리의 충복들이든 자신이 원하는 사람을 영주로 받아들일 수 있다). 카롤루스의 선언, 제 2항.

한 사람들에 관한 문제가 아니었다. 자신의 자유 소유지를 봉토로 바꾼 사람, 말하자면 시민적 재판권에서 빠져나와 자신이 원하는 왕이나 영주의 권력 아래로 들어간 사람들에 관한 문제였다.

그리하여 예전에는 백작 휘하의 자유인으로서 단순히 왕의 권력 아래 있던 사람들이 어느 사이에 서로의 봉신이 되었다. 자유인은 각자 왕이든 다른 영주이든 자기가 원하는 사람을 영주로 선택할 수 있었기 때문이다.

"둘째, 어떤 사람이 영구적으로 소유한 토지를 봉토를 바꾸면 그 새로운 봉토는 이제 종신제가 아니다."

그래서 얼마 후, 봉토를 소유자의 자식들에게 물려주기 위한 일반적인 법이 생겼다. 그것은 조약을 맺은 세 군주 중의 한 명인 대머리 왕 카롤루스의 법이다. 180

세 형제의 조약 이후로 왕국의 모든 사람이 왕이든 다른 영주이든 원하는 사람을 영주로 선택하는 자유를 갖게 된 것에 대해 내가 한 말은 그 시기 이후에 통용된 법적 행위들에 의해 확인된다.

카롤루스 마그누스 시대에는 봉신이 영주로부터 뭔가를 받았을 때, 그것의 가치가 1수밖에 안 되더라도 그는 영주를 떠날 수 없었다. 181

---

180 877년의 법령, 제53조, 제9항과 제10항, apud Carisiacum. Similiter et de nostris vassallis faciendum est, etc. (우리의 봉신들에 의해서도 같은 방법으로 주어져야 한다). 이 법령은 같은 해, 같은 장소의 또 다른 법령 제3항과 연관이 있다.

181 813년 엑스라샤펠의 법령, 제16항. Quod nullus seniorem suum dimittat, postquam ab eo acceperit valente solidum unum(누구든 영주로부터 1수라도 받은 후에는 그를 떠나서는 안 된다). 783년 피피누스의 법령 제5항.

그러나 대머리왕 카롤루스 치하에서는 봉신들이 자신의 이익이나 기분을 따라도 처벌되지 않았다. 이 군주는 그 점에 대해 매우 강하게 자기 생각을 표현하므로, 봉신들의 그런 자유를 억제하기보다 오히려 그들이 그 자유를 즐기기를 권장하는 것처럼 보인다. 182 카롤루스 마그누스 시대에는 녹봉지가 물적이기보다는 인적이었지만, 그 이후에는 인적이기보다는 물적인 것이 되었다.

제 26장 : 봉토의 변화

봉토에도 자유 소유지 못지않은 변화가 생겼다. 피피누스 왕의 치하에서 만들어진 콩피에뉴 법령에 의하면, 183 왕에게 녹봉지를 받은 사람이 그 녹봉지의 일부를 자신의 여러 봉신에게 나누어 준 것을 볼 수 있다. 그러나 이 부분들은 전체와 구별되지 않았다. 왕이 전체를 빼앗을 때 그 부분들도 빼앗았다. 그래서 근위무사가 죽으면, 그 봉신

---

182 856년의 법령 de Carisiaco, 제 10항과 제 13항, 발뤼즈 간행본 제 2권 83쪽 참조. 이 법령에서 왕, 성직자 영주, 세속인 영주들은 그것을 인정하고 있다. Et si aliquis de vobis talis est cui suus senioratus non placet, et illi simulat ut ad alium seniorem melius quam ad illum acaptare possit, veniat ad illum, et ipse tranquille et pacifico animo donet illi commeatum … et quod Deus illi cupierit, et ad alium seniorem acaptare potuerit, pacifice habeat(어떤 사람이 자기 영주가 마음에 들지 않는데 다른 영주와는 더 잘 지낼 것 같다면, 그리고 그것을 간청하도록 허락을 받았다면, 그는 영주에게 갈 수 있고 영주는 평온하고 조용하게 그가 떠나는 것을 허락할 수 있다 … 그리고 만약 신이 그를 아낀다면, 그는 다른 영주에게 간청할 수 있을 것이고 평화를 얻을 수 있을 것이다).

183 757년의 법령 제 6항, 발뤼즈 간행본, 181쪽.

도 하위 봉토를 잃었다. 그리고 봉토의 새로운 수령자가 새로 하위 봉신을 두었다. 그러므로 하위 봉토는 봉토에 종속된 것이 아니라 사람에게 종속된 것이었다. 한편 하위 봉신은 왕에게 귀속되었다. 그는 영구적으로 봉신에게 소속된 것이 아니었기 때문이다. 마찬가지로 하위 봉토도 왕에게 귀속되었다. 그것은 봉토의 부속물이 아니라 봉토 자체였기 때문이다.

봉토가 회수될 수 있었을 때의 하위 봉신의 상황은 그와 같았다. 봉토가 종신제였던 동안에도 마찬가지였다. 봉토가 상속인에게 이전되고 하위 봉토 역시 상속인에게 이전되었을 때, 상황은 바뀌었다. 왕에게 직접 속했던 것이 이제는 간접적으로만 속하게 되었다. 말하자면 왕권은 한 단계, 때로는 두 단계, 종종 그 이상으로 후퇴한 것이다.

《봉토》라는 책을 보면, 184 왕의 봉신은 봉토로, 다시 말해 왕의 하위 봉토로 줄 수 있었으나 하위 봉신 혹은 소(小) 봉신은 그런 식으로 봉토로 줄 수 없었다는 것을 알 수 있다. 그래서 왕의 봉신은 준 것을 언제든지 되찾을 수 있었다. 게다가 그런 양도는 봉토의 지위로 자식들에게 이전되지 않았다. 그것은 봉토법에 따라 행해진 것으로 여겨지지 않았기 때문이다.

밀라노의 두 원로원 의원이 봉토에 관한 그 책을 썼을 당시의 하위 봉신의 상황과 피피누스 왕 시대의 하위 봉신의 상황을 비교해 보면, 하위 봉토는 봉토보다 원래의 성질을 더 오래 보존했다는 것을 알 수 있을 것이다. 185

---

184 제1편, 제1장.

그러나 두 원로원 의원이 책을 썼을 때는 그런 규칙에 대해 매우 보편적인 예외가 생긴 탓에 그 예외가 규칙을 거의 없애 버렸을 정도였다. 소봉신으로부터 봉토를 받은 사람이 그를 따라 로마에 원정하면 봉신의 모든 권리를 획득했기 때문이다. 마찬가지로 그가 봉토를 얻기 위해 소봉신에게 돈을 주었다면, 소봉신은 돈을 돌려줄 때까지 그에게서 봉토를 빼앗을 수도 없었고 봉토가 그의 아들에게 이전되는 것을 막을 수도 없었다. 186 결국 그 규칙은 밀라노 원로원에서는 더 이상 지켜지지 않았다. 187

제27장 : 봉토에 일어난 또 다른 변화

카롤루스 마그누스 시대에는188 어떤 전쟁을 위해서든 소환에 응하지 않으면 중벌을 받아야 했다. 변명은 전혀 통하지 않았다. 백작이 누군가를 면제해 주면, 백작 자신이 처벌되었다. 그러나 세 형제의 조약은 이 점에 관해 한 가지 제한을 두어, 189 말하자면 귀족을 왕의 수중에서 벗어나게 했다. 190 방어를 위한 전쟁일 때를 제외하고는 왕을

---

185 적어도 이탈리아와 독일에서.
186 《봉토》, 제1편, 제1장.
187 위의 책.
188 802년의 법령 제7항, 발뤼즈 간행본, 365쪽.
189 Apud Marsnam, 847년, 발뤼즈 간행본, 42쪽.
190 Volumus ut cujuscumque nostrum homo, in cujuscumque regno sit, cum seniore suo in hostem, vel aliis suis utilitatibus, pergat ; nisi talis regni invasio quam Lamtuveri dicunt, quod absit, acciderit, ut omnis populus

따라 전쟁에 나갈 의무가 없어진 것이다. 다른 전쟁에서는 영주를 따라가든 자기 일에 종사하든 자유였다. 이 조약은 5년 전에 두 형제 대머리왕 카롤루스와 독일인 왕 루도비쿠스 사이에 맺은 조약과 연관이 있다. 그 조약에 의해 두 형제는 그들 중 한쪽이 다른 한쪽을 침해한 경우 봉신들이 그들을 따라 전쟁에 나가는 것을 면제해 주기로 했다. 그것은 두 군주가 맹세했고, 두 군대에 맹세시킨 사항이었다. 191

풍트네 전투에서 10만 명에 이르는 프랑스인이 죽자, 살아남은 귀족은 분배에 대한 왕들의 사적인 싸움 때문에 결국에는 귀족이 전멸할 것이며 왕들의 야망과 질투심으로 인해 남아 있는 모든 피를 흘리게 될 것이라는 생각을 하게 되었다. 192 그래서 외적의 침입에 대항해 국가를 방어하는 경우 이외에는 귀족이 군주를 따라 전쟁에 나가는 것을 강요하지 않는다는 법이 만들어졌다. 그 법은 여러 세기 동안 실행되었다. 193

---

illius regni ad eam repellendam communiter pergat(우리는 사람들 각자가 어떤 왕국에 속해 있든 영주를 따라 전장에 나갈 수도 있고 자신의 생업에 종사할 수도 있기를 바란다. 단 왕국이 침략당하여 조국을 수호해야 하는 경우가 아니라면 말이다. 그때는 모든 사람이 필요하고, 모두가 함께 적을 격퇴해야 한다). 제5항, 위의 책, 44쪽.

191 Apud Argentoratum, 《법령집》, 발뤼즈 간행본, 제2권, 39쪽.

192 실제로 이 조약을 체결한 것은 귀족이었다. 니타르두스, 제4편 참조.

193 살리카법과 롬바르드족의 법에 첨부된 로마인의 왕 귀도의 법을 참조할 것. 에크하르트, 제6조, 제2항.

제 28장 : 주요 관직과 봉토에 생긴 변화

모든 것이 개별적 악습을 지니고 있다가 동시에 부패하게 된 듯했다. 이미 말했지만, 초기에도 몇몇 봉토는 영구적으로 양도되었다. 그러나 그것은 특별한 경우였고, 전반적으로 봉토는 여전히 고유한 성질을 보존하고 있었다. 그래서 군주가 봉토를 잃어도, 다른 봉토로 대신할 수 있었다. 군주가 주요 관직을 영구적으로 양도한 적이 결코 없었다는 것도 이미 말한 바 있다.194

그러나 대머리왕 카롤루스는 주요 관직과 봉토에 똑같이 작용하는 일반 규칙을 만들었다. 그의 《법령집》에서 백작령은 백작의 자식들에게 물려준다고 정했다. 그리고 그 규칙이 봉토에 대해서도 실시되기를 바랐다.195

이 규칙이 더 크게 확대된 것을 곧 알게 될 것이다. 그래서 주요 관직과 봉토는 더 먼 친족에게까지 이전되었다. 그 결과, 왕에게 직접 속했던 대부분의 영주가 이제는 간접적으로만 속하게 되었다. 옛날에는 왕의 법정에서 재판하던 백작, 자유인을 전쟁에 데리고 나가던 백작, 그 백작이 왕과 자유인 사이에 위치하게 되었고 왕권은 한 단계

---

194 툴루즈 백작령은 카롤루스 마르텔루스가 준 것인데 마지막의 레몽(Raymond)에 이르기까지 대를 이어 상속인에게 이전되었다고 몇몇 저자들은 말했다. 그러나 그것이 사실이긴 해도, 그것은 이전 소유자의 자식들 중에서 툴루즈 백작을 선택할 수밖에 없었던 여러 가지 사정에서 비롯된 결과였다.

195 877년의 그의 법령, 제53조, 제9항과 제10항, apud Carisiacum 참조. 이 법령은 같은 해, 같은 장소의 또 다른 법령, 제3항과 연관된다.

더 후퇴했다.

그뿐이 아니다. 여러 법령에 의하면, 백작은 백작령에 딸린 녹봉지를 갖고 있었고 그 휘하에 봉신을 두고 있었다.196 백작령이 세습되었을 때, 백작의 봉신들은 더 이상 왕의 직접적인 봉신이 아니었다. 백작령에 딸린 녹봉지도 더 이상 왕의 녹봉지가 아니었다. 백작은 더 강대해졌다. 그들이 이미 거느리고 있는 봉신들이 그들에게 다른 봉신을 손에 넣을 수 있게 해주었기 때문이다.

이로 인해 제2왕조 말에 왕권이 얼마나 약화되었는지 알려면, 제3왕조 초기에 일어난 일을 보기만 하면 된다. 그 시기에는 하위 봉토가 너무 많아져서 대(大) 봉신들을 절망시키고 있었다.

형이 아우에게 분배하면 아우는 형에게 충성을 맹세하는 것이 왕국의 한 관습이었다.197 따라서 지배자인 영주에게 그것은 하위 봉토에 불과할 뿐이었다. 필리프 오귀스트, 부르고뉴 공작, 느베르와 불로뉴와 생폴과 당피에르의 백작들, 그 밖의 다른 영주들은 봉토가 상속이나 다른 방법에 의해 분할되더라도 앞으로는 봉토 전체가 중간 영주 없이 항상 똑같은 영주에게 속한다고 선언했다.198 이 명령은 전

---

196 812년의 법령 3, 제7항. 815년의 법령, 제6항, 스페인 사람들에 대한 것. 《법령집》, 제5편, 제288항. 869년의 법령, 제2항. 877년의 법령, 제13항, 발뤼즈 간행본.

197 프라이징의 오토(Otto, 1112~1158, 바이에른에 있는 도시 프라이징의 주교로서, 중세 때 손꼽히는 역사 철학서를 쓴 저자이다_옮긴이 주), 《프리드리히의 통치》, 제2편, 제29장에서 그런 사실을 볼 수 있다.

198 새 모음집(1723년에 출판된 로리에르의 모음집 《제3왕조 프랑스 왕들의 칙령》을 말한다_옮긴이 주)에서 1200년의 필리프 오귀스트의 칙령 참조.

반적으로 지켜지지는 않았다. 내가 다른 곳에서 말했듯이, 그 시대에는 전반적인 명령을 내린다는 것은 불가능했기 때문이다. 그러나 그 점에 대해 우리의 여러 관습법이 조정되었다.

제 29장 : 대머리왕 카롤루스 통치 이후의 봉토의 성질

이미 말했듯이, 대머리왕 카롤루스는 주요 관직이나 봉토의 소유주가 아들을 남기고 죽으면 그 관직이나 봉토는 아들에게 주어진다고 정했다. 여기서 생긴 악습과 각 지방에서 이 법이 확장된 과정을 추적하는 것은 어려운 일이다. 《봉토》에 의하면, 199 콘라트 2세(43) 황제 치하 초기에는 그의 통치 지역에서 봉토가 손자에게는 이전되지 않았고 최종 소유자의 자식들 중 영주가 선택한 자에게만 이전되었다. 200 그러므로 봉토는 소유자의 자식들 중에서 영주가 택한 일종의 선출을 통해 주어진 것이다.

이 편의 제 17장에서, 나는 제 2왕조의 왕위가 어떤 점에서 선택적이고 또 어떤 점에서 세습적인지 설명했다. 그것은 항상 그 혈통에서 왕을 택했기 때문에 세습적이었고, 자식들이 계승했기 때문에 더욱 더 세습적이었다. 그리고 인민이 자식들 중에서 선택했기 때문에 선택적이었다. 모든 일은 언제나 점진적으로 진행되고 하나의 정치법

---

199 제 1편, 제 1조.

200 Sic progressum est, ut ad filios deveniret in quem dominus hoc vellet beneficium confirmare(그래서 그것은 영주가 혜택을 확정해 주고자 하는 아들에게 귀속되었다). 위의 책.

은 늘 다른 정치법과 관련이 있으므로, 봉토의 상속에서도 왕위계승에서와 같은 정신을 따랐다. 201 그리하여 봉토는 상속권과 선거권에 의해서 자식에게 이전되었다. 왕위와 마찬가지로 봉토는 선택적인 동시에 세습적이었다.

영주의 선택권은 《봉토》의 저자들202 시대, 즉 프리드리히 1세(44) 황제 치하에서는 남아 있지 않았다. 203

제 30장 : 같은 주제 계속

《봉토》의 기록에 의하면, 204 콘라트 황제가 로마로 출발할 때 그를 섬기던 충복들은 자식에게 이전되는 봉토가 손자들에게도 이전되도록, 그리고 합법적인 상속인 없이 죽은 사람의 형제는 그들의 아버지에게 속해 있던 봉토를 상속할 수 있도록 법을 만들어 줄 것을 황제에게 청원했다. 그것은 승인되었다.

거기에는 다음과 같은 부언(附言)이 있는데, 그런 말을 하는 사람들이 프리드리히 1세 황제 시대에 살았다는 것을 상기해야 한다. 205

"옛 법학자들은 봉토의 방계 상속은 같은 부모에게서 태어난 형제

---

201 적어도 이탈리아와 독일에서.

202 게라르두스 니게르(Gerardus Niger)와 아우베르투스 데 오르토(Aubertus de Orto).

203 Quod hodie ita stabilitum est, ut ad omnes æqualiter veniat(그리하여 오늘날에는 모든 사람에게 동등하게 적용된다). 《봉토》, 제1편, 제1조.

204 《봉토》, 제1편, 제1조.

205 퀴자스가 그것을 매우 잘 증명했다.

너머로는 전해질 수 없다고 줄곧 주장했다. 그러나 지금에 이르러서는 새로운 법에 의해 7촌까지 전해지고 직계로는 무한히 전해지게 되었다."206

이처럼 콘라트의 법은 차츰 확대되었다.

이 모든 것을 전제로, 프랑스 역사를 읽어 보면 봉토의 영구성은 독일보다 프랑스에서 더 일찍 확립되었다는 것을 알 수 있을 것이다. 1024년에 콘라트 2세 황제가 통치를 시작했을 때, 독일의 상황은 877년에 죽은 대머리왕 카롤루스가 통치하던 프랑스의 상황과 마찬가지였다. 그러나 프랑스에서는 대머리왕 카롤루스 치세 이후로 많은 변화가 일어나서, 단순왕 샤를(45)은 제국에 대한 명백한 권리를 두고 외국의 가문과 다툴 힘이 없었다. 결국 위그 카페 시대에 이르러, 모든 소유지를 빼앗긴 당시 왕가는 왕위를 유지할 수조차 없게 되었다.

프랑스에서 대머리왕 카롤루스의 나약한 정신은 나라도 똑같이 약하게 만들었다. 그러나 그의 형제인 독일인 루도비쿠스와 그를 계승한 몇몇 사람들은 더 훌륭한 자질을 가졌으므로, 그들 국가의 힘은 더 오래 유지되었다.

아니, 어쩌면 독일 국민의 차분한 기질, 그리고 감히 이렇게 말해도 된다면 그들 정신의 불변성이 프랑스 국민의 기질보다 그런 추세에 더 오랫동안 저항할 수 있게 했던 것인지도 모른다. 마치 자연스러운 경향을 따르는 듯, 봉토를 한 집안에 영속시키는 추세 말이다.

그뿐만 아니라, 독일 왕국은 프랑스 왕국처럼 노르만족과 사라센

---

206 《봉토》, 제1편, 제1조.

인이 벌인 특수한 종류의 전쟁 때문에 황폐해지지 않았다. 말하자면 멸망하지 않았다. 독일에는 재물도 약탈할 도시도 더 적었고, 돌아다 닐 해안은 더 적은 반면 건너야 할 늪과 헤치고 들어가야 할 숲은 더 많았다. 매 순간 국가가 무너지려는 위기를 겪은 적 없는 군주들은 봉 신의 필요성을 덜 느꼈다. 다시 말해 봉신에게 덜 의존했다. 만약 독 일의 황제들이 어쩔 수 없이 로마에 대관식을 하러 가거나 이탈리아 원정을 계속하지 않았더라면, 그들의 나라에서 봉토는 원래의 성질 을 더 오랫동안 보존했을 것이다.

제 31장 : 어떻게 제국은 카롤루스 마그누스 가문 밖으로 옮겨졌나

대머리왕 카롤루스의 혈통을 물리치고 이미 독일인 루도비쿠스 혈통 의 서출들207에게 옮겨 갔던 제국은 912년에 프랑켄 공작 콘라트(46) 의 선출로 인해 다시 외국의 집안으로 넘어간다. 프랑스에서 통치하 면서 촌락을 두고도 거의 경쟁하지 못했던 혈통이 제국을 두고 경쟁 하는 것은 더욱더 있을 수 없는 일이었다. 우리는 단순왕 샤를과 콘라 트의 뒤를 이은 황제 하인리히 1세(47) 사이에 맺은 협정을 가지고 있 다. 그것은 '본(독일의 도시) 협정'이라 불린다. 208 두 군주는 라인강 한가운데 띄워 놓은 배로 가서 영원한 우정을 서로 맹세했다. 그들은

---

207 아르눌프와 그의 아들 루트비히 4세(Ludwig IV, 893∼911, 별칭은 유아왕 루트 비히이다. 899년 12월 부왕이 죽자 7세에 동프랑크 왕국의 왕이 되었다. 동프랑 크 왕국의 마지막 카롤링 가문의 국왕이다__옮긴이 주).
208 오베르 르 미르가 인용한 916년의 협정, Cod. donationum piarum, 제27장.

꽤 훌륭한 '절충안'을 택했다. 샤를은 '서프랑크의 왕'의 칭호를, 하인리히는 '동프랑크의 왕'의 칭호를 가졌다. 샤를은 황제가 아니라 독일왕과 협정을 체결한 것이다.

제 32장 : 어떻게 프랑스 왕위는 위그 카페 가문으로 옮겨졌나

봉토의 세습과 하위 봉토의 전반적인 설정은 정치적 통치를 종식시키고 봉건적 통치를 형성했다. 왕에게는 옛날처럼 수많은 봉신의 무리 대신 이제는 몇 명의 봉신밖에 없었고, 다른 사람들은 그 봉신들에게 종속되었다. 이제 왕에게는 직접적인 권력이 거의 없었다. 다른 많은 권력을, 그것도 매우 커다란 권력들을 거쳐야 하는 권력이란 목적지에 이르기 전에 멈추거나 사라지기 마련이다. 너무도 강대한 봉신들은 더 이상 복종하지 않았고, 심지어 복종하지 않기 위해 그들의 하위 봉신들을 이용하기도 했다. 소유지를 빼앗긴 왕은 랭스와 랑 두 도시에 제한된 채 봉신들의 뜻에 좌우되는 처지가 되었다. 나무가 너무 멀리 가지를 뻗다 보니 꼭대기가 말라 버린 셈이다. 오늘날의 신성로마제국처럼 왕국은 소유지가 없었다. 그리고 왕위는 가장 강력한 봉신 중의 한 명에게 주어졌다.

　노르만족이 왕국을 유린했다. 그들은 뗏목이나 작은 선박 같은 것을 타고 강의 하구로 들어와서 강을 거슬러 올라가며 양쪽 강변 지역을 약탈했다. 오를레앙과 파리 두 도시가 이 강도들을 막았다. **209** 그

---

209 대머리왕 카롤루스의 877년 법령, apud Carisiacum, 그 시기 파리, 생드니, 루

들은 센강에서도 루아르강에서도 앞으로 나아갈 수 없었다. 이 두 도시를 소유하고 있던 위그 카페는 왕국의 나머지 불행한 지방에 대한 두 열쇠를 수중에 쥔 셈이었다. 그래서 유일하게 왕위를 방어할 수 있던 위그 카페에게 왕관이 넘어갔다. 나중에 터키 국경을 꼼짝도 하지 않고 지켰던 가문에 제국이 주어진 것도 바로 그런 식이었다.

봉토의 세습이 하나의 호의와 같은 것으로 확립된 것에 지나지 않았던 시대에 제국은 카롤루스 마그누스 가문에서 빠져나갔다. 독일에서는 프랑스에서보다 더 늦게 봉토가 세습되었다. 210 그로 인해 하나의 봉토로 여겨졌던 제국은 선출제가 되었다. 그와 반대로 프랑스 왕위가 카롤루스 마그누스 가문에서 빠져나갔을 때, 그 왕국에서는 봉토가 실제로 세습되고 있었다. 그리고 왕위도 하나의 커다란 봉토로서 세습제가 되었다.

그러나 이미 일어난 모든 변화나 그 후에 일어나는 모든 변화를 그 대변혁의 순간 탓으로 돌리는 것은 커다란 잘못이다. 그 때문에 모든 것이 두 사건으로 축소되고 말았다. 즉, 지배 가문이 바뀌었고, 왕위가 커다란 봉토와 결합한 것 말이다.

아르강 성채들이 지닌 중요성에 대한 것 참조.
210 앞의 제30장 참조.

제 33장 : 봉토의 영구성의 몇 가지 결과

봉토의 영구성으로 인해 프랑스인에게 장자 상속권이 확립되었다. 그것은 제 1왕조에서는 몰랐던 것이다. 211 그래서 왕위가 형제들 사이에 분배되었고, 자유 소유지도 마찬가지로 분할되었다. 봉토는 회수될 수 있는 것이든 종신적인 것이든 상속의 대상이 아니었으므로 분할의 대상이 될 수 없었다.

제 2왕조에서는 유순왕 루도비쿠스가 자신이 가졌던 황제라는 칭호를 맏아들인 로타리우스에게 주었는데, 이를 통해 그는 차남들에 비해 맏아들에게 일종의 우선권을 주는 것으로 생각했다. 두 왕은 해마다 황제를 만나러 가서 그에게 선물을 바쳐야 했고, 그로부터 더 큰 선물을 받았다. 212 또 그들은 공동의 문제에 대해 황제와 협의해야 했다. 바로 이것 때문에 로타리우스가 권리를 주장한 것인데, 그것은 그에게 큰 실패를 안기고 말았다. 아고바르두스가 이 군주를 위해서 편지를 썼을 때, 213 그는 로타리우스를 제위에 앉힌 황제 자신의 조치를 원용했다. 그것은 사흘간의 단식과 미사성제(聖祭)와 기도와 봉헌을 통해 신에게 의논한 후에 취해진 조치였고, 국민이 서약했으므로 그 맹세를 깨뜨릴 수 없으며, 교황의 승인을 얻기 위해 황제가 로타리우

---

211 살리카법과 리푸아리아법, 자유 소유지 조항 참조.
212 유순왕 루도비쿠스가 자식들에게 해준 첫 번째 분배를 포함하고 있는 817년의 법령 참조.
213 이 문제에 대한 그의 두 편지 참조. 그중 하나의 제목은 "제국의 분배에 대하여"(De divisione imperii) 이다.

스를 로마에 파견한 것이라고 주장했다. 그는 장자권(長子權)이 아니라 이런 점을 강조했다. 그는 황제가 차남들에게 분배를 지정했고 맏아들을 우대했다고 분명히 말하고 있지만, 맏아들을 우대했다고 말하는 것은 동시에 차남들을 우대할 수도 있었다는 것을 의미한다.

그러나 봉토가 세습되자 봉토의 상속에서 장자권이 확립되었고, 같은 이유로 왕위계승에서도 장자권이 확립되었다. 왕위는 커다란 봉토였기 때문이다. 분배하게 했던 옛 법은 더 이상 존속하지 않았다. 봉토에는 의무가 부과되어 있으므로, 소유주는 그 의무를 이행할 수 있어야 했다. 그래서 장자권이 확립되었다. 봉건법의 논리가 정치법이나 시민법의 논리보다 더 우세했던 것이다.

봉토가 소유주의 자식들에게 이전되자, 영주는 봉토를 처분하는 자유를 잃었다. 그 손해를 메우기 위해, 영주들은 우리의 관습법에 언급되어 있는 이른바 상환세(droit de rachat)(48)라는 세금을 만들었다. 이것은 처음에는 직계도 납부했으나, 관행에 따라 방계만 납부하게 되었다.

머지않아 봉토는 세습재산으로서 외국인에게도 이전될 수 있게 되었다. 그로 인해 영내 재산 취득세(droit de lods et ventes)가 생겼고, 거의 왕국 전체에서 확립되었다. 이 세금은 처음에는 자의적이었으나, 승인하는 관행이 일반화되자 각 지방에 정착되었다.

상환세는 상속인의 변경이 있을 때마다 납부해야 했고, 처음에는 직계도 납부했다.214 가장 일반적인 관습에 의하면, 상환세는 1년의

---

214 1209년 필리프 오귀스트의 봉토에 관한 칙령 참조.

수입으로 정해져 있었다. 그것은 봉신에게 부담이 되었고 불편을 주었다. 말하자면 그것은 봉토를 침해하는 것이었다. 그래서 종종 봉신은 충성 서약을 할 때 일정한 금액만 상환세로 요구하겠다는 약속을 영주에게 받아냈다.215 이 금액은 화폐 가치의 변화로 인해 전혀 중요하지 않게 되었다. 그리하여 오늘날 상환세는 거의 없는 것이 된 반면, 영내 재산 취득세는 그대로 존속되었다. 이 세금은 봉신에게도 상속인에게도 관련이 없고, 예견도 기대도 할 수 없는 뜻밖의 경우였으므로, 그런 종류의 조항을 만들지 않았다. 그래서 가격에 대한 일정 비율이 계속 납부되었다.

봉토가 종신제였을 때는 영구히 하위 봉토로 보존하기 위해 봉토의 일부를 증여할 수 없었다. 단순한 용익권자가 물건의 소유권을 처분했다면 불합리했을 것이기 때문이다. 그러나 봉토가 영구적인 것이 되자, 그것은 관습으로 정해진 몇 가지 제한216과 함께 허가됐다.217 이것을 '봉토를 자유자재로 처리한다'라고 말했다.

봉토의 영구성이 상환세를 성립시켰으므로, 남자가 없는 경우 여자도 봉토를 상속할 수 있었다. 영주가 여자에게 봉토를 주면, 남편도 아내와 마찬가지로 상환세를 내야 했으므로 세금을 받는 경우를 늘린 셈이 되었기 때문이다.218 이 규정은 왕위에 대해서는 적용될

---

215 갈랑이 55쪽에서 발췌본을 제공한 방돔 법령, 푸아투의 생시프리엥 수도원 법령과 같은 증서에서 그런 협약을 여러 개 발견할 수 있다.
216 자유자재로 처리할 수 있는 부분이 관습에 의해 정해져 있었다.
217 그러나 봉토를 줄일 수는 없었다. 즉, 봉토의 한 부분을 없앨 수는 없었다.
218 그 때문에 영주는 과부에게 재혼을 강요했다.

수 없었다. 왕위는 누구에게도 속하지 않았으므로, 왕위에 대한 상환세는 있을 수 없었기 때문이다.

툴루즈 백작 기욤 5세의 딸은 백작령을 상속하지 않았다. 그러나 그 후에는 알리에노르(49)가 아키텐을, 마틸다(50)가 노르망디를 상속했다. 그 시대에는 여자의 상속권이 아주 잘 확립되어 있어서, 소(小) 루이가 알리에노르와 이혼한 후에 기엔 지방을 되돌려 주는데 아무런 이의가 없었던 것 같다. 이 두 가지 예는 첫 번째 예로부터 얼마 안 되어 일어난 일이므로, 여자가 봉토를 상속하는 일반법이 툴루즈 백작령에서는 왕국의 다른 지방보다 더 늦게 도입된 것이 틀림없다. 219

유럽 여러 왕국의 체제는 그 왕국이 건설된 당시의 봉토의 상황을 따른 것이다. 프랑스 왕위와 신성로마제국의 제위는 여자들에게 계승되지 않았다. 그 두 군주국이 성립될 때 여자는 봉토를 상속할 수 없었기 때문이다. 그러나 봉토의 영구성이 확립된 이후에 건설된 왕국에서는 여자들도 계승했다. 노르만족의 정복으로 건설된 왕국들, 무어인을 정복해서 건설된 왕국들, 그리고 독일의 경계 너머에서 근대와 상당히 가까운 시기에 기독교의 확립으로 재탄생한 그 밖의 나라들이 바로 그러하다.

봉토가 회수될 수 있었을 때는 그 의무를 이행할 수 있는 사람에게 주어졌으므로, 미성년자는 문제가 되지 않았다. 그러나 봉토가 영구

---

219 대(大) 가문은 대부분 그 집안의 개별적인 상속법을 가지고 있었다. 라 토마시에 르가 베리의 여러 가문에 대해 말한 것을 참조할 것.

적인 것이 되자, 성년이 될 때까지는 영주가 봉토를 가졌다. 그들의 이익을 증가시키기 위해서였든, 아니면 피후견인에게 무기 훈련을 교육시키기 위해서였든 말이다. 220 그것이 바로 우리의 관습법이 '미성년 귀족의 재산 관리권'이라고 부르는 것인데, 후견제도와는 다른 원리에 입각한 것으로 그것과는 완전히 다르다.

봉토가 종신제였을 때, 사람들은 봉토를 위해 자신을 의탁했다. 그리고 왕권에 의해 이루어지는 실제 인도(引渡)가 봉토를 확인해 주었다. 오늘날 신하가 되는 서약이 봉토를 확인해 주는 것처럼 말이다. 여러 주에서 백작 또는 왕의 특사조차 신하가 되는 서약을 받은 경우는 보이지 않는다. 법령집을 통해 우리에게 전해지는 이 관리들의 임무에는 그런 역할이 없다. 때때로 그들은 모든 신하에게 충성 선서를 시키기는 했다. 221 그러나 이 선서는 그 후에 확립된 신하가 되는 서약과는 성격이 아주 다른 것이었다. 신하가 되는 서약에서 충성 선서는 거기에 첨부된 하나의 행위로서, 때로는 신하가 되는 서약을 하기 이전에 때로는 그 이후에 행해졌고, 신하가 되는 서약의 모든 경우에 행해진 것도 아니었다. 충성 선서는 신하가 되는 서약만큼 장엄하지 않았고, 그것과는 완전히 구별되는 것이었다. 222

---

220 877년의 법령, apud Carisiacum, 제3항, 발뤼즈 간행본 제2권 269쪽을 보면 봉토를 미성년자에게 보존하기 위해서 왕이 그것을 관리하게 한 경우가 있다. 그 예를 영주들이 따르게 되었고, 그것은 우리가 '미성년 귀족의 재산 관리권'이라고 부르는 것의 기원이 된다.
221 802년의 법령 2에서 그 서식을 볼 수 있다. 854년의 법령 제3항 및 그 밖의 항목도 참조할 것.
222 뒤 캉주는 1163쪽의 Hominium이라는 단어와 474쪽의 Fidelitas라는 단어에서 옛

백작과 왕의 특사는 경우에 따라 충성이 의심스러운 봉신에게 '피르미타스'(firmitas) 라고 불리는 보증을 하게 했다. 223 그러나 이 보증은 신하가 되는 서약이 될 수는 없었다. 왕들도 서로 그런 보증을 주었기 때문이다. 224

쉬제(51) 수도원장이 고대의 전승에 따라 프랑스 왕들이 영주들의 신하 서약을 받던 다고베르투스의 왕좌(52)에 대해 말했을 때, 225 그는 거기서 자기 시대의 관념과 언어를 사용한 것이 분명하다.

봉토가 상속인에게 이전되자, 초기에는 드문 일에 지나지 않았던 봉신의 승인이 정규적인 행위가 되었다. 그것은 더 명백한 방법으로 이루어졌고, 더 많은 격식으로 채워졌다. 영주와 봉신의 상호 의무에 대한 기억을 대대손손 전해야 했기 때문이다.

피피누스 왕의 시대, 즉 앞에서 말했듯이 여러 녹봉지가 영구적으로 주어졌던 시기에 신하가 되는 서약이 확립되기 시작했다고 생각할 수도 있을 것이다. 그러나 나는 신중하고자 한다. 프랑크족의 옛

날 신하가 되는 서약의 증서를 인용하고 있는데, 거기에 그 차이점이 잘 나타나 있다. 또한 수많은 권위자들을 인용한 것도 볼 수 있다. 신하가 되는 서약을 할 때, 봉신은 영주의 손을 잡고 맹세했다. 반면 충성 선서는 복음서에 손을 얹고 진행되었다. 신하가 되는 서약은 무릎을 꿇고 했고, 충성 선서는 서서 했다. 신하가 되는 서약을 받을 수 있는 사람은 영주밖에 없었지만, 충성 선서는 그의 관리들도 받을 수 있었다. 리틀턴(Thomas Littleton, 15세기 영국의 법학자__옮긴이 주), 제91절과 제92절, '충성과 서약' 참조.

223 대머리왕 카롤루스의 860년 법령, post reditum a Confluentibus, 제3항, 발뤼즈 간행본, 145쪽.
224 위의 책, 제1항.
225 쉬제, 《행정 업무에 관하여(De rebus in administratione sua gestis)》.

연대기 저자들이 바이에른 공작인 타실로가 피피누스에게 한 충성 의식226을 묘사하면서 자기들의 시대에서 실행되는 관행에 따라 이야기할 만큼 무지하지 않았다는 전제하에서만 그렇게 생각할 것이다. 227

제 34장 : 같은 주제 계속

봉토가 회수될 수 있거나 종신제였을 때, 그것은 단지 정치법에만 속했다. 그 때문에 그 시대의 시민법에는 봉토법에 대한 언급이 거의 없다. 그러나 봉토가 세습되어 봉토를 증여하고 매매하고 유증할 수 있게 되자, 그것은 정치법과 시민법에 동시에 속하게 되었다. 봉토가 군 복무의 의무로 고찰될 때는 정치법과 관계가 있었고, 거래에서 재산의 한 종류로 고찰될 때는 시민법과 관계가 있었다. 그리하여 봉토에 관한 시민법이 생겼다.

봉토가 세습되었으므로, 상속 순서에 관한 법은 봉토의 영구성과 관련될 수밖에 없었다. 그래서 로마법과 살리카법의 규정228에도 불

---

226 757년, 제 17장.

227 Tassillo venit in vassatico se commendans, per manus sacramenta juravit multa et innumerabilia, reliquiis sanctorum manus imponens, et fidelitatem promisit Pippino (타실로는 스스로 봉신이 되어 자신을 위탁하고자 왔다. 그는 성자들의 유물에 손을 얹은 채 무수히 많은 맹세를 했고, 피피누스에게 충성을 약속했다). 거기서는 신하가 되는 서약과 충성 선서가 있었던 것 같다. 바로 앞의 각주 222 참조.

228 자유 소유지 조항.

구하고, 프랑스법의 "상속 재산은 윗대로 거슬러 올라가지 않는다"[229]
는 규칙이 수립되었다. 봉토에는 이행해야 할 의무가 있었는데, 조부
나 종조부는 영주에게 좋은 봉신이 될 수 없을 터였기 때문이다. 그러
므로 이 규칙은 부틸리에가 우리에게 알려주듯이[230] 처음에는 봉토에
만 적용되었다.

　봉토가 세습되었으므로, 봉토의 의무를 감시해야 하는 영주는 봉
토를 상속할 여자,[231] 내 생각에는 때때로 남자도 영주의 동의 없이는
혼인하지 못한다고 주장했다. 그래서 혼인계약은 귀족에게 시민적
규정인 동시에 봉건적 규정이 되었다. 영주의 주시하에 이루어지는
이런 행위에서, 봉토의 의무가 상속인들에 의해 이행될 수 있도록 미
래의 상속에 관한 규정이 만들어졌다. 따라서 보이에[232]와 오프레
리[233]가 지적했듯이, (53) 처음에는 귀족만 혼인계약에 의해 미래의
상속을 규정하는 자유를 가졌다.

　우리의 옛 프랑스법제에서 하나의 수수께끼가 된, 친족의 옛 권리
에 토대를 둔 친족의 환매권(54)도 봉토가 영구적인 것이 되었을 때
에야 비로소 봉토에 관해 적용될 수 있었다는 것은 두말할 필요도 없
다. 이 친족의 환매권에 대해서는 상술할 시간이 없다.

---

229 《봉토》, 제4편, 제59조.
230 《시골 전서》, 제1편, 제76조, 447쪽.
231 앙주와 멘 지방의 관습을 확정하기 위한 성왕 루이의 1246년 칙령에 따르면, 봉토
　의 여자 상속인의 후견을 맡게 되는 사람은 그녀가 영주의 동의하에서만 혼인할
　것이라는 보증을 영주에게 해야 한다.
232 판결 155, 8번. 판결 204, 38번.
233 《툴루즈 예배당의 판결문》, 판결 453.

이탈리아다, 이탈리아다 … (Italiam, Italiam …)**234** 나는 대부분의
저자가 시작한 지점에서 봉토론을 끝낸다.

---

234 〈아이네이스〉, 제3편, 제523절. (긴 여행 끝에 이탈리아 해안을 본 아이네이아
스의 동료들이 외친 말__옮긴이 주)

옮긴이 주

제 24편 종교적 실천과 종교 그 자체에서 고찰된 각 나라의 종교에 관한 법

(1) Pierre Bayle(1647~1706). 프랑스 계몽주의 철학자이자 작가다. 본문의 각주에 언급된 《혜성에 관한 생각》은 《1680년 12월에 나타난 혜성을 계기로 소르본의 한 신학자에게 써 보낸 여러 가지 생각》이라는 제목을 줄여서 말한 것이다.

(2) 센나르는 수단의 청나일(Blue Nile) 강변에 있는 도시로, 오랫동안 푼지 왕조의 이슬람 군주국이었다.

(3) Timur(1336~1405). 중앙아시아의 몽골인 군사 지도자이며, 티무르 제국의 창시자이다.

(4) Shabaka. Shabako라고도 한다. 이집트 제25왕조(BC744~BC656)에 속하는 쿠시인 왕(BC716~BC702 재위)이다. 쿠시(지금의 수단)에서 형제인 피앙키의 뒤를 이은 샤바카는 북쪽에서 버티고 있던 이집트 제24왕조의 마지막 왕인 보코리스를 사로잡았는데, 전승에 따르면 그를 산 채로 태워 죽였다고 한다.

(5) 에세네파는 1세기 무렵에 사해(死海) 주변에 종교적 공동체를 이룬 유대교의 한 파로, 신비적인 금욕주의를 내세우며 공동생활을 하였다.

(6) 안토니누스 왕조는 96~192년에 통치한 로마 황제들의 왕조로, 네르바, 트라야누스, 하드리아누스, 안토니누스 피우스, 루키우스 베루스, 마르쿠스 아우렐리우스, 콤모두스까지 이르는 7명의 로마 황제들로 이루어졌다. 이들 중 마르쿠스 아우렐리우스의 공동 황제였던 루키우스 베루스와 실정을 거듭한 콤모두스를 제외한 네르바부터 마르쿠스 아우렐리우스까지의 5명의 황제를 5명의 현명한 황제, 즉 오현제라고 부른다. 이들 5명의 황제는 로마 제국을 팽창시켜 최전성기를 이루었으나 말년에 콤모두스가 통치하기 시작하며 로마는 쇠퇴하기 시작하였다.

(7) 조시모스에 의하면, 콘스탄티누스가 기독교로 개종한 것은 그가 자신의 아들 크리스푸스를 계모 파우스타와 간통했다는 죄목으로 독살한 것에 대해 속죄하기 위해서였다고 한다. 그러나 크리스푸스가 처형된 것은 326년이었고, 콘스탄티누스가 개종한 것은 312년이었다.

(8) 엘리스는 펠로폰네소스반도 북서부에 있던 고대 그리스 도시국가로 엘레아라고도 한다. 제1회 고대 올림픽이 기원전 8세기에 엘리스 당국에 의해 엘리스의 올림피아에서 개최되었다.

(9) **Theseus.** 고대 아테네의 전설적인 왕으로 페르세우스, 헤라클레스와 같이 시조의 영웅으로 일컬어진다. 아테네 왕 아이게우스와 트로이젠 왕의 딸 아이트라에게서 태어나 어머니 밑에서 자랐고, 어른이 되자 아버지를 찾으러 아테네로 가는 중에 한 많은 모험으로 잘 알려져 있다. 테세우스는 아테네에서도 다양한 위험에 놓이지만 이를 극복하고 왕위계승자로 인정받는다. 왕위를 계승한 테세우스는 아테네를 통합하고 영역을 확장했으며 융성하게 하였다.

(10) **Moctezuma**(1466~1520). 몬테수마라고도 표기한다. 1519년 코르테스에게 정복당했을 때의 멕시코 아즈텍 제국의 황제이다.

(11) **Henri de Boulainvilliers**(1658~1722). 프랑스의 역사가이자 정치 서술가로, 철학사를 문화적 관점에서 파악하여 18세기의 지적발전에 영향을 미쳤다. 최고 걸작으로 간주되는 《프랑스 국가(*État de la France*)》를 비롯해 많은 저술을 남겼다. 그중 몽테스키외가 각주에서 밝힌 《무함마드의 생애(*La Vie de Mahomed*)》도 있는데, 프리도(Prideaux)의 《무함마드의 생애(*Life of Mahomet*)》와 동명의 저서이다.

(12) **Santorio Santorio**(1561~1636). 이탈리아의 의사로 체온계, 맥박계, 습도계 등을 만들었다. 이탈리아의 물리적 의학파의 선구자로서, 기초대사에 관한 그의 연구들은 의학 연구에 정량적 실험과정을 도입한 것이었다.

제25편 각 나라의 종교 수립과 그 외적 조직에 관한 법

(1) 에페소스는 기독교 초기 역사에서 빼놓을 수 없는 중요한 도시로 공동번역성서에서는 에페소, 한글 개역판에서는 에베소로 표기한다. 서부 소아시아의 에게해 연안(현재의 터키)에 위치한 곳으로, 고대 그리스 아테네에 의해 기원전 9세기에 건립된 식민도시이다. 에페소스는 주변 도시나 국가, 스파르타, 페르시아, 페르가몬, 로마 등의 흥망성쇠에 따라 식민지화되는 역사로 얼룩져 있지만, 상업을 통해 막대한 부를 축적했다.

(2) **Porphyrios**(234~305). 그리스의 신플라톤주의 철학자로, 신플라톤주의의 창시자인 자신의 스승 플로티노스의 사상을 집대성한 것으로 유명하다.

(3) 페달리아족은 인도 지역의 고대 민족이다.

(4) 보상세는 농노가 자식 없이 죽으면 그 재산을 영주가 상속하는 법이 폐지되었을 때 영주들을 위한 보상금으로 정해진 세금이다.

(5) 유증이나 유산에 의해 부동산을 취득했을 때, 또는 농노가 부동산을 취득했을 때 왕에게 내는 세금을 droit d'amortissement이라 불렀고 이 세금을 냄으로써 소유

권 이전이 보장되었다. 이것은 신자들로부터 공여를 받는 주요 성직자들을 겨냥한 것이기도 했다. 재산을 상속시킬 수 없는 농노들에게 자기 재산의 완전한 소유주가 되어 자기 마음대로 유증할 수 있게 하는 세금이었으므로, 여기서는 '소유권세'라고 옮긴다.

(6) 재산 상속이 불가능한 사람의 재산은 그가 소속된 종교 공동체의 재산이 되었다.

(7) Gaius Aurelius Valerius Diocletianus(245~316). 거의 무정부 상태였던 3세기의 로마 제국에 효율적인 통치체제를 회복시킨 황제로서, 제국의 동부 지역에는 비잔티움 제국의 기틀을 마련했고 서부 지역의 쇠퇴하던 제국에는 잠시나마 활력을 불어넣었다. 한편 그는 통치 기간 중 기독교에 대해 마지막 대박해를 가했다.

(8) 칼미크족은 러시아의 칼미크 공화국의 주민이며 몽골계 민족이다.

제26편 법이 판결하는 일의 분야와 법의 관계

(1) Reccesvinthus. 프랑스어로는 Réceswinthe, 스페인어로는 Recesvinto, 영어로는 Recceswinth로 표기한다. 서고트 왕국의 왕(653~672 재위)으로, 649년부터 아버지인 킨다스빈투스(Chindasvintus)와 함께 통치하다가 아버지가 죽은 후 653년부터 이베리아반도와 셉티메니아(526년 테오도리쿠스가 죽은 후 스페인의 서고트족이 프랑스에서 차지하고 있던 영토를 말한다. 프랑크 왕국 서남부에 존재하던 지역으로, 서고트 왕국과 프랑크 왕국의 속령이었으나 자치권이 보장되었다)를 포함하는 왕국의 단독 통치자가 되었다.

(2) 17세기 프랑스 극작가 라신(Racine)의 비극 〈페드르〉를 말하는 것이다. 아테네의 왕 테제의 젊은 왕비인 페드르는 전실 자식인 이폴리트에게 이룰 수 없는 연정을 품고 있다가 이를 고백하여 거절당하자 남편에게 이폴리트가 자신을 유혹했다고 거짓 고백하여 결국 이폴리트를 죽음에 이르게 한다. 이폴리트는 모함을 받으면서도 계모인 페드르의 죄를 폭로하지 않는다. 그런 폭로 자체가 명예롭지 못한 행위라고 여겼기 때문인데, 몽테스키외는 바로 이 부분에 초점을 맞추고 있다.

(3) 갈라(Gala, 또는 Gaïa)는 지금의 알제리 지방에 해당하는 누미디아 북동쪽에 자리 잡고 있던 부족인 마실리족의 왕으로 BC207년 죽을 때까지 통치했다. 그의 뒤를 이어 그의 형제인 오이잘케스(Oezalces)가 왕위에 올랐다. 갈라의 아들 마시니사(Massinissa, BC238~BC148)는 나중에 누미디아의 왕이 된다. 그는 제2차 포에니 전쟁 당시 카르타고의 협력자였다가 나중에 로마 공화정에 가담하여 카르타고 멸망에 일조했고, 당시 마실리족과 마사에실리족으로 나뉘어 있던 누미디

아를 통일하였다. 몽테스키외는 갈라를 Gela로, 마시니사를 Manissinisse로, 오이잘케스를 Delsace로 표기했다.

(4) 바르바리는 지금의 모로코, 알제리, 튀니지, 리비아 등이 속한 북아프리카 해안 지역의 옛 이름이다.

(5) 아비시니아는 에티오피아의 옛 이름이다.

(6) 펠루시움은 나일강 동쪽 끝 어귀에 있는 이집트의 고대 도시이다.

(7) 마르쿠스 아우렐리우스(Marcus Aurelius Antoninus) 황제를 가리키는 것으로 보인다.

(8) 호르텐시우스(Quintus Hortensius Hortalus, BC114~BC50)는 로마 공화정 말기 정치가이며 웅변가였고, 카토(Marcus Porcius Cato Uticensis, BC95~BC46)는 로마 공화정 말기의 정치인으로 율리우스 카이사르와 대적하여 로마 공화정을 수호한 것으로 유명하고 스토아학파의 철학자이기도 하였다. 그는 당시 부패가 만연한 로마의 정치 상황에서 완고하고 올곧은, 청렴결백함을 상징하는 인물로 유명했다. 같은 이름을 가진 대 카토의 증손자이기 때문에 소 카토라고 불리기도 한다. 사실 카토는 아내와 이혼한 후에 그녀를 호르텐시우스에게 넘겨주었고, 나중에 호르텐시우스가 죽었을 때 그녀를 되찾아왔다.

(9) Atahuallpa(1502~1533). 잉카 제국의 제13대 황제이자 마지막 황제이다. 스페인의 정복자 프란시스코 피사로에게 사로잡혀 몸값을 치른 다음 처형되었다.

(10) Yelizaveta Petrovna(1709~1762). 1741~1761년에 러시아 제국을 다스린 여제이다.

제27편 상속에 관한 로마법의 기원과 변천

(1) Marcus Porcius Cato(BC234~BC149). 고대 로마의 작가이자 정치가로, 재무관, 집정관, 감찰관 등을 역임했다. 26편 옮긴이 주 8에 언급된 소 카토의 증조부이다.

(2) 카이리테스 명부는 선거권을 빼앗긴 시민들을 감찰관이 기록해 놓은 명부로서, 고대 로마의 최하층민을 가리킨다.

(3) Pescennius Niger(140~194). 로마의 황제이다. 이탈리아 출신 기병 장교로 180년경 원로원 의원직에 올랐고, 콤모두스 황제 말기에는 전국적으로 많은 인기를 얻게 되었다. 193년 봄 콤모두스 황제의 후계자 페르티낙스가 살해당하자 그의 군단 병사들에 의해 그가 황제로 선포되었다.

제 28편 프랑스인 시민법의 기원과 변천

(1) 오비디우스, 《변신》, 제1편 제1장에서 인용한 글로, 원서에는 "In nova fert animus mutatas dicere formas / Corpora …"라는 라틴어로 되어 있다.

(2) 아우스트라시아는 "동쪽의 땅"이란 뜻으로, 메로빙 프랑크 왕국의 북동쪽 지역을 일컫는 옛 지명이다. 대체로 오늘날 프랑스의 동쪽, 독일의 서쪽, 벨기에, 룩셈부르크, 네덜란드와 일치한다.

(3) Theudericus I(485경~534). 독일어 Theuderich, 프랑스어 Thierry 또는 Théodoric, 영어 Theuderic으로 표기한다. 프랑크 왕국의 제후로 아우스트라시아의 초대 군주(511~524 재위)였다. 프랑크 왕국의 왕 클로도베쿠스 1세의 둘째 아들로, 511년 클로도베쿠스 사후 메츠와 랭스 지역을 분봉받았다. 테우데리쿠스가 차지한 지역은 이후 아우스트라시아 분국을 형성하였다.

(4) 바바리족은 바이에른 지방에 거주하던 게르만족이다. 알라만니족은 14편 옮긴이 주 5 참조.

(5) 프리슬란트족은 네덜란드, 독일, 덴마크의 남부 끝자락에 거주한 게르만족으로, 특히 네덜란드와 독일 북해 연안 지방인 프리슬란트 지역에 거주했다.

(6) Carolus Martellus(680~741). 독일어 Karl Martell, 프랑스어와 영어 Charles Martel, 스페인어 Carlos Martel로 표기한다. 카롤링 왕조 출신 프랑크 왕국의 군주이자 정치, 군사 지도자이다. 718년 이후 프랑크 왕국의 동쪽 지방인 아우스트라시아의 궁재로 사실상 아우스트라시아, 네우스트리아, 부르고뉴 3개로 나뉜 프랑크 왕국 전체를 지배했으며 프랑크 공작이자 프린스의 호칭을 획득하였다. 그의 게르만족 정벌은 프랑크 제국의 영역을 확장시켰고, 나중에 카롤링 왕조의 왕 카롤루스 마그누스의 영토 확장의 기초가 되었다.

(7) Pippinus III(714~768). 독일어 Pippin, 프랑스어 Pépin, 영어 Pepin으로 표기한다. 카롤링 왕조 출신 프랑크 왕국의 군주로 "단신왕"이라는 별명을 가지고 있다. 741년부터 네우스트리아와 부르고뉴의 궁재였고, 748년부터는 프랑크 왕국의 궁재였으며, 751년부터 프랑크 왕이었다. 그의 통치 때부터 통일 프랑크 왕국의 카롤링 왕조가 시작된 것으로 본다. 카롤루스 마르텔루스의 아들이자 카롤루스 마그누스의 아버지이다.

(8) Sigismundus(?~524). 독일어와 영어 Sigismund, 프랑스어 Sigismond으로 표기한다. 부르군트족의 왕이자 기독교 순교자로, 군도바두스의 아들이다.

(9) 모두 롬바르드족 왕이다. Grimoaldus(662~671 재위)는 프랑스어, 독일어, 영어로는 Grimoald, 이탈리아어로는 Grimoaldo로 표기한다. Liutprandus(712~

744 재위)는 프랑스어와 영어로는 Liutprand, 이탈리아어로는 Liutprando로 표기한다. Ratchis(744~749 재위)는 프랑스어나 이탈리아어로는 Ratchis 혹은 Rachis로도 표기한다. Aistulfus(749~756 재위)는 이탈리아어 Astolfo, 영어, 프랑스어, 독일어로는 Aistulf로 표기한다.

(10) 메로빙 왕조를 말한다.

(11) 카롤링 왕조를 말한다.

(12) Lotharius I(795~855). 독일어 Lothar, 프랑스어 Lothaire, 이탈리아어 Lotario, 영어 Lothair로 표기한다. 이탈리아 왕이자 서로마 황제, 중프랑크 왕국의 왕이다. 경건왕 루도비쿠스 1세의 맏아들로 카롤링 제국을 세 왕국(동 프랑크 왕국, 중 프랑크 왕국, 서프랑크 왕국)으로 분할하는 베르됭 조약을 맺은 3명의 아들 중 한 명이다.

(13) Alaricus II(458~507). 프랑스어와 영어 Alaric, 스페인어 Alarico로 표기한다. 서고트족의 왕으로, 스페인의 거의 전 영토와 루아르 남부 및 프로방스 지방을 다스렸다. 자국 내 로마인을 위한 《로마법원(法源)》을 편찬하여, 506년 《알라리쿠스의 적요(摘要)》, 즉 서고트 로마 법전을 발포하였다.

(14) Agobardus(779~840). 프랑스어, 독일어, 영어로는 Agobard로 표기한다. 루도비쿠스 1세 치하에서 리옹의 주교를 지냈던 성직자이다.

(15) 발루아(Adrien de Valois, 1607~1692)는 프랑스 역사가로서 1664년에 왕실 사료편찬관에 임명되었다. 비뇽(Jérôme Bignon, 1589~1656)은 프랑스의 행정관이자 학자로서 1642년에 왕실 사서관이 되었다.

(16) Louis II le Bègue(846~879). 대머리왕 카롤루스의 아들 루이 2세로, 서프랑크의 왕(877~879 재위)이다.

(17) 결투재판은 사법 당국의 명령으로 두 당사자가 결투하고, 그 결과로 재판을 결정하는 제도이다.

(18) Wamba(633~688). Vamba로도 표기한다. 서고트족의 왕이다.

(19) Benedictus Levita. 프랑스어 Benoît Lévite, 영어 Benedict Levita로 표기한다. 9세기에 나온 법령집을 편찬한 사람인데, 가명으로 추정된다.

(20) 카페 왕조를 말한다.

(21) Otto II(955~983). 오토 왕가의 세 번째 황제로, 독일 왕이자 이탈리아 왕이었으며 신성로마제국의 황제였다.

(22) Otto I(912~973). 독일 및 이탈리아의 왕이었으며 신성로마제국의 첫 황제로 인정받고 있다. 오토 2세의 아버지이다.

(23) Conrad III(925~993). 937년부터 부르고뉴(아를 왕국)의 왕이었고, 별칭은

평화왕이다.

(24) 십자가에 의한 증명이 어떤 것이었는지는 정확히 알 수 없지만, 학자들에 의하면 이 재판을 받는 사람은 십자가 밑에서 팔을 십자가 모양으로 벌린 자세를 하고 일정한 시간 혹은 상대방과 같은 시간 동안 그 자세를 유지하지 못하면 유죄판결을 받았다고 한다.

(25) Louis le Gros (1081~1137). 1108년에 프랑스 왕위에 오른 루이 6세를 말한다.

(26) Louis le Jeune (1120~1180). 루이 6세의 아들이자 후계자로 1137년부터 프랑스 왕위에 오른 루이 7세를 말한다.

(27) 드니에는 12분의 1수에 해당한다.

(28) 결투하겠다고 서로 약속할 때, 그 표시로 흔히 장갑이 사용되었다.

(29) Alcimus Ecditius Avitus. 프랑스어로는 Avit로 표기한다. 5세기 말에서 6세기 초에 프랑스 비엔의 주교였던 성인이다.

(30) 헨트는 벨기에 북서부에 있는 동(東)플랑드르주의 주도로서, 프랑스어로는 Gand, 영어로는 Ghent이다.

(31) 12세기 프랑스에서 남작(baron)은 요지에 있는 봉토를 가진 모든 영주를 일컫는 말이었다. 그러나 13세기 말에 이르러 국왕에게 직접 봉토를 받은 실력자들을 뜻하게 되었고, 따라서 중간 정도의 지위를 가진 봉신에 불과했던 백작보다 영향력이 더 컸다. 하지만 14세기 초부터는 남작 칭호가 그 중요성을 잃기 시작했다. 대부분의 남작이 여전히 다른 백작들보다 권세 있고 영지가 많기는 했으나 지위는 백작과 자작 밑으로 떨어졌다. 17세기까지는 남작 칭호를 가지려면 남작령을 소유해야만 가능했는데, 루이 14세가 수많은 국왕 칙허장을 내려 수많은 남작을 만들었기 때문에 남작의 가치는 이때 처음으로 떨어졌다. 따라서 본문에서 말하는 남작이란 현재 우리가 알고 있는 것처럼 귀족의 작위 중 하나가 아니라 요지의 봉토를 받은 모든 영주를 가리킨다.

(32) Robert de Clermont (1256~1317). 성왕 루이의 막내아들로, 아버지로부터 클레르몽탕보베지(Clermont-en-Beauvaisis) 백작령을 받았다.

(33) La Roche-Flavin (1552~1627). 16세기 툴루즈의 법학자.

(34) Charles le Bel (1294~1328). 1322년부터 1328년까지 재위한 프랑스 왕 샤를 4세를 말한다.

(35) Jaume II (1243~1311). Jaume는 카탈루냐어이고, 프랑스어로는 Jacques, 영어로는 James, 스페인어로는 Jaime, 아라곤어로는 Chaime로 표기한다. 이슬람으로부터 국토를 재정복한 레콩키스타 시절인 1229년에 정복왕으로 불리는 아라곤 왕국의 차이메 1세가 마요르카를 재정복한 것을 기원으로 하는 마요르카 왕

국의 왕(1276~1311 재위)이다. 차이메 1세는 1262년에 쓰인 유언장에서 그의 아들 차이메에게 마요르카 왕국을 만들어 주라고 하였다. 이 분배는 그의 통치기간 동안 유지되었고 1276년에 그가 사망하자, 아라곤 왕국은 장남 페로에게, 마요르카 왕국은 차이메에게 넘겨졌다. 마요르카 왕국은 카탈루냐어를 사용하던 왕국이었으므로 차이메 1세의 아들 차이메 2세는 마요르카 왕국의 왕으로서는 하우메 2세라는 이름으로 불렸다.

(36) Philippe IV le Bel(1268~1314). 프랑스 왕 필리프 4세를 말한다. 필리프 4세는 부르주아지 혹은 소귀족 계급 출신의 법률가를 중용하여, 왕권의 강화에 노력하였다.

(37) François Ragueau. François Raguel이라고도 한다. 16세기 프랑스의 법학자로 부르주 대학 법학과 교수였다.

제29편 법 제정의 방식

(1) Sextus Caecilius Africanus(115~170). 고대 로마의 법학자이다. 아울루스 겔리우스가 그의 저서 《아테네의 밤》에서 카이킬리우스가 파보리누스에 맞서 12표법을 옹호하는 것을 묘사했다.

(2) Amphictyon. 그리스 신화에 나오는 데우칼리온과 피라의 아들로, 아테네의 왕크라나오스의 딸과 혼인하였다. 그는 크라나오스를 폐위한 후 스스로 아테네의 왕으로 선포하고 아테네를 10년간 다스렸으며 암피크티온 동맹의 창시자로 여겨진다.

(3) 위법성 조각 사유는 형식상 불법 또는 범죄 행위의 요건을 갖추었으나 위법이나 범죄로 인정하지 않는 특별한 사유를 말한다. 예를 들어 정당행위, 정당방위, 긴급피난, 자구행위, 피해자의 승낙 등과 같은 것이 이에 해당한다.

(4) Enrico Caterino Davila(1576~1631). 이탈리아의 역사가로 프랑스에 체류하는 동안 프랑스 내전에 참여하며 주요 인물들과 사건을 목격하게 되었고, 그것을 토대로 《프랑스 내전사(Historia delle guerre civili di Francia)》를 집필했다.

(5) Michel de L'Hôpital(1507~1573). Michel de L'Hospital로 쓰기도 한다. 프랑스의 정치가이자 법률가로, 1560년부터 1568년까지 프랑스 대법관을 지냈다.

(6) Marcus Opellius Macrinus(164~218). 로마 제국의 22대 황제이다. 원로원 출신이 아닌 최초의 황제로 카라칼라가 217년 파르티아와 싸우다가 장교들에게 암살당하자 제위에 올랐다.

(7) 15세기 이탈리아의 행정가이자 계략가 체사레 보르자(Cesare Borgia, 1475~

1507)를 말한다. 그는 프랑스의 루이 12세로부터 발랑티누아(Valentinois) 공작의 작위를 받았고, 이후 '발랑티누아'(이탈리아어로는 발렌티노)라는 애칭으로 불렸다. 마키아벨리는 피렌체 공화국의 대사관 겸 비서로서 체사레를 만나 협상한 적이 있었는데, 이후로 체사레를 크게 존경하게 된다. 마키아벨리는 자신의 저서 《군주론》에서 체사레의 공적과 전략을 다수 인용하였고, 그를 본받을 것을 권고하였다.

(8) Thomas More(1478~1535). 잉글랜드 왕국의 법률가, 저술가, 사상가, 정치가이자 기독교의 성인으로, 1516년에 출판된 《유토피아》의 작가이다.

제30편 프랑크족의 봉건법 이론과 군주정체 확립의 관계

(1) Romulus Augustulus(460~511). 서로마 제국의 황제(475~476 재위)이다. 그는 10개월간 재위하였으나 정식 황제로 인정받지 못했다. 따라서 통상 그를 서로마 제국의 마지막 황제라고 보지만 율리우스 네포스를 마지막 황제로 보기도 한다.

(2) Odoacer(433~493). 초대 이탈리아 왕이다. 476년 서로마 제국의 마지막 황제 로물루스 아우구스툴루스를 쫓아내며 서로마를 멸망시키고, 황제라는 칭호를 폐지했다. 그는 정복한 토지의 3분의 1을 부하들에게 나누어 주었다.

(3) 아르팡은 프랑스의 옛 측량 단위로 지역과 시대에 따라 그 크기가 다양하여 3,200㎡~7,800㎡에 해당한다.

(4) Fredegundis(545~597). 프랑스어 Frédégonde, 영어 Fredegund, 독일어 Fredegunde로 표기한다. 프랑크 왕국 메로빙 왕조 킬페리쿠스 1세의 왕비이다.

(5) Jean Hardouin(1646~1729). 프랑스의 예수회 학자로, 호라티우스와 베르길리우스를 비롯해 대부분의 그리스 라틴 작가들의 작품이 실제로는 13세기 수도사들이 쓴 기독교적 우화라고 주장했다.

(6) census는 호구조사를, tributum은 세금을 뜻하는 라틴어이다. 고대 로마에서 5년마다 실시된 호구조사(census)는 과세나 징병을 목적으로 이루어진 것으로, 로마 시민이 소유하고 있는 노예나 가축 등 재산도 그 대상에 포함되었다. 그리고 이 조사를 통해 도출된 세금도 같은 단어(census)로 불렸다. 따라서 본문에서 세금을 지칭하는 것으로 문맥상 독자의 혼란을 초래할 소지가 있을 경우에는 "호구조사에 의한 세금"으로 풀어서 옮긴다.

(7) 몽테스키외는 라틴어 단어 census를 이탤릭체로 사용하다가 이 대목 이후부터 그에 해당하는 프랑스어 단어 cens를 사용하고 있다. cens라는 프랑스어 단어가

문맥상 호구조사를 설명하는 단어로 사용된 경우에는 호구조사로 옮겼지만(앞의 14장에서도), 단순히 라틴어 단어 census를 대신해서 사용된 경우에는 라틴어 단어와 동일하게 켄수스로 표기한다. 다만 몽테스키외가 이탤릭체로 라틴어 단어를 사용한 경우에는 '켄수스'와 같이 홀따옴표를 첨가하고 프랑스어 단어를 사용한 경우에는 홀따옴표 없이 표기한다.

(8) rathimburge, échevin은 백작에게 복종하는 왕의 관리였다. échevin은 행정관을 뜻하는 프랑스어 단어이나, rathimburge는 프랑스어에 존재하지 않는 단어이다.

(9) 독일어 Agilolfinger, 프랑스어 Agilolfinges, 영어 Agilolfings으로 표기한다. 6세기와 8세기 사이에 바이에른 공국, 그리고 616~712년 사이에 간헐적으로 롬바르드 왕국을 통치했던 가문이다.

(10) Charles Loyseau(1566~1627). 프랑스의 법학자로 당시의 제도에 대해 여러 논문을 발표하고 저서를 남겼다.

(11) 리외는 예전의 거리 단위로 약 4km에 해당한다.

(12) 녹봉지를 위해 자신을 의탁한다는 것은 토지 소유자가 자기 소유지를 영주에게 양도하고, 몇 가지 의무를 조건으로 그것을 녹봉지로 받는 것이다.

(13) Syagrius(430~487). 최후의 갈리아 주재 로마 제국 군사령관이다. 486년 시아그리우스가 프랑크족의 왕 클로도베쿠스 1세에게 패배함으로써, 480년에 오도아케르에게 멸망당한 서로마 제국은 그 잔당마저 완전히 멸망했다.

(14) 아르모리카는 갈리아 북서부 선단 지역의 라틴어 이름으로 현재의 브르타뉴 지역에 해당한다. 켈트, 로마, 프랑크 시대에는 지금의 노르망디 서부 지역까지 포괄했다. 율리우스 카이사르 시대에 5개의 주요 종족이 이곳에서 살았고, 로마 제국의 지배를 받는 동안 이 지역은 완전히 로마화되지는 않았다.

(15) Saint Remigius(437~533). 프랑스어로는 Saint Rémi로 표기한다. 프랑크 왕국의 왕 클로도베쿠스 1세를 개종시킨 랭스의 주교이다. 클로도베쿠스는 거느리던 주요 장군들과 함께 랭스에서 레미기오에게 세례를 받았다. 클로도베쿠스의 후원으로 레미기오는 여러 주교구와 많은 교회를 세웠고, 3천 명이 넘는 왕의 군인들에게 세례를 주었으며 많은 기적을 행하여 유명해졌다.

(16) 1세기 제정 로마 시대의 유대인 출신 정치가이자 역사가인 플라비우스 요세푸스에 의하면, 대제사장 야두스는 예루살렘에서 알렉산드로스를 성대하게 맞이했고, 성스러운 책에서 그의 정복에 대한 예언을 읽었다고 말했다. 그러자 알렉산드로스는 야두스의 발아래 엎드려 꿈에 비슷한 사람이 나와서 아시아 제국을 자신에게 예언하는 것을 보았다고 말했다.

(17) 아몬은 이집트에서 신(神)들의 왕으로 숭배된 신이고, 유피테르는 고대 로마의 종교와 로마 신화에서 하늘과 천둥의 신이다. 로마인들은 유피테르를 그리스 신 제우스와 동일하게 여겼다. 유피테르 아몬의 신탁은 알렉산드로스가 유피테르의 아들이라고 보았다.

(18) 프리기아의 수도 고르디움을 세운 고르디우스의 전차에는 끝을 찾을 수 없이 복잡하게 얽혀 있는 매듭으로 끌채에 멍에를 묶어 놓았는데 아시아를 정복하는 사람만이 그 매듭을 풀 수 있다고 전해지고 있었다. 그런데 BC333년 알렉산드로스 대왕이 아나톨리아 지방을 지나가던 중 고르디움에서 이 전차를 보았고, 성미가 급했던 그는 칼로 매듭을 끊어 버렸다.

(19) Quintus Curtius Rufus. 1세기의 로마의 역사가로 추정되며, 그의 유일한 저서인 《알렉산드로스 대왕의 역사》로 잘 알려져 있다

(20) Hugues Capet(938~996). 14명의 왕을 배출한 프랑스 카페 왕조의 개창자이다. 그는 카롤링 왕조를 대신하여 카페 왕조를 개창한 인물로 987년부터 프랑스 왕이었다.

(21) Theganbertus(800~850). 프랑스어 Thégan, 영어와 이탈리아어로는 Thegan으로 표기한다. 로마 가톨릭교회에 속한 고위 성직자이자 역사가로, 《경건왕 루도비쿠스 황제의 업적》을 썼다. 몽테스키외는 이 저서를 본문에서 《유순왕 루도비쿠스의 생애》라고 쓰고 있고 각주에서는 《경건왕 루도비쿠스의 업적》이라고 언급하기도 했는데, 동일한 저서를 말하는 것이다. 또한 몽테스키외가 앞에서 작자 미상의 《유순왕 루도비쿠스의 생애》를 인용하기도 했는데, 이는 테간베르투스의 저서와는 다른 것이다.

(22) Ebbon 또는 Ebon(775~851). 영어 Ebbo, 독일어 Ebo로 표기한다. 랭스의 대주교로서 유순왕 루도비쿠스 치하에서 많은 영향을 끼쳤다.

제 31편 프랑크족의 봉건법 이론과 군주정체 변천의 관계

(1) 오세르는 프랑스 중부 부르고뉴 지방 욘 주의 주도이다. 로마 시대 이전과 로마 시대에 번창했던 곳으로 3세기에 주교관구와 소국가(지방 중심지)가 되었다. 1400년대에 루이 11세에 의해 프랑스에 합병되었다.

(2) Brunichildis(547~613). 프랑스어로는 Brunehaut 또는 Brunhilde, 영어로는 Brunhilda, 독일어로는 Brunichild로 표기한다. 메로빙 왕조시대에 가장 세력이 컸던 인물 중 한 사람이다. 567년 아우스트라시아 왕 시기베르투스(Sigibertus, 535~575. 프랑스어와 영어 Sigebert, 독일어 Sigibert로 표기) 1세와 혼인했다.

같은 해 그녀의 자매 갈수인타(Galsuintha 또는 Galswintha)는 프랑크족 영토의 서부 지역 왕인 시기베르투스의 이복형제 킬페리쿠스 1세와 결혼했다. 그러나 567년(또는 568) 킬페리쿠스는 첩인 프레데군디스의 꼬임에 빠져 갈수인타를 살해했다. 브루니킬디스의 부추김을 받은 시기베르투스는 그 보복으로 킬페리쿠스에게서 그가 갈수인타와 혼인함으로써 얻었던 영지를 몰수했다. 킬페리쿠스는 이 영토를 되찾기 위해 573년 시기베르투스에 맞서 전쟁을 일으켰다. 결국 처참한 싸움 끝에 형제인 시기베르투스와 킬페리쿠스는 둘 다 죽고 말았고, 그 후 실권을 잡은 브루니킬디스는 아들과 손자의 보호자로서 행세하며 멋대로 10명의 왕을 세웠다가 죽이는 횡포를 부렸다. 이에 격분하여 반란을 일으킨 귀족들은 그녀에게 대항해 클로타리우스 2세에게 도움을 청했다. 그녀는 라인강 동쪽 지역 부족들의 도움을 얻으려 했지만 실패하고 붙잡혀서 클로타리우스에게 넘겨졌다. 그녀는 낙타에 묶인 채 병사들의 조롱을 받으며 3일 동안 고문을 당한 후 마침내 말꼬리에 묶여 끌려다니다 죽었다.

(3) Protadius(?~605). 프랑스어로는 Protade로 표기한다. 부르고뉴의 귀족으로 브루니킬디스의 총애를 받아 603~605년에 궁재로 지냈다. 몽테스키외는 이 인물의 이름을 Protaire로 쓰고 있다. 프로타디우스는 천막 안에서 살해되었는데, 나중에 브루니킬디스가 그를 죽인 자들을 모두 죽였다.

(4) Warnacharius II(?~627). 프랑스어 Warnachaire, 영어와 독일어 Warnachar로 표기한다. 612년부터 죽을 때까지 부르고뉴의 궁재였고, 613~614년에는 아우스트라시아 왕국의 궁재였다.

(5) 궁재는 중세 서유럽의 최고 궁정직이다. 제정 로마 때 대지주들이 재산을 관리하기 위해 고용했던 가정 감독관에서 유래하였다. 메로빙 왕조에서는 처음에 궁정의 살림을 맡았으나, 점차 임무와 권력이 커져서 왕의 고문, 국왕 군대의 지휘자, 섭정 따위를 맡기도 했다. 7세기 중반부터 이 직위를 독점하였던 카롤링 가문이 751년에 메로빙 왕조를 무너뜨리고 카롤링 왕조를 열었다. 이 직위의 역할과 성격에 대해서는 제31편 제5장에 자세히 나와 있다.

(6) Chramnus(?~560). 프랑스어 Chramn, 영어와 독일어 Chram으로 표기한다. 프랑크 왕국 메로빙 왕조의 왕자로, 클로타리우스 1세의 아들이다. 560년 부왕 클로타리우스 1세에 대항하여 반란을 일으켰으나 실패하고 처형당했다.

(7) 테우데리쿠스 2세(587~613)를 말한다. 부르고뉴의 왕(596~613 재위)이자 아우스트라시아의 왕(612~613 재위)으로, 브루니킬디스의 손자였다.

(8) Landericus(?~613). 프랑스어 Landéric, 영어 Landric 또는 Landeric으로 표기한다. 604~613년에 프랑크 왕국의 궁재였다.

(9) Cunibertus(600~663?). 프랑스어와 영어 Cunibert, 독일어 Kunibert로 표기한다. 633년(혹은 634년), 다고베르투스 1세가 아우스트라시아인과 타협하기 위해 3살밖에 안 된 시기베르투스 3세를 아우스트라시아의 왕으로 임명하면서 쿠니베르투스와 새 궁재인 아달기셀루스 공작에게 섭정을 맡겼다. 627년에 쾰른의 주교가 된 가톨릭 성인으로, 성인 목록에는 '쿠니베르토'라고 표기되어 있다.

(10) Adalgyselus. 프랑스어와 영어로는 Adalgisel 혹은 Adalgis로 표기한다. 634~639년에 아우스트라시아의 궁재였다. 다고베르투스 1세에 의해 시기베르투스 3세가 아우스트라시아의 왕으로 임명된 것과 동시에 궁재로 임명되었다.

(11) Nantechildis(610~642). 프랑스어로는 Nantechilde 또는 Nantilde, 영어로는 Nanthild, 독일어로는 Nantechild로 표기한다. 다고베르투스 1세의 세 번째 왕비로 클로도베쿠스 2세의 어머니이다.

(12) Chlodovechus II(635~657). 영어나 프랑스어로는 Clovis이다. 클로도베쿠스 2세를 말한다. 다고베르투스 1세와 난테킬디스의 아들로, 다고베르투스 1세 사후 네우스트리아와 부르고뉴 왕의 자리를 넘겨받았다.

(13) Aega 또는 Ega. 네우스트리아의 궁재(639~642)로, 클로도베쿠스 2세가 미성년일 때 그의 어머니 난테킬디스와 협력하여 왕국을 관리했다.

(14) 네우스트리아는 유럽 중세 초기의 프랑크 왕국 메로빙 왕조(6~8세기) 때 왕국 서부를 동부의 아우스트라시아와 구별하여 부른 이름이다. 이 지역은 대체로 오늘날 프랑스의 뫼즈강 서부 지방과 루아르강 북부지방에 해당한다.

(15) Floachatus 또는 Flaochadus. 프랑스어로는 Flaochad 또는 Flaohoad, 영어와 독일어로는 Flaochad로 표기한다. 642~643년에 부르고뉴의 궁재였다.

(16) Flavius Arbogastes(340~394). 테오도시우스 1세와 발렌티니아누스 2세 치하의 로마 장군이다. 프랑크족의 혈통을 가진 아르보가스테스는 서로마 제국 군대에서 기병대장의 지위까지 올랐고, 391년에는 갈리아 지방에서 백작 겸 섭정으로 모든 권력을 장악했다. 발렌티니아누스 황제가 그를 해임하려고 하자, 그는 오직 테오도시우스 황제만이 자신을 해임할 권한을 갖고 있다고 선언했다. 392년 5월 15일 발렌티니아누스 황제가 비엔나(지금의 프랑스 비엔)에서 죽었는데, 상황으로 미루어 보아 아르보가스테스의 사주를 받은 하수인에게 살해당했을 가능성이 높다. 아르보가스테스는 수사학 교수였던 유게니우스를 서로마 제국 황제로 선포했다. 394년 테오도시우스 황제가 이교 반란을 진압하기 위해 서쪽으로 진격하여 승리하자, 유게니우스는 참수당하고 아르보가스테스는 자살했다.

(17) Theudebertus I(496~548). 프랑스어 Thibert 또는 Théodebert, 영어와 독일어 Theudebert로 표기한다. 프랑크족의 왕(534~548 재위)으로, 536년에는 프

로방스 지방을 양도받았다. 539년에는 이탈리아 영토를 초토화하고, 548년에 이탈리아 북부의 몇 도시들을 점령했다.

(18) Theudebaldus(535~555). 프랑스어 Thibaut 또는 Théobald, 영어와 독일어 Theudebald로 표기한다. 테우데베르투스의 아들로 아버지가 죽었을 때, 미성년의 나이로 왕이 되었고 병약하여 20살이 되기 전에 죽었다.

(19) 테우데리쿠스 3세(657~691)를 말한다. 아우스트라시아의 궁재였던 피피누스 2세는 687년에 테우데리쿠스 3세와 궁재 에브로인과 전쟁을 벌여 최종 격파한 후 프랑크 왕국 전체의 실권을 장악하고 스스로 프랑크의 왕자이자 공작이라는 칭호를 사용했다.

(20) Ragenfridus(?~731). 프랑스어 Rainfroi 또는 Ragenfred, 독일어 Raganfrid, 영어 Ragenfrid로 표기한다. 다고베르투스 3세와 킬페리쿠스 2세 치하에서 네우스트리아의 궁재였다.

(21) 다고베르투스 3세(699~715)를 말한다. 711년 아버지 킬데베르투스 3세의 뒤를 이은 프랑크 왕국 메로빙 왕조의 왕이었는데, 아우스트라시아의 궁재인 헤르스탈의 피피누스 2세가 권력을 장악했기 때문에 실권이 거의 없었다.

(22) 앙들로 조약은 부르고뉴 왕국의 왕 곤트라누스 1세와 그의 조카인 아우스트라시아의 왕 킬데베르투스가 두 왕국의 평화를 위해서 587년에 맺은 조약이다. 앙들로는 프랑스 북동부에 위치한 지역 앙들로블랑슈빌(Andelot-Blancheville)을 가리킨다. 몽테스키외는 줄곧 Andelot를 Andely로 표기했다.

(23) Carloman II(867~884). 라틴어 표기는 Carlomanus이다. 서프랑크 왕국의 왕으로, 말더듬이왕 루이 2세의 아들이다. 879년 아버지가 죽자, 형 루이 3세와 함께 공동으로 왕이 되었다.

(24) 교황 그레고리오(Gregorius) 3세는 제90대 교황(731~741 재위)이다. 롬바르드 왕국의 리우트프란두스가 로마의 공작령을 침략하여 주요 요새 네 곳을 점령하면서 로마 전체를 위협하자, 그레고리오는 프랑크 왕국에 도움을 청했다. 739년과 740년에 사절단을 보내 프랑크 왕국 메로빙 왕조의 궁재이자 실질적 통치자인 카롤루스 마르텔루스에게 호화로운 선물을 주며, 거룩한 도시가 처한 곤경을 설명하고 '하느님의 교회와 그분의 특별한 백성들'을 보호해 줄 것을 청하는 서한을 전했다.

(25) Eucherius(695~743). 프랑스어로는 Eucher 혹은 Euchère로도 표기한다. 721년에 오를레앙의 주교가 된 그는 강력한 궁재에게 대항하는 독자성을 보여주었다. 732년 카롤루스 마르텔루스가 교회의 재산을 병사들에게 마음대로 나누어 주려고 하자, 다른 주교들과 달리 에우케리오는 강하게 항의했다. 이에 화가 난

카롤루스 마르텔루스는 그를 쾰른을 비롯한 여러 곳으로 유배 보냈다.

(26) Ludovicus Germanicus(806~876). 독일어 Ludwig der Deutsche, 프랑스어 Louis le Germanique, 영어 Louis the German으로 표기한다. 유순왕(경건왕) 루도비쿠스의 3남으로, 대머리왕 카롤루스와는 이복형제이다. 817년부터 바이에른의 왕(817~840 재위)이었고 843년 베르됭 조약 이후부터는 동프랑크의 왕 (843~876 재위)이었다. 독일과 오스트리아에서는 그를 초대 군주로 본다. 별명 "게르마니쿠스"는 독일인이라는 뜻이다.

(27) 이 편지글의 말미에서 말하는 "두 분 왕"은 얼핏 보면 편지글의 앞에서 거론하는 피피누스 왕과 카롤루스 마그누스인 것처럼 보이지만, 전혀 그렇지 않다. 이 편지글에서 언급된 인물들의 연대를 확인해 보자. 성 에우케리오(695~743)와 카롤루스 마르텔루스(688~741)는 동시대인이었고, 아마도 교회 재산을 박탈한 카롤루스 마르텔루스에게 불만이 많았던 에우케리오는 카롤루스 마르텔루스가 죽자 지옥에 간 그의 모습을 상상했을 것이다. 이에 교회의 재산을 돌려주는 등의 조치를 취했다고 하는 피피누스 왕(714~768)은 카롤루스 마르텔루스의 아들인 피피누스 3세를 말하고, 카롤루스 마그누스는 바로 피피누스 3세의 아들이다. 그리고 유순왕 루도비쿠스는 카롤루스 마그누스의 아들이다. 따라서 유순왕 루도비쿠스는 자신의 아버지와 할아버지가 취한 조치에 대해 말했고, 이를 몇몇 주교들이 들은 것이다. 그러므로 여기서 말하는 두 왕은 유순왕 루도비쿠스의 아들인 독일인 루도비쿠스와 대머리왕 카롤루스를 가리킨다. 독일인 루도비쿠스가 대머리왕 카롤루스를 침략한 것이 바로 이 편지가 쓰인 858년이었다.

(28) 렙틴은 벨기에 남부 에노주(州)에 있던 역사적 장소로 레제스틴(Les Estinnes) 이라고도 한다.

(29) Charles Le Cointe(1611~1681). 오라토리오 수도회의 사제로서, 프랑스 신학자이자 역사가이다. 라틴어로 된 《프랑크족의 교회 연대기(*Annales ecclesiastici Francorum*)》를 썼다.

(30) Carlomannus I(751~771). 프랑스어와 영어 Carloman, 독일어 Karlmann으로 표기한다. 피피누스 3세의 둘째 아들이자 카롤루스 마그누스의 동생이다. 피피누스의 사후, 왕국은 프랑크족의 관습에 따라 카롤루스 마그누스와 카를로마누스 1세에게 양분되어 카롤루스 마그누스는 프랑크 왕국 북동부를, 카를로마누스는 네우스트리아와 부르고뉴를 상속받았다. 형제인 카를로마누스와 카롤루스 마그누스는 서로 갈등했는데, 체력이 약했던 카를로마누스가 771년 12월에 사망하자 왕국은 다시 카롤루스 마그누스에 의해 재통일되었다. 754년 카를로마누스와 카롤루스 마그누스는 랭스 대성당에서 즉위한 아버지 피피누스 3세의 대관식

에 참석하였는데, 몽테스키외가 본문에서 말하는 것은 바로 이것이다.

(31) Henricus Canisius(1562~1610). 네덜란드의 교회법 학자이자 역사가이다. 교회법 분야에서 여러 저서를 출판했고, 특히 중요한 중세의 문서들을 최초로 편찬한 편집자로 알려져 있다.

(32) 아키텐의 피피누스(797~838)를 말한다. 경건왕(유순왕) 루도비쿠스와 에르멘가르드의 둘째 아들로 로타리우스의 동생이자 루도비쿠스 2세의 친형이고 대머리왕 카롤루스의 이복형이다.

(33) 아를 왕국은 933~1378년에 존재했던 왕국으로 1032년부터는 신성로마제국에 합병되었다. 9세기에 부르고뉴는 상부 부르고뉴와 하부 부르고뉴로 나뉘어 있었는데, 이 두 왕국이 933년에 합쳐져 성립된 왕국이다. 수도를 아를에 두었기에 아를 왕국이라고 한다. 합쳐지기 전까지 하부 부르고뉴는 프로방스 왕국이라는 이름으로도 불렸다. 따라서 본문에서 말하는 아를 왕국은 사실은 프로방스 왕국이다. 보종(Boson, 844~887)은 프랑크 왕국의 귀족이자 이탈리아 총독, 프로방스의 공작, 빈의 백작으로 879년부터는 프로방스의 왕이 되었다. 879년 4월 서프랑크 왕국의 루이 2세 사후, 혼란한 틈을 타 부르고뉴와 프로방스를 차지하고 스스로 왕이라 자처하였다. 그의 아들 루이는 맹인왕으로 불리는 루이 3세(880?~928)로서, 890년에 프로방스의 왕이 되었다.

(34) Carolus III Crasus(839~888). 별칭은 비만왕으로, 프랑스어 Charles le Gros, 독일어 Karl der Dicke로 표기한다. 879년에 이탈리아 왕, 881년에 신성로마제국 황제가 되었다. 882년부터 바이에른, 프랑켄, 작센을 차지했고, 884년에는 서프랑크의 왕이 되어 카롤루스 마그누스 이후 프랑크 왕국을 일시적으로 재통일했다. 그런 의미에서 870년의 메르센 조약 이후에 왕위에 오른 군주이지만, 본문에서 이름을 라틴어명으로 표기했다. 그는 887년에 보종이 사망하자 보종의 아내이자 그의 사촌이기도 한 에르멘가르드(Ermengarde)의 요청으로 보종의 아들 루이를 자신의 양자로 받아들이고 후견인을 자처하기도 했다. 본문에서 몽테스키외가 말하는 것은 바로 이것이다.

(35) Arnulf(850~899). 라틴어 표기는 Arnulphus이다. 886년 비만왕 카롤루스가 노르만족과 마자르족을 뇌물로 매수해서 되돌려 보내자 귀족들의 지지를 받고 쿠데타를 일으켜 887년 11월 동프랑크의 국왕으로 즉위하였다. 이후 894년에는 이탈리아 왕, 896년에는 신성로마제국 황제가 되었다. 보종의 미망인 에르멘가르드는 아들을 부탁했던 비만왕 카롤루스가 실각하자, 다시 아르눌프에게 찾아가 복종을 표시하며 도움을 요청했고 아르눌프는 루이를 아를과 프로방스의 왕으로 인정했다. 본문의 내용은 이것을 가리키는 것이다.

(36) Bernardus(797~818). 영어와 프랑스어 Bernard, 이탈리아어 Bernardo, 독일어 Bernhard로 표기한다. 카롤링 왕조 출신 롬바르디아의 왕(810~818 재위)으로 카롤루스 마그누스의 손자이자 이탈리아의 왕 피피누스의 아들이다.

(37) Ermengarde(778~818) 또는 Irmingard로 표기한다. 프랑크 왕국의 귀족으로, 유순왕 루도비쿠스의 정비이다. 31편 옮긴이 주 34에서 언급된 맹인왕 루이의 어머니인 에르멘가르드와는 동명이인이다.

(38) Judith(797~843). 유순왕 루도비쿠스의 두 번째 왕비이자 대머리왕 카롤루스의 어머니이다.

(39) Nithardus(795~844?/845?). 프랑스어, 영어, 독일어로는 Nithard이다. 카롤루스 마그누스의 외손자로서, 연대기 작가였다. 대머리왕 카롤루스의 요청에 따라, 루도비쿠스 1세가 자녀들에게 상속, 분배하는 과정을 기록한 《경건왕 루도비쿠스의 아들들의 역사》를 집필했다.

(40) 몽테스키외는 Adelhard로 썼지만, Adalard(또는 Adalhard, 810~865)를 가리키는 것으로 보인다. 아달라르는 카롤링 왕조의 귀족으로 경건왕 루도비쿠스 치하에서 궁정의 집사를 지냈다.

(41) Hincmarus(806~882). 프랑스어와 영어 Hincmar, 독일어 Hinkmar로 표기한다. 랭스의 대주교이자 대머리왕 카롤루스의 총신이었고, 그의 아들 말더듬이왕 루이의 대관식을 했다.

(42) 841년에 있었던 퐁트네(Fontenay) 전투 또는 퐁트누아(Fontenoy) 전투를 말한다. 여기서 로타리우스가 그의 형제들인 독일인 루도비쿠스와 대머리왕 카롤루스에게 패했다.

(43) Konrad II(990~1039). 프랑스어와 영어 Conrad, 이탈리아어 Corrado로 표기한다. 1024년부터 독일의 왕으로 선출되었고, 1027년부터는 신성로마제국 황제와 이탈리아 왕이었으며, 1032년부터는 아를 왕이었다.

(44) Friedrich I(1122~1190). 별칭은 붉은 수염왕이다. 1152년에 독일의 왕, 1154년에 이탈리아의 왕, 1155년에 신성로마 황제로 즉위했다.

(45) Charles III le Simple(879~929). 서프랑크 왕국의 왕(898~922) 샤를 3세이다. 말더듬이왕 루이 2세의 유복자였으며, 893년 랭스의 대주교 풀크의 추대로 왕이 되었다.

(46) Konrad I(890~918). 동프랑크 왕국의 귀족으로 906년부터 프랑켄의 공작이었고 911년부터 죽을 때까지 동프랑크의 왕이었다. 카롤링 왕조의 마지막 동프랑크 왕인 유아왕 루트비히의 후계자로 이후부터는 독일의 군주로 간주된다.

(47) Heinrich I(876~936). 912년부터 작센 공작, 919년부터는 독일 국왕이었다.

독일의 왕과 황제를 배출한 오토 왕가의 시조로서, 912년 아버지 오토의 뒤를 이어 작센 공작이 되었고 918년 아들이 없던 콘라트 1세의 지명으로 왕위에 올랐다. 그의 아들인 오토 1세는 신성로마제국의 첫 황제(962~973 재위)로 인정받고 있다.

(48) 상환세(*droit de rachat*)는 봉토의 소유주가 바뀔 때 봉토에 대한 1년간의 소유권을 영주에게 허락하는 것으로 그에 해당하는 돈으로 지불되었다.

(49) Aliénor d'Aquitaine(1122~1204). 영어로는 Eleanor로 표기한다. 서유럽의 중세 전성기 시절 가장 부유하고, 가장 큰 권력을 지녔던 여공작이다. 아키텐 공작 기욤 10세의 딸로 태어나 여상속자가 되었고, 프랑스 왕 루이 7세의 왕비였으며, 잉글랜드 왕 헨리 2세의 왕비이고, 헨리 2세의 아들 잉글랜드의 리처드 1세와 존을 낳은 모후이기도 하다.

(50) Matilda(1102~1167). 프랑스어로는 Mathilde로 표기한다. 잉글랜드 왕 헨리 1세의 딸로, 헨리 1세가 죽자 왕위계승 쟁탈전을 거쳐 1141년 왕위에 오를 수 있었으나 대관식 전에 옥스퍼드로 쫓겨났다. 1141년 9월 윈체스터에서 벌어진 전투 때 패배했고, 그 뒤에도 서부 지역에서 꾸준히 저항했으나 점점 약해졌다. 이듬해 12월 옥스퍼드성에서 도망쳤다. 노르망디는 1144년부터 남편 앙주 백작의 영토가 되었으며, 마틸다는 1148년 그곳에서 물러나 루앙 근처에 머물면서 큰아들 헨리의 이권을 수호하기 위해 노력했다. 헨리는 뒤에 노르망디 공작(1150)과 잉글랜드 왕 헨리 2세(1154)가 되었다. 만년에는 노르망디에 살면서 헨리 2세가 유럽 대륙에 갖고 있던 영토에 계속 영향력을 행사했다.

(51) Suger(1081~1151). 프랑스 생드니의 대수도원장이며 루이 6세와 루이 7세의 고문이었다.

(52) 다고베르투스의 왕좌 또는 의자는 12세기 중반 생드니의 수도원장 쉬제가 처음 언급한 중세 시대의 청동 좌석으로, 프랑스 군주국과 관련된 의자이나 의자의 기능을 정확하게 증명하는 신뢰할 만한 역사적 출처는 없다. 생드니 수도원에서 수 세기 동안 보관되어 오다가 현재는 파리 국립도서관이 소장하고 있다.

(53) 보이에(Nicolas Bohier, 1469~1539)는 부르주 고등법원의 법률가이자 대주교의 대법관으로, 교회법과 형법에 관한 판결문 모음집《보르도 판결문(*Decisiones Burdegalenses*)》을 편찬했다. 오프레리(Étienne Aufreri, 1485?~1511)는 아우프레리우스(Stephanus Aufrerius)란 라틴어명으로도 알려진 툴루즈의 법학자이자 사법관으로, 《툴루즈 예배당의 판결문(*Decisiones capellae Tholosanae*)》을 편찬했다.

(54) 5편 옮긴이 주 11 참조.

찾아보기(용어)

찾아보기(인명)

지은이 · 옮긴이 소개

지은이_몽테스키외(Charles Louis de Secondat, Montesquieu, 1689~1755)

프랑스 계몽주의 시대의 법률가, 작가, 사상가. 본명은 샤를 루이 드 스콩다.

보르도 법복귀족 집안에서 태어나 지리학, 과학, 수학, 역사 등 신학문을 교육받았고 법학을 공부했다. 1714년 보르도 고등법원 판사가 되었고, 2년 뒤 법원장이 되었다.

1721년 당대 파리를 풍자적이고 익살스러운 어조로 묘사한 서간체 소설 《페르시아인의 편지》를 익명으로 출판한다. 1728년 프랑스 아카데미 회원이 된 후 3년간 유럽 각국을 여행하면서 각 나라의 지리, 경제, 정치, 풍습 등을 관찰했는데 특히 1년이 넘도록 영국에 체류하면서 의회정치에 대한 깊은 인상을 받았고 이는 그의 사상적 발전에 큰 영향을 미쳤다. 1731년 보르도로 돌아와 《로마인의 흥망성쇠 원인에 대한 고찰》을 출판했다.

1748년 20여 년에 걸쳐 저술한 필생의 역작 《법의 정신》을 출판하자마자 폭발적인 반응을 불러일으키며 성공을 거두지만, 다른 한편으로는 많은 비판과 반박에도 직면한다. 1751년 《법의 정신》이 로마 가톨릭교회에 의해 금서로 지정당한다.

1755년 2월 10일, 열병에 걸려 파리에서 세상을 떠난다. 유지에 따라 수정된 《법의 정신》은 1757년에 발간되었다.

옮긴이_진인혜

연세대 불어불문학과를 졸업하고 동 대학원에서 플로베르 연구로 석사 및 박사 학위를 받았으며 파리 4대학에서 D. E. A. 를 취득했다. 연세대, 충남대, 배재대에서 강의를 했고, 목원대에서 재직한 후 퇴직하였다. 저서로 《프랑스 리얼리즘》(단독) 및 《축제와 문화적 본질》, 《축제 정책과 지역현황》, 《프랑스 문학에서 만난 여성들》, 《프랑스 작가, 그리고 그들의 편지》, 《문자, 매체, 도시》(공저) 등이 있다. 역서로 《부바르와 페퀴셰》, 《통상관념사전》, 《감정교육》, 《플로베르》, 《마담 보바리》, 《티아나 이야기》, 《잉카》, 《말로셴 말로셴》, 《미소》, 《루소, 장 자크를 심판하다: 대화》, 《고독한 산책자의 몽상, 말제르브에게 보내는 편지 외》 등 다수가 있다.

리바이어던 1·2

교회국가 및 시민국가의 재료와 형태 및 권력

토머스 홉스 지음 | 진석용(대전대) 옮김

근대적 의미의 국가 탄생을 고찰한 정치사상의 영원한 고전

홉스는 근대 사상가들 중에서 최초로 근대국가의 본질을 '개인주의'와 '계약론'의 관점에서 살펴보았고, 이러한 시각은 여전히 자유민주주의의 철학적 토대를 이루고 있다. 홉스는 국가란 '평등한 인간들'에 의해 철저히 '인공적으로' 만들어졌다고 주장한다. 오늘날에도 국가의 의미, 국가권력의 범위, 국가와 개인의 관계는 뜨거운 논쟁의 중심에 있다. 홉스의 정치사상이 끊임없이 재조명되는 이유가 바로 여기에 있다.

신국판 · 1권 520면 | 28,000원 | 2권 480면 | 28,000원

나남 nanam 031) 955-4601 www.nanam.net